2011. 06. 11　12:56　岩手県上閉伊郡大槌町町方

写真構成　淺川敏

2013. 02. 24　13:33　岩手県上閉伊郡大槌町吉里吉里

2013. 02. 23 16:29　岩手県上閉伊郡大槌町吉里吉里

2012. 10. 07　16:38　岩手県上閉伊郡大槌町吉里吉里

2013. 02. 24 10:27 岩手県上閉伊郡大槌町吉里吉里

2012. 10. 06 14:38　岩手県上閉伊郡大槌町町方

2011. 06. 13 09:06 岩手県上閉伊郡大槌町町方

2011. 06. 11　17:42　岩手県上閉伊郡大槌町町方

2016. 03. 19　14:37　岩手県上閉伊郡大槌町港町

2015. 02. 11　15:36　岩手県上閉伊郡大槌町町方

2015. 02. 11　10:29　岩手県上閉伊郡大槌町町方

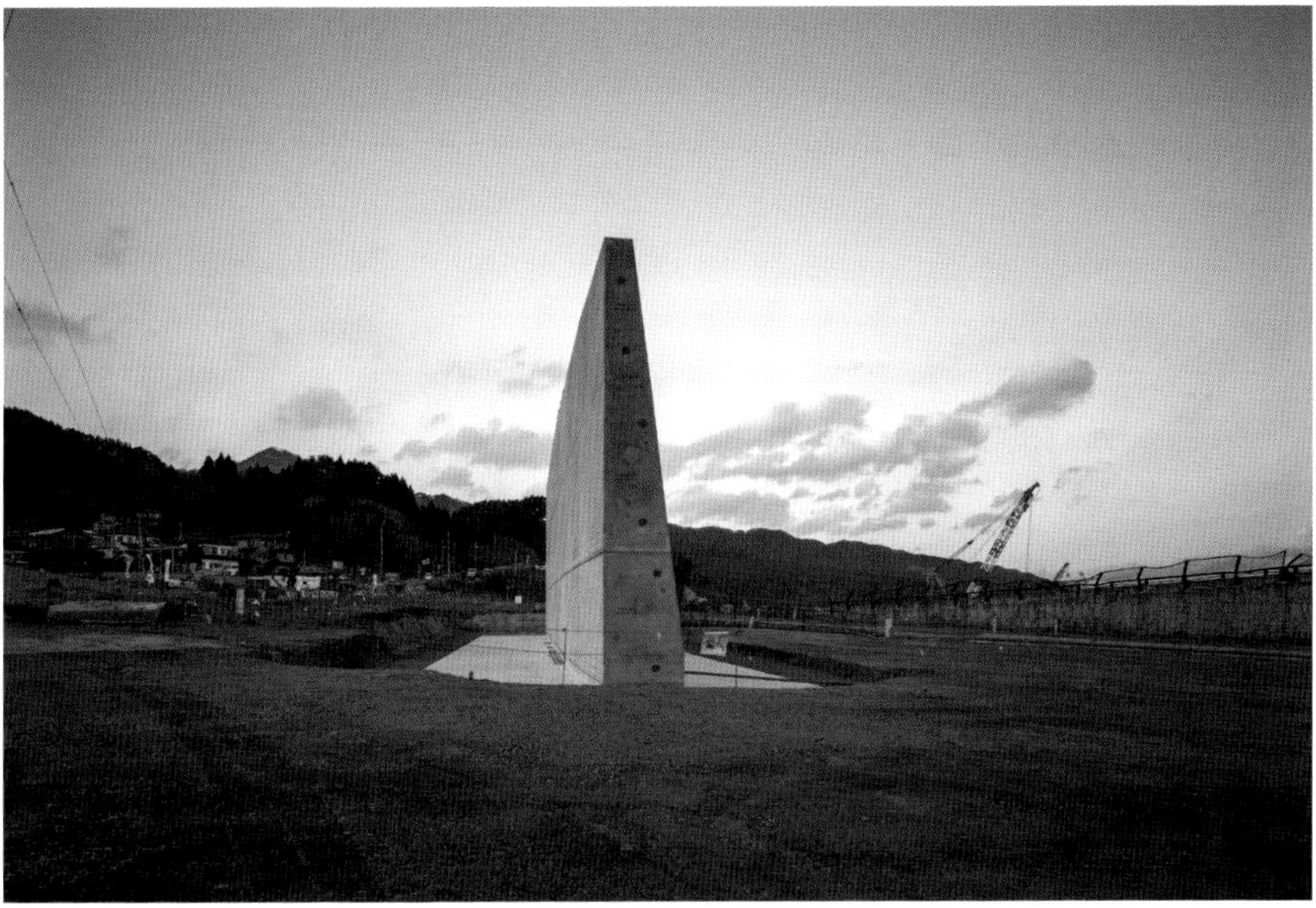

2015. 02. 10　16:50　岩手県上閉伊郡大槌町吉里吉里

2016. 03. 20 09:03　岩手県上閉伊郡大槌町町方

「三陸津波」と集落再編

ポスト近代復興に向けて

岡村健太郎

鹿島出版会

本書は平成二八年度独立行政法人日本学術振興会科学研究費補助金
（研究公開促進費・JSPS KAKENHI Grant Number JP16HP5252）の
助成を受けて出版するものである。

目次

写真構成　淺川敏

第一章　明治三陸津波にみる近代復興の萌芽

第二章　農山漁村経済更生運動と昭和三陸津波

第三章　吉里吉里集落における新漁村建設

第四章　チリ地震津波と東日本大震災にみる近代復興の成立

第五章　ポスト近代復興に向けて

序章

「災害復興史」試論

とうとうファゼーロたちは立派な一つの産業組合をつくり、ハムと皮類と醋酸とオートミールはモリーオの市やセンダードの市はもちろん、広くどこへも出るようになりました。

（…）

ポラーノの広場のうた

つめくさ灯ともす　夜のひろば／むかしのラルゴを　うたいかわし／
雲をもどよもし　夜風にわすれて／とりいれまぢかに　年ようれぬ
まさしきねがいに　いさかうとも／銀河のかなたに　ともにわらい／
なべてのなやみを　たきぎともしつつ／はえある世界を　ともにつくらん

宮沢賢治「ポラーノの広場」（天沢退二郎編『銀河鉄道の夜・風の又三郎・ポラーノの広場　ほか三編』講談社文庫、一九七一、一七一－一七二頁）

宮沢賢治（一八九六－一九三三）は、明治三陸津波の年に生まれ、そして昭和三陸津波の年に亡くなった。内陸（現・花巻市）ではあるが岩手県の生まれで、「三陸津波」とは縁浅からぬ人物である。「ポラーノの広場」は、賢治の死後発表されたものだが、その原形は一九二七年頃に成立したとされる。当時、賢治は農民のための私塾「羅須地人《らすちじん》協会」の活動に取り組んでいた。あらすじは、だれでも上手に歌える伝説の広場を追い求めた主人公のキューストとファゼーロが、産業組合の運営を通し、自ら理想的な広場を創造するというものである。産業組合とは、昭和三陸津波の復興に大きな役割を果たした組織である。キューストの姿は、「羅須地人協会」の活動を通し、理想郷イーハトーブの創造を目指した賢治の姿と重なる。

一　はじめに

水戸のユートピア

二〇一一（平成二三）年三月一二日午前八時頃、私は幼稚園の送迎バスの子ども用の小さな座席に腰掛け、茨城県内の県道を揺られ走っていた。前日、茨城県庁に向かう高速バスのなかで被災し、水戸駅で足止めされ駅前のホテルのロビーで一夜を過ごしたのち、東京方面にヒッチハイクを開始し、最初に乗せてもらったのが幼稚園バスであったのだ。その後、幼稚園バスを降りた私は、幸運なことに次に乗せてもらった車で、常磐線が動いていた駅まで連れていってもらい、無事その日中に神奈川県内の自宅に帰ることができた。東日本大震災を遡ること一六年前にも、兵庫県宝塚市にある実家で阪神・淡路大震災を経験しており、これが、私にとって二度めの大規模災害の被災経験となった。その後、津波による壊滅的な被害を受けた三陸の被災地に通うことになろうとは、その時は知る由もなかった。

アメリカ人ジャーナリストのレベッカ・ソルニットは、サンフランシスコ地震（一九〇六）からハリケーン・カトリーナ（二〇〇五）に至るまでのさまざまな大規模災害を分析し、発災直後に出現する、人々の利他的な行動によって支えられる社会を「災害ユートピア」と呼んだ。[1] 私が滞在した東日本大震災発災直後の水戸にも、宿泊費を支払っていないにもかかわらずロビーを開放してくれたホテル、見ず知らずの私を快く車に乗せてくれた方々など、一種の「災害ユートピア」が出現していたといってよいだろう。

一般に、大規模な災害が発生した後の対応は、人命救助を目的とする「緊急対応」（Emergency Response）、衣食住の確保を目的とする「応急対応」（Relief）、そして社会活動の回復・再建を目的とする「復旧・復興」（Recovery）の三つの段階に分けられる。[2] そして、「災害ユートピア」は古今東西さまざまな災害後に見受けられるが、それが持続するのはおおむね二段階めの「応急対応」（Relief）までである。というのも、時間と場所を問わず大規模災害後には、住居や生産手段が破壊されると同時に外部との交通が絶たれ、衣食住が充足しない状況が出現するからである。そうした状況においては限りある資源を相互扶助の精神に基づき分かち合って生きていかざるをえない。その後、外部との交通が回復して衣食住が充足されるに従い、「災害ユートピア」は消滅するとされる。

一方、これから私が論じようとしているのは、基本的には「復旧・復興」の段階である。「応急対応」までの段階においては、「災害ユートピア」のような時代や地域を超えて共通する時空間が一時的ではあるが発生する。しかし、次の「復旧・復興」は、仮住まいの生活から安定した本設住宅での生活に向けて地域を再建していく段階である。その段階においては、前提となる当該地域の被災前の状況や被害の大きさや種類、行政の財政状況などが異なれば、当然地域の再建に向けた道筋も異なるため、被災地域は多様な様相を呈することになる。「復旧・復興」の段階を論じる難しさは、こうした災害ごとの個別性・多様性ゆえに、一般化や普遍化することに困難を伴う点にある。それゆえこの段階については、災害史や都市史などの分野において個別に論じられることはあっても、相互の比較分析や通時的な分析があまりなされてこなかった。

近代日本における「復興」

ところで、ここまで「復興」という用語を使ってきたが、それは何を意味しているのであろうか。また「復旧」という用語も使っているが、両者はどのような点で異なるのだろうか。一般に、「復興」とは「ふたたびおこること。また、ふたたび盛んになること」[3] とされる。もともとは、関東大震災後に設置された「帝都復興院」や、その総裁を務めた後藤新平による「帝都復興計画」などにより広く認知されるようになった言葉である。以来、「復興」という言葉は、後藤の「欧米最新の都市計画を採用して我が国に相応しき新都をつくる」[4] という強烈な信念と相まってか、防災分野においては特殊な意味を纏う言葉として定着していった。すなわち、「単に従前の状況に復旧するのではなく、長期的展望に基づき、市街地構造や住宅形態のみならず社会経済を含めた地域の総合的な構造を抜本的に見直し、新しい市街地や地域の創出を図る」[5]こととされ、「被害や障害を修復して従前の状態や機能を回復すること」[6]を指す「復旧」とは区別される。ただし、状態や機能を完全に従前の状態と一致するように回復することなど不可能に近い。また、たとえ従前の状態に回復したとしても、周辺環境や社会背景が異なれば、おのずとその「従前の状態」の意味合いも異なる。それゆえ、私は「復興」と「復旧」は厳密に峻別することはできないと考える。そこで、本書での「復興」の定義は、「自然災害などにより被害を受けたインフラ施設や建造物などのハードウェアおよび地域産業や経済、家族や地域コミュニティなどのソフトウェアの双方が回復し、被災住民が再び安定的な生活を獲得するためのさまざまな取り組み、またはその状態」という大まかなものにとどめることとする。

一方、行政用語としての「復旧事業」と「復興事業」は明確に区別することができる。一八九九（明治三二）年に制定された「災害土木費國庫補助規程施行細則」には「災害ニ因リテ必要ヲ生シタル土木工事ニシテ國庫ヨリ補助スヘキモノハ大體ニ於テ被害工事ノ原形ニ復スルヲ以テ目的トス。但シ原形ニ復シ難キ場合其ノ他特別ノ理由アル場合ニ於テハ増築又ハ改築ヲ為スコトヲ妨ケス」と記載されている。つまり、原則として国庫より補助を受けることができるのは原形復旧したものに限られるが、官僚の判断で例外が認められるということである。同法令は土木工事における原形復旧原則を最初期に規定したものであるが、その後の法令においても同様の規定が存在している[7]。そこで本書では、各時代の法令に基づき「復旧費」の国庫補助対象となる事業を「復旧事業」とし、その支給対象外の事業を「復興事業」とする。

ここで重要なことは、地震や洪水、火山噴火などの災害が多発する日本において、「復興」が単なる一過性の出来事にとどまらず、たびたび各都市の再編を促す重要な契機となってきたことである。関東大震災とその後の帝都復興計画や戦災とその後の戦災復興事業などの例を挙げるまでもなく、日本の都市は災害による破壊とその後の復興を繰り返すなかで形成されてきたといっても過言ではない。また、異なる災害における「復興」を比較・分析するうえで重要なことは、「復興」の背景となる被災地域における社会構造や当時の政策的な背景などを把握することである。災害により深い傷を負った地域だからこそ、被災の現状を踏まえたうえでどのような未来像を描くのか、そこには現実と理想の相克の軌跡が刻み込まれているはずである。

以上を踏まえ、私は本書において、三陸沿岸地域が近代以降に経験した四度の大きな津波災害（明治三陸津波、昭和三陸津波、チリ地震津波、東日本大震災）を「三陸津波」と総称し、各災害からの復興プロセスを通した集落再編の実態を明らかにし、今後の災害復興のあり方を見通したいと考えている。

では、なぜ「三陸沿岸地域」の「歴史」に着目するのか、順に説明したい。

なぜ「三陸沿岸地域」か

本書では、先般の東日本大震災はもとより、過去の三陸地域における津波災害によって、特に甚大な被害を被った宮城県と岩手県の沿岸部に位置する集落・都市を「三陸沿岸地域」と呼ぶこととする。周知のとおり、三陸沿岸地域は二〇一一年三月一一日に発生した東北地方太平洋沖地震とそれに伴う津波により壊滅的な被害を受けた。私は震災発生三カ月後の二〇一一年六月に現地を訪れた。あらゆる構築物が破壊され流され、瓦礫の山となった風景は、と

図1　岩手県上閉伊（かみへい）郡大槌（おおつち）町町方（まちかた）地区の復興の現状（2016年3月現在）
東日本大震災による大きな被害を受けたおよそ30ヘクタールにわたる町の中心部が、平均2.2メートルの盛土がなされ、区画整理事業により新たに整備される予定である。写真　淺川敏。

ても現実とは思えなかった。そして震災発生から約六年が経過しようとしている現在も、被災地の多くは復興の道半ばで、岩手県・宮城県だけでも四万人以上（二〇一六年一一月二九日現在）の被災者が今でも仮設住宅での生活を余儀なくされている。[8]このように東日本大震災の被災者の避難生活は、阪神・淡路大震災の四年一一カ月をすでに超えており、一九九〇年以降に日本で発生した災害のなかでも最も長い期間にわたっている。さらに、復興事業のスケジュールは徐々に後ろにずれ込んでおり、避難生活はさらに長引く可能性がある［図1］。

こうした被災地の現状を見る限り、現在採用されている復興手法が、被災地の現況に適合しているとは言い難い。つまり、三陸沿岸地域が東日本大震災により甚大な被害を受けたことに加え、そこからの復興プロセスに大きな困難を抱えていることが、本書で同地域に着目する理由である。さらには、東日本大震災は戦後最大の被害をもたらした巨大災害であり、その復興プロセスは今後の災害時においても繰り返し参照されるはずである。それゆえ、三陸沿岸地域は、同地域の次なる津波災害のみならず、今後の日本の災害復興のあり方を考えるためにも重要な意味を有していると考える。

また、時代や地域によって異なる様相を呈する災害後の復旧・復興のプロセスのなかから一定の法則性を見出すためには、なんらかの枠組みを設定し、そのなかで比較分析することが必要不可欠である。本書では、数十年ごとに津波災害を経験してきた三陸沿岸地域に対象を限定することで、同じ地域かつ同じ津波災害という枠組みのなかで議論を展開することが可能となる。

なぜ「歴史」か

いま述べたように、三陸沿岸地域は津波常襲地域である。古くは、八六九年（貞観一一）に発生した貞観地震に伴う津波災害以来、記録に残るだけでも東日本大震災までの一一四二年間に二五回もの津波被害を受けてきたことが知られている。[9]平均すると約四五年に一度の頻度となる。明治維新以降に限定しても、一八九六（明治二九）年の明治三陸津波、一九三三（昭和八）年の昭和三陸津波、一九六〇（昭和三五）年のチリ地震津波、そして二〇一一年の東日本大震災と、四度の大きな津波災害を経験している。津波災害には一定の間隔をあけて同じ場所で繰り返し発生するという特徴がある。すると、例えばある津波災害時における被災経験やその後の復興過程における対応が、次なる津波災害時に影響を及ぼすことが容易に考えられる。具体例を挙げて説明しよう。

東日本大震災の一つ前の大きな津波災害にあたるチリ地震津波は、東日本大震災から遡ること五一年前に発生した。今回、東日本大震災発災後に私が行なった岩手県上閉伊《かみへい》郡大槌《おおつち》町吉里吉里《きりきり》集落でのインタビュー調査においても、チリ地震津波の被災者の多くは当時の浸水域について言及しており、今回の東日本大震災の避難行動を行なう際のひとつの基準となったと考えられる。あるいは、チリ地震津波の復興過程で整備された防潮堤が津波の挙動そのものに影響を与えたということも当然あるだろう。さらに前の昭和三陸津波が、今回の東日本大震災に与えた影響も確認されている。例えば、昭和三陸津波後に行なわれた高所移転により今回の被害を免れた、あるいは逆に高所移転したがゆえに避難行動が遅れ被害が拡大したと考えられるような事例も存在する。

過去の津波災害後の当該地域における挙動が、次の津波災害時の挙動に跳ね返り、さまざまな影響を与えるという点で、津波災害は「再帰性」を有していると言える。このような「再帰性」を有する津波災害が、一定の間隔をおき繰り返し発生する三陸沿岸地域の将来を考えるためには、同地域の「歴史」と対峙せざるをえないのである。ただし、一〇〇年以上前の災害復興と現在進行形のそれを単純に比較することは不可能であり、当然各災害発生時点における社会的背景などの前提条件の差異を含めて比較分析を行なうことが必要である。なお、本書では、後述するように近代日本における国家を軸とした統治機構に基づく災害復興のかたちが変容していくプロセスを明らかにすることを目指している。それゆえ、本書では「歴史」のなかでも国家が成立した明治時代以降を対象とする。

ここまで読むと、私が現在進行形の東日本大震災の復興を単に否定的に捉えているように思われるかもしれない。しかし、そうではない。むしろ反省しているといったほうが適切である。というのも、災害復興のあり方について考えることを怠ってきたのは私たち自身なのだから。特に私が属する建築学という学問領域は、扱う領域の性質からしてその責務が大きい。それゆえ、建築学のなかでも歴史を扱う建築史学の立場から、「三陸津波」を契機として集落が再編されていくプロセスを明らかにし、今後に役立てることが本書に与えられた使命であると考えている。

二　「災害復興史」に向けて

ミクロな歴史／マクロな歴史

本書では「ミクロな歴史」と「マクロな歴史」のフェーズの異なる二つの歴史を描いている。歴史工学家の中谷礼仁は、「歴史」を「少なくとも二つ以上の事象の間に発生する想像的な時空のこと」と、定義している。[10]中谷に倣えば、本書における「ミクロな歴史」とは、四度の「三陸津波」それぞれの発災前後の二時点間に描かれる時空間を指す。ここでの「事象」に該当するのは発災前後の地図や制度などであり、そこから変化を読み解いて仮説を構築し、さらに文献資料やインタビューなどを通じて仮説を検証・更新していくことになる。一方「マクロな歴史」とは、四度の「三陸津波」のあいだに描かれる時空間である。ここでの「事象」に該当するのは四度の「三陸津波」後の復興のプロセスであり、そこから「三陸津波」以外の災害復興を含めた中長期的な変化を読み解いていくことになる。換言すると、前者の「ミクロな歴史」とは「三陸津波」の四時点におけるそれぞれの微分係数を求めるような作業であり、後者の「マクロな歴史」とは四つの微分係数をもとにその導関数を求めるような作業であると言える［図2］。

ここでいう関数に該当するものは二つある。一つは、各時代における政策としての「復興手法」である。もう一つは、政策に基づく各種事業や被災地域での集落再建に向けたさまざまな営みの結果として刻まれた「集落環境」である。

前者のみであれば「制度史」や「行政史」の範疇の研究であり、後者のみであれば「集落史」あるいは「地域史」の範疇の研究である。一方本書は、個別の津波災害における「復興手法」と「集落環境」の関係（「ミクロな歴史」）を明らかにするのみならず､両者の関係の通時的変化（「マクロな歴史」）を明らかにすることを目指している。こう

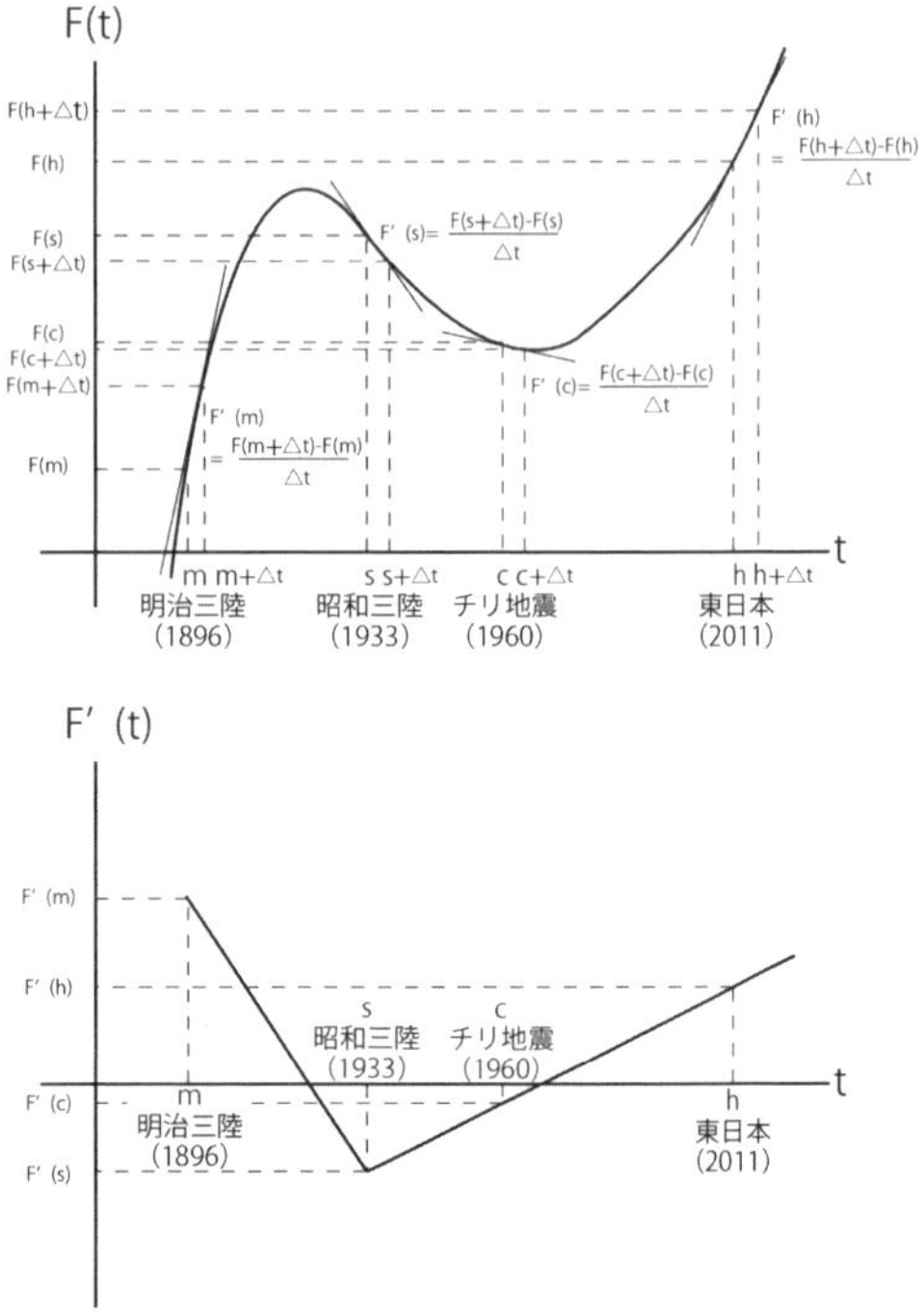

図２　ミクロな歴史（上）とマクロな歴史（下）のイメージ
上は各災害の被災前後２時点間を分析することで導かれるミクロな歴史を、下は４つの津波災害の復興プロセスを分析することで導かれるマクロな歴史を表わす。

した作業を通し、「災害復興史」とでも呼べるような新しい研究ジャンルを切り開いていきたい。特に災害に関する制度や政策は、低頻度で発生する大規模な災害により問題が顕在化するたびに事後的に整備されてきた。[11] それゆえ、こうした中長期的な視点に基づき「マクロな歴史」を描くことが必要不可欠である。ところが、次項で詳しく述べるとおり、俯瞰的観点から複数の災害復興を横断的に分析するような研究は、これまでほとんどなされてこなかった。近代以降に四度にもわたる大規模な被災経験を有する地域は三陸沿岸地域をおいてほかにない。その意味でも、既往研究がないなかで新たに日本の災害復興史のフレームワークを構築するためにも、研究対象としてまず三陸沿岸地域を選定したことには必然性があると言える。

次項および次々項にて、「復興手法」および「集落環境」を分析するための視座について説明する。

復興手法における「近代復興」とは

日本は地震や火山噴火、洪水など自然災害が多発する災害大国である。そして、個々の災害については、歴史学や社会学、建築学などさまざまな分野が膨大な研究蓄積を有している。しかし、それらを通時的に見通すような研究は限られており、あったとしても個別の災害研究をオムニバス的につなげたものに終始しがちである。数少ない例外のひとつとして、災害史研究者の北原糸子による一連の研究が挙げられる。特に『津波災害と近代日本』（吉川弘文館、二〇一四）において、北原はモデルとしての関東大震災の復興とそのフォロワーとしてのそれ以降の震災復興という構図を提出している。ただし、同書においても個別の災害の分析にとどまっており必ずしもその構図が検証されているわけではない[12]。また、歴史学者の安田政彦は古代から阪神・淡路大震災までの日本の災害復興を分析したうえで、「時代とともに為政者による復興は組織的になってくる[13]」としているが、具体的に組織化されていく様相やその要因などが十分に分析されているとは言い難い。都市計画学者の中島直人は日本の近代における災害復興について、安田のモチーフを受けつつ、それを具体的に展開するかたちで、「近代復興」という造語を提唱し、その特徴を以下のようにまとめている[14]。

◦政府・官僚主導型で、開発を前提とし、迅速性をよしとする。
◦被災地に現状凍結（モラトリアム）を要請し、基盤（インフラ）整備を優先する。
◦政府が供給する仮設住宅、そして復興住宅へという単線型プロセスが用意される。
◦政府の（補助金付き）事業メニューは標準型であり、しばしば事業ありき、の発想となる。
◦わが国では一九六一年の災害対策基本法の制定によって枠組みが整えられ、阪神・淡路大震災までに完成した体制である。

中島も述べているように、「近代復興」という造語は、あくまで議論の土俵をつくるための作業仮説であり、必ずしも論証されたものではない。また、上記の特徴についても整理が不十分な点がある。しかし、仮説としては魅力的であり、十分検証に値すると思われる。そこで、本書においては「近代復興」の用語に私なりの整理を加えて議論を展開していくこととする。

日本において「近代復興」という用語が成立するためには、少なくとも近世における災害復興（以下、「近世復興」とする）との差異が明示される必要がある。では一体、「近代復興」と「近世復興」を分けるものは何なのだろうか。端的に言って、それは統治機構の違いである。

そもそも、災害復興の問題は、不定期に発生する大規模災害を地方政府や地域住民のみで解決することが難しいようなケースに、どのように対処するかという一点に集約できる。それゆえ時代ごとの「統治機構」の違いが重要となる。逆に言えば、地方政府の所管する領域内で完結するような小規模な災害の復興については、地方政府や地域住民の個別的な対応に任せるほかはない。

では、「近世復興」はどのようなものであったのか。江戸幕府の災害対応を例として、見ていくこととしよう。周知のとおり、江戸時代は幕藩体制と呼ばれる幕府と藩の封建的主従関係を軸に構築された社会である。そして、藩単独では解決できないような大規模な災害発生時に対処しうる主体は、幕府をおいてほかにない。幕藩体制のもとでの幕府は、二六〇あまりの諸大名と主従関係を取り結び強力な権力を有する中央政府として位置付けられる。しかし、その財政基盤は、基本的に全国各地の幕領と呼ばれる直轄領からの年貢に依存しており、その点においては、武家の棟梁たる徳川家もじつは幕領を治める一領主にすぎない。それゆえ、大規模災害が発生した際は、被害を受けた土地の領主がその災害復興を担うのが基本原則であった。つまり、私領についてはその領主が災害復興を担うことになる。彼らで処理しきれない場合には、領主からの求めに応じて幕府から災害復旧の貸付金[15]が交付されることになるが、貸付金を元に復興を行なう責務そのものは、領主自身にある。一方、幕領については、幕府が災害復興を担うことになる。この場合、幕府が方針を立て拝領高に応じて大名を選定し、指名された大名が普請にあたるという、いわゆる「大名手伝普請《てつだいふしん》」[16]と呼ばれる方式が採用された。徳川家の支配は二六五年もの長期にわたったため、幕藩体制の変化に従い、例外的な事例も当然見受けられるが、被害を受けた土地の領主がその災害復興を担うという基本原則は崩れていない。[17]

それに対し、「近代復興」はどのようなものなのか。そもそも「近代復興」はいつから始まるのか、中島自身はその起点については言及していない。そこで本書では、「近代復興」を明治維新以降の災害経験を経て徐々に形成された歴史的プロセスとして捉えることとする。明治維新を起点としたのは、当然そこにそれ以前の「近世復興」からの転換点があると考えるからである。その転換点とは、先ほども述べたとおり、統治機構の変化である。明治維新を経て新たに成立した明治政府は、一八七一（明治四）年の廃藩置県により地方統治に関する行政改革を断行した。また、一八七三（明治六）年に租税制度改革である「地租改正」を行ない、全国に徴税権を確立し、金納による税収を確保することに成功した。これにより、大規模災害発生時のように、地域住民や地方政府のみで解決することが難しいような問題に対処する主体としての「国家」が成立したと言えよう。つまり、そのための財源としての税収が確保され、それを再分配する責務が「国家」に生じることとなった。ただし、最初から「近代復興」が成立したわけではなかった。それは災害が発生するたびに徐々に構築されていくことになる。そして、「近代復興」が確立されていくプロセスにおける特徴として、以下の三つが挙げられる。

体制：復興を担う体制のなかで国家官僚の果たす役割が大きくなる

予算：復興に必要な予算に占める国庫補助金の割合が大きくなる

内容：事業内容の標準化とインフラ整備への偏重が進んでいく

一つめの体制については、明治維新を機に成立した国家、なかでも中央集権化が進む過程で国家官僚（中央政府）が、復興に携わる各主体のなかで前景化していくこととなる。ただし、第二次世界大戦下の戦時体制や戦後の行政改革、あるいは二〇〇〇年以降の地方分権の流れなどのなかで、中央集権体制にゆらぎも生じている。また、当然ではあるが、復興は中央政府のみで果たされるわけではない。国家官僚（中央政府）と、郡や都道府県、市町村（地方政府）、そして地縁組織や各種組合、住民（地域住民）の三者が、どのような関係を取り結び被災集落が復興を果たしていったのか、次章以降において詳細に論じていくこととする。

二つめの予算については、前述したとおり、明治政府は全国に徴税権を確立した。これにより、中央政府は災害復興に投入可能な財源を確保したことになる。しかし、当然、最初から災害復興のための予算が十分に確保されていたわけではなかった。その後、財政基盤が安定するに従い、復興予算に占める国庫補助金のウェイトが大きくなっていく。ただし、当然国家財政には浮き沈みがある。また、公的資金の性質上、平等性の担保と融通の際にはリスクを回避する必要があるという制約にも注意が必要である。災害復興に必要な予算の財源およびその分配の仕組みの変化を、次章以降で具体的に明らかにしていく。

三つめの内容について、国家官僚（中央政府）が復興の一端を担うようになると、被災地域ごとの平等性を担保する必要が生じることになる。そのうえ、被災地が広範囲にわたる大規模災害の復興では、事務作業が煩雑になることから、次第に復興事業が標準化され、メニュー化されていくこととなる。また、明治維新以降は、西欧からの近代的な技術の導入や国としての殖産興業の方針もあり、インフラ整備に重きが置かれていく。こちらも次章以降で、各災害復興において、建造物や道路・橋梁・防潮堤などの物的基盤の整備を行なうハード事業と経済・社会政策としてのサービスや役務の提供を行なうソフト事業がどのように実施されてきたのかを詳細に見ていくこととする。

なお、復興の体制、予算、内容について個別に述べたが、実際にはそれぞれが密接に関連している。つまり、主体としての国家が成立したことで、全国から徴収した税の再分配の一環として復興事業が可能となり、それにより多額の費用がかかるインフラ整備が実施され、国家官僚（中央政府）の権力が強化されていく……というように。本書では、各災害の復興において、各主体がどのような役割分担（体制）で、どのような財源（予算）に基づき、どのような事業（内容）を行なったのか、体制・予算・内容のワンセットを「復興手法」と呼ぶこととする。

たしかに中島の言うとおり、「近代復興」の枠組みが整備され一定の完成形を見たのは「災害対策基本法」の制定された一九六一年である。同法制定をもって戦前と戦後の災害復興のあり方の違いを断絶として捉える向きも少なくない。[18] しかし、ここでは近代復興の枠組みが整備され変容していくプロセスこそを重視するという意味で、明治期から現在までの連続性にこそ着目する。

そこで本書では、明治三陸津波の復興手法を「近代復興」の萌芽として位置付ける。また、昭和三陸津波の復興手法を「近代復興」の原型が表出した原初的な段階、チリ地震津波の復興手法を「近代復興」が一定の完成形を見せたものとして、東日本大震災の復興手法は、「近代復興」の限界を示すものとして位置付けることとする。さらに、今後のありうべき復興手法を「ポスト近代復興」とする［図3］。

東日本大震災後に採用されている復興手法も、「近代復興」の展開のなかで構築された歴史的産物であると言える。それゆえ、次の災害に向けた新たな復興手法のあり方を見通すためには、単純に現在進行形の復興過程を分析・批判するだけでは不十分である。過去の災害復興をも含めた歴史研究により、現在の復興手法が形成されてきたプロセスや法令に基づく運用実態の変遷を明らかにすることが必要である。東日本大震災における「近代復興」については、長期化の問題以外にも、過度な予算投入、硬直的な制度や地域性・多様性などへの配慮不足といった問題点が指摘されており[19]、「近代復興」が限界を迎えていることは明らかである。そうした現状に対し、本書では「近代復興」の原型としての昭和三陸津波の復興を中心に、災害復興手法としての「近代復興」形成のプロセスを明らかにすることを目指している。また、それにより、次の災害復興に向けた新たな手法を見通すための基礎的な素地を提供したいと考えている。

「集落環境」の再編

以上において、「近代復興」というキーワードを軸に、主に行政機関による公助としての災害復興を分析する視点について論じた。しかし、災害復興の全体像を理解するという点においては、それだけでは不十分である。何より復興すべきは被災者であり、被災地であるからである。また、前節において復興の主体として挙げた「地域住民」による自助や共助を、被災した岩手県・宮城県の報告書のみから捉えるのは難しい。

		津波災害	復興の位置付け	復興の特色	
成長社会	1986年	明治津波	近代復興の萌芽	•中央政府による各種救援金の分配 •地方政府、集落ごとに異なる集落再建対応	統制の進展 ↓
成長社会	1933年	昭和三陸津波	近代復興の原型	•国庫補助と低利資金の融通 •国家官僚による事業メニュー •産業組合を通じた事業の実施	
成長社会	1960年	チリ地震津波	近代復興の完成	•特別措置法に基づく復興事業 •メニュー型事業による復興 •防潮堤などのインフラ整備	
成熟社会	2011年	東日本大震災	近代復興の限界	•「東日本大震災復興基本法」に基づく復興 •メニュー型事業による復興 •盛土、防潮堤等インフラ整備の重視	
成熟社会	20xx年	次なる津波災害	ポスト近代復興	?	

図3 近代復興の形成プロセス

そこで本書では制度としての「復興手法」に基づき、行政が立案した各種事業などがどのように実現し、その結果、三陸沿岸地域の「集落環境」がどのように変容したのかを具体的に把握していくこととする。

そもそも、「集落環境」は何を意味するのか。災害により被害を受け、復興により変容するものは多々あるが、本書では「建造環境（build environment）」と「経済・社会環境」の二つに着目する。「建造環境」とは、もともとイギリスの地理学者デヴィッド・ハーヴェイにより創出された言葉であるが、[20]ここでは住宅や店舗などの建築物に限らず、道路や漁港施設などの土木構築物などを含め、人間による構築物の総体を表わすものとする。また、「経済・社会環境」とは、漁業を中心とした生業を成立させるための手段や仕組み（＝経済環境）と集落における血縁・地縁関係（＝社会環境）を表わすものとする。通常、経済環境と社会環境は分けて分析する必要があるが、三陸沿岸地域では漁業を中心として両者が密接に関係していることが多く、ここでは「経済・社会環境」として一体的に分析することとする。そのほか、津波災害により大きな被害を受ける「自然環境」なども、漁業を中心とした三陸沿岸地域では重要なテーマになると考えられるが、ここでは対象とはしない。

三陸沿岸地域の「集落環境」は、不定期に津波災害による被害を受けるため、通常の都市や集落のように時系列に沿って徐々に変化するわけではない。むしろその変容は、津波災害の性質上、浸水により大きな被害を受けたエリアを中心に、面的かつドラスティックなものとなる。しかし、たとえ被災エリアにある建物がすべて流失してしまったとしても、「集落環境」が完全にリセットされるということはありえない。なぜなら、そこには土地の所有権や血縁・地縁関係、漁業を行なううえでの社会的関係などが少なからず残されるからである。それゆえ、ハード／ソフトを問わず内部において被災を免れたものと、復旧・復興事業などを通じて外部からもたらされるものを組み合わせながら、被災集落は再編されていくこととなる。本書では、被災した集落環境に残されたものと新たに付与されたものを注意深く観察しながら、その再編の過程を追っていきたい。

では、漁村の「集落環境」に関し、既往研究は、何をどこまで明らかにしているのだろうか。

日本における漁村集落を対象とした研究には膨大な蓄積があるが、それらは時代（前近代／近代）と研究対象（ハード／ソフト）の二つの軸によるマトリクスにより、

表1のようにおおまかにA–Dの四類型に整理できる。

　分類Aに該当するのが、前近代における伝統的な漁村集落の構造や地形との関連などを分析する研究で、建築学や地理学などで一定の研究蓄積がある。[21] ただし、その多くは資料的な制約もあり、本書が対象とするような漁村ではなく、一定の都市的集積を有する港町を対象とするものである。分類Bに該当するのは、前近代の漁村の産業構造や江戸期における海商の活動などに関する研究で、地理学や日本史学などの分野が膨大な研究蓄積を有している。[22] 分類Cに該当する研究は建築学などで蓄積がないことはないが[23]、実際に研究対象とされているのは近代化を免れた漁村が大半である。

　一方、分類Dに該当するのは、漁業権の脱封建化のプロセスや漁業の近代化などを扱う研究で、経済史や社会学などの分野で広く研究が進められている。[24] このように近代の漁村が抱える問題系のなかでは、船主／船子や網主／網子といった社会階層や、漁業の生産性、漁業の協同化のプロセスなどのソフト面の問題群が大きなウェイトを占めている。一方、漁村のハード面の改善に関する問題が前景化するのは比較的遅く、防潮堤や防波堤などの大規模な公共投資が進んだのも戦後であった。

表1　漁村研究の類型

	ハード （建築・インフラ等）	ソフト （産業、経済、社会等）
前近代	A：地理学、建築学	B：地理学、日本史学
近代	C：建築学	D：経済学、社会学

　そうしたなかで、第二章・第三章で扱う昭和三陸津波の復興は、国家官僚（中央政府）が漁村に直接介入した最初期の事例として位置付けることができる。そして、昭和三陸津波の復興事業に関与したのは、主に農山漁村における一次産業を所管する農林省のみならず、インフラ整備事業や都市計画などのハード事業を所管する内務省や商工業を所管する商工省も含まれている。つまり、昭和三陸津波の集落環境を見る際には、被災集落におけるハードの近代化（A→C）とソフトの近代化（B→D）に加え、両者の関係（C↔D）をセットで論じる必要がある。

　では、三陸沿岸地域の過去の津波災害からの復興に関し、既往研究は何を明らかにしているのだろうか。じつはそうした研究はかなり限られている。特に三陸全体を視野に入れた研究は、昭和三陸津波後に津波被災地域の高所移転を分析した地理学者の山口弥一郎による一連の研究[25]が唯一といっても過言ではない。ただその山口の研究も、復興事業を主導した行政に関する分析がなされていない点や、各事例分析の視点が一定でないため比較分析がしにくい点など、問題点も少なくない。とはいえ、山口の研究は、昭和三陸津波の発災直後に始まる三陸沿岸地域を対象とした実地調査に基づくもので、復興プロセスを知ることができる非常に貴重な成果であると言える。また、個別の事例研究については、津波工学者の今村文彦らによる唐丹《とうに》本郷集落を対象とした研究[26]や、北原糸子らによる山田町船越・田ノ浜集落や大船渡市赤崎町合足《あったり》集落を対象とした研究[27]などがあり、各集落での復興の実態を詳細に明らかにしている。ただし、昭和三陸津波の復興の全体像を明らかにするような俯瞰的な視点は持ち合わせていない。

一方、東日本大震災後は、三陸沿岸地域における過去の津波災害の復興に大きな関心が寄せられている。例えば、建築史学者の青井哲人[28]、都市工学者の越澤明[29]や中島直人[30]、土木工学者の首藤伸夫[31]など、都市工学や土木工学、建築史学などさまざまな分野の研究者が、三陸沿岸地域における歴史研究の重要性を説いている。ただし、いずれの研究も基本的には既往研究や公刊資料に基づく論考が大半で、一次資料や具体的なフィールドから得られた知見に基づく本格的な歴史研究は現時点ではほとんど見られない。

本書は、議会資料や地図資料、土地台帳などの分析や現地でのフィールドワークにより、「三陸津波」からの復興の全体像および具体像を明らかにすることを試みるものである。これまで断片的にしか判明していなかった「三陸津波」により被害を受けた集落が再編されていくプロセスを、具体事例に即し詳細に明らかにしていきたい。

三　「理想部落」吉里吉里

大槌町は南北に長い岩手県の沿岸地域のなかほどにあり〔図4〕、南側にある深く切り込んだ形状の大槌湾と、比較的外洋に開けた船越湾の二つの湾に面している。大槌湾沿いには、町の中心の町方のほか、安渡《あんど》集落、港町・新港町、赤浜集落、小枕《こまくら》集落が立地している。そして、船越湾には、本書で集落環境変容の分析対象とする吉里吉里集落と、浪板《なみいた》集落が立地している〔図5〕。吉里吉里集落を選定した理由は、同集落が昭和三陸津波後に行政主導で大規模な高所移転事業を行ない、内務大臣官房都市計畫課による報告書『三陸津浪に因る被害町村の復興計畫報告』（一九三四）のなかで「理想部落」としてその計画概要が唯一掲載されるなど、ある種のモデルケースとして先行して実施された集落と考えられるからである。[32]また、吉里吉里集落を含む大槌町は、東日本大震災で女川町《おながわ》、陸前高田市と並び最大規模の被害を受けた自治体である。加えて、大槌町では東日本大震災発災当時の町長が津波により死亡したため、町長選を行なう必要があったこともあり、復興のプロセスがほかの自治体よりも遅れがちであった。そのため「一周遅れのトップランナー」[33]と称されるなど、東日本大震災後の復興プロセスにさまざまな問題が先鋭的に顕在化した自治体であると言える。

なお、吉里吉里集落は岩手県に立地するため、復興手法の全体像分析においては岩手県の分析に重きを置くが、適宜宮城県についても県レベルの政策や県内の集落について分析を行なうこととする。

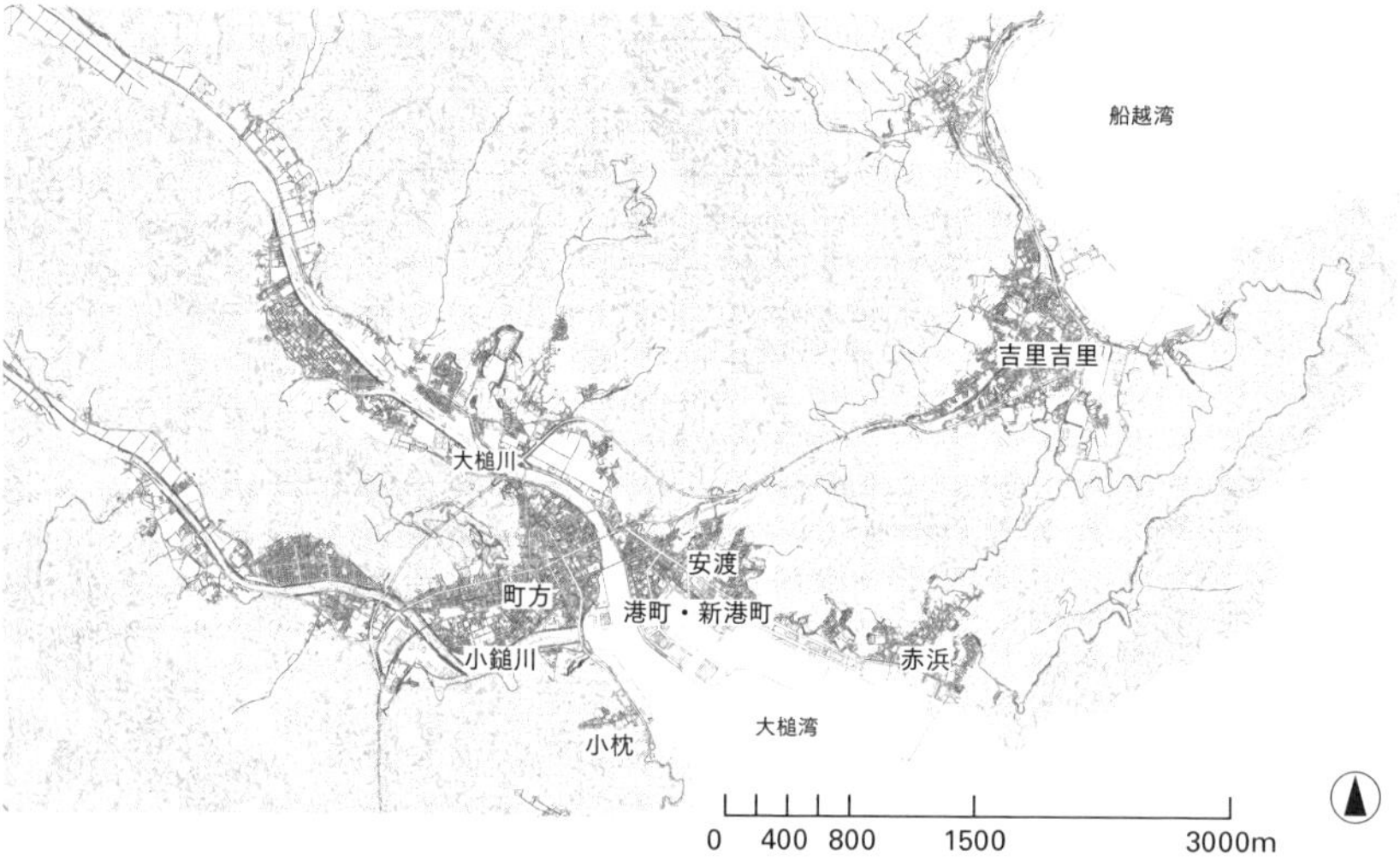

図４　岩手県上閉伊郡大槌町の位置
図５　大槌全体地図（地図：ゼンリン　ZMap-TOWNII、許諾番号（Z16LL 第 099 号）

四　本書の構成

本書には大きく三つの軸が存在する。

一つめの軸は時間軸で、明治以降に三陸沿岸地域が被災した四度の「三陸津波」について、明治三陸津波の復興を扱う第一章、昭和三陸津波の復興を扱う第二章・第三章、そしてチリ地震および東日本大震災後の復興を扱う第四章となっている。

二つめの軸は分析対象に対する視点の設定で、これは国や県における「復興手法（全体像）」を対象とした俯瞰的な視点と、個別の被災集落における「集落環境（具体像）」の変容を対象とした具体的な視点である。

三つめの軸は分析対象とする事項の種別（ハード／ソフト）で、これはインフラ整備などの空間的な事項（ハード）と、産業や経済、社会などの事項（ソフト）である。

二つめの軸と三つめの軸のマトリクスが各章に対応しており、各災害の「政策レベルでの復興の全体像」および「集落レベルでの復興の具体像」について、それぞれハードとソフトの両面から両者の関係を含めて各章で分析を行ない、復興手法と集落環境の変遷を多面的に明らかにすることを目指している。

各章の構成を図示すると表2のとおりである。

本章では、「災害復興史」「ミクロな歴史／マクロな歴史」「復興手法・集落環境」「ハード／ソフト」といった本書における重要な概念を説明することを通して、研究の枠組みを提示している。

そして第一章は、明治三陸津波を対象とし、災害後の復興プロセスにおける「復興手法」とそれに伴う「集落環境」の変容を分析する。さらに、被災集落が個別に高所移転などを行ないつつ比較的速やかに復興を果たした実態を具体例に即して解明していく。ここでは、日本が近代国家としての装いを整備していく途中段階における「近代復興」の萌芽が描かれていく。

表2　本書の構成

	復興手法（全体像）		集落環境（具体像）		通時的分析
	ハード	ソフト	ハード	ソフト	
	序章　「災害復興史」試論				第五章　ポスト近代復興に向けて
明治三陸津波	第一章　明治三陸津波にみる近代復興の萌芽				
昭和三陸津波	第二章　農山漁村経済更生運動と昭和三陸津波		第三章　吉里吉里集落における新漁村建設		
チリ地震津波・東日本大震災	第四章　チリ地震と東日本大震災にみる近代復興の成立				

第二章では、昭和三陸津波の「復興手法」を論じる。昭和三陸津波後の集落の復興に向けては、被災集落において国庫補助および低利資金の融通による事業を行なうかたちで災害復興のプロセスに国家官僚（中央政府）が大規模な介入を行なっている。そうした「近代復興」の原型としての昭和三陸津波の復興手法を明らかにしていく。

第三章では、昭和三陸津波後の「集落環境」について論じる。中央政府により復興のモデル事業として位置付けられた岩手県大槌町吉里吉里集落を対象に、高所移転事業や産業再建のための各種事業がどのように展開されたのかを具体的に検証していく。さらに、そうした国家官僚（中央政府）による介入が集落にどのような社会的変化をもたらしたのかという点についても明らかにしていく。

第四章では、チリ地震津波および東日本大震災の「復興手法」と「集落環境」を分析する。「近代復興」が完成したとされる一九六一年の「災害対策基本法」制定直前の一九六〇年に発生したチリ地震津波から今回の東日本大震災にかけての「近代復興」の進展を明らかにする。同時に、そうした津波災害からの復興を含む戦後の政策が、三陸沿岸の「集落環境」に及ぼした影響を明らかにする。

第五章では、それまでの分析結果を踏まえ、「復興手法」および「集落環境」の時系列的な変化(「マクロな歴史」)を明らかにしたうえで、現在進行形の東日本大震災における復興の問題点を整理する。さらに、今後の災害発生時における災害復興のあり方を検討する。

さらに、「資料」として、紙面の都合等で本文には掲載しきれなかったが、重要な表や資料を一五点掲載している。適宜参照していただきたい。

また、巻頭および巻末にそれぞれ本書に関連する写真や、図版、資料を掲載している。

巻頭には、写真家・淺川敏氏撮影による写真を掲載している。淺川氏には、震災以来約年に一度のペースで大槌町内を撮影していただいている。二〇一一年六月から二〇一六年三月にかけて撮影された一〇〇〇点以上の写真のなかから一三点を選び、おおむね時系列に沿ってレイアウトした。撮影地点は、いずれも吉里吉里集落を含む大槌町内の各集落である。震災直後からこれまで、大槌町内の津波浸水地域では土地利用の制限を受け、お祭りなどの特別な日を除いて極端に人通りの少ない風景が続いてきた。町の賑わいがこれほどまで長期にわたり損なわれたままであるというのは、日本の災害復興史のなかでも非常に特異な事態である。被災から復興に至るまでの過渡期における人間不在の風景のなかで、淺川氏の写真はいずれも人の存在を予見させる何かを切り取っている。津波災害と大規模なインフラ整備という二つの巨大な力のはざまにあって、儚くも力強い場の生成をとらえた一連の写真は、新たな復興のあり方を模索する本書のテーマとも深く呼応している。

巻末では、「『三陸津波』と吉里吉里集落の再編」と題し、四度の津波災害の前後における宅地および道路・防潮堤・港湾施設等のインフラの再編の様子を、東日本大震災発災前の地図上においてそれぞれ図示している。合わせて、四度の津波災害ごとの宅地の立地場所の変遷を取り出して「住宅地の変遷」や、明治三陸津波および昭和三陸津波前後の土地利用の変遷を分析した地図も掲載している。

また、それに引き続き、「大槌町の被災と復興」と題し、再び淺川氏の写真を掲載している。そこでは、前述の淺川氏による一〇〇〇点を超える写真のなかから、大槌町内の沿岸部に位置する五つの集落について、異なる二時点で比較的アングルの近い写真をそれぞれ選択し、並べて掲載している。いずれも、本書において幾度となく言及される集落であり、その風景を頭に思い描いていただくとともに、現在進行形の被災から復興へのプロセスを見ていただきたい。

用語・凡例

三陸津波

本書が対象とする、三陸沿岸地域が近代以降に経験した四度の大きな津波災害（明治三陸津波、昭和三陸津波、チリ地震津波、東日本大震災）の総称とする。

三陸沿岸地域

先般の東日本大震災はもとより、過去の三陸地域における津波災害発生時においても、特に甚大な被害を被った宮城県と岩手県の沿岸部に位置する集落・都市を指す。

復興

自然災害などにより被害を受けたインフラ施設や建造物などのハードウェアおよび、地域産業や経済、家族や地域コミュニティなどのソフトウェアの双方が回復し、被災住民が再び安定的な生活を獲得するためのさまざまな取り組み、またはその状態を指すものとする。一般用語としての復興と復旧は特段区別せず「復興」を用いる。

復旧事業と復興事業

各時代の法令に基づき復旧費の国庫補助対象となる事業を復旧事業とし、その支給対象外となる分の事業を復興事業とする。

復興手法

各災害後の復興において、どのような体制（＝主体）で、どのような財源（＝予算）に基づき、どのような事業（＝内容）を行なったのか、主体・予算・内容のワンセットを指す。

復興地

津波災害後の高所移転先の宅地を指すものとする。「高所地」「移転地」「高台」などさまざまな呼称があるが、事業名などの固有名詞を除き、本書では「復興地」で統一する。

原地

海沿いの低地に津波災害以前に存在した宅地を指す。

高所移転

「高所移転」は、被災した海沿いの低地から比較的標高が高く津波被害のリスクが低い地域に宅地を移転することを指すものとする。「高地移転」「高台移転」「集落移転」などと称されることもあるが、固有名詞以外は「高所移転」で統一する。

人的被害・人的被害率

津波による死者および行方不明者の合計値とする。また、人的被害率は、当該地域（県・町村・集落）における人的被害を被災前人口で割った数値の百分率とする。

建物被害・建物被害率

津波による住家被害のうち、全潰・流失・焼失・全焼失・全倒壊等の合計値とする。また、建物被害率は、当該地域（県・町村・集落）における建物被害を被災前の戸数で割った数値の百分率とする。

低利資金

大蔵省預金部資金のうち、災害等において低利率で融通された資金の総称とする。

融通と融資

低利資金を被災者に貸し出す際には、「融通」と「融資」いずれの言葉も使用されることがある。ただし、本書においては「融通」を使用することとし、引用文以外では「融資」は使用しないこととする。

なお本書では資料性を重視し、固有名詞や引用文については旧字・旧仮名づかいとしている。

第一章

明治三陸津波にみる近代復興の萌芽

清の弟に福二という人は海岸の田の浜へ婿に行きたるが、先年の大海嘯に遭いて妻と子とを失い、生き残りたる二人の子とともに元の屋敷の地に小屋を掛けて一年ばかりありき。夏の初めの月夜に便所に起き出でしが、遠く離れたるところにありて行く道も浪の打つ渚なり。霧の布きたる夜なりしが、その霧の中より男女二人の者の近よるを見れば、女は正しく亡くなりしわが妻なり。思わずその跡をつけて、遥々と船越村の方へ行く崎の洞あるところまで追い行き、名を呼びたるに、振り返りてにこと笑いたり。男はとみればこれも同じ里の者にて海嘯の難に死せし者なり。自分が婿に入りし以前に互いに深く心を通わせたりと聞きし男なり。

柳田國男『遠野物語・山の人生』(岩波書店、一九七六)六三頁

明治三陸津波により妻を失った男が、亡くなった妻とその昔の恋人の亡霊に出会う話である。男が暮らす船越村田の浜は、明治三陸津波により人口の約半分が亡くなった集落だ。明治三陸津波後の被害の大きさを物語る逸話である。しかし、本書にとって、この話は単なる災害の悲惨さを示すだけの逸話にとどまらない。というのも、著者である柳田國男(一八七五―一九六二)は、産業組合の普及に深く携わった農務官僚であったからである。経済学者の藤井隆至は、柳田を「産業組合」研究から『遠野物語』に向かわしめたのは、「前代」農民の生き方のなかに「協同組合の人間的基礎」を探求するためであり、『遠野物語』における怪異や霊は、「畏怖」や「不安」に向き合うための共同体としての表現にほかならないとしている(藤井隆至『柳田国男――『産業組合』と『遠野物語』のあいだ』日本経済評論社、二〇〇八)。

一　近代復興の萌芽

一八九六（明治二九）年六月一五日午後七時三二分、明治三陸津波の要因となる地震が岩手県釜石市の沖合約二〇〇キロメートルの海底で発生した。地震のエネルギーを示すマグニチュードは八・二と推定されているが、地震の揺れの大きさを示す震度は二―四程度であったとされる。[1] この地震は、「スロースリップ」[2]と呼ばれるゆっくりとした速度で動くプレートのすべり現象で、地震動の周期が比較的長く、地震の揺れに気づきにくいことが特徴であった。地震発生から約三〇分後の八時七分頃には三陸沿岸地域に高さ数メートルから数十メートルもの大津波が到達し、その後第二波、第三波と津波は幾度も押し寄せた。当日は旧暦の端午の節句であったこと、また日清講和条約締結の翌年で戦勝祝賀のための宴会が各地で行なわれていたこともあり、津波の来襲は三陸沿岸集落の人々にとってまさに不意の出来事であったに違いない。

明治三陸津波によって甚大な人的被害を受けた集落の復興にあたり、最も重視されたのが家系の再興である。山口弥一郎は、昭和三陸津波後の被災集落を調査する過程で、明治三陸津波の被害を受けて断絶の危機にあった家系が、本家―分家の血縁関係や村の有力者の取り計らいなどにより、たちどころに再興を果たしていった経緯を豊富な事例をもとに明らかにしている。[3] 同様に北原糸子は、合足集落を例に、文献調査および聞き取り調査により、明治三陸津波後の同集落の家の再生プロセスを詳細に明らかにしている。[4] ただし、山口、北原いずれの研究でも、そうした家系の再興にあたって、公的な支援が果たした役割については記述がほとんどない。たしかに明治三陸津波後に、中央政府が集落の復興に向けて行なった支援は限られている。しかし、実質的に被災集落の復興に寄与した側面も少なくない。そこで本章では、そうした明治三陸津波後の中央政府および地方政府（以下、「行政」とする）による復興政策を「近代復興の萌芽」として位置付け、その内容を明らかにするとともに、明治三陸津波後の吉里吉里集落を例に具体的な復興の様相を描いていく。

発災当時の日本は、一八八九年に「大日本帝國憲法」が制定され、翌一八九〇年に帝国議会が設置されるなど、ようやく近代国家としての装いを整えつつある段階であった。災害からの復旧・復興に関する制度についても、近世以来の窮民救済の仕組みから、近代的な法令に基づき被災地再建に必要なさまざまな資金を供出する仕組みへと転換していた。ただし、明治三陸津波の被害が甚大だったこともあり、既存の制度に基づく資金のみでは不十分であった。それら不足分を補ったのが全国から寄せられた義捐金である。中央政府が分配に携わった資金（以下「救援金」とする）の総額に占める義捐金の割合は、じつに五割を超えていた。ここでの行政の主な役割は、各種救援金の用途を定めたうえでそれを被災集落に分配することであった。

明治三陸津波後の被災集落の復興は、中央政府からの各種救援金の支給はあったものの、集落単位、もしくは被災者の自主的な集落再建によって果たされていったのが実態であった。上記の各種救援金の分配以外にも、岩手県では被災した集落の再建および産業復興のアドバイザーとしての授産世話掛の派遣などを行なっている。それら行政が主体となって行なった事業は、限定的なものであったとはいえ、近代以前には見られなかった動きである。本章では、そうした近代復興の萌芽としての明治三陸津波の復興を分析していく。

まず〈二　被災前夜の三陸と被害状況〉において、被災前夜の三陸沿岸集落の状態と明治三陸津波による被害状況を整理する。

次に〈三　明治期における災害関連法制度〉において、発災時点での災害関連の法制度を被災者個人の救済にかかわる制度と社会インフラの復旧にかかわる制度に分けて分析する。

そのうえで、〈四　救援金に基づく集落再建〉において、明治三陸津波後における各種救援金の運用実態を種類ごとに整理する。そのなかで、明治三陸津波後の集落再建の原動力となったと考えられる各種救援金の額を試算し、それが被災者の住居再建に十分な金額であったのかどうかを検証する。検証にあたっては、岩手県や宮城県が明治三陸津波による被害やその後の行政対応などをまとめた行政資料[5]を用いる。

〈五　明治の高所移転〉では、岩手県と宮城県における明治三陸津波後の高所移転による宅地整備の状況を明らかにする。使用するのは前述の各種行政資料のほか、三陸沿岸全域を対象とし、長年にわたる緻密な聞き取り調査に基づき、津波災害後の高所移転とその後の現地復帰の実態を明らかにした山口による研究[6]も適宜参照する。

〈六　授産世話掛による経済・社会環境の再建〉では、岩手県から被災集落に派遣された「授産世話掛」の位置付けと同掛による被災集落の産業再建の手法を明らかにする。

また、〈七　集落における復興の実相〉において、岩手県大槌町吉里吉里集落を取り上げ、被災前後の地図の比較および土地台帳の分析を通じ、集落レベルでの具体的な「集落環境」の変容を明らかにする。主に震災前の集落の状態を把握するために、一八八九年に制定された土地台帳規則に基づき作成された地図資料「吉里吉里村地割絵図」（一八七五）および「岩手県陸中国南閉伊郡吉里吉里村　絵図」（一八八九頃）を使用する。また震災後の地図として、「宅地賃貸価格評価地図（遠野税務署管内　大槌町乙図）」（一九一〇）を使用する。

以上を踏まえ〈八　近代復興の萌芽の諸相〉において、明治三陸津波の「復興手法」と「集落環境の再編」を分析することを通して、国や県による支援が限定的であるなかで、被災集落が自らの力によって再建を果たしていく近代復興の萌芽を素描する。

二　被災前夜の三陸と被害状況

明治三陸津波の復興では、中央政府は各種救援金を分配したのみで主導的な役割を果たしたわけではなかった。それら各種救援金の支給額は、被害程度に基づき決定された。そこで本節では、復興の前提となる被災前の三陸の社会状況と明治三陸津波による被害状況を整理する。

被災前夜の三陸

土地改革と同様に、漁業権についても近代化を図ろうとした明治政府は、一八七五年の太政官布告「捕魚採藻ノ為海面所有ノ件」により、漁場の官有を宣言した。しかし当然ながら、網元や船主などから猛反発を受けた。その結果、一八八六年の「漁業組合準則」においては、封建的な旧来の入会団体の名称が「漁業組合」と変わっただけで、従前の共同利用の原則に基づく入会《いりあい》慣行[7]がなし崩し的に追認された。その後、漁場紛争の増加や資源保全の観点から、一九〇一年に「明治漁業法」が制定されることとなる。しかし、それも従来の慣行が漁業権として認められたにすぎない。

このような法整備状況のなかで、明治三陸津波以前の三陸沿岸地域の漁業を中心とする経済環境はどのようなものであったのか。明治期の各種漁業関連の統計データ[8]に基づき三陸沿岸地域を分析している漁村社会学者の今泉芳邦は、明治前期における三陸漁村の普遍的な漁業経営形態として、次の三つを挙げている[9]。すなわち、一つめが磯漁場における昆布・わかめ・あわびなどの採介・採藻および小漁、二つめが沿岸漁場における鮭や鮪などの大規模な定置漁業、三つめが鰹・いか・鱈・めぬけなどの漁船による沖合漁業である。採介・採藻および小漁については、基本的に共同利用に基づき管理されているが、定置漁業については、地域格差も大きく、それに従い経営形態も「村請け」から「個人請け」まで多様であった。また沖合漁業については、一八九〇年以降の新しい漁業技術の導入により漁民層の分化が進展したとされる。『水産事項特別調査』（農商務省、一八九四）によると、定置漁業と沖合漁業を合わせた「漁業戸」の一八九一年時点での岩手県内における階層構成は、船主・網元が約三パーセント、兼業漁家が約六〇パーセント、専業漁家が約三五パーセントとなっている。ただしその実態は、漁業形態や漁家の構成、集落の規模などによって大きく異なるとされる。具体的には、近世以来の有力な漁家を中心に階層分化が進んだ集落や、複数の新興の漁家を中心としたグループが併存している集落、あるいは入会漁業による安定的かつ均質な階層が保存された集落など、さまざまな集落が存在したと考えられる。今泉は、そうした漁家の階層構造には郡ごとに一定の傾向が見られるとして、その特徴を表1のようにまとめている。

　このように、封建的な体制を残しつつ、漁業技術の進展などに伴い地域ごとに漁家の階層構造が異なる様相を呈するなかで、明治三陸津波が発生した。そのため明治三陸津波の復興は中央政府や地方政府により体系的に計画が立案されたわけではなく、被災集落ごとの社会的状況により異なるプロセスをたどることになる。

被害状況

　明治三陸津波の被害には統計ごとに値に相当のバラつきがあるため、被害データの整理に先立ち、どのデータを用いるかについては慎重に吟味する必要がある。ただし、各統計については災害史研究者の山下文男がすでに詳細な検討を行なっている[10]。そこで本書では基本的に山下の検討内容を踏襲し、岩手県については殖産興業の指導者で、震災後自ら願い出て被災地調査を行なった山奈宗真

表1　郡ごとの漁業および漁家の特徴

郡	集落・町村	漁業種別漁家戸数の関係	主な漁業	特徴
気仙郡	気仙－唐丹	製造戸＞漁業戸＞採藻業戸	製造業	・商品価値を高める加工製造を指向
		製造戸＞採藻業＞漁業戸		
東閉伊郡	船越－田老	漁業戸＞採藻業戸＞製造戸	定置漁業	・定置漁業を基幹とした漁業専業指向の中規模集落
				・零細経営と季節的出稼ぎを中心とした小規模集落
南閉伊郡	釜石－吉里吉里	漁業戸＞製造戸＞採藻業戸	沿岸漁業	・漁業生産力が高い大規模集落
				・漁民層の移動が激しく階層分化が進展
北閉伊郡	小本－普代	混合		
九戸	野田－種市	採藻業戸＞漁業戸＞製造戸	採藻漁	・共同体的性格の強い小規模集落

による『三陸大海嘯岩手縣沿岸被害調査表』（一八九六）のデータを、宮城県については『宮城縣海嘯誌』（宮城縣、一九〇三）のデータを採用することとする。

上記資料に基づき、明治三陸津波による岩手県および宮城県の被害をまとめると表2のようになる。[11] 岩手県では、人的被害については死亡者数が一万八一五八人で人的被害率（震災前の人口に占める割合）は二三・九パーセント、建物被害については流出戸数と全壊戸数の合計が五六一七戸で建物被害率（震災前の戸数に占める割合）は四六・八パーセントと、約半数にのぼる建物が甚大な被害を受けている。宮城県では、人的被害、建物被害ともに実数において岩手県を下回っているが、それでも人的被害率一一・七パーセント、建物被害率二二・七パーセントと大きな被害を受けている。

表2　明治三陸津波による岩手県および宮城県の被害

	人的被害			建物被害		
	震災前人口(人)	死者数(人)	人的被害率	震災前戸数(戸)	被害戸数(戸)	建物被害率
岩手県	76,114	18,158	23.9%	12,003	5,617	46.8%
宮城県	29,486	3,452	11.7%	4,823	1,095	22.7%
2県合計	105,600	21,610	20.5%	16,826	6,712	39.9%

次に町村ごとの被害を見ると、人的被害率が最も高いのは田老《たろう》町で八三・一パーセントに及び、次いで唐丹村の六六・四パーセント、綾里《りょうり》村の六五・四パーセントの順となっている。いずれも岩手県内の町村であり、総じて岩手県のほうが宮城県よりも被害が大きい。また、建物被害率が最も高いのは、同じく田老町で一〇〇パーセントと町内すべての建物が被害を受けている。次いで高いのが大沢村で九三・四パーセント、船越村の八二・一パーセントの順となっており、建物被害率についても総じて岩手県のほうが宮城県よりも高い。

また、集落ごとの被害を見ると、人的被害率が最も高いのは小本《おもと》村の須賀《すか》集落で九一・三パーセント、次いで唐丹村の本郷集落で八八・一パーセント、鵜住居《うのすまい》村の両石集落で八四・一パーセントの順となっており、やはりいずれも岩手県の集落である。集落ごとの建物被害率を見ると、建物被害率が一〇〇パーセントの集落が、唐丹村小白浜《こしらはま》集落、綾里村港集落、田老村の田老集落・乙部《おとべ》集落・摂待《せったい》集落、崎山村の宿集落、重茂《おもえ》村の川代《かわしろ》集落・姉吉集落、小本村の須賀集落、大谷村の大谷集落[12]と一〇集落に及ぶ。大谷村の大谷集落以外はいずれも岩手県内の集落である。

このように、明治三陸津波による被害を見ると、特に岩手県内の集落の被害が大きく、少なくない集落が壊滅的な被害を受けたことが特徴であると言える。集落人口および住宅の大半が失われた状況下で、いかに集落は復興を果たしていったのであろうか。次節以降において論じていく。

三　明治期における災害関連法制度

本節では、一八九六年に発生した明治三陸津波の復旧・復興の前提となった法制度を整理すべく、明治期以降の災害関連の法整備状況を概観する。

近世においても、災害復旧のための公共工事の斡旋を行なう「御救普請《おすくいふしん》」や被災者に被害に応じた見舞金を支給する「御救金」のほか、寛政改革の際に飢饉や災害に備えて町費の節約分の七割を積み立てた「七分金積立制度」など、さまざまな災害関連の社会的仕組みが存在した。明治維新を経て、政府は近代国家としての体制を構築するなかで、災害対策に関連する分野についても近代的な法整備を行なっていった。それらは「被災者の救済」にかかわるものと、被災した「社会インフラの復旧」にかかわるものの大きく二種類に分けられる。

被災者の救済にかかわる制度

前者の「被災者の救済」にかかわる法整備が最初に制度化されたのは、一八六九年二月に行政官が定めた「府県施政順序」である。「府県施政順序」は府県へ政策方針を示したもので、そのなかの「凶荒予防ノ事」の項目で、「常社倉等ノ制ニ倣ヒ、其部内ノ人口ヲ量リ凶年非常救助ニ備ル様暫次ニ取立ルヲ要ス」としている。そこでは、災害時に備えて米を備蓄した近世の制度に倣い、人口に応じて各地域で災害時の備えを行なうことが定められている。

その後、一八七一年の廃藩置県と同時に出された太政官達県治条例中の「窮民一時救助規則」において「水火風震ノ難ニ逢ヒ家産蕩燼流出シ目下凍餒ニ迫ル者ハ男一人一日玄米三合女一人一日玄米二合積リ以テ十五日分速ニ救助スベシ」として、被災者への食糧援助について基準を定めた。同様に小屋掛け[13]についても「自ラ小屋掛ケヲ営ム能ハサル者一戸金五円充五ヵ年賦返納ノ積ニテ貸渡スベシ」として資金の貸し出しなどについての基準を定めた。実際に一八七二年に島根県で発生した浜田地震の救済は同規則にのっとって実施された。[14]

その後「窮民一時救助規則」が対象としていた「窮民」が、「恒常的な窮民」と災害などにより発生した「一時的な窮民」に区別され、それぞれ別の法体系が構築されていった。[15]前者について対応したのが一八七四年の「恤救《じゅつきゅう》規則」である。これはいわゆる「社会事業」としての窮民対策であり、その後一九二九年の「救護法」へと引き継がれてゆく。また、後者に対応したのが一八八〇年の「備荒儲蓄法」である。以下、本書の関心に沿って後者の「備荒儲蓄法」に絞り、その概要を整理する。

「備荒儲蓄法」第一条に「備荒儲蓄金ハ非常ノ凶荒不慮ノ災害ニ罹リタル窮民ニ食料小屋掛料農具料種穀料ヲ給シ又罹災ノ為メ地租ヲ収ムル能ハサル者ノ租額ヲ補助シ或ハ貸與スルモノ」とある。つまり、同法は基本的には地租の安定的な確保を目指した対策であったことがわかる。備荒儲蓄金は中央儲蓄金と地方儲蓄金で構成される。中央儲蓄金は毎年政府が支出する三〇万円を、地方儲蓄金は毎年政府が支出する九〇万円を各府県の地租額に応じて配分し、それに各府県の地租額に府県会で議決した割合を掛けあわせた額を加えたものを、それぞれ積み立てたものである。[16]また、府県の救済額が地方儲蓄金の三分の二（一八九〇年に一〇〇分の五に緩和）を超えた際には、内務大蔵両卿の協議をもって中央儲蓄金から補助することが定められた。

こうしてできた中央儲蓄金は、後述するとおり明治三陸津波後の復旧においても活用された。ただし、もともと二〇年間の時限立法であり、かつ度重なる災害で支出が増えて資金が底をついてしまったこともあって、一八九七年に廃止された。その後、一八九九年に新たに罹災救助基金が設立され戦前における災害救済制度として活用されるようになった。

社会インフラの復旧にかかわる制度

次に建造環境のなかでも、被災地域の復旧・復興の柱となる「土木インフラ」に限定し、その法整備の状況を整理する。

明治期に最初に土木インフラの復旧・復興に関して制度化されたものとして、一八七三年に布告された「河港道路修築規則」が挙げられる。同規則は河川および港湾、道路を一定の基準に基づいて三等に分類し、その修築維持費用の負担などを定めたものである。その前文に「水害有ル年ハ其費用三萬圓ニ昴モ又無事ノ年ハ纔ニ壹千圓ニ出サルモ有シ可シ而シテ水害ハ三年ニ一度或ハ五年ニ一度可有ヲ見積之ヲ平均シタル金額ヲ以テ向フ五ヶ年間ノ定額ニ相立候筈ニ付現實ノ平均高ヲ酌酌增減シ相當ノ金額可申立候此段相達候也」とあり、災害発生時における国の負担が明記されている。

しかし、一八八〇年一一月五日に太政官布告第四八号第三条により「府県土木（即ち河港、道路、堤防、橋梁建築修繕）費中官費下渡金」が一八八一年度より廃止されることとなり、災害時の土木復旧費のみならず通常の土木費が府県費の負担となった。ただし、実態として国庫補助は続けられ、災害復旧費についても毎年のように支給された。[17]

その後、一八八九年に「大日本帝國憲法」が制定され、その第六九条で「避クヘカラサル豫算ノ不足ヲ補フ為ニ又ハ豫算ノ外ニ生シタル必要ノ費用ニ充ツル為ニ豫備費ヲ設クヘシ」として「予備費」が設置され、災害時の国庫補助に充てられた。予備費から国庫補助を支出するにあたっては国会の承認が必要となるが、一八九〇年以降は府県から補助金の上申があった際に、内務省土木局が被災地に技師を派遣し、補助金の算定を行なうようになった。[18] 査定にあたっては「（地方税の）地租割ハ制限マテ戸數割ハ一戸壹圓迄ヲ徵收セシメ其餘ハ之ヲ國庫ヨリ補助スル」[19]という算定基準が設けられた。ただし、「大日本帝國憲法」第七〇条においては「公共ノ安全ヲ保持スル為緊急ノ需要アル場合ニ於テ内外ノ情形ニ因リ政府ハ帝國議會ヲ召集スルコト能ハサルトキハ勅令ニ依リ財政上必要ノ處分ヲ為スコトヲ得／前項ノ場合ニ於テハ次ノ會期ニ於テ帝國議會ニ提出シ其ノ承諾ヲ求ムルヲ要ス」とあり、議会の事前承認を得ずに支出することも認めている。[20]

ここで重要なことは、形式的には土木復旧事業の実施主体は府県であり国はそれを補助するかたちだが、実質的には事業の内容と金額を決定する役割も国家官僚が担っていることである。このように、明治期を通じて次第に構築されていった被災者の救済にかかわる制度および、被災した土木インフラの復旧にかかわる国庫補助の制度が、具体的に明治三陸津波の復旧・復興過程においてどのように適用されたのかを、次節以降において確認する。

四　救援金に基づく集落再建

明治三陸津波後の被災地において、政府および岩手県、宮城県の被災両県が、直接住宅整備事業を実施した形跡は見られない。つまり、住宅は基本的には行政を通して支給された各種救援金が使われて自主的に再建された。そこでここでは、明治三陸津波後の国および県からの各種救援金の支給状況を確認することとする。

津波による甚大な被害を受け、政府および被災県は、被災地の復旧復興に必要となる各種救援金の財源とその配分方法を協議した。結果的に配分されたのは、県および国の備荒儲蓄金、国庫からの第二予備金（救済費）、個人や団体などからの寄付による義捐金、天皇・皇后および皇族からの恩賜金、の計五種類の救援金であった。それぞれの県ごとの支給金額は表3のとおりである。以下、結果的に支給されなかった国庫余剰金を含む六種類の救援金の用途、使用制限などを整理する。

備荒儲蓄金

備荒儲蓄金とは「備荒儲蓄法」に基づき政府および府県において積み立てられた資金であり、その用途は食料、小屋掛料、農具料、種穀料に限定された。同法で定められた支給の規定は食料の支給は三〇日以内、小屋掛料は一戸当たり一〇円以内、農具料、種穀料は一戸当たり二〇円以内となっていた。

次に、明治三陸津波後の宮城県および岩手県における実際の支給状況を確認する。食料については、通常は米代金や玄米で支給するが、津波により飯炊具を失った者も多いため、両県ともに炊出し米を支給した[21]。また、被害がより甚大であった岩手県においては「自食スル能ハサルモノニハ更ニ三〇日以内ニ於テ引続キ救助スヘシ」と期間を延長している[22]。小屋掛料については、宮城県では「流出破壊」

表3　救援金の種類・金額・用途

種類	金額(円)				用途
	岩手県	宮城県	合計	割合	
地方備荒儲蓄金	30,727	37,125	67,852	5.9%	食料、小屋掛料、農具料、種穀料
中央備荒儲蓄金	50,000	10,000	60,000	5.2%	
第二予備金（救済費）	344,729	59,650	404,379	34.9%	食料、被服家具料、救助金、死体埋葬費、潰家取片付費、負傷者救療費
国庫余剰金	0	0	0	0.0%	
義捐金	439,896	170,865	610,761	52.7%	各県で設置する商議会等の配布規定による
恩賜金	11,892	4,200	16,182	1.4%	
合計	877,244	281,840	1,159,174	100%	

したものに一戸当たり一〇円、岩手県では「家宅流失全潰半潰同居者を問はす、總て一戸金拾圓」[23]を支給しており、いずれも「備荒儲蓄法」が定める限度額までを支払っている。また農具料については、宮城県では家人が五人未満は一戸当たり一〇円、五人以上は一戸当たり一五円としており、岩手県では自作小作にかかわらず一戸当たり一五円としている。

　また、宮城県においては、備荒儲蓄金の支給にあたり、食料であれば被災者の数を正確に確認し、自活できるものは支給対象から外すこと、小屋掛料および農具料についても、調査により正確に数量を把握することを郡長に求めている。小屋掛料および農具料については、当初被災者の出願をもって支給する方針であったが、後述する第二予備金（救済費）の交付に際し、各戸の被害の大小を詳細に調査するため、それに合わせて調査し給与することとした。[24]一方、種穀料については、両県ともに支給されなかったようである。

第二予備金（救済費）

第二予備金とは、前述した「大日本帝國憲法」第六九条に基づく予備費の一種で、旧会計法第九条において「豫算外ニ生シタル必要ノ費用ニ充ツルモノトス」と定められている。明治三陸津波発生当時においては九〇万円近く残っていたため、両県が政府に「備荒儲蓄法」が定める三〇日を超える分の支援を求め、支出されたものである。[25] その結果、第二予備金から救済費として両県に合わせて四〇万四三七九円が支給された。その後、救済費の使用に関しては、内務大臣訓令が出され、またそれを受けて被災三県（青森県、岩手県、宮城県）の申合内規が定められた。

同訓令によると支給の対象となるのは、食料、被服家具料、救助金、死体埋葬費、潰家取片付費、負傷者救療費の六種類である。食料費は備荒儲蓄金の延長で支給されるもので、「自ラ生活スル能ハサルモノ」を対象として「一人一日玄米四合以内トシ現金ヲ以テ満三十日分ヲ一時ニ支給」された。また、被服家具料は「流失全潰半潰ニ係リシモノニシテ被服家具ヲ失ヒタルモノ」に支給するもので、戸数と人口に応じて金額が割り当てられ支給された。救助金は「一家老幼癈篤疾者ニシテ親族ノ救助ニ依リ難キモノ」を対象として、一戸につき三〇円を限度に支給された。死体埋葬費および潰家取片付費は作業にかかる費用などを人夫らに支払うもので、被災者に対して支払われるものではないとされた。負傷者救療費も同様で「醫療ニ要スル費用ニ充ツル趣旨」で、被災者に支払われるものではないとされた。なお、内務大臣の訓令では「救済金支出ノ目的ハ主トシテ罹災ノ窮民ヲ救助スルニ在ルヲ以テ土木事業等災民救助ノ目的以外ニ渉ル費用ハ支出スルコトヲ得ス」とあるとおり、第二予備金を土木事業などに使用することを禁じている。[26]

義捐金および恩賜金

明治三陸津波による甚大な被害を受けた被災地に向けて、国内外から多くの義捐金が集められた。その額は、岩手県で四三万九八九六円、宮城県で一七万八六五円、両県合わせて六一万七六一円に上り、五種類の救援金のなかでも最も多い額となっている。また被災を受けて、皇室からも恩賜金として岩手県に一万一九八二円、宮城県に四二〇〇円が支給された。これらの義捐金および恩賜金についても、そのほかの救援金同様に、岩手県では「海嘯罹災恩賜金及救助義捐金配当規程」、宮城県では「義捐金配付規定」が設けられ、それに従って支給された。

なお、一家全滅したケースや、幼児や老人だけが残されたようなケースについても、相続人を立てるなどして義捐金を受け取ることができ、このことが家系の継承やそれに伴う人の移動につながる要因となったと考えられる。

一戸あたりの救援金の試算

次に、これまで整理してきた各種救援金が一戸当たりおよび一人当たりどの程度支払われ、またそのうち各戸の復旧・復興に充てることが可能な金額はどの程度であったのかということを検証する。岩手県の場合、郡別に各救援金の支給額の詳細がわかっているため、そのデータをもとに、各世帯の受給額の平均額を試算することとしよう。

救援金ごとの支給の対象（人、建物、産業資産、その他［病人など］）を整理すると表4のようになる。このうち、第二予備金（救済費）の「死体埋葬費」および「潰家取片付費」「負傷者救療費」については、前述のとおり被災者に支払われるものではないため試算の対象から除外する。

そのうえで、AからDの四パターンに分けて試算を行なう。Aは町村への支給となる第二予備金の三項目以外すべての合計額で、現物支給のものなども金額換算した、各世帯・各個人が受けた救援金の全体額に相当する。BはAの

表4　救援金ごとの支援の対象と試算パターン

救援金	支援の対象					パターン			
	人	建物	産業資産	その他	町村	A	B	C	D
備荒儲蓄金	食料					○	○		
		小屋掛料				○	○	○	
			農具料			○	○		○
	炊出料（現物）					○			
第二予備金	食料					○	○		
（救済費）		被服家具料				○	○	○	
	救済金					○	○	○	
					死体埋葬費				
					全潰家片付費				
					負傷者救療費				
義捐金	現金、指定義捐金					○	○	○	
			物品（漁船）			○			○
				物品（日用品）		○			
恩賜金	恩賜金					○	○	○	

なかから現物支給を除いたもので、各世帯・各個人が現金として受けた額に相当する。CはBからさらに産業資産を対象としたものを除いたもので、人的被害および建物被害に対する支給である。Dが産業資産の被害を対象とした二項目の合計である。[27]

なお被災戸数については、岩手県における備荒儲蓄金の小屋掛料の支給基準が被害の程度を問わず一〇円となっていることから、各郡の備荒儲蓄金の小屋掛料を一〇円で割って算出することとする。同様に被災人口については、岩手県の救援金食料の支給基準が「食料ハ（…）幼老ヲ問ハス一人一日米四合代金四銭ヲ以テ積算」[28]とあることから各郡の第二予備金（救済費）のうち食料費を（四銭×三〇日）で割って算出することとする。実際に、岩手県内各郡における被災一戸あたりの救援金の金額を、それぞれA－Dについて算出すると次のようになる。

岩手県全体のA（救援金全体）の値は一三六・八円で、B（現金支給分）の値は一三三・六円、C（人的被害、建物被害分）の値は一二七・〇円、D（産業資産被災分）の値は一・一円である。

この岩手県における救援金の金額が当時どの程度の価値があったのかを考察するため、宮城県における家屋被害額と比較を行なうこととする。

宮城県では明治三陸津波による被害額を算出しており、そのなかで家屋被害についても調査を行なっている。調査結果は町村ごと、規模ごとに、被害棟数と被害金額がまとめられており、それをもとに宮城県の被災町村全体の戸数および被害額から家屋一戸当たりの査定額を割り出すと、二〇坪以下では五四・四円、二〇－三〇坪では一一四・六円となった。[29]

これと、岩手県における被災一戸当たりの救援金金額（C）と比較すると、宮城県内の被災地では最も多い二〇坪以下の家であればもちろんのこと、二〇－三〇坪の家でも十分購入できるほどの金額であった。ただし、宮城県の数値は、査定額のため経年による分を差し引いた価格である可能性があること、また震災後の資材の急騰なども考えられるため一概には比較できない点については留意が必要である。

このように、明治三陸津波により甚大な被害を受けた被災地の復興は、家を一軒購入可能なほどの救援金支給によるところが大きい。そして、中央政府の役割は各種救援金をいかに配分するかという点に集中しており、その後の集落の復興については地方政府や集落に任されていたと言っても過言ではない。また、その救援金の内訳を見ると、約半分以上を占めるのが義捐金によるもので、備荒儲蓄金が占める割合は約一割にすぎず、政策的な災害対策として機能したとは言いがたい。

五　明治の高所移転

次に、明治三陸津波後の被災地において行政が行なった高所移転や市区改正などの宅地整備について整理する。高所移転に関し、岩手県では県としては関与した形跡が見られない。一方で宮城県においては、県として高所移転を積極的に推進していたことがわかっており、市区改正の実施状況と合わせてそれぞれ県ごとに整理する。

岩手県における高所移転

明治三陸津波後、岩手県の被災集落において宅地整備の一環として高所移転が行なわれた事例がいくつか存在するが、基本的に県は関与せず集落ごとに個別に行なわれた。

山口弥一郎は、昭和三陸津波後の現地調査において明治三陸津波後の岩手県における高所移転の実施状況を確認しており、八集落が「集団移動」（うち二集落が失敗）、二〇集落が「分散移動」（うち二集落が失敗）、残りの二七集落は「非移動」としている。[30]山口は「集団移動」の定義を「湾頭に占居する古くからの密居集落を、その形態や集落構成を崩さないように移動したもの」、「分散移動」の定義を「単に被害各戸が、避難のみに急（い）で、集落の社会生活や機能を考慮しないで、もよりの適地（を）求めて随意移動した場合」、「非移動」の定義を「如何に災害を受けても、移動しては生活の機能を失うから、移動できないもの」[31]としている。例えば、集落の一部が集団移動し一部が分散移動したような場合については、「集落の主体が集団移動した場合」は「集団移動」としている。また、「非移動」のなかには、釜石町などある程度市街化された地域で市区改正などがなされたものと、漁村集落において利便性などを優先し移動しなかったものとの両方が含まれていることに留意する必要がある。なお、計画したが実現しなかったものについては移動に数えず、計画し実行したが後に原地に戻るなど、失敗した事例については移動したものとして数えている。以下「集団移動」「分散移動」「非移動（市区改正等）」のそれぞれについて整理する。

「集団移動」は、定義からしてなんらかの計画主体が計画的意図をもって実施したものと考えられる。一連の山口による研究をはじめとする既往研究のなかから、「高所移転」の事例を抽出すると、区長などが畑を安価で提供し一二〇戸が移転した船越集落や、住民が義捐金により土地を購入し移転した小白浜集落、地主が土地を提供した唐丹本郷、篤志家が土地を購入し移転した泊《とまり》集落などが挙げられる。事例としては、区長や地域の篤志家が主導したものが多い[32]。山口自身も「明治二十九年の移動の行はれた村々は、何れも私財を投じてまで移動を断行しようとする程の熱意ある一、二の先覺者を持つたものに限られてゐる[33]」として、そうした人物の存在の重要性を強調している。

一方「分散移動」した事例としては、元居住地から約一〇〇メートル後方の緩傾斜地の沢に移住した女遊戸《おなっぺ》集落、二〇戸が高台に分散移住した大沢集落、六戸が背後の高台に移転した唯出《ただいで》集落、約五戸が自力移転した片岸《かたぎし》集落などの事例が知られている。数戸単位の移転から数十戸単位の大規模な移転まで規模はさまざまである。しかし、計画的な配置がなされておらずインフラが未整備であるため、原地復帰につながりやすいこと、また集落の中心が空虚になってしまうため、山口は「集團移動失敗の一變形ともみられる[34]」と述べるなど、どちらかというと否定的な評価を下している。なお、のちに取り上げる明治三陸津波後の吉里吉里集落の移転は、「分散移動」に類型されている。

最後に「非移動」の集落のなかで、市区改正などの大規模な土木工事を伴う対策をとったものとして、田老町乙部・田老の盛土および市区改正、釜石町の市区改正、越喜来《おきらい》村崎浜集落の市区改正、吉浜村本郷集落（上野）の防潮堤の四つの事例が知られているが、いずれも昭和三陸津波による被害を受けている。実施主体ははっきりしないが、限られた予算のなかで完全な津波対策とはならなかったものと考えられる。

宮城県における高所移転

宮城県は明治三陸津波から二カ月後の八月一五日に「海嘯罹災地善後事務處辨規程」および「被害部落総代人ニ關スル規程」を出した。前者によると、被災地における震災関係の各種事務を処理するため、県内の被災地を四つに区分し、それぞれに「出張員」を設置し、出張員は郡長の指揮のもとで区内を巡視するとともに、同規定の第三条において以下の九つの事務処理を行なうことを定めている。そのなかに「家屋ノ建築及ヒ建築地選定ニ關スル事」とあり、被災地の「建築」および「建築地」を検討することが県の責務として認識されていることがわかる。

また「被害部落総代人ニ關スル規定」では、被災者に代わって、それら「善後ノ計畫施設ニ付出張員ノ協議ニ應セシムル為メ各被害地部落ニ総代人三名以下ヲ置ク事」[35]としている。さらに、同じ八月一五日に郡役所内に海嘯善後事務係を置き、郡書記六名をその事務に当たらせ、また訓令により、町村役場内においても海嘯善後事務主任書記を置き、県－郡－町村－集落の体制を整えた。

その後、出張員と町村長が会同して、善後の方策および施策についての話し合いがもたれた。話し合われた主な内容のなかから、次のように高所移転に関する項目を抜き出した。それによると、住家は高台に、非住家は沿岸とする土地利用区分や、共同事業としての復興地の開発、復興地に伴う道路・下水道の整備、復興地の地均しの費用など高所移転に向けた具体的な内容が次のように話し合われている。

一、家屋ノ建築ハ高地ヲ擇ヒ製造所納屋等ノ如キ一時ノ使用ニ供スルモノハ沿海便宜ノ地ニ設ケシムルノ件
一、家屋ノ建築地ハ先ツ道路下水溝ヲ開鑿シ之ニ並列セシムル様計畫ヲ為サシムル件
一、部落移轉地々均ハ共同事業ト為サシムル件
一、同移轉地ニ要スル井戸ハ共同用トシテ其構造ヲ完全ナラシムル件
一、同移轉地ニシテ里道變更ヲ要スルモノハ出願ヲ為サシムル件
一、官林拂下代金及移轉地地均費用町村ニ於テ受ケタル義捐金品受拂整理ノ件

『宮城縣海嘯誌』二八六－二八八頁

また、具体的な事業の実施については、以下のような記述がある。それによると、明治三陸津波の高さ以上の場所を選んで高所移転するように勧誘したが、なかには漁業に不便であることや敷地交換の手続きの手間などを理由に移転したがらない住民もいた。そうした集落においては、高潮が及ばない程度の盛土を行なうことを勧めたとのことである。

被害民宅地選定ニ就テハ高處移住ノ策ヲ立テシメ即チ今回海嘯餘波ノ及ハサリシ地ヲ撰ヒ之ニ建築センコトヲ勧誘シタリ然ルニ多數被害者ノ内ニハ往々漁業ノ不便ヲ唱ヒ或ハ敷地賣買交換等ノ手數ヲ厭ヒ動モスレハ不快ノ感情ヲ抱キ依然被害地ニ居住セントシ移轉ヲ肯セサル傾向アルヲ以テ是等ハ出張員ニ於テ交換賣買ノコトハ勿論他ニ轉セントスルモ實際恰當ノ地所ヲ得サルモノニ對シテハ高潮ノ及ハサルヲ度トシ土盛ヲ為サシムル等ノ計畫ヲ定メ懇篤論示ノ上将来衣食住ノ安全ヲ計リ以テ家屋ノ建築ヲ督勵セリ

同書、二九二頁

その結果、実際に集落単位での移転が実行されたのは、戸倉《とくら》村波伝谷《はでんや》集落、志津川《しづがわ》町沖の須賀埋地《すかうめち》集落、大谷村大谷集落、階上《はしかみ》村明戸《あけと》集落、唐桑《からくわ》村只越《ただこし》・大澤集落の六集落であった。この六集落の人的被害率および建物被害率を見ると、戸倉村波伝谷を除く五集落は、宮城県のなかでも比較的被害が大きい集落であったことがわかる［資料1、二六七頁］。

これら六集落における高所移転にかかる費用のうち、土地取得および地均し、家屋の建設にかかる費用は被災者が自ら負担した。ただし、道路整備にかかる費用は町村では負担できないため、すべて県税の特別補助により一八九七年四月一日から実施し、戸倉村波伝谷集落および階上村明戸集落では同年六月下旬にはすべて完成していたとのことである。[36]なお、「海嘯ノ害ニ罹リシ者各戸悉ク」[37]移転するとあるため、表5ではそれぞれの集落の被害戸数（流失、全潰、半潰、浸水の合計）および道路整備費用を記している。ただし、実際の移転戸数は資料にも記載されておらず不明である。

次に、これら明治三陸津波後に高所移転を行なった集落における昭和三陸津波の被害（流失、倒壊戸数の合計値）を確認する。唐桑村の只越および大澤集落は大きな被害を受けているが、その点について山口は、明治三陸津波後の只越集落の移転先が明治三陸の浸水域内にあって高度が不足していたことを指摘している〔図1〕。また、大澤集落については住民へのインタビューにより、高所移転は実施したものの漁師を中心に原地に戻ってしまったことが昭和三陸津波での被害の原因であるとしている。[38]

一方、波傳谷、沖須賀、大谷、明戸の各集落は、比較的軽微な被害で済んでおり、明治三陸後の高所移転による一定の効果があったと考えられる。

これらの明治三陸津波後の集落の高所移転については、『三陸津浪に困る被害町村の復興計画報告書』（一九三四）でも取り上げられている。また、同じ報告書によると、高所移転を行なわなかった十五浜《じゅうごはま》村雄勝《おがつ》集落について「當時の地盤より四尺の地上をなせし」[39]とあり、盛土を推奨した宮城県による記述の内容と符合する。

次に同報告書のそれぞれ

表5　高所移転地の被害戸数と道路整備費用

町村名	移転地字名	工費金額（円）	被害戸数（戸）
戸倉村	波伝谷	372.496	29
志津川町	沖須賀	450	250
大谷村	大谷	721.563	70
階上村	明戸	2193.116	88
唐桑村	只越・大澤	1261.351	104
合計		4,998.527	541

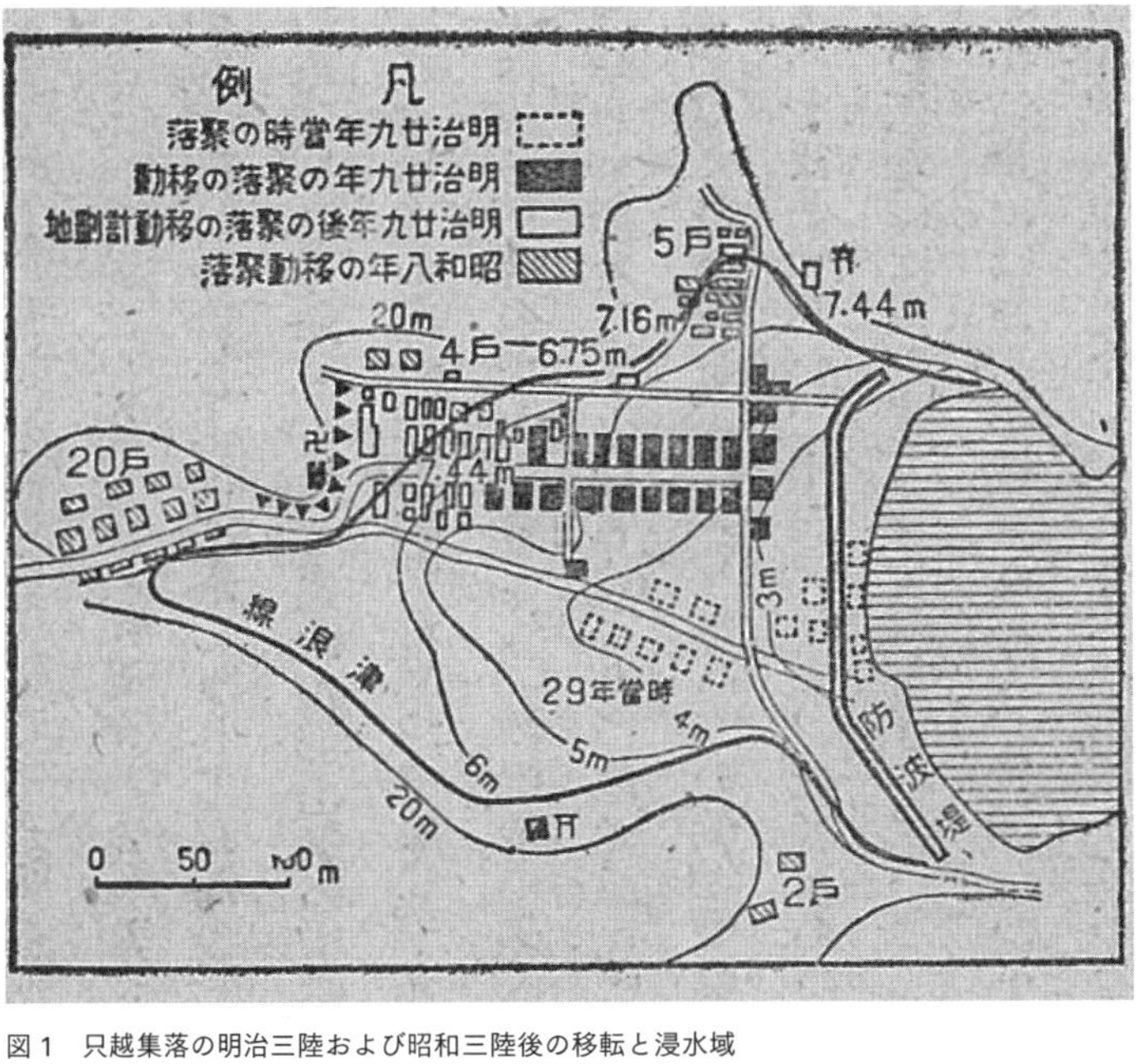

図1　只越集落の明治三陸および昭和三陸後の移転と浸水域

の集落に関する部分を紹介する。

◦大谷村大谷

縣道に沿ひたる大谷部落は明治二十九年津浪後、村營事業として現地に敷地造成を行ひ高地移轉をなしたるものにして、昭和八年波高二・九米の浪を被りたるも被害を受けず

◦唐桑村只越

明治二十九年津浪後部落へ接する北方臺地へ敷地造成工事に着手したる處、工事途中にして岩盤に遭遇したるを以て、敷地造成を斷念し、之にかゆるに只一本の幅員約三尺の避難道路を新設したるに止まりしのみ

◦唐桑村大澤

明治二十九年津浪後、現地に組合組織を以て敷地造成を行ひ海岸低地部より移転したるものである。昭和八年津高三・九〇米の津浪の来襲を被りたるも本部落は何等被害を受けず、單に海岸危險區域に再移轉したる數戸のみ昭和八年津浪の厄に遭ひたるものである

『三陸津浪に因る被害町村の復興計畫報告書』（内務大臣官房都市計畫課、一九三四）三六―三七頁

前述のように宮城県においては、出張員と町村長および各集落長が中心となり、明治三陸津波による被災集落の復興について話し合いの場が持たれた。そしてその結果、県として高所移転か、それが実施できない集落においては盛土の実施を奨励するという方針が採られた。そして、実際に六集落のみではあるが高所移転が実施され、その道路設置費用については県が負担したほか、盛土についても実施されたことが確認できた。

土木インフラの復旧

次に、明治三陸津波後における土木インフラの復旧がどのように行なわれたのかを論じる。

前述のとおり、「府県土木（即ち河港、道路、堤防、橋梁建築修繕）費中官費下渡金」は一八八一年度より廃止されたが、災害土木費の補助自体は継続された。そして明治三陸津波後の土木インフラの復旧に対しては、国庫による補助がなされた。[40]

岩手県では、一八九六年一二月に開催された臨時県議会

において、明治三陸津波により被害を受けた土木インフラの復旧のための「明治二十九年度地方税収入支出予算」案が可決された。県および町村の土木費と地方税取扱費の合計支出額は四六万五三五〇円で、「地租割ハ地租ノ三分ノ一戸数割ハ殆ント一戸金壱円ヲ賦課シ更ニ増額賦課スルモ負担ニ堪ユヘキニアラス」[41]ということで国庫から二九万五〇〇〇円の補助を受け、残りの一七万〇三五〇円については県の備荒儲蓄金から八万円、銀行などより九万三三五〇円を借り入れている。つまり、全体の三六・六パーセントが県負担、残りの六三・四パーセントは国庫負担となっている。支出の具体的内容としては「国道外十三県道々路橋梁破壊若クハ流失シタルモノノ内差措キ難キ箇所ノ復築工事」[42]としており、国道を含めて県が復旧工事を担当し、それを国庫により補助するという形式となっている。

また宮城県においては、災害善後工事費として総額二七万七九九六円（内県支出額は二四万九九八二円）を見込んでおり、すでに県税については地租割、戸数割ともに上限近くまで達していたこともあって、全額国庫補助を想定していた。しかし、国庫補助が認められたのはわずか六万九〇〇〇円にとどまった。ただし、県および町村の土木工事においても緊急を要するものがあるため、一八九六年一二月の臨時県会において県債を起こし五万八三〇〇円の追加予算を計上している[43]。

このように、自然災害による道路インフラの復旧にあっても、あくまで土木復旧工事の計画および実施主体は被災県であり、国はその費用を補助するというスタンスであった。またその補助額についても、内務省による災害土木費に関する規定では、前述したとおり地租割と戸数割の制限を超えた分について国庫より補助するとされている。しかし明治三陸津波の場合、岩手県では約四割弱を県が備荒儲蓄金や銀行などから借り入れし、非常に大きな負担になっていたと考えられる。明治期においては河川土木技術なども未発達で水害が多発したため、県と国の役割分担および費用負担は国会などでも議論され[44]、大きな問題となっていた。このように公共的意味合いが強く、比較的国庫補助を受けやすいと考えられる土木インフラの復旧ですら、当時は課題を抱えていたことがわかる。

六　授産世話掛による経済・社会環境の再建

被災集落の復興に向けて最も重要になるのは、三陸沿岸地域の主産業である漁業を中心とした経済・社会環境の再建である。しかし、「備荒儲蓄法」が想定していた災害には津波災害が含まれていなかった。そのため産業復興に関連した措置としては「農具料」の支給しかなされず、漁船や漁具に対する手当てが遅れた。また、中央政府の支援策としてもすでに整理した各種救援金の支給のみで、それ以上の策を講じたという記録は見当たらない。

そうしたなか、岩手県では授産世話掛として県職員を被災した各郡に派遣し、さらに各集落にも数名ずつの授産委員を置き、被災者の支援にあたった。その具体的な支援内容は「授産世話掛心得」において定められている。それによると、予算はないが、各種救援金、義捐金を使うなどして各集落の復興に向けて必要な事業を実施していくことが求められている。

これら授産世話掛による活動内容や集落における状況調査の内容が、『海嘯状況調査書』（巖手縣、一八九六）に郡ごとにまとめられている。以下、同資料をもとに授産世話掛の業務内容と各集落の実態を見ていくことにしよう。

同資料によると、授産世話掛の具体的な業務内容として、気仙郡および南閉伊《みなみへい》郡では、いずれも漁船や漁具の確保が最優先課題として位置付けられている。ただし、それにとどまらず、小屋掛けや漁業関連の製造業など、漁民の生活再建に向けた幅広い内容を含んでいる。また、そのほかの郡についても気仙郡や南閉伊郡同様に被災集落の復興に向けた多様な業務を行なっている。

続いて『海嘯状況調査書』における記述が最も充実している気仙郡を中心に、その内容を見ていく。

気仙郡では「氣仙板垣郡長カ被害善後策ニ就キ私議セルモノアリ」として、日付は記載されていないものの、おそらく震災後それほど日数が経過していない時期における気仙郡長の被害善後策に関する考えが記述されている。それによると、漁業の復興に向けた課題として、官林の払い下げにかかる手間・資金の問題、木材の伐採乾燥に時間がかかり漁期に間に合わないこと、職工が不足していることなどが挙げられている。

そうした課題に対する具体的な対処法として、授産世話掛を中心に気仙郡が行なったのは「貧富相通シテ尤モ必要ナル」鯣《するめ》漁に向けた鯣船を確保することであった。そのために被害各町村で調査を行ない、必要な船の数およびその建造費を割り出した結果、およそ四六〇艘、一万二九〇〇円が必要であることがわかった。そしてこの額を気仙郡が割り当てを受けた救済費のなかの救助金から支出することとして、被災各町村の同意を取り付けた。また材木については、被災地の近隣にある官林払い下げの手続きを行ない、その料金は同じく救済費のなかの被服家具料から出し、不足分は救助金で補助する見込みとした。その結果として、震災から約三カ月後の一八九六年九月一二日時点での被災集落の状況を調査した授産世話掛の報告[45]によると気仙村では民有林から船材を買い入れ、職工二〇名が従事し、五〇日以内に被害者に漁船を交付する予定とある。また小友村では木材の乾燥を待って造船に着手する見込みであり、末崎《まっさき》町でもすでに一六艘造成したとする。一方、広田村では樹木を購入したものの、まだ船材の切り出しには至っていない。広田村を除き作業が順調に進んでいる様子がうかがえる。

このように岩手県においては、被災集落に県職員を派遣し、一定の裁量を与えつつ集落再建に必要な事業を見極め、予算を確保しそれを実行していくというかたちで、集落の経済・社会環境の再建が図られていった。

七　集落における復興の実相

これまで、被災集落の復興に向けた政策的な側面を見てきた。本節では、明治三陸津波後に具体的にどのようなかたちで高所移転が実施されたのか、吉里吉里集落を例に詳細に分析を行なう。

明治三陸津波以前の大槌町

分析に入る前に、明治三陸津波以前の大槌町および吉里吉里集落の概要を整理する。

江戸時代における大槌は南部藩の統治下にあった。南部藩には藩内の代官所ごとに設けられた三三（後に二五）の統治地区に「通（とおり）」と呼ばれる南部藩独特の行政組織があり、大槌はそのなかの「大槌通」二三村（現在の釜石市、大槌町、山田町にまたがる地域）の中心地区として代官所が置かれていた。図2、3は、大槌通代官所が絵師の佐々木藍田《らんでん》に命じて、幕末の大槌通全体を描かせた「大槌通絵図面」（一八六四）である。同図には、大槌川の両岸に広がる大槌村、小鎚《こづち》川の両岸に広がる小鎚村と、西河川が交わる平野部に、代官所のほか、毎月三回ずつ市が開かれた八日町と四日町の中心部の様子が描かれている。

近世における大槌町がこのように行政および経済の中心として栄えた要因のひとつとして、暖流と寒流がぶつかり豊富な魚類が集まる、世界三大漁場と称される三陸沖の漁場の存在が挙げられる。それに加え、そうした海産物を商品化し、大消費地たる江戸に輸送した商人の存在も大きい。特に江戸初期、伊豆から吉里吉里に移り住み、海産物を江戸に送った豪商・前川善兵衛や、塩漬けにする鮭の保存方法を開発し「南部鼻曲り鮭」として、それを江戸に送って富を得た江戸初期の大槌城城主大槌孫八郎などは、そうした町の基盤をつくった人物であった。

図4は「三閉伊通海岸整正分間絵図」と呼ばれ、南部藩

領の東海岸の野田・宮古・大槌通の海岸部を測量した江戸末期の絵図（全七枚）のなかの大槌を含む一部である。遠見番所や大砲場などが描かれていることから、海防を目的として描かれたものであると考えられる。沿岸部の小さな谷沿いに漁村集落が立地しており、現在の大槌町にも存在している小枕、小鎚村、大槌村、安渡村、赤浜村、吉里吉里村、浪板村の各集落の名がわかる。

その後明治維新を迎え、一八八九年大槌村、小鎚村、吉里吉里村の三村が合併し、大槌町が誕生した。なお安渡集落は大槌村の枝村であり、赤浜集落および浪板集落は吉里吉里村の枝村であった。

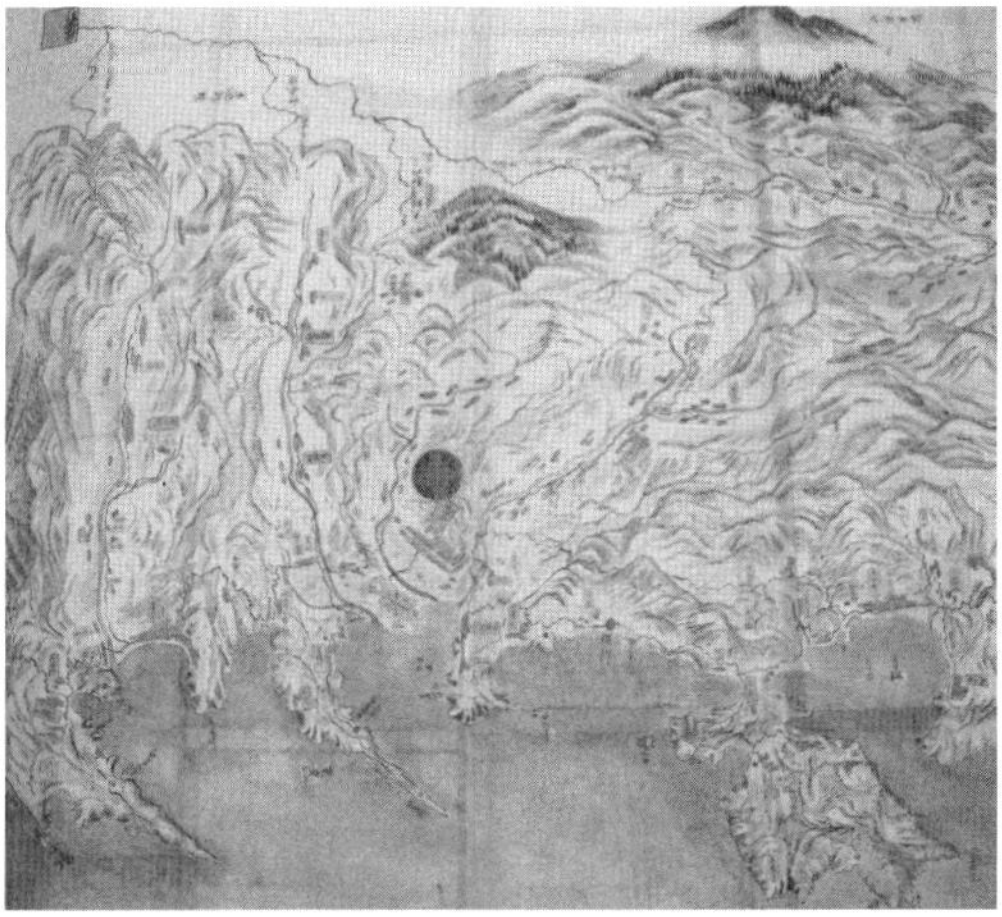

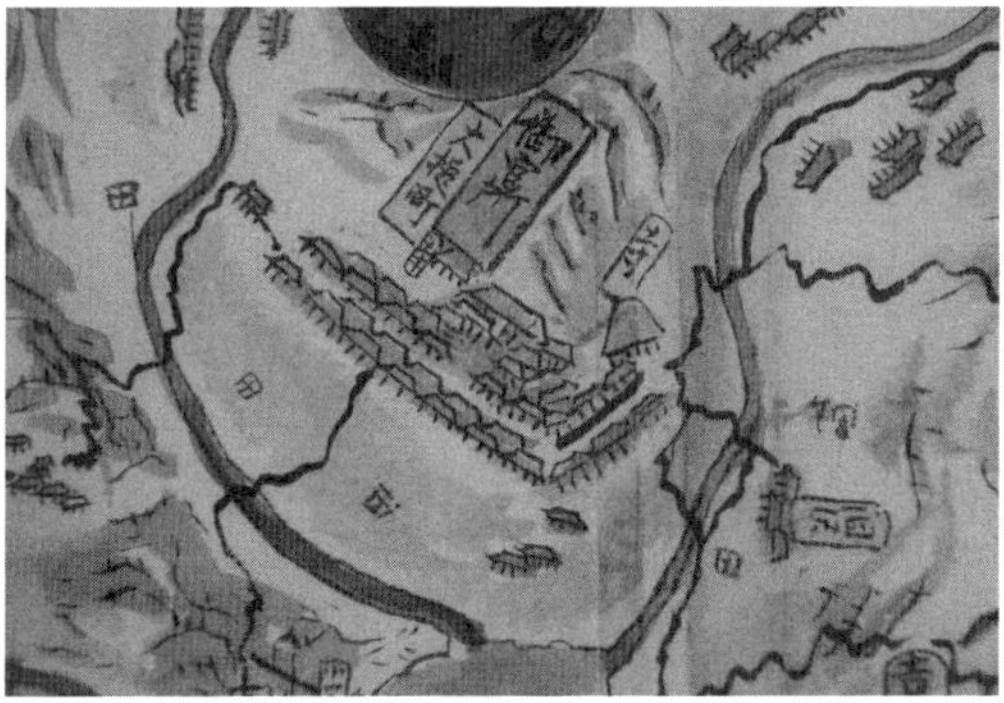

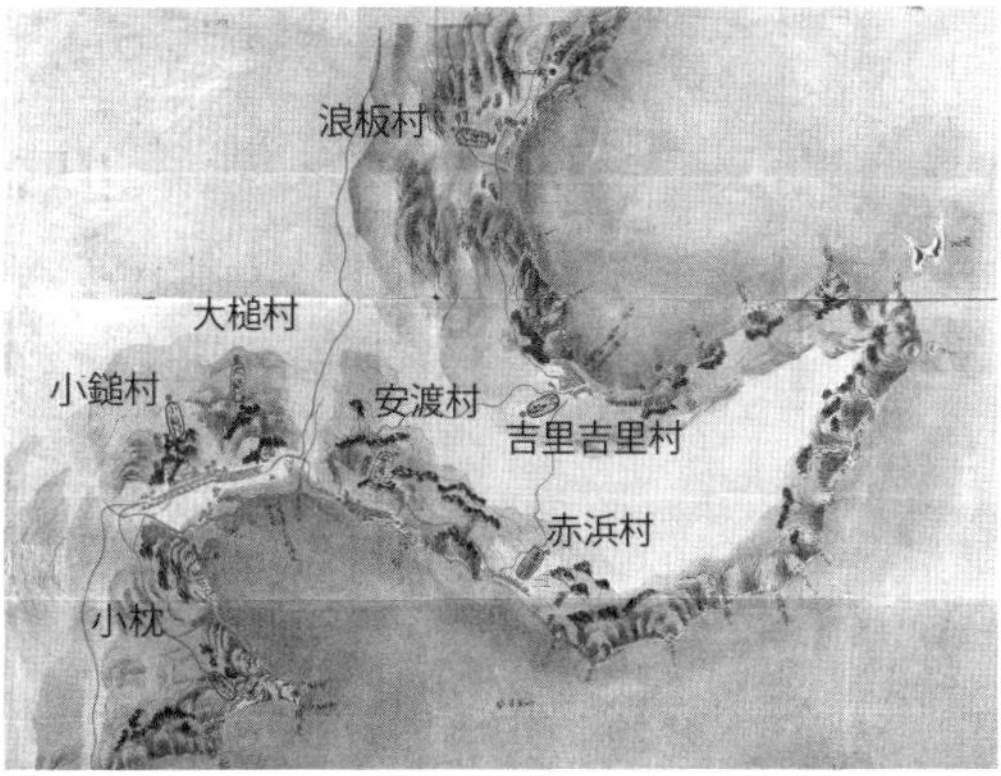

図２　佐々木藍田「大槌通絵図面」（1864）
図３「大槌通絵図面」拡大
図４「三閉伊通海岸整正分間絵図」（江戸末期）

大槌町の被害

大槌町における明治三陸津波による被害をまとめたものが表6である。いずれも旧村単位での集計で、建物被害を見ると大槌集落と吉里吉里集落で建物被害率が高く、約半数の建物が被害を受けている。人的被害を見るとほかの二集落に比べて吉里吉里集落が二二・四パーセントと高い。また、『岩手縣陸中國南閉伊郡海嘯紀事』(巖手縣南・西閉伊郡役所、一八九七)にはさらに細かい集落単位での人的被害の集計が掲載されており、それによると吉里吉里集落の死亡者数は二八八人、赤浜集落は三〇人、浪板集落は五一人となっている。岩手県から津波調査員の委嘱を受け、気仙郡気仙村から

表6　明治三陸津波による大槌町の被害

集落	人的被害			建物被害		
	震災前人口(人)	死者数(人)	人的被害率	震災前戸数(戸)	被害戸数(戸)	建物被害率
大槌	2,516	143	5.7%	428	217	50.7%
小鎚	2,822	88	3.1%	469	89	19.0%
吉里吉里	1,645	369	22.4%	275	138	50.2%
大槌町合計	6,983	600	8.6%	1,172	444	37.9%

北九戸《きたくのへ》郡種市村までを踏査した山奈宗真は、報告書『三陸大海嘯巖手縣沿岸被害調査表』および各集落のスケッチ集「巖手縣沿岸大海嘯部落見取繪圖」(一八九六)を残している。吉里吉里集落単体での被害戸数については、流出が一一七戸、潰戸が五戸とある。

また、「巖手縣沿岸大海嘯部落見取繪圖」によると、外洋から一直線に波が来たため、大槌町内でも最も高い地点まで津波が到達したのが吉里吉里集落であったと述べている。そのほか、震災前の吉里吉里集落について、竹や松が数多くあったのが津波によりほとんど流されてしまったこと、また昔は旦那屋敷と呼ばれた家が高台にあったことなどを記している。図5は、山奈が描いた震災後の吉里吉里集落のスケッチである。これによると、浸水域や道路と宅地の関係、また昔の旦那屋敷の場所など、隣接する集落とのあいだをつなぐ道路と海岸に沿って住宅が建ち並んでいたことがうかがえる。

地図1-4(三〇二-三〇五頁)では、吉里吉里集落における明治三陸津波から今回の東北地方太平洋沖地震に伴う津波に至るまでの四度の津波の浸水域を比較できるように図示した。明治三陸津波、昭和三陸津波、チリ地震津波の浸水域は岩手県の指示で各町村が作成した「津波防災

マップ」をベースとしている。同地図はあくまで各地域での聞き取りに基づくもので、必ずしも科学的根拠のあるものではないが、それによると明治三陸津波の浸水域は場所によっては吉里吉里集落では東日本大震災による津波の浸水域を超えている地点もあり、その威力の大きさがうかがえる。

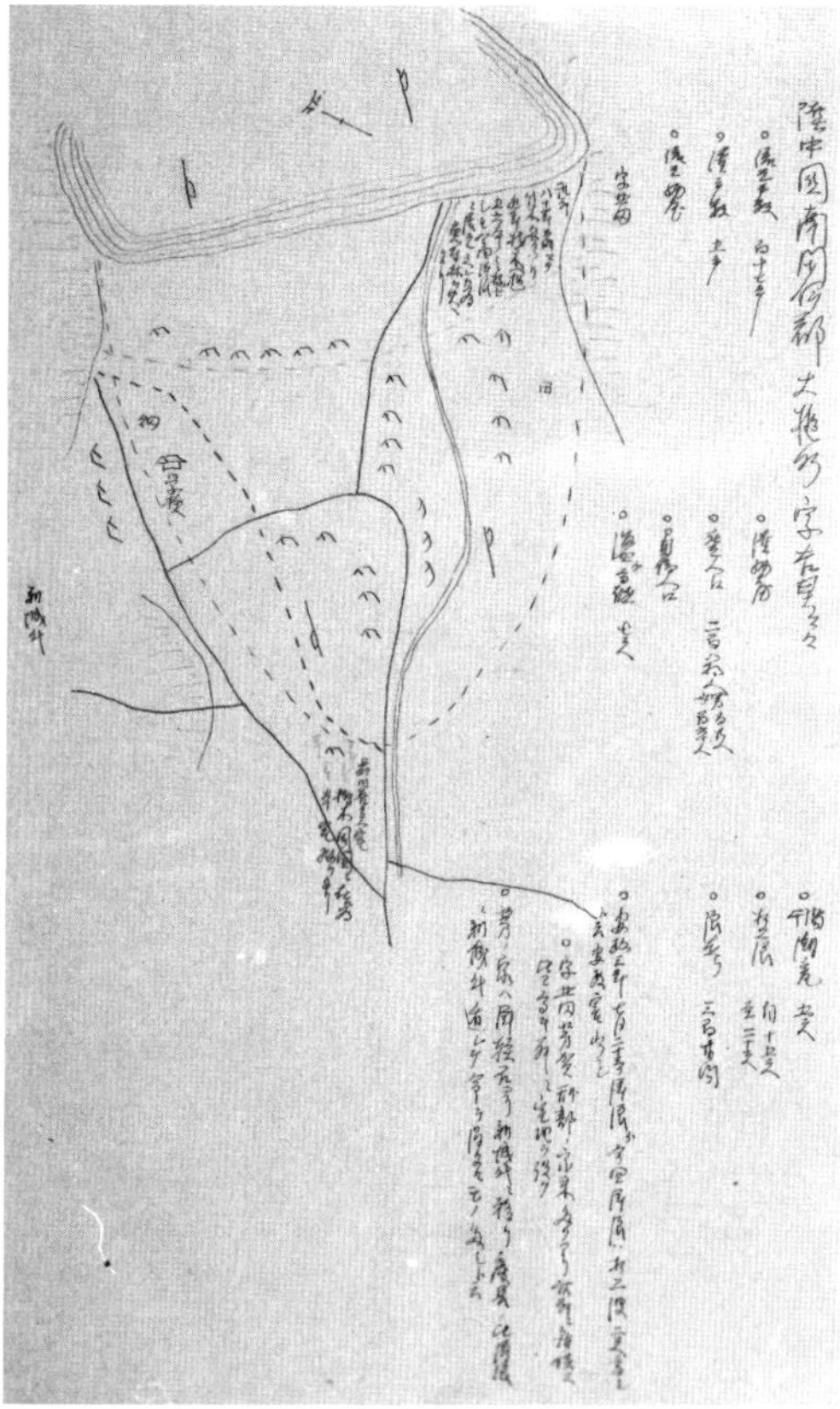

図５　山奈宗真による明治三陸津波後の吉里吉里の被害調査「巖手縣沿岸大海嘯部落見取繪圖」（1896）

被災前後の建造環境の変容

岩手県内の市町村は、旧村単位で山林や田畑を含め大字ごとに番号が振られ、それぞれが「第○地割」と呼ばれている。現在でも一九六二年の住所表示法により町丁目表示に変更された地区以外においては、住所を表記する際に地割番号が使用されている。吉里吉里集落においても同様で、旧吉里吉里村に含まれる吉里吉里集落、赤浜集落、浪板集落の三集落の大字ごとに地割番号が振られている。吉里吉里集落に該当するのは、旧吉里吉里村の第一地割から第六地割までと第一五地割から第二〇地割である[46]［図6］。

吉里吉里集落の明治三陸津波後の高所移転については山口弥一郎が紹介している。具体的な分析に入る前にまずはその内容を検討しよう。

山口は、昭和三陸津波後の現地調査に基づく一連の研究成果をまとめた『津浪と村』（恒春閣書房、一九四三）のなかで、主に昭和三陸津波後の吉里吉里集落の高所移転を紹介した「吉里吉里の理想郷」において、明治三陸津波後の高所移転にも触れている。それによると、一八九六年当時の吉里吉里集落の戸数は一六〇戸以上に達していたが、一〇〇戸ほどが被害に遭い、「西北部山麗の道路沿ひに約五十戸は夫々移動を完了した」。ところが、水の確保や漁業を行なううえでの不便さなどにより、一九三三年までに一〇戸程は漸次原地に戻っていたとしている[47]。吉里吉里集落の移転は山口の分類でいう「分散移動」に当たる事例で、その後「原地復帰」がなされた。

また、山口は吉里吉里集落の明治三陸津波後の高所移転について図入りで紹介している［図7］。しかしながら同図は、おそらく聞き取りに基づく大まかな作図であって、後述する分析結果と比較しても、震災前後の居住地の位置について、正確さはあまりない。

そこで土地台帳および字絵図を用いて、震災前後の吉里吉里集落の建造環境の変容を具体的に見ていくこととする。

明治三陸津波後に高所移転を行なった戸数およびその場所を特定するに先立ち、まず「吉里吉里村地割絵図」（一八七五、以下「地割絵図」とする）をもとにこの時点における吉里吉里集落の土地利用状況を確認する。地割ごとの絵図であるため、各地割の絵図をつなぎ合わせると、地図の精度が低くまた縮尺もそろっていないためうまく組み合わない部分も多いが、図8のようになる。

それぞれの地割ごとの宅地数は、吉里吉里集落全体で一二五筆あり、そのうち海際の一五地割と第一六地割に約半分の宅地が偏在している。また、第四地割および第五地割、第一八地割など道路沿いにも多く宅地が立地しているのがわかる。

次に、土地台帳に基づき、「地割絵図」が作成された一八七五年時点から明治三陸津波地震が発生する直前の時点（一八九六年六月一五日）までの、土地利用状況の変

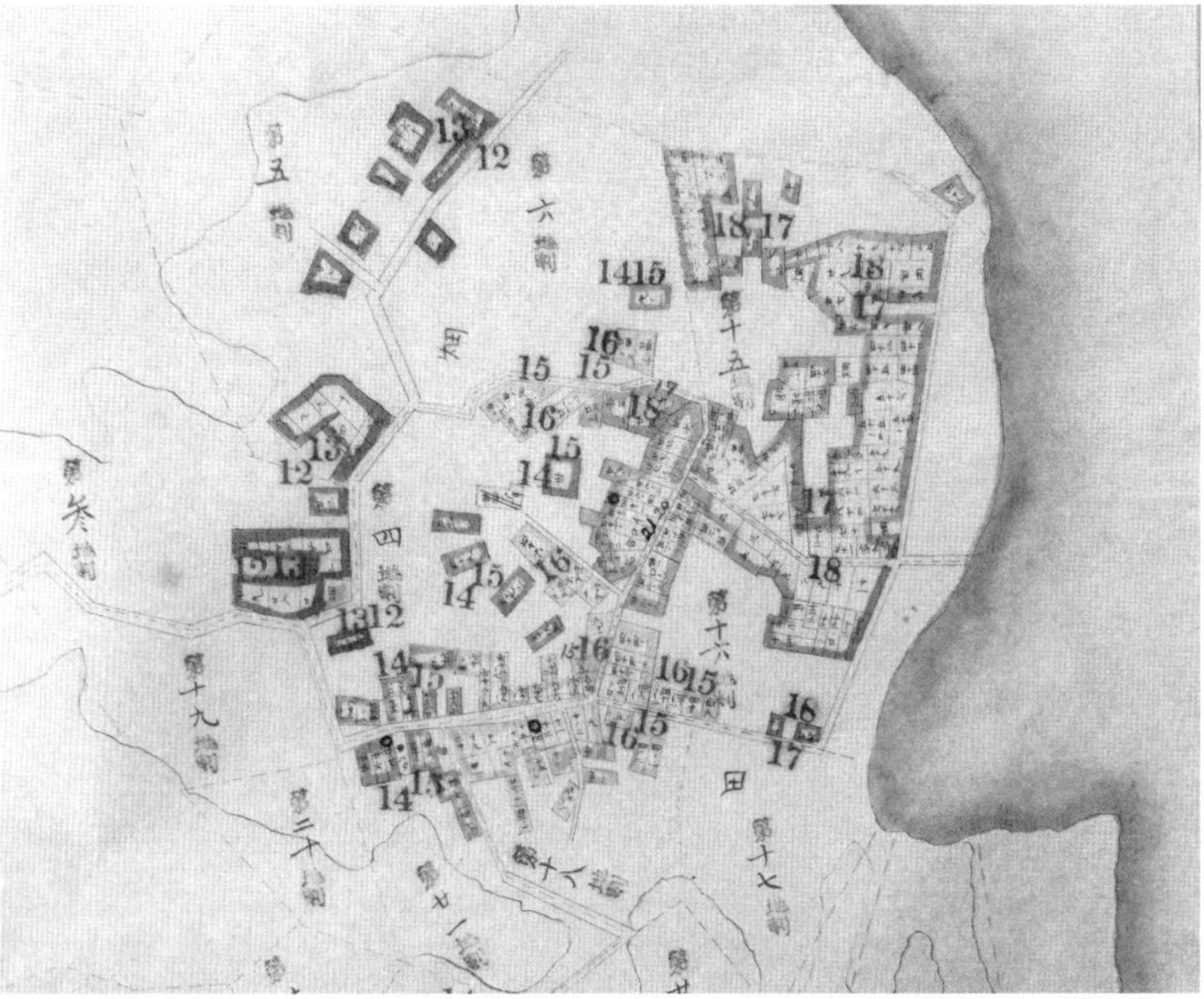

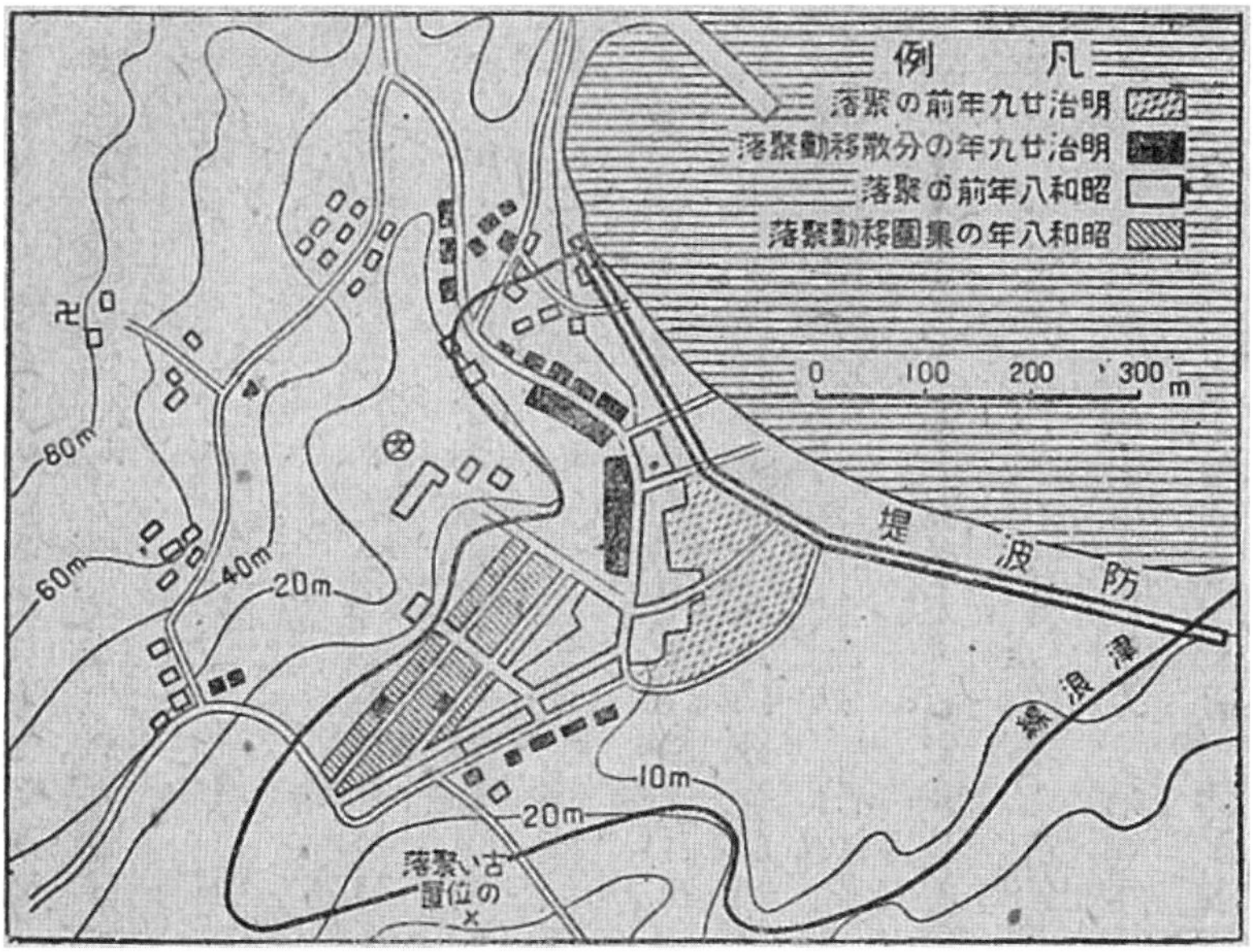

図 6　吉里吉里集落の範囲と地割「宅地賃貸価格評価地図（遠野税務署管内 大槌町 乙図）」（1910）
図 7　山口弥一郎による吉里吉里集落の高所移転の図

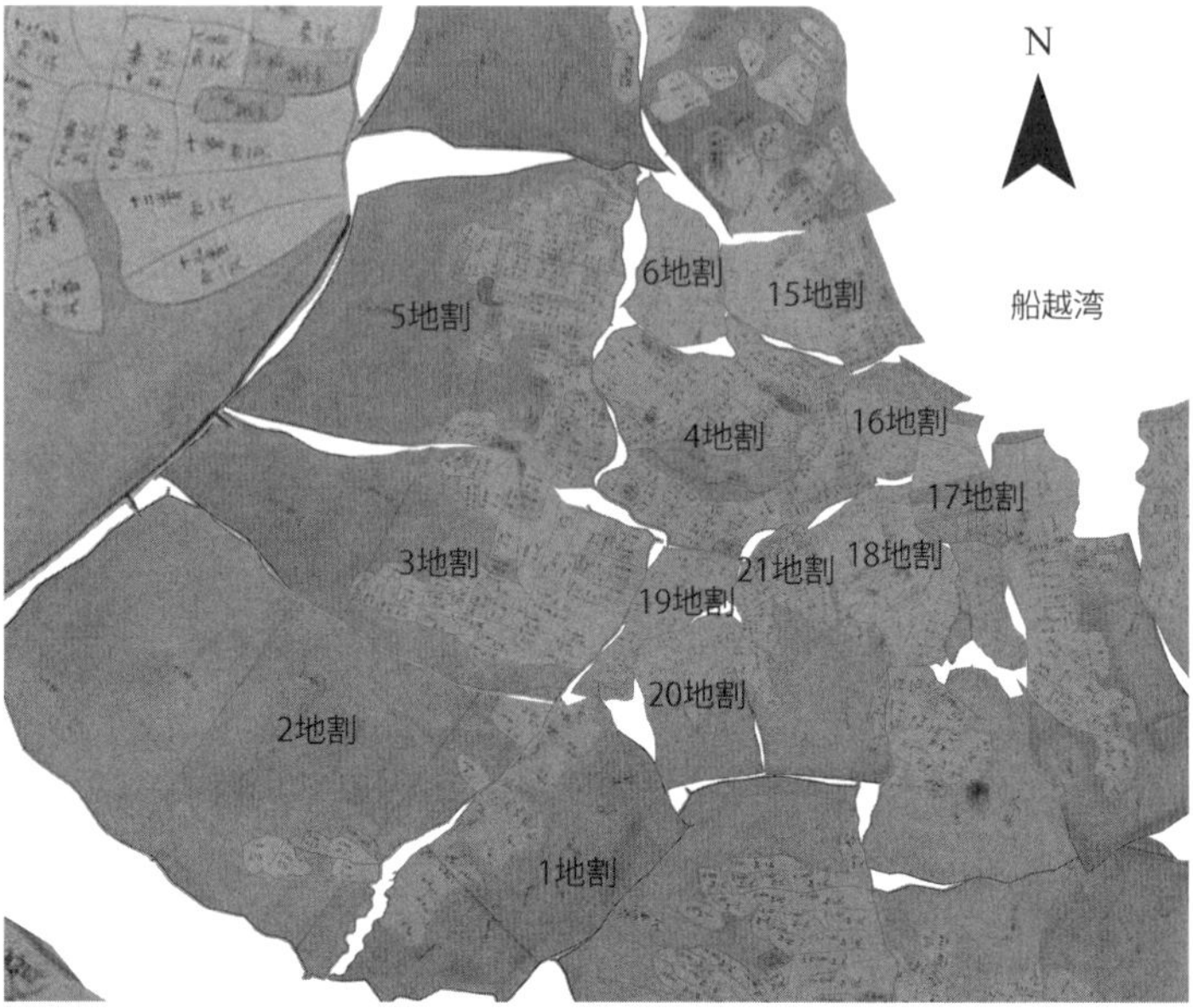

図8　明治8年における吉里吉里の土地利用状況

化を確認する。一八九六年までに増加した宅地数は三六筆、減少した宅地数は二筆で、地割ごとの数値は表7のようになっている。このあいだに増加した分の宅地については、一九〇九年時点の地図に赤の太枠囲みでプロットした［地図6、三〇七頁］。宅地数は合わせて一五九筆で、昭和三陸津波後に吉里吉里集落を訪問し調査を行なった山口の「（明治）二九年當時の戸数は百六十戸以上にも達してゐたらしいが」[48]とする記述ともおおむね符合する。そして明治三陸津波が発生し、前述したとおり吉里吉里集落の建物被害は流失が一一七戸、潰戸が五戸であったため、集落内の七五パーセント以上の住家が被害を受けた。

さらに、土地台帳および「宅地賃貸価格評価地図」[49]をもとに、明治三陸津波後から一九一〇年までの土地利用状況の変化を確認する。同地図は、管見の限り、明治三陸津波以降昭和三陸津波以前の集落の様子を表わす唯一の資料である。一九一〇年までに増加した宅地数は五二筆で、減少した宅地数は一四筆、地割ごとの数値は表7のようになっている。このあいだに増加した分の宅地についても、同じく地図6に緑の太枠囲みでプロットした。

表7　吉里吉里集落における宅地数の時系列変化
（註）土地台帳に記載のない筆や土地台帳にあるが地図にない筆などを除外しているため、
図8の地図上の数値と表7の数値は若干異なる。

地割	1	2	3	4	5	6	15	16	17	18	19	20	21	合計
1875年	0	1	6	14	14	0	44	21	0	16	0	0	9	125
明治三陸津波までの増加	0	0	0	9	3	0	6	13	0	5	0	0	0	36
明治三陸津波までの減少	0	0	0	1	0	0	0	0	0	1	0	0	0	2
1896年6月15日時点	0	1	6	22	17	0	50	34	0	20	0	0	9	159
明治三陸津波以降の増加	0	0	0	23	1	3	21	3	0	1	0	0	0	52
明治三陸津波以降の減少	0	0	0	0	0	0	6	7	0	0	0	0	1	14
明治43年時点の宅地	0	1	6	45	18	3	65	30	0	21	0	0	8	197

吉里吉里集落における分散移転

以上を整理すると、一八七五年時点の宅地は地図6のうち紫および緑で囲まれていない部分で、その後明治三陸津波発災時点までに赤で囲まれた筆が、さらに一九一〇年時点までに緑で囲まれた筆が宅地化した。明治三陸津波後、一九一〇年までに宅地以外から宅地への地目変更が行なわれた五二筆のうち、どこまでを明治三陸津波に起因する高所移転とするかは判断の分かれるところであるが、前述のとおり山口によると、約五〇戸がそれぞれ山麓の道路沿いへ移動したとのことなので、ここではこれら五二筆がすべて津波に起因する高所移転と考え、以下の論を進めることとする。

これら高所移転を行なったと考えられる五二筆の分布を見ると、比較的標高の高い第四地割への移転が最も多く、また海際の第一五地割、第一六地割においても山側の道路沿いに多く移転している。ただし、高所移転先の筆のなかにも、震災免訴[50]を受けている土地が複数あることから、津波浸水域を基準に高所移転先の場所が選定されたわけではないことがわかる。

また、五二筆の高所移転の事例について土地台帳に基づき詳細に見ると、土地の移転には大きく三つのパターンがあると考えられる。一つめは震災前から、自らもしくは親戚が所有していた田畑を購入あるいは相続などにより入手し、宅地にするパターンで、五二筆中二四筆で見られた。二つめは他人が所有していた田畑を購入あるいは譲受などにより入手し、宅地化するパターンで、七筆見られた。三つめが複数の土地を所有する地主と見られる人物が宅地化したパターンで、一九例見られた。[51] 三つめのパターンについて、複数の土地を所有しているとはいっても、吉里吉里の場合は多くても四筆で、大規模な土地所有者による開発が行なわれたとは言い難い状況である。ただし、例えば第一五地割の地番一から地番五の辺りは、一一筆のまとまった土地が宅地化されており、いずれも芳賀姓の所有者の土地である。それゆえ「集団移転」に近い移転が行なわれたとも考えられる。また、第一五地割の地番二一、二二の辺りの土地も四筆ではあるが、一人の土地所有者が所有していた畑を宅地化している。震災後も同じ所有者の名義となっていることから、貸家であったと考えられる場所で、同じく「集団移転」に近い移転が行なわれたと考えられる。

集落レイアウトの変容

最後に、明治三陸津波により被災した原地について考察する。

前述したとおり、明治三陸津波発生前の時点で一五九戸あった住戸のうち一二二戸が流出・潰戸の被害を受け、五二戸が高所移転を行なった。つまり、残りの七〇戸については、被災したにもかかわらず基本的には原地において復興を果たしたと推察できる。また、先にも述べたように山口は、高所移転した家も昭和三陸津波発災前の時点で一〇戸程は原地に戻っていたとしている。[52]

一方土地台帳の分析によると、明治三陸津波以前に宅地であった筆が津波による被害を受けて宅地以外の地目に変更されている例が一四筆確認された。一四筆のうち「原野」への地目変更が一一筆、「畑」への地目変更が三筆となっており、「原野」への変更については基本的に生産活動への利用を放棄していると考えられる。また、一四筆のうち一三筆が海沿いの第一五地割および第一六地割に立地しており、なかでも注目されるのは、海岸沿いの道路よりも海側に位置する筆がすべて「原野」に地目変更されている点である。

その後一九一〇年の地図［図9］を見ても、海岸道路よりも海側は宅地化されていないことから、明文化されないまでも地域内において海岸沿いの当該エリアへの建築制限がなされていたことが推測できる。

また、集落全体の配置を見ても、一八七五年の時点においては宅地の大半が海岸沿いの道路沿いに偏っているのに対し、明治三陸津波の被災後においては、隣接する赤浜や大槌などの集落につながる道路沿いで増加している。実際に、「宅地賃貸価格評価地図（遠野税務署管内　大槌町　乙図）」の賃貸価格評価を確認すると、海側の道路沿いの筆よりも旧県道沿いの筆のほうが賃貸価格が高くなっていることが見て取れる。このように、国や県レベルでの政策として高所移転が行なわれたわけではないが、集落サイドにおける自主的な取り組みの結果として集落の中心が海側から山側に移動したことが確認できた。

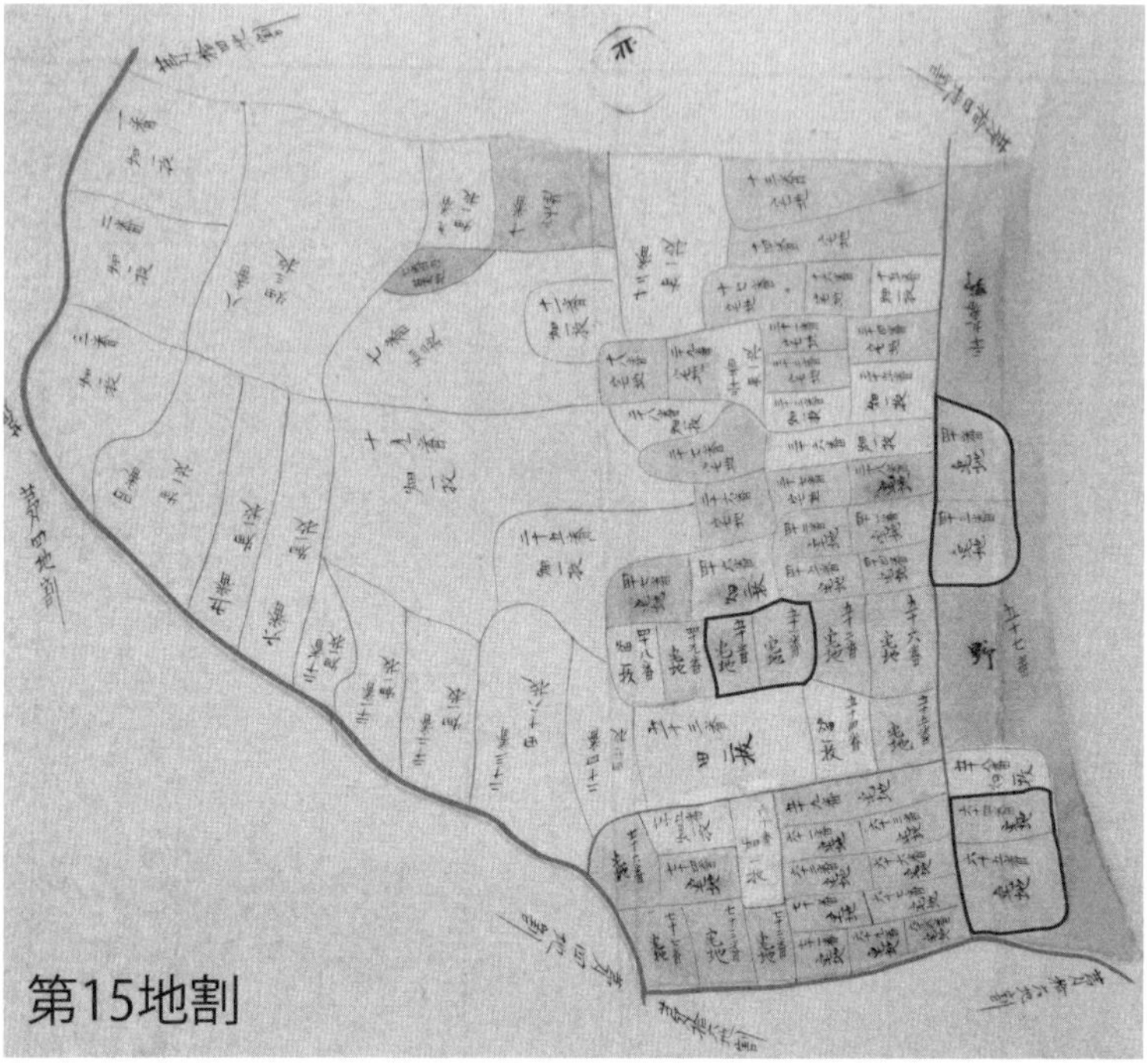

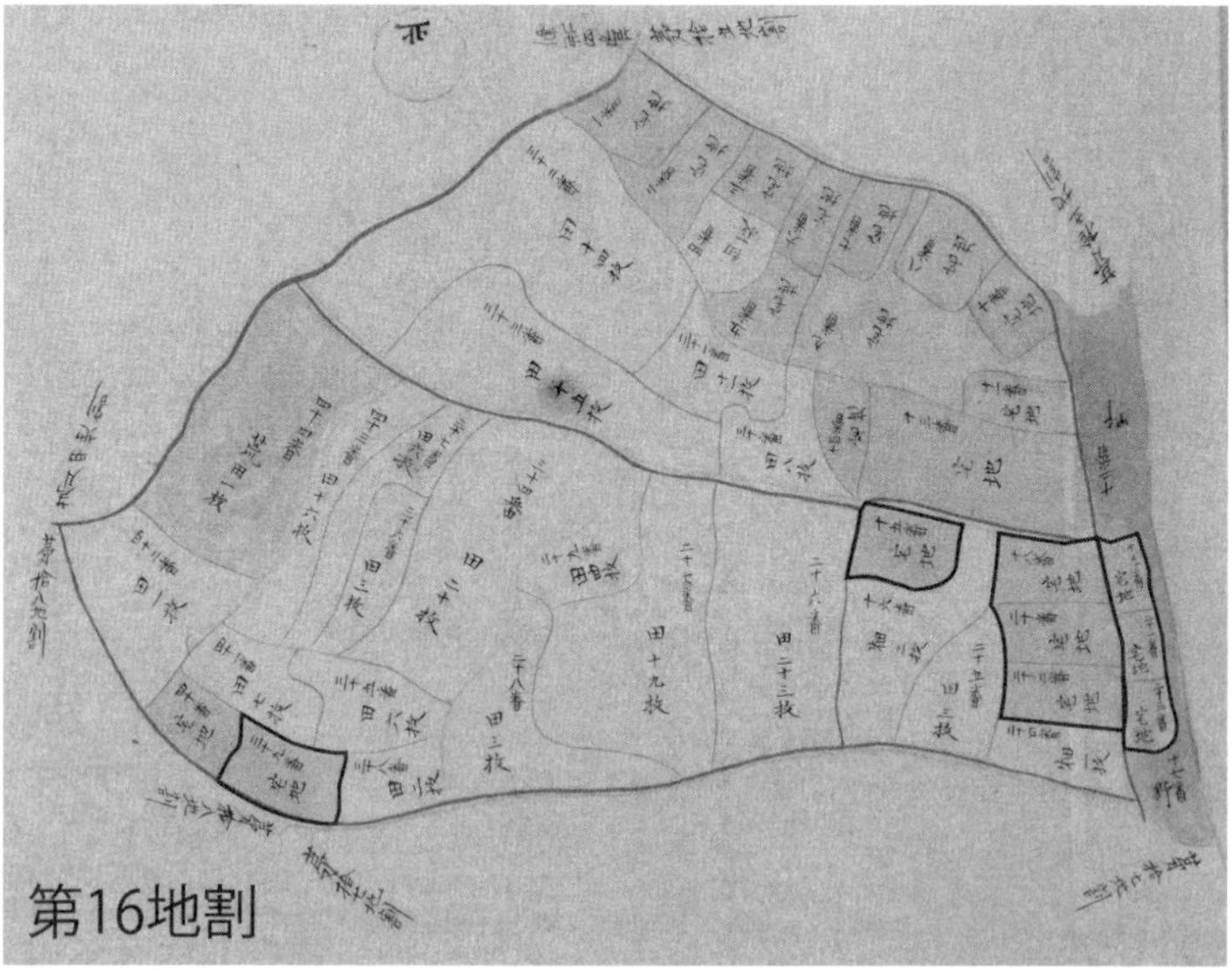

図９　宅地から原野への地目変更が行なわれた筆の位置（1910）

八　近代復興の萌芽の諸相

明治三陸津波の復興を支えた体制

まず、明治三陸津波の復興を支えた体制を「中央政府」「地方政府」「集落」に分けて確認する。

ここでの中央政府は、当然明治政府を指す。発災時点での内閣は、伊藤博文が二度めの内閣総理大臣を務める第二次伊藤内閣であった。当時は、薩摩藩と長州藩の出身者が交互に内閣総理大臣を務める藩閥政治の時代であった。ただし、自由民権運動を進める民党も力をつけつつあり、翌一八九八年には日本で最初の政党内閣である第一次大隈重信内閣が成立するという移行期でもあった。震災発生の報告を受け、内務大臣の板垣退助も現地入りするなどの対応を取ったが、板垣の帰京後に開催された閣議において決議された三陸震災救済費は、被災三県（青森・岩手・宮城）の知事の要求額を下回るものであった。また、国庫剰余金については、法的には支出可能であったにもかかわらず、濃尾地震（一八九一）後に事前に議会の承認を得ずに支払ったことを自由・改進両党から批判された経験からか、政府は支出を認めなかった。このように、中央政府が明治三陸津波の復興において担った役割は、法に基づく資金支出にとどまっており、その対応は消極的なものであったと言わざるをえない。その背景として、政権を運営する藩閥と民党の力関係にゆらぎが生じ、政権運営が安定しなくなっていたこと、日清戦争の戦後処理などで多忙を極めていたこと、政府にとっては、産業の乏しい三陸沿岸地域の復興は優先度が低く、ないがしろにされたことなどが想像される。

次に、「地方政府」として位置付けられる、県・郡・町村が果たした役割を検討する。そもそも明治三陸津波発災当時における県・郡・町村は、法的にどのように位置付けられるものであったのだろうか。政府は、一八八八年に市制・町村制を制定し、次いで一八九〇年に府県制・郡制を敷いた。財政学者の宮本憲一は、明治期における地方自治制の特徴を、地主などによる旧来の慣習に基づく地方自治と、近代国家が各種政策を地方において実行するための官僚的中央集権が結びついたシステムである点にみている[53]。

そして、前者の地主を中心とした地方自治を担保するのが複選制である。複選制とは、町村の場合であれば、公民権を有する土地所有者と一部の商工者が選挙により町村議員を選び、さらに町村議員と大地主が郡会議員を選び、さらに郡会議員が県会議員を選ぶというものであった。このように地主に特権が与えられる制度設計は、いわゆる恒産恒心主義と呼ばれる政府の方針の産物にほかならない。恒産恒心主義とは、地租改正により所有権を獲得し財産を得た地主がその恩義から天皇に対して忠誠心を持つであろうとして、彼らを社会の中心に据えるという考え方である。

一方、後者の官僚的中央集権を担保しているのが、府県知事および郡長の官選と、彼らが有する各種統制権である。府県知事は天皇に任命され、内務大臣の指揮監督下で郡長を選ぶことになる。郡長は町村長の懲戒権および町村会の解散権を有していた。同様に、府県知事も郡会や市に対し同様の権限を有していた。このように、中央政府が地方政府の人事権を掌握していたため、その統制力は絶大なものであったと言えよう。ところが、明治三陸津波後においては、前述したとおり中央政府は積極的に復興に関与する意思を見せなかった。

そこで復興において主体的な役割を果たしたのが、本章で見たとおり地方政府たる県および郡である。宮城県では、郡役所や町村役場に職員を派遣し、各種事務を担わせた。また、岩手県では、県職員を授産世話掛として沿岸各郡に派遣し、集落の復興を支援した。両県ともに確たる財源がないなかで、各種救援金を大胆に運用し、復興を推進していった。県知事は本来内務大臣の指揮監督を受ける立場にあるが、岩手県と宮城県で異なる体制が敷かれたということは、両県知事が主体的に復興の道筋を選択したことの証左であると言えよう。なお、余談ではあるが、当時の勝間田稔宮城県知事と、服部一三岩手県知事は、いずれも長州藩の藩士出身のいわゆる藩閥官僚である。このように、末端の町村が大規模な津波被害により機能麻痺に陥るなか、地方政府としての県および郡が、復興の方向性の検討や予算の付け替え、被災地の実態把握から事業の実施に至るまで幅広い役割を果たしていたことが指摘できる。

最後に「集落」の果たした役割を検討する。前述したとおり、海面の所有権については、官有として管理したい政府と、従前からの入会権を墨守したい漁業者が対立していた。そのため漁村には、地主を中心とした地方自治が行なわれる農村とは異なる複雑さがあったと考えられる。つまり、地主層が地域のまとめ役を担う集落もあれば、網元や船主などの漁業者が地方自治のリーダーとなっているケースなど、さまざまであった。さらに、被害の程度も集落によって大きく異なるため、「集落」の果たした役割を一概に述べることは困難である。ただし、そのなかでも岩手県では、県から派遣された授産世話掛が集落から重立者[54]を選び相談するよう指示を受けており、また宮城県でも被害地部落に総代人三名以下を置くよう指示されている。このように、「集落」は近代的な地方自治の末端として位置付けられ、被災集落の情報提供や復興への道筋の検討を行なううえで実際に機能したと考えられる。一方、そうした「地方政府」による復興とは別に、山口弥一郎が紹介しているように、集落の篤志家や地主層などが主導するかたちで、高所移転を実施しようとした事例も存在する。

復興における予算上の制約

明治三陸津波により被害を受けた国道や県道、橋梁などの土木インフラの復旧には、約六割の国庫補助がなされた。これは、災害土木費への国庫補助という既存の枠組みのなかでの対応として位置付けられるものである。この場合、あくまで事業主体は県・町村などの地方政府であり、中央政府は内務省土木局の技師を派遣して補助金額を算定し、その費用を補助するという仕組みである。

一方、高所移転や市区改正などの積極的な宅地整備事業、すなわち復興に対して国庫補助がなされたという記録はない。宮城県で高所移転が推奨され、その道路整備費用が県負担となったほか、国庫補助なしで市区改正がなされた田老や釜石、村崎などの事例が知られるのみである。住宅再建についても、備荒儲蓄金から小屋掛料、救済費（第二予備金）から被服および家具料として資金供給がなされたが、あくまで「自活の道を失したる者」が対象とされるなど窮民救済の域を出ないものであった。ただし、救済費の総額を上回る義捐金のほか恩賜金も支給され、結果的にそれら救援金を元手として住宅再建が果たされた。

このように、明治三陸津波の復興におけるハード事業は、非常に厳しい予算上の制約のなかで実施されたことがうかがえる。その要因としては、国庫補助制度が未成熟であったこと以前に、そもそも県や町村などの地方政府の財源が限られていたことが挙げられる。実入りの多い財源はすべて国税とされており、また財源が不足する場合にも国税の付加税となっているなど、当時の税制度は地方政府の独立性が乏しいものであったと言える。

事業内容にみる復興の限界

行政による事業として実施されたハード事業は、国庫補助を受けて実施された道路や橋などのインフラ復旧事業と、宮城県で県補助を受け六つの集落において実施された高所移転事業である。後の災害復興に見られるような、震災を契機として防潮堤や河川堤防など従前を超えるインフラ整備を行なうといった発想は、当然ではあるがこの時点ではまだ見受けられない。あくまで個別の事例として、吉浜本郷において防潮堤が建設された事例が知られているのみである。

一方、行政による事業として実施されたソフト事業は、各種救援金のなかで産業再建に支出されたものがあるほか、岩手県において授産世話掛が中心となり集落ごとに必要な事業を選択・実行していった。

吉里吉里集落における集落環境の再編

前述したとおり、明治三陸津波後の被災集落における住宅再建は、行政による特定の事業が準備されたわけではなく、政府や民間からの各種救済金のうち小屋掛料などを組み合わせるかたちで行なわれた。筆者の試算では、岩手県における被災一戸当たりの支給額は二〇坪程度の家であれば十分に建つほどの金額であったことはすでに述べた。実際にそれら救済金を活用し、早い集落であれば震災から二カ月後には住宅が完成しており、遅い集落でも震災後一年後には大半の住宅が完成していたとされる。[55] しかし、住宅が再建されたとしても、再建場所が同じ低地であれば後に来る昭和三陸津波によって再び被災してしまう。それゆえ、次の災害に備えるべく集落のなかでどこに宅地を設定するかという視点が重要になる。岩手県においては、県は直接関与していないまでも、地主層や網元・船主などの漁家、区長などの地域の有力者が高所移転を計画した事例があることを確認した。ただし、その多くがその後元の低地に戻ってしまうなど、不完全なかたちでしか実現しなかった。

一方、吉里吉里集落の建造環境について、具体的に被災前後の土地利用の変化を確認した結果、より小規模な高所移転が散発的に実施されることで、集落全体の重心が引き上げられるような高所移転のあり方が見えてきた。行政による指導や金銭的なサポートがないなかで、自主的な集落の再編が果たされたと言える。こうした高所移転は、山口弥一郎の分類によれば「分散移転」に類型化されるもので、どちらかというと「集団移転」に比して否定的な評価が下されている。しかし、山口によると明治三陸津波後において、岩手県全五五集落のうち二〇集落が分散移転を行なっており、山口が把握できなかった分散移転の事例も確認されていることなどを踏まえると[56]、その数はもっと増える可能性がある。たしかに、安全面を考えると不完全かもしれないが、少なくとも岩手県においては基調をなす高所移転の動きであると言える。

明治三陸津波後の経済・社会環境の再建に際し、岩手県においては、授産世話掛が重要な役割を担った。ただし、予算措置があったわけではないため、本来であれば国や民間から県および町村を通して被災者個人の配給される各種救済金の一部を、町村の合意を得たうえで郡がプールするという方法で予算を捻出した。また、地方世話係からの情報や要望を受け必要な施策を定め、そこに予算を投じていくというかたちで被災集落の経済・社会環境の再生が図られていった。

そして、岩手県では、授産世話掛の支援を受け、支給された救援金などを用い経済・社会環境の再建が比較的スムースに進んだと考えられる。実際に大槌町においては、震災後四カ月には、大槌町内全体で九八艘、九九四人が漁に出ていたとされる[57]。さらに、同月には大槌湾において鰯が大漁だったこともあり、速やかに産業再建が果たされた様子がうかがえる。また、宮城県においても数カ月で元の漁船数に回復したとの記述もある[58]。

近代復興の萌芽

明治三陸津波の復興において、法制度に基づき中央政府が行なったのは唯一各種救援金を支給したこと、およびインフラ再建のための災害土木費への国庫補助のみである。つまり、将来の防災のためのまちづくりや地域社会の改良、産業の復興などは、この時点では中央政府の責務としては認識されていない。しかも、本来的には「備荒儲蓄法」に基づく備荒儲蓄金が被災者救済のための資金として制度的に用意されていたが、実態としては金額が不足していた。その代わりに大きな役割を果たしたのが第二予備金（救済費）および日本全国や海外から集められた義捐金であり、全救援金の半分以上を義捐金が占めた。また、災害土木費への国庫補助も十分な金額ではなく、県や町村はその費用の捻出に苦心した。しかし、十分な金額ではないとはいえ国庫が被災地に投入され、それを元手に、被災集落の復興が図られた。こうした動きは、窮民救済にとどまっていた近世以前の災害復興には見られなかったものである。また、宮城県の高所移転は、国ではなく県主導であり、かつ県費の補助は部分的ではあったが、行政主導で補助金を投下し復興が果たされるという点において、昭和三陸津波以降の災害復興を予見させるものである。そこに、近代復興の萌芽を見出すことも可能であろう。

一方、そうした制度上の不備はあるものの、結果として岩手県の被災集落では速やかに復興が果たされた要因のひとつとして、授産世話掛を中心とした復興を支える体制が構築されたことが挙げられる。

こうして、明治三陸津波の被災地のように多様な文脈をもつ被災集落の復興に際して、どのように公的資金を公平性を担保しつつ投入していくかという極めて現代的な課題に対し、郡ごとに設置された授産世話掛および町村・集落からの地方世話係の協議により、その解決が図られていった。ただし、このようなアドホックな対応がうまく機能したのも、集まった義捐金が想定以上に多かったこと、また被災後の漁獲が比較的好調であったことなど、ある種の偶然が功を奏した点は留意しなければならない。

第二章

農山漁村経済更生運動と昭和三陸津波

復興の歌
大津浪くゞりてめげぬ
雄心《こころ》もていざ追ひ進み
参ゐ上らまし

慰霊の歌
亡霊《なきたま》は千尋の海に
鎮もりて榮え行く代の
柱たるらむ

岩手縣編『岩手縣昭和震災誌』(岩手縣知事官房、一九三四)巻頭

二つの歌は、いずれも昭和三陸津波発災当時、岩手県知事を務めていた石黒英彦(一八八四–一九四五)が、発災翌年に作詞したとされる。歌の存在を知ってはいたものの、筆者がメロディーを初めて耳にしたのは、現地でのインタビュー調査の最中であった。昭和三陸津波の被災経験を有するインタビュイーの女性に歌の話を振ると、歌ってくださったのだ。おそらく久方ぶりであったにもかかわらず、その歌声は力強く、美しかった。

印象的なのは「慰霊の歌」の「柱たるらむ」という言葉で、霊を慰めつつも、それを未来の礎として位置付けている点である。「柱」とは「霊」を数える単位でもある。石黒にとって、「慰霊」と「復興」は表裏一体で、死者への「慰霊」なくして未来の「復興」はありえなかったのであろう。本書の内容は、必ずしも被災地の「復興」に直接結びつくものではないが、三陸の歴史を伝える記録として、願わくはまちの「慰霊」の一助とならんことを。

一　中央政府による災害復興

一九三三（昭和八）年三月三日午前二時三〇分、昭和三陸津波の要因となる地震が岩手県釜石市の沖合約二〇〇キロメートルの海底で発生した。地震のエネルギーを示すマグニチュードは八・一で、地震の揺れの大きさを示す震度は五程度であったとされる。[1]明治三陸津波と比較すると揺れは大きかったものの、地震そのものによる被害はそれほど大きくなかった。しかし、地震発生後約三〇分で三陸沿岸地域に津波第一波が到達し、大きな被害をもたらした。明治三陸津波と昭和三陸津波の被害を比較すると、人的被害・建物被害ともに昭和三陸津波が明治三陸津波のそれを下回っている。にもかかわらず、昭和三陸津波の被災集落の復興プロセスに、中央政府が大々的に介入した。いったいなぜか。

昭和三陸津波発災前夜の三陸沿岸地域は、一九二〇年代から続く経済不況に加え、一九三一年に東北地方全域で発生した冷害の影響もあり、極度に疲弊していた。そのため、農村団体などによる負債の軽減や抜本的な農山漁村への対策などを求める声が大きくなるなか、政府が打ち出した対策が「農山漁村経済更生運動」である。昭和三陸津波発災前年の一九三二年のことである。同運動のキーワードは「自力更生」で、農山漁村民が自らの力で産業の合理化・共同化、経営組織や経済の改善を図ることを目指している。名称が「事業」ではなく「運動」となっているのは、あくまで地域が主体となり自らの更生を図るという位置付けであったことを示している。そのため、同運動のための予算措置は調査費としてわずかな金額のみであった。このような厳しい条件下にもかかわらず、農林省経済更生部を頂点に、町村の町村経済更生委員会を経由し末端の農山漁家に至るまでのピラミッド型の組織が構築された。そして、一九三二年より農山漁村経済更生運動の指定村において次々と計画が立てられていった。先に掲げた「昭和三陸津波の復興に中央政府が大々的に介入したのはなぜか」という問いに立ち戻るとすれば、それは、農山漁村経済更生運動の内容・手法に沿って津波災害からの復興計画を立案し実施したから、ということになる。

立案から実施までの状況を見るにあたり、まず次節〈二　被災前夜の三陸と被害状況〉において、復興の前提条件となる事項の整理を行なう。具体的には、上述した昭和恐慌に起因する経済不況や冷害を含む昭和三陸津波前夜の三陸沿岸地域の社会状況、農山漁村経済更生運動の概要、明治三陸津波以降の災害関連法制度、および昭和三陸津波による被害を描写する。そのうえで、中央政府主導による昭和三陸津波の「復興手法」の全体像を明らかにしていく。

そして〈三　近代復興の原型〉において、昭和三陸津波の復興事業がどのように組み立てられていったのか、基盤となる考え方や、関連する法制度、予算との関係などを中心に論じる。ここでは、近代復興の原型としての昭和三陸津波の「復興手法」の全体像を明らかにしていく。

次に〈四　復興地の建設〉では、復興事業のなかでも高所移転事業を中心とした建造環境の整備にかかわる計画・事業の仕組みを明らかにする。昭和三陸津波後の被災集落では、被害の大きかった岩手・宮城両県合わせて約一〇〇集落において、被災前に低地に位置していた居住地を、津波被災リスクの小さい高台へと移転する計画が立案され、その多くが実施されたことがわかっている。それら移転先の居住地は「復興地」などと呼ばれた。さらに、岩手県と宮城県での復興地建設に対する方針の違いや、復興地を整備した「住宅適地造成事業」の内容、被災した低地の利用制限などについて論じることとする。

〈五　漁村の経済更生〉では、昭和三陸津波の復興事業のなかで、副業のための施設整備や漁業の共同化などの産業や経済の復興に関する計画・事業の仕組みを明らかにする。前述のとおり、昭和三陸津波の復興は農山漁村経済更生運動をベースとしているため、復興事業のなかに副業や産業の合理化・共同化などに関する事業が入り込んでいる。また、それら復興事業における経済環境の整備に関する事業と農山漁村経済更生運動との関係を明らかにする。

最後に〈六　農山漁村経済更生運動に基づく復興〉において、事業主体と事業手法、復興事業におけるハードとソフトの整備について再整理し、昭和三陸津波の「復興手法」と農山漁村経済更生運動との関連を明らかにする。

二　被災前夜の三陸と被害状況

前述のとおり、昭和三陸津波の復興には疲弊する農村対策としての農山漁村経済更生運動との関連が指摘されている。[2]ただし、両者の具体的な関係性は明らかにされていない。

そこで、本節ではまず津波発生前夜の日本の社会状況を整理する。そのうえで、昭和三陸津波の復興に関連する部分を中心に、農山漁村経済更生運動がたどった経緯を見ていく。さらに、昭和三陸津波の被害を整理するとともに、明治三陸津波以降の災害関連の法制度の整備状況を明らかにする。

疲弊する農山漁村と昭和恐慌

一九二九年一〇月二四日、ニューヨーク証券取引所の株価大暴落に端を発する世界的な金融危機が発生した。国内では一九三〇年の濱口雄幸内閣におけるデフレ政策や金解禁による不況も重なり、日本経済は大きな打撃を受けた。とりわけ影響が大きかったのが農村部であった。一九三一年には、東北地方および北海道が大規模な冷害に見舞われるなど農業生産の不振に加え、恐慌による米価や生糸価格の暴落が重なり収入が激減した。また、不況のため都市部から農村部への帰農圧力も強くなり、疲弊は頂点に達した。俗にいう昭和農業恐慌である。なかでも冷害が続いた東北地方の経済状況は非常に深刻であった。

一九二五年を基準とした昭和初期における農業生産額指数の推移を確認してみよう【図1】。一九二五年から単調低下し、東北地方で冷害が発生した一九三一年には四七・二と、一九二五年と比較すると半分以下にまで落ち込んだことがわかる。その後、元の水準に回復するのは一九三八年で、じつに一三年の年月を要している。また、同期間における工業生産額の指数で最も低いのが一九三一年の七四・七であり、工業部門と比較しても農業部門の落ち込みが大きいことが見て取れる。

一九二三年を基準とした物価指数を見ると、一般物価は一九三三年に六七・四まで低下し、米の物価指数は同年に六五・七、繭は翌三四年に二三・三にまで低下している［図2］。極度のデフレの進行が見て取れ、特に米や生糸を生産する農村部の疲弊は想像に難くない。

その結果、農家における負債が増大し、農家の娘の身売りや十分な食事を与えられない欠食児童らが社会問題化した。そして、東北地方を中心に各地で小作争議が頻発し、全国農民組合[3]や自治農民協議会[4]などによる組織的な農民運動が展開された。このように、昭和初期から続く東北地方の疲弊は、昭和三陸津波発災前夜の時点で、政府も無視できないほど大きな問題となっていた。

農山漁村経済更生運動とは何か

そうした社会状況を受け、一九三二年に開催されたのが、「救農」をテーマとした第六二回臨時帝国議会および第六三回臨時帝国議会である。特に後者は「救農議会」というキャッチフレーズのもとで、マスコミからも大きな注目を集めた。

第六二回臨時帝国議会では、各種農民団体が陳情請願を行ない、その結果速やかに臨時帝国議会を開催するという決議案が衆議院に上程され可決された。

決議を受けて開催された第六三回臨時帝国議会において成立した時局匡救策は、「緊急対処療法的対策」と「長期的農村振興対策」に大きく分けられる。前者は、負債に苦しむ農家の現金収入を増やすための一時的な措置であり、具体策としては「救農土木事業」「金銭債務臨時調停法」「産業組合中央金庫特別融通及損失補償法」などが挙げられる。なかでも多くの予算が割かれたのが、内務省および農林省による「救農土木事業」である。同事業は、治水・治山、港湾・道路整備などの内務省の事業や、開墾や用排水幹線改良、林道開設、小漁港整備など農林省の公共インフラ整備事業により、農山漁村での現金収入を生み出そうとするものであった。一九三二年度だけで内務省関連で四八八二万円、農林省関連で三七四八万円、地方費負担分で五六〇〇万円の計一億四二三〇万円の予算が組まれた。そして、事業の配分や記載の手続きなどについては地方長官

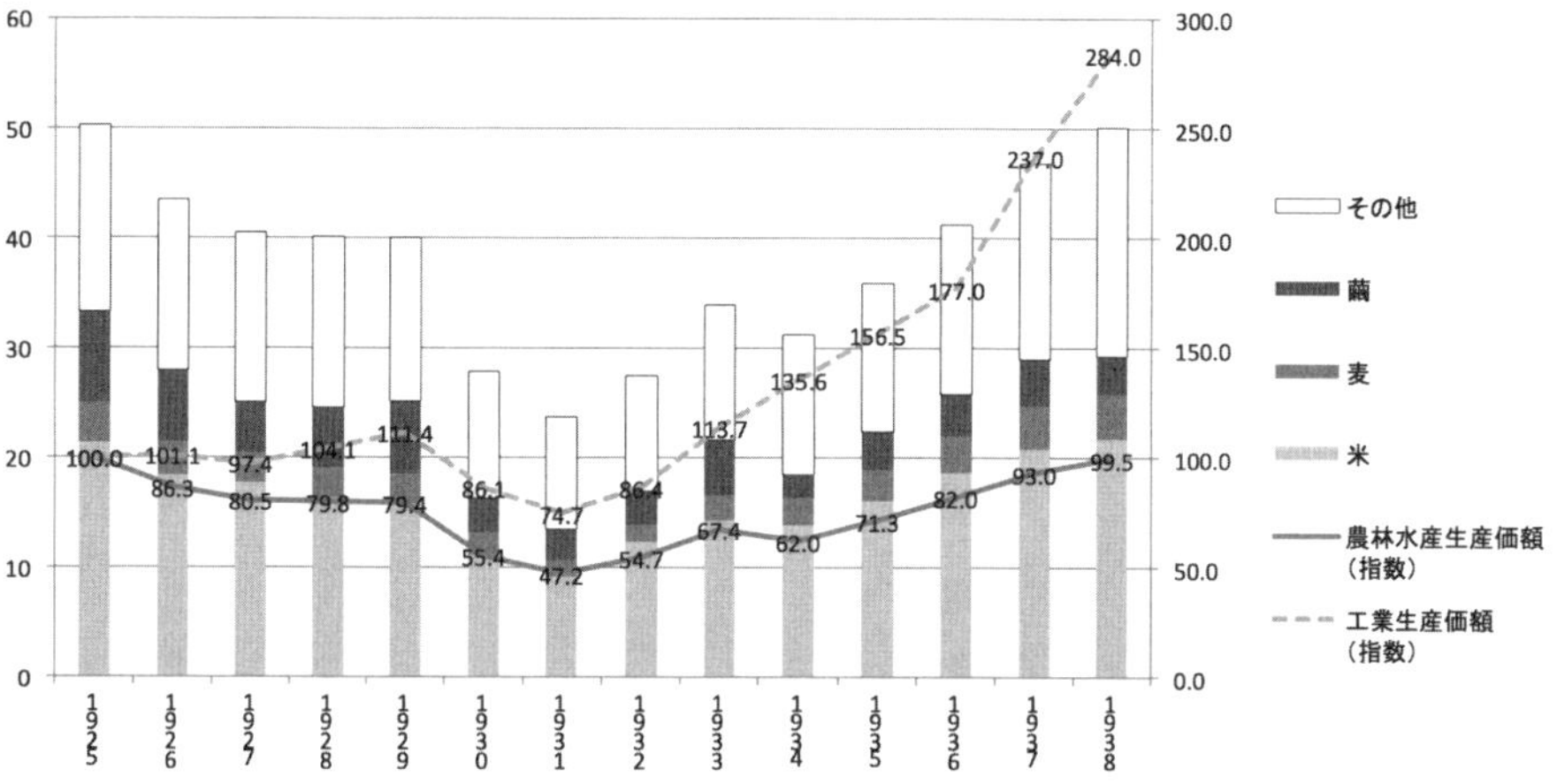

図１　昭和初期における農林水産物生産総価額の推移（米、麦、繭、その他）と同指数の推移
図２　昭和初期における物価指数の推移

の裁量に任され、早期の事業着手が図られた。[5] 結果として三年間と限られた期間ではあるが、農林省のみで合計約一億一〇〇〇万円もの多額の農業土木費が農山漁村に投入された。

一方、後者の「長期的農村振興対策」は、農山漁村の経済を根本的に立て直す中長期的な対策である。具体的な事業としては、「農山漁村経済更生運動」や「産業組合育成」などが挙げられる。ただし、予算措置としては「農村経済更生施設費」として毎年三〇〇万円が計上されたにすぎず、救農土木事業費との差は歴然としている。これは一九三一年の満州事変以降軍事費が膨張し、軍事費以外の予算規模が縮小されるなかでの苦肉の策であったと言える。[6]

その後、第六三回臨時帝国議会での決定を受け、農林省は一九三二年一〇月に訓令第二号「農山漁村経済更生計画ニ関スル件」（以下「訓令」とする）を発表し、同年一二月に「農山漁村経済更生計画樹立方針」（以下「樹立方針」とする）を発表した［資料10、二八七頁］。

「訓令」では、経済更生運動が必要である理由や、同運動を行なうにあたり、農山漁村民および各種関係組織として必要な心構えなどが説かれている。また「樹立方針」では、農村・山村・漁村のそれぞれについて、具体例を示しつつ、各町村が経済更生計画を樹立するための基礎的な方針を示している。農村・山村・漁村いずれにおいても、合理化や経営の改善、共同化、統制などのキーワードは共通している。このことから単なる農業技術の向上だけではなく、農山漁村の根本的な改善を目指していることがわかる。

具体的な運動の推進にあたっては、農林省内に経済更生部が新設され、そのなかに総務課、金融課、産業組合課、副業課、販売改善課および積雪地方農村経済調査所が設置された。また、諮問機関として農村経済更生中央委員会が設置され、協賛機関として全国町村長会や農村更生協会、経済更生中央協議会などの関連団体が名を連ねた。さらに、県レベルでも経済部のもとに経済更生課が新設されたほか、諮問機関として県経済更生委員会が立ち上げられた。同様に、町村レベルでも町村経済更生委員会のもとで経済部が立ち上げられた。このように農山漁村経済更生運動の実施にあたっては、国─県─町村にまたがるピラミッド構造の大掛かりな新体制が敷かれた［図3］。

そして一九三二年には、農村で一〇五七町村、山村で二三六町村、漁村で一七六町村の合計一四六九町村が経済更生指定町村に指定された［表1］。指定された町村は、まず町村経済更生委員会を設置し、同委員会が実施する基礎調

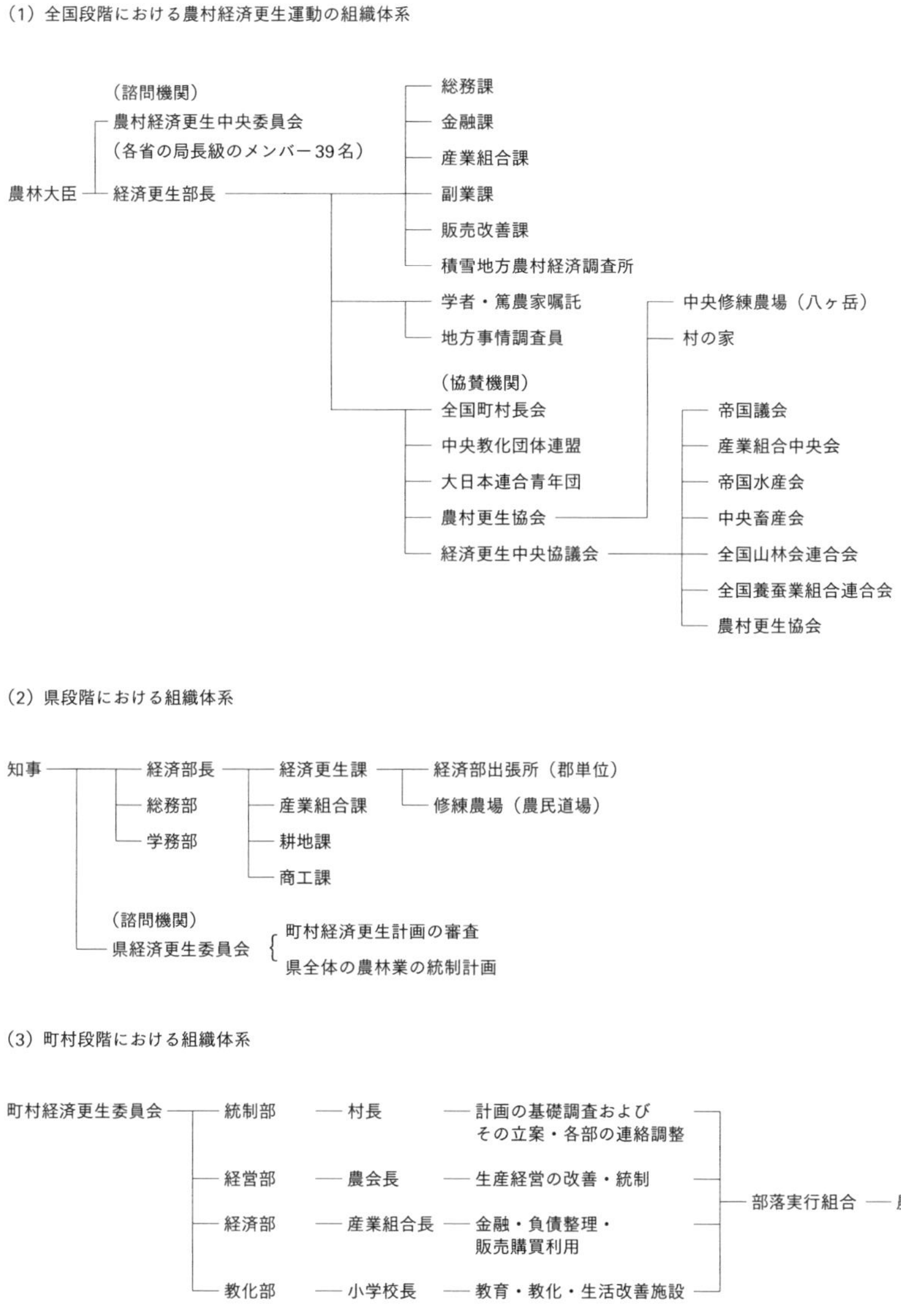

図3　経済更生運動の組織体制

表1　農山漁村経済更生計画の指定村数の推移

	普通指定村				特別指定村
	農村	山村	漁村	合計	
1932年度	1,057	236	176	1,469	−
1933年度	1,183	393	220	1,796	−
1934年度	935	291	175	1,401	−
1935年度	637	237	120	994	−
1936年度	586	233	110	929	350
1937年度	436	199	70	705	403
1938年度	379	220	76	675	407
1939年度	446	170	74	690	235
1940年度	331	84	79	494	131
1941年度	−	−	−	−	69
1942年度	−	−	−	−	−
合計	5,990	2,063	1,100	9,153	1,595

査によって地域の社会・経済の実態を明らかにしたうえで、調査結果に応じた計画を樹立し実行することになる。国からの補助としては、委員会や専門職員の配置などの体制構築のための費用以外には、更生計画樹立のための会議費として一町村あたり一〇〇円が助成されたのみであった。つまり、基本的には町村に自力での計画立案および各種事業の実行が任されていたのである。一九三六年からは、資金不足のために計画を実行できない町村を特別指定村に指定し、指定を受けた町村は、計画実行のための平均一万五〇〇〇円の補助金と同額程度の低利融資（利子補給）を受けた。

最終的に同運動が終了する一九四一年度までに九一五三町村が普通指定村に指定された。これは当時の市町村数の九割近くに該当する。いかにこの運動が大規模なものであったかがうかがえる。[7]

実際に岩手県と宮城県の町村における農山漁村経済更生計画の指定村の指定状況を見ると、資料２（二六八頁）および資料３（二七〇頁）のようになる。表のなかの太字下線が漁業系の町村であり、昭和三陸津波により被災を受けた三陸沿岸に位置する町村の多くが、一九三六年までの早い時期に指定を受けている。同年から開始された特別助成の指定を受けた町村は、岩手県では末崎町および越喜来村のみである。詳細は後述するが、これは特に岩手県において、昭和三陸津波の震災復旧・復興事業と合わせて、農山漁村経済更生運動に関連する事業が実施されたためと推察できる。なお、本書の主な対象集落である吉里吉里集落を含む大槌町は、初年度の一九三二年度に指定を受けている。

主体としての産業組合

次に、農山漁村経済更生運動における各種事業の実行主体として、また昭和三陸津波の復興事業の主体として、各町村において大きな役割を果たした産業組合の概要を整理する。

日本における農民や中小商工業者の救済を目的とした産業組合の設置は、一九〇〇年に制定された「産業組合法」に遡る。事業内容は、組合員の貯金や資金の貸付などを行なう「信用事業」、組合員の生産物を共同で販売する「共同事業」、組合の生活に必要な資材などを共同で購入する「購買事業」、組合員による生活・生産のための共同施設利用を行なう「利用事業」の四つの事業に分類される。ただし、一九〇六年に法律が改正されるまでは、「信用事業」とそのほかの事業の兼業が規制されていた。

一九〇五年には、全国組織としての産業組合中央会が設立され、府県にはその分会が設置されるなど系統化が進められた。さらに一九二三年には、産業組合中央金庫が設立され、金融機関としての体制が整備された。そうしたなかで、一九三二年に始まる農山漁村経済更生運動では、産業組合がその計画推進主体に据えられた。それまで府県レベルの農務課などの技師までしか人事ネットワークがなかった農林省が、末端の農家まで一気通貫となるトップダウン型の体制を構築すべく、関連団体である産業組合を運動主体に据えたとも考えられている[8]。

同年、産業組合中央会による「産業組合拡充五ヵ年計画」が発表された。計画では、五年間で組合数二一一六、組合員数二六三万二五七七人の増加を目標とするほか、資金の増強、各事業の拡大、各産業組合の組織改善、全国組織としての産業組合中央会の整備・拡充、産業組合にかかわる教育宣伝の強化などが掲げられている。また、一九三七年には「第二次産業組合拡充三ヵ年計画」が発表され、組合員の増加、四種事業の積極的実行、不振組合の整理、新設組合の活動促進、組織的活動の徹底などが掲げられた。

昭和三陸津波の県・町村ごとの被害

昭和三陸津波の復旧・復興事業に対する国庫の助成金額の決定や、各町村への分配などには、被災地の町村ごとの人的・物的被害の程度が大きく影響した。また、高所移転事業を実施するかどうかについては、集落ごとの人的・物的被害や人口規模がその判断要因のひとつになったと考えられる。しかし、昭和三陸津波の被害データは、資料によって調査手法や集計範囲、調査時期などが異なるため、必然的に数値も異なり、扱いが難しい。ここでは、実際に調査主体となった岩手県および宮城県による資料[9]を用いることとする。

昭和三陸津波の岩手県および宮城県の人的・物的被害を、明治三陸津波のそれと比較すると、死者・行方不明者数、人的被害率、被害戸数、建物被害率いずれにおいても明治三陸津波が昭和三陸津波を大きく上回っているのが見て取れる［表2］。ただし、昭和三陸の被害のなかでも岩手県の物的被害は大きく、建物被害率は一七・〇パーセントにも上っており、人的被害に比して物的被害が大きいと言える。

岩手県と宮城県の被害を比較すると、死者・行方不明者数、人的被害率、被害戸数、建物被害率いずれにおいても岩手県が宮城県を上回っている。宮城県では小泉村（一七・五パーセント）、十五浜村（一五・七パーセント）、鮎川村（一五・六パーセント）の建物被害率が高く、大原村（二・一パーセント）、小泉村（二・〇パーセント）、歌津村（一・九パーセント）の人的被害率が高い。また岩手県では田老村（六二・八パーセント）、綾里村（五九・二パーセント）、田野畑村（五三・六パーセント）の建物被害率が高く、田老村（一九・七パーセント）、唐丹村（九・七パーセント）、重茂村（八・〇パーセント）の人的被害率が高い。

集落ごとの被害を見ると、ほとんど被害がない集落も見られる一方で、田野畑村の大須賀集落では四四戸の家屋すべて（一〇〇・〇パーセント）が、綾里村の港集落では一一七戸のうち一一五戸（九八・三パーセント）が、唐丹村の本郷集落では一〇二戸のうち九七戸（九五・一パーセント）が流出するなど、壊滅的な被害を受けた集落も見られる。また、人的被害率で見ても唐丹村本郷集落で

表2　明治三陸津波と昭和三陸津波の被害の比較

		人的被害			物的被害		
		震災前人口（人）	死者数（人）	人的被害率	震災前戸数（戸）	被害戸数（戸）	建物被害率
明治三陸津波	岩手県	76,114	18,158	23.9%	12,003	5,617	46.8%
	宮城県	29,486	3,452	11.7%	4,823	1,095	22.7%
	2県計	105,600	21,610	20.5%	16,826	6,712	39.9%
昭和三陸津波	岩手県	133,246	2,671	2.0%	21,555	3,666	17.0%
	宮城県	68,439	313	0.5%	10,364	519	5.0%
	2県計	201,685	2,984	1.5%	31,919	4,185	13.1%

は六一三名中三二八名（五三・五パーセント）が、重茂村姉吉集落では一九一名中九六名（五〇・三パーセント）と集落の半数以上が亡くなっている。このように、被害が集落ごとに大きく異なったため、当然その後の復興も集落ごとに異なるプロセスをたどっていくこととなる。

明治三陸津波以降の災害関連法整備

ここでは、明治三陸津波以降の災害関連法整備の状況について、個人の救済に関する制度と、社会インフラの復旧に関する制度に分けて明らかにする。

明治三陸津波後に個人の救済に関する制度として適用された「備荒儲蓄法」は、もともと二〇年間の時限立法として制定されたものであった。というのも、当初計画では二〇年間で基本基金が三〇〇〇万円に達し、以降その利子での運用が可能となる想定されていたからである。しかし、一八九一年の濃尾地震や一八九六年の明治三陸津波などの大規模な災害がこの時期に多発したことにより、備荒儲蓄金が底をついてしまった。そこで、一八九九年に「備荒儲蓄法」が廃止され新たに設置されたのが「罹災救助基金法」に基づく「罹災救助基金」である。

同基金は、府県が毎年基金を積み立て、災害時に「避難所費、食料費、被服費、治療費、小屋掛費、就業費」に支出するとしている。備荒儲蓄金との違いのひとつに、府県の基金の独立性が高まったことが挙げられる。備荒儲蓄金は、近世由来の地域ごとの災害救助制度を地租改正事業のなかで中央集権化したものとされる。[10] しかしその結果、被災地域が競って申請を行ない、基金が濫用された反省から、罹災救助基金では国庫補助が制限される方向で修正が図られたと考えられる。[11]

そして同基金は、災害被災者個人の救済にかかわる制度として終戦まで活用されることとなる。しかし、昭和三陸津波後における罹災救助基金は、岩手県では震災後一カ月間の食料配給において用いられたのみで、その後は義捐金品の配給に取って代わられた。

次に、社会インフラの復旧に関する制度の整備状況について整理する。前章において、明治三陸以前の災害時における社会インフラの復旧に関する制度として、災害土木費への国庫補助および「予備費」を活用した災害時の国庫補助について記述した。その後、一八九九年に「災害準備基金特別会計法」が制定された。

同法によると、「災害準備基金」は、日清戦争により得た賠償金のうち一〇〇〇〇万円を原資とし、「非常災害ノ為租税特免トナリタル場合ニ於テ生スル歳入缺損ノ補充」および「各府縣災害土木費ノ補助ニ要スル財源ノ補充」に使用するとされた。そして同法第三条（「土木費補助ニ關スル規程ハ命令ヲ以テ之ヲ定ム」）に基づき交付されたのが、「災害土木費國庫補助規定」である。同規定では、第一条に「府縣ノ災害土木費ニシテ其ノ他租年額ノ十分ノ三ヲ超過スルトキハ國庫ハ其ノ超過額ノ地租額ニ等シキ額ニ達スル迄ハ十分ノ四以内地租額ヲ超過スルトキハ其ノ超過ノ部分ニ對シテハ十分ノ五以内ヲ補助スルコトヲ得」とあり、具体的に補助額の算出基準を規定している。ここにおいて災害土木費に対する国庫の補助が具体的に規定されることとなった。[12]

しかしその後基金は日露戦争の軍事費などにも使用され、残額が少なくなったことを受けて一九一〇年に廃止された。そして、翌一九一一年に「災害土木費國庫補助規程施行細則」が制定された。そして同年制定の「災害土木費國庫補助規程」により、「國庫ハ府縣災害土木費カ其ノ府縣ノ地租額七分ノ一ヲ超過スルトキハ其ノ超過額ニ對シ左ノ區分ニ従ヒ補助スルコトヲ得　超過額中地租額二分ノ一以下ノ金額ニ付テハ其ノ金額ノ十分ノ四以内（…）」と定められ、前述の「災害土木費國庫補助規定に比べ、府県の負担が緩和されるかたちで災害土木費に対する国庫補助が継続された。一方、土木被害以外の、例えば農林水産業に関する災害被害については、こうした国庫補助に対する法的な規定はなく、適宜予算補助というかたちで国庫が投入された。

三　近代復興の原型

本節では、近代復興の原型としての昭和三陸津波の復興における各種事業が、どのような思想に基づき、かたちづくられていったのか、その全体像を論じる。まずは、「復旧事業」と「復興事業」の違いを軸に、被災直後復興の方針がどのように決定されていったのかを、国会での議論をもとに明らかにする。次に、昭和三陸津波後の各種事業を推進するエンジンとなった「国庫補助」と「低利資金の融通」について、その歴史的背景を含めて論じる。さらに復興の推進体制とメニュー化された復興事業の実態を、それぞれ明らかにする。

復旧事業と復興事業

まず、一九三三年三月三日の震災発生から同年三月二五日に衆議院および貴族院により復旧・復興計画の予算が議決されるまでの過程を、行政資料および新聞資料をもとに明らかにする［表3］。

震災の発生を受け、被害の大きかった岩手県では被災者の救出・救援などの応急的な対応と並行し、すぐさま復旧・復興計画の立案に取りかかった。岩手県は、震災三日後の三月六日の時点で復興委員会を開くとともに、庁内に震災に関する短期的な事態に対応する復旧部と、中長期的な事態に対応する恒久対策部を設置した。三月六日に開催した復興委員会において、石黒英彦岩手県知事は「被害は激甚であり縣として殆んど手の下しようのない事件であり恒久対策である復興には政府の力をかりるの外ない、よって復興資金は國庫の補助によるか又は一千萬圓或は二千萬圓の融通を受くる場合極めて長期の元金償却の方法により利子は政府からの補給によりたい」[13]と述べている。この時点で石黒が、国庫補助金もしくは低利資金による復興事業を想定していることが確認できる。三月八日には県庁各課

表3　震災後約1カ月間の国および岩手・宮城両県の復興計画に関連する動き

	国の動き	岩手県の動き	宮城県の動き
3月3日	昭和三陸津波発生		
	内務省警保局事務官が飛行機にて被災地視察	−	−
3月5日	−	復旧部と恒久対策部を分け組織的対応を決定	−
3月6日	民政党救済委員会が救済案を作成、政府に実行を請願	復興委員会開催	−
3月7日	岩手出身代議士により東京に三陸災害救済会設置の準備会議	復興事務局設置 第1回復興委員会開催	−
3月8日	−	県震災復旧復興費内訳を作成、県議会議員との協議会に提出	宮城県水産課による「更生漁村復興図」掲載
3月9日	−	上記協議会にて震災復旧復興費を決定 海村産業組合、復興計画作成	−
3月12日	−	知事上京、三陸災害救済会と会談	知事上京、政府に復興計画の了解と援助を求める
3月13日	−	−	知事、石黒農相・潮内務両次官を訪問し、政府の援助を懇請
3月14日	−	両県知事政友会総裁訪問、復興費を臨時議会の追加予算として計上することを懇請	
3月15日	−	復興原案を政府に提出	−
3月16日	−	東海岸罹災地産業組合救済復興対策協議会を開催	−
3月17日	−	−	知事上京、復興計画の追加予算の議会提出方実現を要求
3月21−26日	−	大船渡、釜石、宮古にて沿岸産組復興対策協議会開催	−
3月22日	第16回預金部資金運用委員会にて低利資金の融通の仮決議案を可決	−	−
3月24、25日	衆議院、貴族院にて震災地救済予算案可決	−	−
4月6日	−	復興局を再編、経済更生課の設置	県会臨時会を開催、災害復旧費等の予算を附議し、議案を議決
5月12日	第17回預金部資金運用委員会にて「三陸地方震災復旧資金融通の件」可決	−	−

の復旧・復興事業とその予算案がまとめられ、翌三月九日には県議会議員との震災地復興に関する協議会が開催され、総額三七三五万円に及ぶ計画が決定された。このように計画作成を急いだのは、帝国議会に一九三三年度の追加予算として提案し、予算を確保するためである。その後、岩手県と宮城県の両知事はともに、三月一一日の夜に出発、翌一二日に上京し、数日間の滞在中にそれぞれの復興計画案を政府に提出するとともに、主要大臣や政党の要人に面会し支援を要請している。

被災両県が要求した復旧・復興額は、岩手県が約三九〇〇万円、宮城県が約三五〇〇万円であった。その後、各省庁および大蔵省の査定を経て、議会終了間際の三月二四日の第六四回衆議院予算委員会、衆議院本会議および三月二五日の第六四回貴族院予算委員会で審議された。しかしその結果、一九三三年度一般会計追加予算として議決された金額等は[14]、青森県も含めた三陸全体でわずか約六三〇万円にとどまった。この額は、岩手県単独の要請額と比較しても、その六分の一にも満たない額であった。大蔵省預金部の運用委員会が決定した低利資金額と合わせても岩手県が約一二〇六万円（要請額の三〇・九パーセント）、宮城県が約二七九万円（要請額の七九・七パーセント）であった［表4］。

次に帝国議会の予算委員会での審議およびそれを受けた岩手県と宮城県の反応を分析し、復旧・復興に関する政府の考え方を明らかにする。

まず衆議院および貴族院で議論となったのが、前述した被災した公共団体の要求額と最終的に決定した予算額とのギャップである。このギャップについて、第六四回帝国議会衆議院予算委員会（一九三三年三月二四日）で高橋是清大蔵大臣による追加予算の説明を受け、小野寺章委員が以下のように発言している。

最初災害地ニ於ケル地方長官ノ計畫ハ、復舊竝ニ復興ト云フ事業ヲ此際確定致シテ、ソレニ關スル費額ヲ要求致シテ、著々

表4　岩手県および宮城県の震災復旧資金

		内務省	農林省	商工省	その他	合計
岩手県	補助金等	1,732,499	2,558,845	118,000	46,523	4,455,867
	低利資金	1,903,000	5,266,000	379,000	59,000	7,607,000
	合計	3,635,499	7,824,845	497,000	105,523	12,062,867
宮城県	補助金等	586,109	485,550	39,000	3,042	1,113,701
	低利資金	683,000	864,000	128,000	0	1,675,000
	合計	1,269,109	1,349,550	167,000	3,042	2,788,701

經済的ノ根據ヲ確立シテ其復興ナリ復舊ナリノ仕事ニ從事ヲスルト云フ計畫デアッタ、然ルニ大藏省ニ於カレテハ區劃整理並ニ住宅適地造成事業、此二ツニ付テハ額ハ減ラサレタヤウデアリマスガ、御認メニナッテ居ル、其他ノ復興事業ニ付キマシテハ全然否認ノ態度ヲ御執リニナッテ居ル

（…）

復興事業ノ眼目ハ、申スマデモナク將來ニ於ケル防潮設備、即チ海嘯ニ對スル豫防ヲ十分ニ致ス所ノ設備ト云フモノガ必要デアル、即チ防波堤ノ築造デアルトカ、或ハ防潮林ノ設備ヲスルトカ、或ハ護岸工事デアルトカ、或ハ海岸地方ニ於ケル堅牢ナル建築物ノ奬勵デアルトカ、色色ナル方面カラ此防潮事業ト云フモノヲ完全ニシナケレバ、地方民ノ生活ヲ安定スルコトガ出來ナイノデアリマス

「第六十四回帝國議會衆議院豫算委員會義録（速記）第十五回」（国立国会図書館所蔵）

傍線筆者（傍線部は発言中に特に重要な箇所）

つまり、小野寺委員は岩手県および宮城県等被災した公共団体からの予算要求には復旧事業と復興事業が含まれていたが、一部事業を除き復興事業の大半が認められなかったことを指摘しており、復興事業の遂行を求めている。同様の指摘は田子一民委員や高橋壽太郎委員などからも次のようになされているが、政府による追加予算案の提出が議会の閉会間際となったこともあり、それ以上の議論はなく、結果として政府の原案どおりに可決された。

○田子一民

政府ハ宜シク單ニ復舊ト云フ消極的ノ豫算バカリデナシニ、復興ヲ含マレタ意味ノ豫算ヲ速ニ提出セラレルコトハ、最モ必要ナリト認メルノデアリマス（拍手）若夫レ復舊復興ニ、一日モ早ク手ヲ染メナケレバ、徒ニ徒食ヲ奬勵致スコト、相成リマシテ、救助米ニ依ッテ露命ヲ繋グト云フコトニナリマシテ、社會政策上洵ニ遺憾ノコトニ思ヒマスルカラ、政府ハ宜シク此希望決議ノ趣意ヲ體セラレマシテ速ニ復興並ニ復舊ニ關シマスル豫算ヲ提出セラレンコトヲ切ニ望ムノデアリマス

「第六十四回帝國議會衆議院議事速記録第二十七號」

（国立国会図書館所蔵）傍線筆者

○高橋壽太郎
今回ノ六百三十万圓ト云フ豫算ハ、復興ヲ見込マナイデ、専ラ復舊ノミデアルト云フコトデアリマス、岩手縣ノ如キ三十八万圓ノ要求ニ対シテ、殆ド其十分ノ一位カ頂戴スルコトガ出来ナカッタト云フノモ、畢竟スルニ復興ノ部分ヲ取去ラレタ結果ダト推察イタスノデアリマス、併シ今回ノ津浪ハ、矢張以前カラノ通リニ周期的ニ來タト云フコトデアリマスカラ、復興ヲ十分ニ致シマセヌ限リハ、又斯ウ云フ災害ヲ繰返スト云フコトニ相成ルト思フノデアリマス

前掲「第六十四回帝國議會衆議院豫算委員會議録（速記）第十五回」傍線筆者

一方で、政府も復興事業をまったく認めなかったわけではなく、小野寺委員の発言にもあるとおり予算額は縮小されたが、「區劃整理」および「住宅適地造成事業」が計上されている。「區劃整理」とは、事業としては「街路復舊資金」として予算化されているもので、主に比較的人口規模の大きな市街地における道路拡張などの整備が行なわれた。また「住宅適地造成事業」は、そのまま「住宅適地造成資金」というかたちで予算化され、住宅の復興地の造成事業が行なわれた。この二事業については次節で詳しく分析を行なうこととする。

また、上記二事業以外の復興事業が何を指すかについては、同じく小野寺委員の発言から、防波堤や防潮林、護岸工事、堅牢な建築物などの津波に対する予防設備の整備を指していることがわかる。そしてこれらの復興事業については、第六四回帝国議会貴族院予算委員会における高橋是清大蔵大臣の次のような発言より、預金部資金の供給や時局匡救費の活用のほか、調査によって対策を考えるとされている。

只今ノ豫算ニ計上シテアリマスルモノハ、主トシテ復舊費ニ止マリマスが、此外ニ此豫算ニ上ッテ居ル金額ノ外ニ、亦預金部ヨリ低利資金モ供給スルコトニナッテ居リマス、其他又從來ノ此時局ノ匡救費用モ出來ルダケハ此災害地ノ方ニ多ク振向ケテ善後策ニ努力シヤウト云フヤウニ、關係省デモ考ヘテ居リマス、ソレカラ將來ニ斯樣ナ惨害ノナイヤウニト云フコトハ、無論希望スル所デアリマス、（…）從ッテ咄嗟ノ間ニ此ノ計畫ヲ立ツルト云フヤウナコトガ、餘リ軽率ナ計畫ニ基イテヤルト、サウ云フコトモ間々アルノデアリマス、故ニ先ズ調査ヲシテ、將來再ビ斯ウ云フ惨害ノナイヨ

ウニ、今日ノ人智デ防ギ得ルダケノコトハ防ガネバナラヌト云フ考ヲ以テ調査費ヲ設ケタ次第デアリマス

「第六十四回帝國議會貴族院豫算委員會議録速記第十四號」（国立国会図書館所蔵）傍線筆者

この「調査費」については、一九三三年度の追加予算として内務省および農林省にそれぞれ二万円ずつ計四万円の調査費が計上されている。その「調査」に関し、三月二五日の貴族院予算委員会で質問を受けた高橋是清大蔵大臣および後藤文夫農林大臣、山本達雄内務大臣は、それぞれ以下のように回答している。

○高橋是清大蔵大臣

此防潮堤ノ方ハ成ルベク此時局匡救費ヲ之ニ廻ハシテ着手シテ見タイト云フ考ヲ持ッテ居リマス、ソレカラ防潮林ノ方ハ、是ハ調査ヲシテ能ク計畫ヲ定メテカラ後着手セネバナラヌ、斯ウ考エテ居リマス

○後藤文夫農林大臣

今度ノ調査ノ費用ハ大體半年分ヲ見込ンデ居リマス、成ルベク早ク調査ニ着手イタシマシテ、此復興事業デヤル仕事ノ中デモ、或ハ家屋ノ復舊デアリマストカ、倉庫納屋等ノ復舊デアリマストカ、井戸ノ位置等ニ付キマシテ、矢張リ今度ノ災害ノ状況ヲ見テ、適當ナ場所ヲ選ブト云フコトモヤラネバナラヌト思ヒマス、ソレカラ其他築磯或ハ船溜リ等ノ修築ノ問題ニシマシテモ、今度ノ災害ノ状況、浪ノ來方ト云フモノヲ多少考ヘテ、同ジ復舊費ヲ使ッテヤリマストシマシテモ、ソウ云フコトヲ考慮ノ中ニ入レル方ガ宜イト思ヒマス。成ルベク調査ヲ早クシテ、現在ヤルコトニ役立タセ、又尚ホ将來ノ施設ニモ役ニ立ツヨウ、地方ノ人ノ印象ノマダ鮮カナ内ニ災害ノ残跡ノマダ残ッテ居ル内ニ調査イタシタイ。調査ヲ成ルタケ早クヤロウト云フ考デ居リマス

○山本達雄内務大臣

此度内務カラ三陸ニ對シマシテ豫算ヲ出シマシタノハ、實ハ已ムヲ得ナイ應急ノ事ノミニ付テ出シタヨウナコトデゴザイマシテ、是カラ後ニ至ッテ如何ニスルカトイウコトハ、丁度御承知ノ通リニ調査ノ金ヲ二萬圓要求シテアリマスカラシテ、是ガ幸ニ可決イタシマスレバ、ソレニ依リマシテ将來ニ付テ如何ニ豫防スルカト

云フヤウナコトニ付テ土木ノコトニ付テ十分調査ヲシテヤリタイト思ヒマス

前掲「第六十四回帝國議會貴族院豫算委員會議録速記第十四號」傍線筆者

高橋是清大蔵大臣の発言から、農林省の調査については、防潮堤と防潮林をいかに建設するかということが主なテーマであることがわかる。一方、後藤文夫農林大臣は、家屋や倉庫納屋、井戸など生活に関連した施設のほか、築磯や船溜りなど港湾関係施設についても調査を行なう必要があると述べている。山本達雄内務大臣も答弁しているが、この発言のみでは具体的に何を調査するのかはっきりしない。

農林省については、一九三四年に山林局と水産局からそれぞれ『三陸地方防潮林造成調査報告書』と『三陸地方津浪災害豫防調査報告書』が、また同年に内務大臣官房都市計畫課から『三陸津浪に因る被害町村の復興計畫報告書』が刊行されている。それぞれ前述した両省庁の調査に対応する報告書であると考えられる。[15]『三陸地方防潮林造成調査報告書』はその名のとおり、被災集落における「防潮林」の効果や配置計画などについて分析した報告書である。『三陸地方津浪災害豫防調査報告書』は、岩手県および宮城県の被災集落への訪問調査に基づき、船溜、舟揚場、共同施設、護岸、埋め立て、防浪堤、緩衝地帯など復興事業に該当する予防施設について検討を行なっている。そのほか、復興地についても過去の津波浸水域との関係や水の確保などの調査を行なっている。また、内務省の『三陸津浪に因る被害町村の復興計畫報告書』は、内務大臣官房都市計畫課が所管する「住宅適地造成事業」および「街路復旧事業」を中心とした復興計画を体系的にまとめたうえで、各被災集落における計画図を掲載している。

このように農林省および内務省の調査内容には、復興事業に該当する「防潮堤」および「防波林」のほかに、「高所移転事業」も含まれている。要するに、「街路復旧事業」および「住宅適地造成事業」の被災地の再建に必要不可欠な復興事業については、一九三三年度の予算として計上したうえで、実際には被災集落での詳細な実地調査を行ない、その結果を踏まえた実施計画を後から立案し、事業を行なおうとしたと考えられる。

こうした政府の決定を受けて岩手県は、「所謂復興計畫とは將來津浪の襲來に際し其の災害を防止する爲、諸般の防浪施設を講じ更に進んで罹災地方の産業を進め地方の富力の増進を圖らむとするものであるが、當時政府に於ては復興計畫は其の内容複雜であつて期日切迫の折柄到底その審議を遂げること不可能なる理由によつて留保せられ」たとしている。[16] また宮城県でも、震災後の四月五日に震嘯災害復旧費などについて審議した県会臨時会において、県知事は「將來再ヒ海嘯等ノアリマスル場合、人命、財産等ニ對スル被害ヲ豫防スル根本施設ハ、(…) 之ニ付キマシテハ政府ハ調査ノ上ニ實施スルヲ適當トセラレマシテ、内務、農林、文部ノ關係省ニ於テ必要ナル調査ヲ實施セラルルコトニナツタノデアリマス、尤モ復舊計畫ト不可分デアリマシテ何人モ其ノ必要ヲ認メマスル住宅適地造成ト云フヤウナコトハ此ノ機會ニ於テ實現スルコトニナツタノデアリマス」[17]と発言しており、復旧事業の予算のみが認められたなかで、必要不可欠な事業として特例的に住宅適地造成事業が認められたことを明らかにしている。

実際に岩手県における予算措置を見ると(【資料5、二七三頁】)、内務省、農林省、商工省それぞれにつき、「復旧資金」が多くを占め、名称に「復興」と名のつくものは見当たらない。

預金部資金による災害復旧

岩手県における震災復興関連の各事業(【資料5】参照)の資金内訳を見ると、補助金のみで実施している事業(補助率一〇〇パーセント)は、救療費や警備費、救護費など八事業計三〇万五九九円である。逆に、低利資金のみで実施している事業(補助率〇パーセント)は産業組合住宅復舊資金や産業組合事業資金、住宅適地造成資金など二〇事業計四二八万一〇〇〇円である。残りの三〇事業計七四七万八七二七円(補助金分四一五万二七二七円、低利資金分三三二万六〇〇〇円)については、国庫補助金と低利資金を組み合わせた事業となっている。そのなかには、国庫より低利資金の利子補給を行なう事業も含まれている。事業数で見ると全五八事業のうち三〇事業(五一・七パーセント)、金額で見ると一二〇六万〇二八六円のうち七四七万八七二七円(六二・〇パーセント)と、多くの事業が補助金と低利資金を組み合わせたものとなっている。このように国庫補助金と低利資金を組み合わせて復興を行なう形式は、災害時の資金供給の手法としてはそれまでにも見られた。そして、昭和三陸津波の復興にかかわる各種事業の大きな原動力のひとつとなったのが、大蔵省預金部資金（以下、「預金部資金」）による低利資金である。

そもそも、預金部資金の起源は、一八七五年に内務省駅逓寮において始められた駅逓局預金（現在の郵便貯金）と、一八六九年に政府が官庁などから受け入れた積立金（のちに準備金）の二つの資金に遡る。両資金は一八八四年から国債局に預けられ、翌一八八五年五月の布告第一三号「預金規則」により、大蔵省預金局に両資金の管理および運用を任されることとなった。なお、第一章において整理した災害対策費としての中央備荒儲蓄金や災害準備基金、罹災救助基金についても、それぞれ預金部資金に編入され運用されている。その後、一九〇〇年の切手貯金制度の導入などもあり、郵便貯金制度が全国的な広まりを見せ、個人貯蓄の受け皿として急激な成長を遂げるに従い、預金部資金も次第にその資金量を伸ばしていった。そして、一九二七年以降は、国家予算を超える巨大な予算を抱えるようになった［図4］。

それらの資金運用は一八八五年以来、主に国債の購入により国家財政の補完的役割を担ってきた。しかし、地方在住の零細個人の貯蓄を含む郵便貯金の運用が国債に集中することに対する批判もあり、一九〇九年の逓信省、大蔵省、内務省の三省合同通牒により「地方還元」の理念のもと「地方資金」として預金部資金を地方に還元する制度が形成された。「地方資金」は、大きく「普通資金」と「特別資金」の二種類に分けられる。「普通資金」とは、郵便貯金の各年増加額に比例する額を特殊銀行債権の引き受け

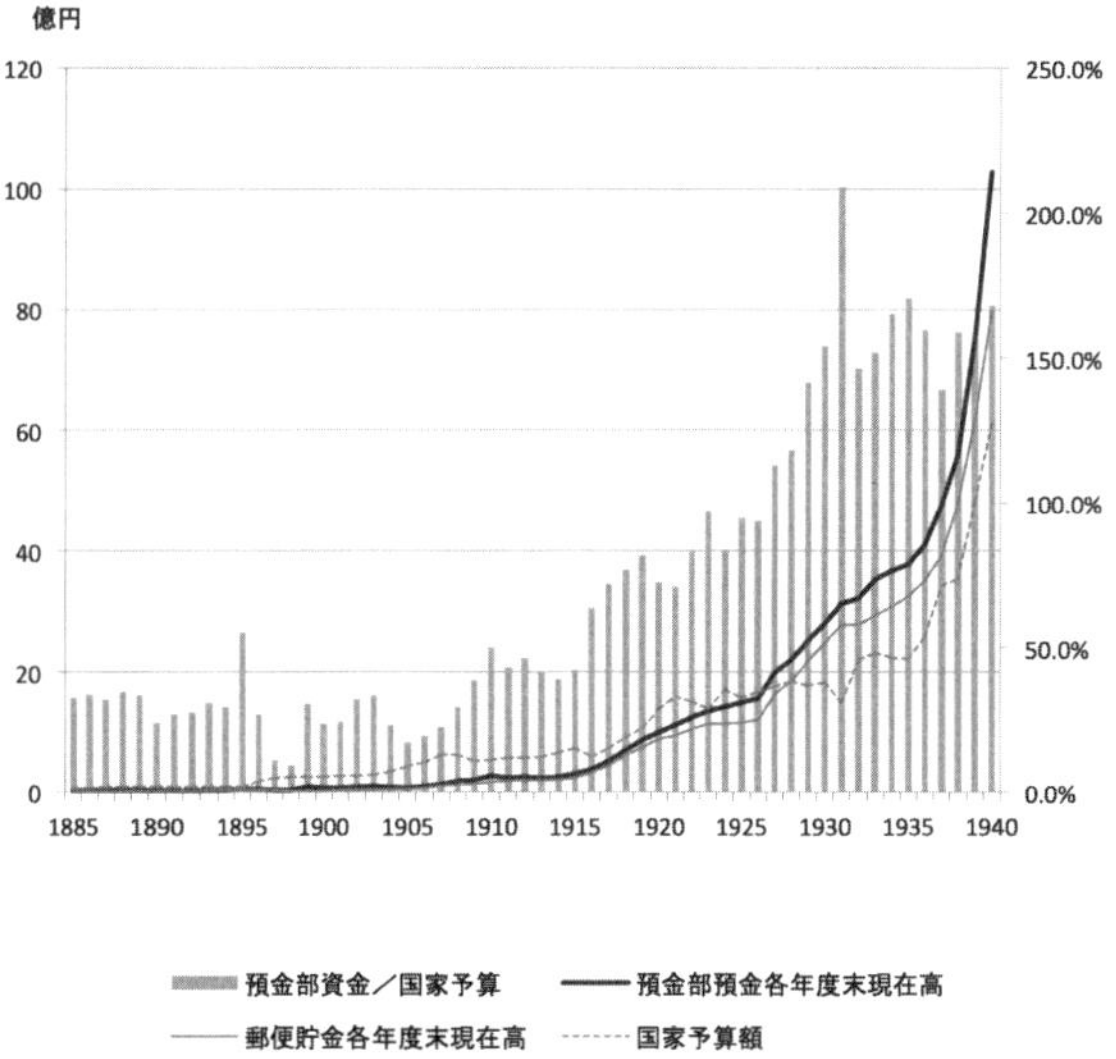

図4　預金部資金量と郵便貯金高と国家予算の推移

により地方に融資を行なうものである。「特別資金」とは、「特別の必要ある場合にその時々決定して融通する」[18]もので、水害や凶作などの災害時に供給される「災害復旧資金」および「風水害復旧資金」も「特別資金」に含まれる。特に昭和初期の恐慌下における緊縮財政下では、農林省による救農政策も従来の補助金交付から預金部資金の低利資金の融通へと切り替えられていった。[19]

災害関連の復旧資金が最初に地方資金として融通されたのは、一九〇六年の東北三県凶作融通資金であった。[20]それ以降、毎年のように発生する風水害や火災、震災、火山噴火、凶作などの災害に対し、地方資金が融通された【資料4、二七二頁】。震災復旧資金として最初に預金部資金が融通されたのは、一九二二年の長崎県における震災であり、次いで一九二三年の関東大震災である。関東大震災に関しては、預金部では普通資金による融通に加え、復興貯蓄債権収入金による融通が行なわれた。復興貯蓄債権収入金は、関東大震災を受けて一九二四年に制定された「復興貯蓄債券法」に基づき発行された復興貯蓄債権の収入金で、同法七条により預金部に預け入れられたものである。しかし、関東大震災における融通は金額も大きく、内容も多岐にわたるため、それまで預金部資金の運用がもっぱら大蔵大臣に一任されていたのを改め、大蔵省内に復興貯蓄債権収入金運用協議会が設置された。同協議会では、大蔵大臣以下、関係省庁の閣僚および官僚、日本銀行副総裁などの委員が資金の運用計画や条件について調査審議したうえで決定されることとなった。[21]さらにその後、一九二五年に預金部資金運用規則が制定され、「預金部資金運用委員会」の設置により、預金部資金全体についても適切公正な運用が図られるようになった。

当時、災害復旧計画の決定までの流れは、各省庁が計画立案のうえ、費用を国庫補助金と低利資金に分け、前者については国会に予算案を提出し、後者については預金部に融通の申し出を行ない、それぞれ査定を受けて金額が決定するというものであった。ただし、昭和三陸津波の復旧・復興事業のなかには、預金部資金の利子分を国庫から補助するものもあった。そのため、預金部から供給が予定されている金額のうち、国庫補助がなされる利子分（約一八九万円）につき、一九三三年三月二二日に開催された第四六回預金部資金運用委員会会議において仮決議案が可決されている。その後一九三三年五月一二日に開催された第四七回預金部資金運用委員会会議において、国庫による利子補給のない残りの金額（約六八三万円）についても議案が可決され、合計約八七二万円の融通が決定された。[22]

また、預金部資金の融通先について、当初は地方公共団体に限定されていたが、一九一〇年からは産業組合、一九一一年からは森林組合および漁業組合、一九一九年からは住宅組合などにも融通されるようになった。[23] しかし、融通対象が広がるにつれて、被災者の償還能力を超える資金が供給され、返済不能となるリスクが問題視されるようになった。[24] また、災害復旧資金に限ったことではないが、同様に勧業銀行や農工銀行などの特殊銀行を仲介した融通の場合の利鞘の割合を巡り、政府と銀行間で起きた争いも問題視された。[25] さらに、昭和恐慌などの影響もあって融通先となる一次産業従事者や零細企業経営者などの経営状況がそもそも悪化しているなかで災害が発生した場合、災害復旧資金の融通には金融機関としても慎重にならざるをえない。それゆえ、結果として最も融通を必要とする最貧層に資金が行きわたらないという制度上の根本的な問題も抱えていた。[26]

こうした問題に対し、預金部は大きく二つの対策をとった。ひとつは地方公共団体への直接的な融通の拡大で、もうひとつは間接的な融通の経由機関としての産業組合中央金庫の活用である。[27] 前者の「地方公共団体への直接的な融通の拡大」とは、一九三二年まで特殊銀行を経由したルートに限定されていた六大都市以外の市町村に対する低利資金について、手続きの簡略化および銀行の利鞘による利子の上昇を抑えるため、預金部からの直接的な融通を可能としたことを指す。その背景には、同年に開始された時局匡救事業の実施のために預金部資金の活用を目論む政府が、事業主体たる地方公共団体への資金融通をスムースに行なおうとする意図があったとされる。[28] ただし、地方公共団体以外の各種組合への融通については、信用調査が必要であるため、直接的な融通の対象外となっていた。この変更により、特殊銀行は、返済不能となるリスクの低い地方公共団体への低利資金貸付業務から除外されることになり、これを機に後退することになる。[29] そしてこの時期、特殊銀行と入れ替わるかたちで、低利資金の融通に重要な役割を果たすようになったのが産業組合中央金庫であり、これが預金部が採った二つめの対策である。同金庫の設立は一九二三年であり、前述した農山漁村経済更生運動の担い手として産業組合が重要な役割が与えられ、組織としての拡充が図られるなかで、産業組合中央金庫から末端の産業組合に至る系統的な資金供給システムが確立されていった。[30]

このように、昭和三陸津波における各種復興事業の実施に先立ち、国庫補助金と低利資金を組み合わせた復興事業資金の調達の実施や、産業組合を経由した金融ルートの構築など、昭和三陸津波の復興の素地となる仕組みが震災前の時点である程度構築されていたと言える。

以上を踏まえたうえで、次に岩手県および宮城県の各種復旧事業の資金の流れを整理する。

次に、資料５（二七三頁）の低利資金の「経由機関」の部分に着目すると、内務省所管の各事業については「住宅復舊資金」を除き、基本的には大蔵省預金部から県もしくは町村に直接融通が行なわれている。一方、農林省所管の各事業については大半が県を経由しており、なかには産業組合中央金庫および勧業銀行を経由している事業も含まれている。この点について岩手県によると、「低利資金の融通形式は縣債・町村債又は勧業債券・産業債券の引受に依ることは勿論であるが、各種組合又は罹災者に融通する資金に付銀行を經由するの原則を破り特に轉貸の便宜なる方法を認められたるは、預金部が罹災地の事情を深く斟酌せられた結果に基づく特別の詮議に出づるものである」[31]とされている。前述のとおり、預金部資金の融通に際し、各種組合や罹災者が借受主になる場合、従来であれば勧業銀行などの金融機関を経由することが原則とされてきたが、昭和三陸津波の場合には県からの転貸とすることが特別に認められたということである。これは、銀行を経由することで利子が高くなることを防ぐとともに、銀行の信用調査により融通を受けられない層が発生することを防ぐという二重の意図があったと考えられる。逆に言えば、返済不能となるリスクを県自らが負ったことを意味する。またそれとは別に、被害が広範囲で多様であったため当然貸付金の種類も多岐にわたることから、一元化して県からの転貸とすることで手続きの簡略化を図るとともに、各種事業を県の管理権限のもとに実施できるようになったという側面も多分にあると考えられる。

そして、岩手県では一九三三年八月九日に「岩手県震災復舊資金貸付規程」を定め、県転貸の低利資金の借り受け主体について厳密に定めている。これを見ると、県は町村、漁業組合、産業組合、耕地整理組合に転貸し、さらに被災者に転貸するのだが、あくまで農事実行組合などの各種組合や一定の人数以上の連帯者に貸し出す流れとなっている。また、同規定の七条では「町村、漁業組台、産業組合其ノ他ノ團體ニ於テ貸付ヲ受ケタル資金ノ轉貸ヲ爲サムトスルトキハ貸付規程ヲ定メ知事ノ承認ヲ受クベシ變更シタルトキ亦同ジ」としており、県による管理を徹底していることがうかがえる。

また、水産復旧事業および蚕糸業復旧事業、農産復旧事業、産業組合建物復旧事業の各事業において借り受け主体として設定されているのが、産業組合である。前述したとおり産業組合とは、もともと一九〇〇年に成立した産業組合法に基づき、農民や中小商工業者の救済を目的として設置されたものである。それが一九三二年から開始された農山漁村経済更生運動の実施主体として指定され、一九三三年からは産業組合拡充五カ年運動により全国の市町村で設置数が急増した。岩手県内の多くの被災集落で産業組合が新たに設置され、単に助成金や貸付金の受け皿として機能しただけではなく、販売事業や利用事業、購買事業を通して集落の復興を担う中心的な役割を果たした。

一方、宮城県の事業を見ると［資料6、二七七頁］、内務省、農林省、商工省の三省の事業で構成されており、基本的には岩手県と同じ事業が列挙されている。つまり宮城県も岩手県同様に、国の手法にのっとった復興事業が実施されていることが確認できる。しかし、岩手県との違いとして以下の二点が挙げられる。一つめは「産業組合住宅復舊費」をはじめ、産業組合が関係する事業費が計上されていないことから、宮城県では岩手県のように産業組合を中心とした復興ではなく、住宅復旧を含む高所移転などの各種事業が基本的に町村事業として実施されたことである。[32] 二つめは、「街路復旧事業」がないことから、岩手県ではすでに一定程度の都市的集積を有する「都市的集落」とそれ以外の多くの「漁農集落」に分けて対策が考えられていたのであるが、宮城県ではそうした区別をすることなく復興事業が実施されたと考えられる点である。

復興の推進体制

次に岩手県における震災後の復旧・復興事業を推進した組織体制を整理する。

岩手県では被災直後の一九三三年三月七日の時点で、「震災地救護復舊及復興ニ關スル事務ヲ處理スル為」[33]に、多岐にわたる震災関連業務に従事する組織として「復興事務局」を立ち上げた。そして、その下に総務部、救護部、警務部、復興部が設置されている。さらに復興部の下に「罹災地ノ復興計画ニ關スル事項」を担う「規劃係」と「復舊工事及復興工事ニ關スル事項、其ノ他各般ノ技術的作業ニ関スル事項」を扱う「工營係」が設置された。[34]震災のわずか四日後に中長期的な復興を担う専門部署を設置しており、明治三陸津波後の対応とは大きく異なると言える[図5]。

その約一カ月後に、復興事務局規定によって復興事務局の各部の担当事務が正式に規定されるとともに若干の組織改編が行なわれた。大きな変更があったのは、経済更生課長および商工課長、水産課長の三名が増員された「復興部規劃係」と、農務課長（兼）、商工課長（兼）、経済更生課長（兼）、水産課長（兼）の四名が増員された「復興部工營係」である。いずれも「復興部」で、両係ともに属する「経済更生課」は、前述した農山漁村経済更生運動の担当課として、一九三三年四月に新たに設置された部署であり、復興計画と農山漁村経済更生運動との関連が見てとれる。

また、岩手県は各被災町村に対し、復興委員会を設置することを通牒している。後述するように、大槌町の場合、同委員会は被災地の住民および被災町村の役場職員で構成されており[35]、義捐金の配分などにも携わったことがわかっている[36]。また、一九三三年六月六日に岩手県知事が被災地・三六町村長を盛岡に招集し、「災害善後に關する諸般の指示及び義捐金分配方法に付協議」すべく開催した席上にて、事業の連絡統制を励行するうえで同委員会の重要性を説いている。

○罹災地町村長招集における石黒知事の発言

事業ノ連絡統制ヲ圖ルコトヲ要ス復舊事業ハ廣汎ナル土木事業ヲ含ミ産業ノ各部門ニ亘リ其ノ他教育衛生社會施設等複雜多岐ヲ極メ之ガ事業實施ノ衝ニ當ル者亦一ニシテ止マラザルノミナラズ復舊事業中ノ重要事項ニシテ且ツ統制アル事業計畫ヲ根幹トセル村落計畫ノ如キニアリテハ本統制連絡ノ必要ナルコトハ喋々ヲ要セズ而シテ此ノ間ニ處シテ克ク事業ノ統制擔當者ノ連絡ヲ期スルハ之ヲ統轄スル各位ノ責務タリ各位ハ曩ニ通牒シタル處ニ從ヒ既ニ復興委員會ヲ設ケテ之ガ勵行ヲ期セラレツツアルベキモ尚一層此ノ點ニ意ヲ須ヒラレムコトヲ望ム

岩手縣編『岩手縣昭和震災誌』（岩手縣知事官房、一九三四）四一四―四一五頁

各種補助金および貸付金の受け皿として、また各種事業の実施主体として機能した産業組合について、岩手県内における産業組合の動向を見てみよう[表5]。一九三二年から一九三三年にかけて組合数で一六組合、組合員数で一万九九五一人増加している。当然農山漁村経済更生運動およ

局長　内務部長

総務部：部長　官房主事

係	役				事項
庶務係	係長	地方課長			罹災地警察署長、出先官吏、市町村長其ノ他各方面トノ連絡ニ關スル事項
	副係長	高等課長			見舞客ノ應接、接待、見舞文書ノ處理其ノ他儀禮的事項
					震災記録調整ニ關スル事項
					他係ノ主管ニ屬セザル事項
經理係	係長	庶務課長			罹災地復興ニ關スル各般ノ經理ニ關スル事項
	副係長	會計課長	社會課長（兼）		

救護部：部長　學務部長

係	役				事項
義捐金品係	係長	社會課長			御下賜金ノ傳達ニ關スル事項
	副係長	教育課長	社兵課長		義捐金品ノ募集ニ關スル事項
		視學官	會計課長（兼）		義捐金ノ接受及配給ニ關スル事項
物資係	係長	農務課長			物資ノ調達及配給ニ關スル事項
	副係長	商工課長（兼）	山林課長（兼）		義捐金品ノ接受及配給ニ關スル事項
		保安課長（兼）	教育課長（兼）		
		衞生課長（兼）	社會課長（兼）		

警務部：部長　警察部長

係	役				事項
警備係	係長	警務課長			警戒警備ニ關スル事項
	副係長	刑事課長	巡査教習所長		
情報係	係長	特高課長			情報蒐集及發表ニ關スル事項
	副係長	保安課長			高等通報ニ關スル事項
		高等課長（兼）	刑事課長（兼）		
救療部	係長	衞生課長			救療ニ關スル事項
	副係長	健康保險課長			保健防疫ニ關スル事項

復興部：部長　内務部長（兼）

係	役				事項
規劃係	係長	商工課長			罹災地ノ復興計劃ニ關スル事項
	副係長	山林課長	農務課長（兼）		
		庶務課長（兼）	耕整課長		
		土木課長（兼）	教育課長（兼）	地方課長（兼）	
		保安課長（兼）	社會課長（兼）		
工營係	係長	土木課長			復舊工事及復興工事ニ關スル事項
	副係長	耕整課長（兼）	山林課長（兼）		其ノ他各般ノ技術的作業ニ關スル事項

図５　震災直後の復興事務局の体制

び産業組合拡充五カ年運動による影響もあると考えられるが、水産業従事者の組合員数を見ると一九三二年度末の一四五三人から、翌年度末には七四七三人と約五倍に増加しており、昭和三陸津波の復興に合わせて漁村産業組合が設置され増加したものと考えられる。

　岩手県の永年保存文庫には「産業組合ニ依ル村落復舊計畫」と題した文書が残されている。[37] 作成された正確な日時は不明であるが、住宅適地造成資金や産業組合建築復旧資金などの、のちに正式名称となる事業名が見当たらないことから、おそらく国からの予算が決定する以前の一九三三年三月中に作成された草案と推察される。同資料によると、既設組合がある場合には「更メテ出資ノ要ガナイ」こと、「資金借入ニモ面倒ナク取運バレル」こと、復旧事業を「付帯事業トシテ計画サル、カラ償還ノ方途モ樹チ易イ」ことなどの理由で、既設組合を村落経営主体とすることを勧めている。また、既設組合がない場合においても、新設し主体とするのがよいとしている。さらに、住宅再建のための具体的な手続き方法や、その場合に信用事業、販売事業、購買事業、利用事業の四種兼業にしたほうがよいこと、また四種兼業でない場合の定款の変更方法、新設する際の範囲の考え方（集落単位とするか、町村単位とするか）など、事細かに検討が加えられている。このように、岩手県においてはかなり初期の段階から産業組合を主体とした復

表 5　岩手県内の産業組合の動向

年次		1931年末	1932年末	1933年末	1934年末	1935年末	1936年末
組合数		259	305	321	317	327	330
組合員数		54,318	54,604	74,555	92,451	112,743	109,563
総戸数		156,353	158,505	164,740	162,602	167,037	169,241
職業別	農業	41,112	40,368	50,517		74,153	70,816
組合員数	林業	38	92	109		226	631
	工業	1,996	1,993	2,674		4,025	4,736
	商業	5,709	5,911	7,871		13,226	12,426
	水産業	1,383	1,453	7,473		10,742	10,355
	そのほか	4,080	4,783	5,868		10,371	10,599
	計	54,318	54,600	74,512		112,943	109,563

旧計画が具体的に構想されていたと考えられる。

これまで見てきたように、岩手県では震災直後に県単位で復興事務局が、町村単位で復興委員会が、そして集落・町村単位で設置された産業組合が、昭和三陸津波の復興の推進体制として新たに設置された。それら新設された組織は、基本的には農山漁村経済更生運動の推進体制とパラレルなものである。こうして、トップダウン形式で復興事業を推進するための体制が整ったと言える。次に、実際にどのように個別の事業が立案され、実施されていったのかを見ていこう。

メニュー型事業の実態

国庫補助を受けた各種事業の実施にあたっては、事業メニューが国や県から提示され、そのなかから必要な事業を町村や集落が選択し、申請したうえで実施するという形式が採用された。それにより災害対応の組織化・効率化が図られた。ここではそうしたメニュー型事業の実態を明らかにする。

岩手県は、政府による補助金および低利資金の交付が決定したのち、それぞれの資金を被災地に分配するための各種規定や要項を発表している。補助金については、事業ごとに規定されており、また低利資金については、一部の特殊銀行および産業組合中央金庫からの融通を除き、岩手県を経由する形式となったため、一括で規定が設けられている。以下、岩手県における補助金と低利資金の規定について、それぞれどのように事業が進められたのかを確認する。ここでは、被災地における基幹産業である水産業に関連する資金の供給について定めた「震災復舊水産業助成規程」(一九三三年五月一五日県告示第三〇九號)を例に、具体的な手続きの流れを追うこととする。

岩手県では、「震災復舊水産業助成規程」に先立ち、五月三日に岩手県内務部長が各漁業組合長および漁業組合連合会長宛てに「水産業復舊ニ關スル件通牒」を出している。同通牒によると、冒頭に「首題ノ件別紙ノ通貴組合内ニ於ケル水産業復舊ニ對シテ助成金及低利資金供給相成ルベキ見込ニ付」とある。「別紙」が『岩手縣昭和震災誌』には掲載されていないため、その詳細は不明であるが、五月三日の時点で組合ごとの補助金および低利資金の供給案が岩手県によって決められていたと考えられる。また「配當豫算ハ復舊ヲ原則トスルハ勿論ナルモ復興ヲ加味スル」とあり、前述したとおり政府によって認められたのは、あくまで復旧にかかわる予算のみであったが、ここでは現状復帰を超える「復興」についてもある程度認めるとしている。そして予算措置が認められる可能性のある「復興」として、「無動力船數隻ヲ建造ノ代船トシテ壹隻ノ發動機付漁船ヲ新造シ或ハ個人製造所ノ個々ノ復舊ニ代フルニ共同製造場ヲ新築」などの例が挙げられている。

また、「漁船ニ付テハ各地ノ實情ヲ充分參酌シ夫々適當ナル標準船型圖及仕様書ヲ近日中送付スベキヲ以テ該船型中適當ノモノヲ選定シテ統一的ニ建造セラルベシ」とある。同様に、発動機についても「自由ニ購入スルモノ」に対しては資金を供給しないとするなど、事業メニューの規格化・標準化を目指しているのがわかる。一方で漁船の建造については、規定によって完全に制限するのではなく、「各地ノ實情ヲ充分參酌シ」それぞれ集落側で標準船型と仕様を定めるよう記載しており、地域の多様性への配慮も見て取れる。

さらに「可成組合ニテ製作シ其レヲ組合員ニ貸附スルノ形式ヲ執ラルベシ」とあるなど、低利資金については個人ではなく組合に貸し出すことで、リスクを分散している。しかしながら、個人を排除するのではなく、個人についても組合などに組み込むかたちでの計画立案を重ねて推奨している。

◦岩手県「水産業復舊ニ關スル件通牒」（抜粋）

首題ノ件別紙ノ通貴組合内ニ於ケル水産業復舊ニ對シテ助成金及低利資金供給相成ルベキ見込ニ付左記事項留意ノ上組合員ハ勿論貴組合地區内水産業者ト熟議協定シ共力一致共存共榮ノ精神ニ基キ速ニ適切ナル復舊計畫樹立相成様致度此段及通牒候也

記

（一）別紙配當豫算ハ組合ノ實況ニ應ジ或ル程度迄總額並數量ノ増減ヲ認ムル見込ニ付實際ニ適應シ且ツ實行ノ見込確實ナル様計畫セラルベシ

（二）配當豫算ハ復舊ヲ原則トスルハ勿論ナルモ復興ヲ加味スル例ヘバ無動力船數隻ヲ建造ノ代船トシテ壹隻ノ發動機付漁船ヲ新造シ或ハ個人製造所ノ個々ノ復舊ニ代フルニ共同製造場ヲ新築スルガ如キ復舊ハ可成認ムル見込ニ付充分留意諸般ノ計畫ヲ樹立セラルベシ

（三）低利資金ハ實際ノ所要額ヲ貸與シ助成金ハ精算額ニ對シ交付セラルルモノナルヲ以テ努メテ實際ニ近キ豫算ヲ計上セラルベシ

（四）曩ニ便宜配當シタル無動力漁船一千隻ハ別紙豫

算中ニ包含スルモノト承知アルベシ
（五）計畫豫算中ニハ震災以降新設又ハ修繕シタルモノ一切ヲ包含シ計上セラルベシ
（六）漁船漁具ニアリテハ個人トシテハ低利資金ノ供給ヲ受クルニ困難ヲ伴フベキヲ以テ巳ムヲ得ザル者ノ外可成組合ニテ製作シ其レヲ組合員ニ貸附スルノ形式ヲ執ラルベシ但シ個人ノモノニ在リテモ可成組合ニ於テ適當ナル回收方法ヲ定メ資金ヲ轉貸スル様計ラレタシ
（七）海苔養殖場、牡蠣養殖場ニ在リテハ組合ニ於テ材料ヲ購入シ其レヲ組合員ニ貸附スル形式ヲ執ラルベシ
（八）個人製造場ニ付テモ前ニ項ニ準ジ其ノ復舊ヲ容易ナラシムル様適當ノ方策ヲ講ゼラルベシ
（九）漁網其ノ他ノ漁具ハ可成組合ニ於テ共同購入セラルル様計畫セラルベシ
（十）漁船ニ付テハ各地ノ實情ヲ充分參酌シ夫々適當ナル標準船型圖及仕様書ヲ近日中送付スベキヲ以テ該船型中適當ノモノヲ選定シテ統一的ニ建造セラルベシ
（十一）發動機付漁船ニ要スル發動機關ニ付テハ總テヲ水産局ニ於テ其ノ種類、馬力ノ大小ニ應ジ全國優秀ナル工場ニ製作セシメ檢査ノ上配給セラルルヲ以テ其レ以外自由ニ購入スルモノニ對シテハ助成金ノ交付ナキモノト承知セラルベシ
（十二）組合事業ト爲シ難キ各種個人事業ニ對シテモ組合ハ申請其他ノ手續等充分ニ指導斡旋シ可成組合ニ於テ取纏メ提出セシメラルベシ

『岩手縣昭和震災誌』八一一―八一三頁、傍線部は本文にて言及した箇所を示す

次に、補助金の規定を定めた「震災復舊水産業助成規程」の内容を具体的に見ていく。同規定が対象としているのは、第二条に定められているように「損害ヲ被リタル漁船・漁具ノ新調若ハ修繕、水産物ノ共同販賣所・共同製造場・共同倉庫ノ新築若ハ修繕又ハ共同養殖設備・船溜・船揚場・築磯ノ新設若ハ修繕ノ費用」である。それぞれ、「岩手県の震災復舊事業資金一覧表」［資料5、二七五頁］で整理した漁業関係の資金（漁船復舊資金、漁具復舊資金、共同販売所復舊資金、共同製造所復舊資金、共同製造所復舊事業資金、共同倉庫復舊資金、共同養殖設備復舊資金、共同養殖設備復舊事業資金、個人製造所復舊資金、船溜船揚場復舊資金、築磯復舊資金）に対応している。そして第三条では事業主体について、「市町村、漁業組合又ハ漁業組合聯合會、産業組合又ハ産業組合聯合會、水産組合、水

産法ニ依リ設立シタル水産會、十人以上ノ團體、以上ノ外特別ノ事由ニ依リ知事ニ於テ適當ト認メタルモノ」に限定している。基本的には漁業組合をはじめとする団体がこれらの申請を行なったと考えられる。具体的な手続きについては、第五条に定めており、事業計画書、設計書、収支予算書の三点を六月一五日までに知事に提出することが求められている。

そして末尾には、提出が求められている事業計画書および設計書、収支予算書について様式が添付されている。これを見ると、船や漁具の新調や修繕、各種共同施設の設置など個別の事業の申請ではなく、漁業組合を中心とする浜ごとの漁業に関連する各種事業のなかから実施する事業を選択し、浜全体としての復旧・復興を目指すものであることがわかる。また各様式はそれぞれ細かく記載すべき項目が定められており、「第三號様式収支予算書」には記載例まで示されている。

○震災復舊水産業助成規程（抜粋）

第一條　震災地ニ於ケル水産業復舊ヲ助成スル爲本規程ノ定ムル所ニ依リ豫算ノ範圍内ニ於テ補助金ヲ交付ス

第二條　補助金ハ昭和八年三月三日ノ震災及之ニ伴フ火災又ハ海嘯ニ因リ損害ヲ被リタル漁船・漁具ノ新調若ハ修繕、水産物ノ共同販賣所・共同製造場・共同倉庫ノ新築若ハ修繕又ハ共同養殖設備・船溜・船揚場・築磯ノ新設若ハ修繕ノ費用ニ對シ之ヲ交付ス

（…）

第三條　（…）補助金ノ交付ヲ受クルコトヲ得ベキ事業主體ハ左ニ掲グルモノニ限ル

（…）

一、市町村
二、漁業組合又ハ漁業組合聯合會
三、産業組合又ハ産業組合聯合會
四、水産組合
五、水産法ニ依リ設立シタル水産會
六、十人以上ノ團體
七、以上ノ外特別ノ事由ニ依リ知事ニ於テ適當ト認メタルモノ

（…）

第五條　補助金ノ交付ヲ受ケムトスル者ハ申請書ニ左ノ書類ヲ添ヘ昭和八年六月十五日迄ニ知事ニ提出スベシ

一、事業計畫書（第一號様式）
二、設計書（第二號様式）
三、收支豫算書（第三號様式）

『岩手縣昭和震災誌』七九五―七九九頁

○第一號様式　事業計画書
一、設備ノ種類
二、設備ヲ必要トスル理由
三、設備ノ目的及用途
四、設備ノ場所
五、設備完了後ノ事業經營目論見概要

同書、七九九頁

○第二號様式　設計書（抜粋）
第二號様式ノ一
無動力漁船新調（修繕）設計書
一、船材
二、船體ノ長・幅・深
三、外板ノ厚
四、甲板ノ有無
五、艪ノ所要數
六、起工及竣工豫定年月日
左ノ書類ヲ添附スルコト
船體略圖及新調（修繕）設計仕様書
備考修繕ノ場合ニ於テハ船體ノ建造年月日ヲ記載スルコト

同書、七九九―八〇六頁

○第三號様式　收支豫算書（抜粋）
第三號様式ノ一
何々新調（新築、新設又ハ修繕）收支豫算書
收入
一金何　圓
内譯
金何　圓　縣補助收入
金何　圓　低利資金借入
金何　圓　何々
支出
一金何　圓
内譯
金何　圓　何々
金何　圓　何々

金何　圓　雑費

備考

一、設備完了後事業費收支豫算書ニ記載スベキ事項ナキトキハ其ノ旨附記スルコト

二、支出記載ハ左ノ例ニ依ルコト

同書、八〇六―八一一頁

なお、水産業の復旧にかかわる補助金については、宮城県も一九三三年五月一日に「水産業復舊補助規則」を定めている。岩手県の「震災復舊水産業助成規定」を宮城県の「水産業復舊補助規則」と比較すると、第三条で列挙されている事業主体が宮城県のほうが少ないこと、同条に申請書類一式の内容が記載されていること以外は、ほぼ一致している。このことからも水産業関連の補助金については農林省により考案された事業手法がそのまま岩手、宮城両県の被災集落において展開されたと考えられる。

また、低利資金の規定については、「岩手県震災復舊資金貸付規定」に定められている。低利資金という資金の性格上返済義務が生じるため、償還計画書や決議書謄本など添付書類が多くなっているが、基本的には補助金の申請と同様に、列挙された資金リストのなかから必要なものを選択し、様式に沿って申請に必要な書類を作成し申請を行なうという形式になっている。

このように、少なくとも水産業関連の復旧事業については、基本的に国からの補助金および低利資金に基づき、農林省が考案した事業メニューから必要なものを選択し、浜ごとに復旧計画を立案申請していたことを確認した。また、水産業以外の復旧事業の補助金についても、同じように規定が設けられ行政が列挙した事業リストのなかから必要な事業を選択し、様式に沿って申請書を提出する。要するに、専門的な知識や計画の全体を俯瞰する視点などがなくとも、記入例に沿って様式を埋めていけば、おのずと申請書が完成するような仕組みとなっている。

一方、住宅適地造成事業については、単純な復旧を超える複雑な事業であり、ほかの事業の手法と若干異なるため、次節において詳しく分析する。

四　復興地の建設

本節では、昭和三陸津波後の被災集落において展開された各種事業のなかで、建造環境の整備に関する事業に絞り、分析を行なう。具体的には、まず被災集落における建造環境の整備に関する政府および県レベルでの考え方を整理する。そのうえで、建造環境の整備のなかでも重要度の高い住宅適地造成事業を実施するための政策的手法を明らかにする。さらに、震災直後における仮設住宅および復興地での本設住宅建設の手法と原地の利用の制限に関する政策的手法についても分析する。

岩手県および宮城県のインフラ整備方針

内務大臣官房都市計畫課は『三陸津浪に因る被害町村の復興計畫報告書』において、被災集落の復興のあり方に関し基本的な考え方をまとめている。それによると、まず被害が軽微な集落およびきわめて小さな集落については、「自力を以て適當の復興をな」すとして、対象から除外している。そのうえで昭和三陸津波によって被災した三陸沿岸地域を、都市的機構を有する「都市的集落地」とそれ以外の大半の三陸沿岸集落が含まれる「漁農集落地」の二つに分けている。[38] そして、「浪災豫防法として最も完全なるは敷地を造成して部落を高地に移轉せしむることである」が、都市的集積を有する都市的集落地については既存の集積を生かすべく「現地復興」を行ない、漁農集落については可能な限り高地に移転することを推奨している［表6］。

そして、都市的集落地とされた集落において実施されたのは、「街路復旧事業」である。同事業は、「街路復旧事業」という名称となっているが、実際には区画整理事業に該当するものから、隣接する市街地や集落への連絡道の設置や既存道路の幅員拡幅まで、事業内容に幅がある。なお、

表6　集落分類と復興の方法の違い

集落分類	都市的集落地	漁農集落地
定義	沿岸地方における交通、経済、教育等社会生活の中枢をなす中心市街地	生業は漁を主とし、農を副とするもの、又は漁業のみによるもの
事例	釜石、山田、大槌、大船渡等	三陸沿岸地方における集落の大部分
敷地	原敷地（住宅を後方安全なる高台に敷地を造成し移転せしむなど、敷地内の土地利用を工夫）	高台付近に移転（海浜に近い、既往の津浪における最高浸水線以上、海を臨みうる、南面の高台、飲料水の取得用意）
道路		
	・隣接市街地、付近集落地との連絡を緊密ならしむ幹線道路を選定 ・幹線道路を基準として道路組織を整備 ・非常時の避難や防火幅員に備えうる最小限を保つ	・移転集落地と海浜との連絡道路 ・交通幹線（県道、重要村落同）と新敷地との連絡道 ・重要道路は高台に配置
防浪施設	・後方高地の集団移転敷地と市街地の連絡道路設置 ・市街地の地上げ（被害小の場合） ・護岸の嵩上げ、補強（臨港区域） ・埋め立て（遠浅の海の場合）	・防浪堤 ・護岸の築造 ・防潮林の植栽 ・避難道路の新設

都市的集落地については、「沿岸地方に於ける交通、経済、教育等社會生活の中樞をなす地方的中心市街地」と定義され、「釜石、山田、大槌、大船渡等」と具体例を挙げているが、厳密にどの集落が含まれるかについては記載されていない。ただし、同報告書の「街路復旧事業並びにその進捗状況」のなかで、「都市的聚落地なるか、又は夫に近き聚落地にして高地移轉を行い得ざる事情あるもの」として気仙町長部《おさべ》集落、末崎町細浦集落、大船渡町笹崎集落、釜石町釜石集落、大槌町大槌集落、山田町山田集落、田老村田老集落・乙部集落の計七町村八集落が挙げられている。そのため、本書では以下、都市的集落地を街路復旧事業を実施した七町村八集落として扱う。

また住宅再建について、岩手県では「災害に依る漁民住家の復舊に就いては、産業組合組織に依る住宅購買利用組合を設立せしめ協同の力に依り漁民集團部落の復舊を圖り」[39]とあることから、漁農集落においては産業組合を事業主体とする住宅再建が図られたことがわかる。一方それ以外の都市的集落地においては「罹災復舊の住宅中産業組合組織以外のものは分譲式公營住宅及び住宅組合に依らしめる方針をとり」[40]とあり、町村を事業主体とした公営住宅もしくは住宅組合を事業主体とした住宅復旧が図られた。

ただし、前述したとおり宮城県では基本的に都市的集落地と漁農集落地を区別せずに、いずれの被災集落においても高所移転を行なう方針で、住宅再建についても産業組合や住宅組合ではなく町村事業として実施されており[41]、岩手県とは異なる方針が取られている。

住宅適地造成事業

「住宅適地造成事業」は、将来の津波発生時における被害を防ぐことを目的とし、被害の大きかった集落全体を標高の高い場所に移転するため適切な場所を造成し、海沿いの旧集落との連絡道路を建設するもので、内務省が所管する事業である。内務省の報告書には「本事業は町村工事を以て執行するものにして、事業の範圍は住宅敷地を造成するに止り[42]」とあり、事業の実施主体は町村であることがわかる。事業にかかわる費用は大蔵省預金部の低利資金の融通を受け、国庫からの利子補給が行なわれた。ただし、宮城県においては、事業費の約三割の六万円を義捐金より補助している。

復興地の選定に関し、内務省および岩手県、宮城県はそれぞれ基準を示している。いずれにおいても明治三陸津波および昭和三陸津波の浸水域以上の標高の敷地を選定することにおいては共通している。内務省ではそれに加えて、海浜に近いこと、海が見えること、南面であること、飲料水が容易に取得できることを挙げている。宮城県では、既存道路と復興地をつなぐ道路および復興地よりさらに高台への避難道の設置に言及している。

内務省の報告書に、住宅適地造成事業の実施主体は町村であると明記されているが、これらの復興地の選定を行なった計画主体については記載されていない。一方、岩手県では、計画主体について「縣に於て設計し内務省都市計畫課の承認を受けたる上各町村に交付し、町村を事業主體として之を執行せしむることとした[43]」とあることから、基本的には岩手県が計画主体であることがわかる。

そこで、具体的に岩手県における事業の流れを見ていくこととする。岩手県では国からの予算が決定した三月二五日からわずか五日後の三月三〇日に、沿海各町村長宛てに「住宅適地造成資金利子補給ニ關スル通牒（一九三三年三月三十日土第一、二四一號沿海各町村長宛）」を出している。同通牒によると、設計のみならず調査および工事監督も県が担っており、それらの業務に要する費用として事業費の一割を県に寄付することとされている。また、同事業の対象には「住宅適地ノ造成」だけではなく、「連絡道路ノ改修」も含まれていることがわかる。

○住宅適地造成資金利子補給ニ關スル通牒

三陸地方震嘯災ニ因リ流失、倒壞又ハ浸水シタル區域ニ於ケル住宅ノ復舊ニ際シ其ノ住宅ヲ高所ニ移轉セシムル爲住宅適地ノ造成ヲ爲スモノニ對シテハ政府ヨリ低利資金ヲ融通シ其ノ利子ヲ補給セラルベキニ付左記條件ノ下ニ希望ノ向ハ別紙住宅移轉計畫ノ概要ニ基キ來ル四月七日迄ニ本縣ニ御申出相成度

追テ同日迄ニ本縣ニ御申出ナキ向ハ希望ナキモノトシテ處理可致候條爲念申添候

記

一、低利資金ハ五ケ年据置キ十五ケ年償還（利子補給）

二、設計、調査並ニ工事監督ハ縣ニ一任スルコト

三、右ニ要スル費用トシテ事業費ノ内一割ヲ縣ニ寄附スルコト

四、住宅適地ノ造成ハ移轉ニ必要ナル敷地ノ地均工及連絡道路ノ改修ニ限ル

五、事業ノ主體ハ町村トス

『岩手縣昭和震災誌』七八八－七八九頁

そして、同通牒には別紙として「住宅移轉計畫概要」が添付されており、その内容は移転棟数、面積、連絡道路の延長距離、復興地の地形、工法、飲料水の取得方法、平面図などである。それらを記載した計画概要を約一週間後の四月七日までに提出することが求められており、申し出がない場合には「希望ナキモノトシテ處理」するとされている。住宅適地造成事業についてはほかの事業に比べてかなり早い時期に「通牒」が示されているのは、同事業が前述したとおり特例的に認められた「復興事業」であり、事業にかかる経費を見積もるための作業であったためだと推察できる。

また、岩手県土木課『震浪災害土木誌』（一九三六）に、「宅地造成調査心得」が掲載されている。この文書の位置付けや時期などの詳細は明らかではない。しかし、住宅適地造成事業の設計および調査主体は県であるから、担当課である岩手県土木課が各町村において調査を行なう職員に対し、調査事項などを定めたものであると考えられる。同文書では、計画の設計案の作成方法まで詳細に指示してい

る。調査内容としては、前述の「住宅移転計畫概要」に記載のあった項目に加え、具体的な宅地位置や高低図、津波浸水線、地質調査など、より具体的な計画案を作成するための項目が挙げられている。また、計画についても土留めや切土・盛土などの宅地造成の具体的な手法が指示されている。

一方、宮城県においては、被災地に宅地造成および住宅建築設計の審議機関として「臨時海嘯地家屋復興計画委員会」を設置して、町村を事業主体として宅地造成を行なっている。

また、農林省水産局『三陸地方津浪災害豫防調査報告書』（一九三四）によると、同局も宮城県、岩手県、青森県の沿岸被災地を四つの区画に分け、それぞれ水産局員一名と県職員二名（技手）、雇員一名の計四名で数週間ずつかけて調査を行なっている。調査項目には、「従来の住宅地並に移轉すべき住宅地の適否」として海岸からの距離、海面と土地との高さの関係、地質調査、用水調査、住宅地形成に要する経費概算などの項目が挙げられており、先述の「宅地造成調査心得」における調査項目ともかなり重複している。岩手県内の各集落の調査時期は不明であるが、調査結果を見る限り復興地は大まかな位置しか示されておらず、おそらく町村計画立案に先立ち実施されたものと考えられる。[44] 調査には県職員も携わっていることから、町村ごとの計画立案にあたって参考にされた可能性がある。また、内務省も『三陸津浪に因る被害町村の復興計畫報告書』に各集落の計画図を掲載しており、復興地の位置および新規の計画道路が記載されている。[45] しかし、内務省で復興地の検討そのものを行なった形跡は見られない。それゆえ、住宅適地造成事業は内務省の所管ではあるが、あくまで土地造成という事業内容に基づくもので、むしろ産業組合を所管する農林省のほうが深く関与しているのではないかとも考えられる。

その後住宅適地造成事業は、岩手県においては一九三三年八月から順次実施され、資料7（二八一頁）に示すとおり、一九三四年一月時点で、宮城県内で一五町村六〇集落、岩手県内で一八町村三八集落において、合計三〇〇〇戸、敷地面積一五万二二五三坪に及ぶ住宅適地造成事業を実施したとされる。[46] つまり、震災後一年を待たずして大半の敷地造成が完了したことになる。

なお、住宅適地造成事業の実施にあたり、敷地の取得にかかる費用については融通の対象外となっており、基本的には町村が買収し、買収費と造成資金その他費用を加算した金額を移転者に面積に応じて割り当て、その後五年据え置き一五年償還の方針をとって、償還終了後所有権を居住者に移すのが一般的な手法とされている。[47]

住宅の復旧

明治三陸津波と比較すると、昭和三陸津波の人的被害は軽微であったが、物的被害は明治三陸津波のそれに匹敵するほど甚大なものであった。そのため地震発生が三月三日で寒さが残るなか、被災地においてまず問題となったのは、流出した住宅に代わる仮設建築の確保である。岩手県では、震災当日に山林課が被災地に対する仮小屋建築材料の配給に向け、山林課長のもと金物材料調査係、木材材料調査係、貨車配給係、材料配給計画係、県中連絡係、県外連絡係の七名の技師・技手による部署を編成し対応にあたった。

その後、航路および鉄道を使い三回に分けて供給計画が立てられ、最も早いもので震災三日後の三月六日に被災地に木材が供給され、震災約一カ月後の四月一三日まで仮設建築用の木材供給が行なわれた。そして結果として、被災三六町村の内一三町村に一五八〇戸分の建設材料が供給された［表7］。供給されなかった地域があるのは、地域によっては材料の供給の代わりに小屋掛費が配当された地域や、罹災町村において自給した地域もあったためである。実際に、三月六日に岩手県内務部長および学務部長から各被害地町村長宛てに出された通知「罹災救助基金ノ給與ニ關スル件（社会第三六五号）」には小屋掛費として「一戸當一五圓以内ニテ建設又ハ材料ヲ給與スルコト」とある。また同通知は、避難所費や食料費、被服費などと合わせて罹災救助基金から町村ごとに救助費として支出する限度額を決定したことを伝えている。その後、同年三月二三日の部課長会議により、「罹災救助基金支出方法」が変更となり、小屋掛費についても「要建設戸數中縣ニ於テ建築材料ヲ供給セルモノニ對シテハ本費ハ配當セズ其ノ他ノモノニ對シテハ四十圓宛交付スルコト」となった。それら建築材料・小屋掛料の供給以外にも、三月五日に青年団指揮官に仮小屋建築をはじめとする業務のため青年団の動員を依頼している。

また、県の配給による小屋の仕様について、具体的な平面図などは見つかっていないが、「概ね一戸に付間口奥行各二間のもの四戸一棟若しくは五戸一棟の規準に據らしめ」[48]とおよその広さおよび連棟形式が示されている。

一方宮城県においては、県によりバラック（岩手県とは異なり「仮小屋」ではなく「バラック」と称している）の標準設計が作成されたことがわかっており、図面も残されている［図6］。全部でAからCまで三案作成されたが、実施されたのはA案のみであり、A案の間取りは間口三・五間奥行二間と岩手県のものよりも若干広い間取りとなっている。

また宮城県の標準設計に従って建設されたと思われるバラックのほか、住民が建設したと思われるバラックの写真も残されている［図7］。

岩手県では津波浸水域における本建築の制限すら実施されず、また宮城県においても建設が制限されたのはあくまで仮小屋やバラックではない「本建築」のみであり、両県ともに津波浸水域であっても仮小屋やバラックの建設は制限されなかったと考えられる。

次に本建築の建設について整理する。前述のとおり岩手県の住宅復旧については各被災集落に産業組合が組織され、大蔵省預金部からの低利資金を県が転貸する方式で住宅建設が進められた。一方宮城県では、町村事業として実施し、同じく大蔵省預金部からの低利資金を県が転貸する方式で住宅建設が進められた。

住宅復旧について、岩手県では「漁村住宅設計仕様」のなかで、「漁村住宅」および「商店住宅」の二つに分けて具体的な仕様を定めている。「漁民住宅」については、「家族五人内外ヲ標準」とし、漁師の生活を考慮して土間や板張の作業所を設け、基礎と土台、柱との連結や筋違を入れることによる「耐震耐浪的構造」を勧めている。また、住

表7　町村別被害戸数（流出および全焼失戸数）と仮設住宅建設戸数

町村	震災前戸数	流出、全焼失戸数	仮設住宅建設戸数
氣仙町	149	50	-
高田町	3	3	-
米崎村	166	11	-
廣田村	591	119	63
小友村	193	44	41
末崎村	415	138	122
大船渡町	599	21	-
赤崎村	471	103	54
綾里村	414	245	242
越喜来村	490	104	80
吉浜村	223	15	-
唐丹村	550	253	248
釜石町	4,742	442	205
鵜住居村	402	148	93
大槌町	1,747	419	261
船越村	577	213	-
織笠村	163	1	-
山田町	694	261	-
大澤村	212	70	-
重茂村	294	48	-
津軽石村	514	3	-
磯鶏村	316	13	-
宮古町	3,185	11	-
崎山村	112	1	-
田老村	796	500	-
小本村	279	89	-
田野畑村	239	128	-
普代村	279	88	81
野田村	465	53	45
久慈町	169	1	-
夏井村	63	1	-
侍浜村	372	0	-
中野村	420	4	-
種市村	971	56	45
宇部村	201	4	-
長内村	79	6	-
合計	21,555	3,666	1,580

宅のサイズと工事費については、「間口五間、奥行四間、便所共二十坪半工費概算六百圓ナリ」[49]としている。一方、「商店住宅」については、「敷地ヲ節約スル為ニ二階建トシ一階八畳ノ間ハ事務室兼食堂トシ二階ヲ居間並ニ寝室トス」とし、「一階ハ間口四間、奥行四間半、二階ハ間口四間、奥行二間」で「建築費壱千圓ノ概算」としている。このように図面こそ見つかっていないものの、県レベルではある程度の標準化を図っていたことが読み取れる。

一方、宮城県では「罹災住宅復舊資金貸付要項」のなかに、低利資金について「一戸平均五百圓トシ最高壹千圓以内ニ於テ貸付ノ見込ナリ」と記載されている。また、住宅の広さについて「罹災前ノ住宅延坪數以内ヲ標準トスルコト」と定めるなど、金額および面積上の制約を設けている。そのほか、一九三三年四月一一日および一二日に開催した罹災地町村長会議のなかで「復興建築ニ關スル件」として、「土臺ト土臺石ハ『ボールト』ニテ取付クルコト」、「柱間ニハ筋違ヲ堅牢ニ入レルコト」などと規定している。また、便所については「内務省考案（別様式）改良便所トスルコト」とあり、内務省が考案したものを使用するよう指示があったことが明らかである。しかし、逆にそのほかの事項については特段国からの指示がなかったと推察できる。

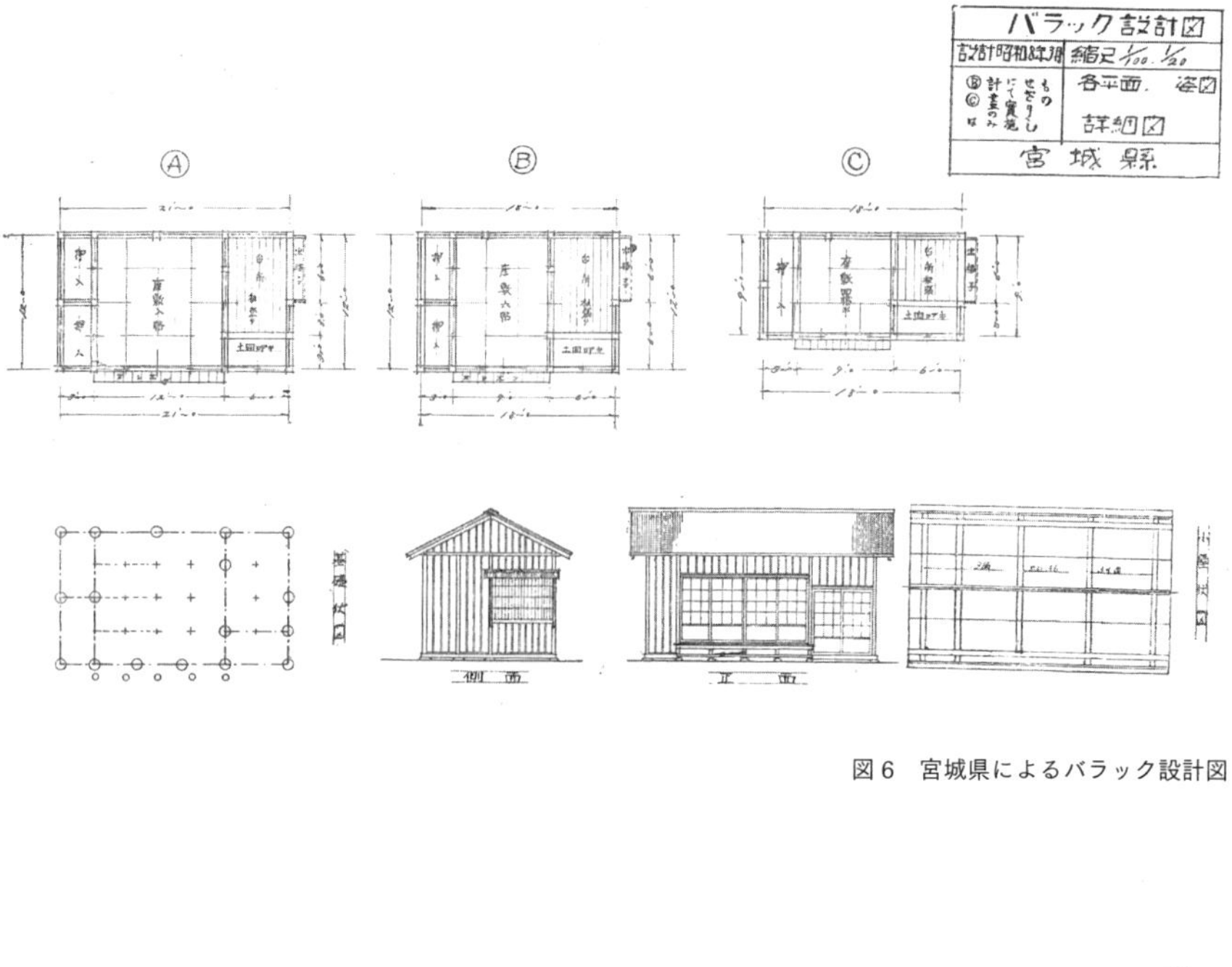

図6　宮城県によるバラック設計図

図７　宮城県の被災集落におけるバラック（上：十五浜雄勝［おがつ］、下：唐桑［からくわ］村小鯖［こさば］）

岩手県と宮城県の復旧住宅に関する規定を比較すると、「構造」について両県ともに基礎と土台との連結および筋違の設置とほぼ同じ内容を規定しており、なんらかのかたちで国からの指示があったことが推察される。一方、そのほかについては両県でそもそも規定する項目が異なっており、住宅については岩手県と宮城県でそれぞれ個別に規定を行なったものと考えられる［表8］。

結果として岩手県内では二四の産業組合が設立され、計一九六五戸の住宅が、宮城県内では計五三六戸の住宅が建設された［資料8、9、二八四―二八六頁］。

原地の建築制限

山口弥一郎が一連の研究[50]において明らかにしているとおり、明治三陸津波および昭和三陸津波を受けて高所移転した集落であっても、利便性や元の土地への執着、他地域からの流入者による占拠などさまざまな要因により、災害から時間が経過すると海岸沿いの元の居住地に戻ってしまうという問題を抱えている。それゆえ、高所移転は津波浸水域の建築制限を行なうことで初めてその効力を発揮すると言える。

津波浸水域の建築制限について、宮城県では一九三三年四月一〇日および一一日に開催された「関係町村長会議」において、県から町村長に対し「海嘯被害地ニ於ケル家屋建設ニ關スル件」として津波浸水域における建築制限に関係する指示を行なっている。そこでは、津波浸水域に「本建築」を建設しようとする者に対しては、あらかじめ町村と話し合い、津波防災に配慮するよう呼びかけており、近く県令をもって制限を行なうことが記されている。

。海嘯被害地ニ於ケル家屋建設ニ關スル件

標記ノ件ニ關シテハ今次ノ被害状況ニ鑑ミルモ家屋建設ノ敷地選定ハ最モ考慮ヲ要スル緊要事ト思料セラレ曩ニ關係各警察署長宛本建築ニ着手セムトスルモノニ對シテハ豫メ町村當局ト打合セノ上災害ノ豫防上遺憾ナキヲ期ス様一般部民ニ指示相成度旨通牒スル處アリ夫々御留意ノコトト信スルモ之カ永久的對策トシテ斯種敷地ノ選定指示ノミニテハ到底萬全ヲ期シ難キニ付近ク罹災地域内ニハ住宅ノ建築ヲ禁止シ當局ノ指示スル地揚其ノ他ヲ爲スニ非サレハ許可セサル方針ノ下ニ縣令ヲ制定シ將來海嘯遜難ノ永久的對策樹立ノ見込ニ有之町村當局ニ於テモ之カ趣旨ヲ體シ最善ノ方途ヲ講

セラレ度

『宮城縣昭和震嘯誌』（宮城縣、一九三五）四八五－四八六頁（傍線筆者）

◦海嘯罹災地建築取締規則（抜粋）

第一條　昭和八年三月三日ノ海嘯罹災地域竝海嘯罹災ノ虞アル地域内ニ於テハ知事ノ認可ヲ受クルニ非サレハ住居ノ用ニ供スル建物（建物ノ一部ヲ住居ノ用ニ供スルモノヲ含ム以下同シ）ヲ建築スルコトヲ得ス

前項ノ地域ハ知事之ヲ指定ス

建物ノ用途ヲ新ニ定メ又ハ變更ノ上住居ノ用ニ供スルトキハ住居ノ用ニ供スル建物ヲ建築スルモノト看做ス

同書、第五編雑録二〇四－二〇六頁（傍線筆者）

また、岩手県においても同様に、津波浸水域における住宅建設を制限する「津浪被害地住居制限法草案」および同法施行令草案を作成し、一九三四年一二月に政府に提出しているが、結果的に実現しなかった。宮城県が県令によって対応したのに対し、岩手県が法律に拘ったのは「居住、移轉ノ自由並ニ所有權不可侵ノ權利ハ帝國憲法ノ保障スル所ナルヲ以テ、此ノ自由權ノ禁止、制限ハ法律ニ據ルコト

表８　岩手県と宮城県の住宅に関する規定類の比較

項目	岩手県	宮城県
規定類	漁村住宅設計仕様	復興建築ニ關スル件 罹災住宅復舊資金貸付要項
面積	間口五間、奥行四間、便所共二十坪半	大サハ成ルタケ最少限ニ止メ將來増築シ得ル構造トスルコト 罹災前ノ住宅延坪數以内ヲ標準トスル
間取り	便所ハ屋外ニ之ヲ設ケ尚各室ニ直面シ土間ヲ設ケ板張ノ作業所ヲ設ケ土間ヲコンクリート叩トセル	-
構造	基礎ト土台トヲ繋キ土台ト柱トヲ連結シ各所ニ筋違ヲ入レ耐震耐浪的構造トセリ	土臺ト土臺石ハ「ボールト」ニテ取付クルコト 柱ハ上下柄付込栓打チトスルコト 柱間ニハ筋違ヲ堅牢ニ入レルコト
衛生	風雨ニ際シ充分ニ抵抗シ得ヘキ構造ノ硝子窓トシ庭園側ニハ椽ヲ設ケ障子及木製雨戸ヲ設備セリ	-
不燃	-	屋根材ハ不燃質ニシテ成ル丈ケ軽量ナルモノヲ使用スルコト 火氣ヲ使用スル場所ハ不燃質材ヲ以テ施工スルコト
予算	工費概算六百円ナリ	一戸平均五百圓トシ最高壹千圓以内
その他	-	縣ニ於テ適當ト認ムル敷地以外ノ土地ニ建設スル住宅ニ對シテハ資金ノ貸付ヲ爲サス

ヲ必要トスルト云ウ建前カラ」[51]である。青井哲人は法律が実現しなかった理由として、同法案の条項に「移轉又ハ立退ノ為通常生ズベキ損失額ノ一部ヲ補償ス」とあり、その保障財源問題があったためだと推測している。[52]

結果的に、岩手県においては津波浸水域における建築制限が設けられず、また宮城県の「海嘯罹災地建築取締規則」についても、その後廃止の取り扱いになり、[53]津波浸水域における建築制限については両県ともに完全なかたちでは実現しなかった。

（イ）津浪被害地住居制限法草案（抜粋）

津浪被害地住居制限法

第一条　本法ニ於テ住居制限地域ト称スルハ津浪ニ因リ浸水スル虞アル土地ニシテ勅令ヲ以テ指定スル地域ヲ謂フ

第二条　住居制限地域内ニ於テハ住居ノ用ニ供スル建築物ヲ建築スルコトヲ得ズ但シ特殊耐浪建築物ニシテ地方長官ノ許可ヲ受ケタルトキハ此ノ限ニ在ラズ

第三条　住居制限地域内ニ於テ住居ノ用ニ供セザル建築物ヲ建築セムトスルトキハ地方長官ニ届出ヅベシ

第四条　本法施行ノ際住居制限地域内ニ現ニ住居ノ用ニ供スル建築物又ハ住居ノ用ニ供スベキ工事中ノ建築物ヲ所有シ又ハ占有スル者ハ本法施行ノ日ヨリ十年以内ニ其ノ地域外ニ之ヲ移転シ又ハ立退クコトヲ要ス但シ左ノ各号ノ一ニ該当スルトキハ此ノ限ニ在ラズ

（…）

（ロ）津浪被害地住居制限法施行令草案（抜粋）

津浪被害地住居制限法施行令

第一条　津浪被害地住居制限法第一条ノ地域ハ左ノ町村中地方長官ノ調製スル住居制限地域台帳ニ表示スル地域トス

岩手県

気仙郡ノ内

気仙町高田町米崎村小友村広田村末崎村大船渡町赤崎村綾里村越喜来村吉浜村唐丹村

上閉伊郡ノ内

釜石町鵜住居村大槌町

下閉伊郡ノ内

船越村織笠村山田町大沢村重茂村津軽石村磯鶏村宮古町崎山村田老村小本村田野畑村普代村

九戸郡ノ内

野田村宇部村長内村久慈町夏井村侍浜村中野村種市

村
第二条　住居制限地域台帳ニ関シテハ別ニ之ヲ定ム
第三条　損失補償ノ請求権ハ津浪被害地住居制限法第四条ノ規定ニ依ル移転又ハ立退ヲ終リタル時ヨリ其ノ効力ヲ生ズ
第四条　損失補償ノ請求権ハ一年間之ヲ行ハザルトキハ時効ニ因リテ消滅ス

『震浪災害土木誌』一二七―一三一頁、傍線筆者

五　漁村の経済更生

本節では、昭和三陸津波後の被災集落において展開された各種事業のなかで、経済環境の整備に関する事業に絞り分析を行なう。具体的には、被災集落の経済環境の整備を行なううえでの政府および県レベルでの基本的な考え方と、農山漁村経済更生運動との具体的な対応関係を分析する。また、被災集落で計画された各種施設の空間レイアウトと、ひな型を使った政策の普及方法を明らかにする。

新漁村計画と農山漁村経済再生運動

昭和三陸津波後に国庫補助を受けて実施された事業は、街路復旧事業および住宅適地造成事業を除き、基本的には津波による被害の復旧事業である。内務省、農林省、商工省などの予算がつけられた事業は、部署ごとに取りまとめた被害の程度により、資金を割り振られた事業が並べられたのみで、それら全体を統合するような理念があったわけではなかった。それゆえ、政府による事業計画では、各種「復旧事業」による産業関連施設などのレイアウトについては示されていない。また、一部の街路復旧事業や住宅適地造成事業、そのほか実施が想定される防潮堤や防潮林などの各種予防施設と、その他のソフト事業との整合性や組み合わせなどについても、帝国議会において予算が計上された段階ではなんら考慮する手立てが想定されていないよ

うに見受けられる。

こうした問題点について、前述の小野寺章議員は第六四回帝国議会衆議院予算委員会（一九三三年三月二四日）において次のように発言している。

> モウ一ツハ岩手縣・青森縣ハ近年非常ナ凶作ノ見舞フ所トナリ、ソレニ加フルニ金融機關ノ殆ド破綻ノ状態ニ陥ッタト云フ處デアル、岩手縣ノ如キハ七千萬圓ノ預金ハ全然融通ヲスルコトガ出來ナイヤウナ状態―融通停止ノ状態ニ陥ッテ居ル、隨テ同地方ニ於ケル金融産業ノ状態ト云フモノハ、實ニ逼迫其極ニ達シテ居ルノデアリマス、ソレデアリマスルカラ、其一事ノミデモ地方民ノ生活ト云フモノハ非常ナ窮迫ニ陥ッテ居ル、所ガ搗テ、加ヘテ今回ノ非常ナ大災害ニ遭遇致シマシタ、之ヲ單ニ復舊シタ――其地方ニ於ケル窮状ヲ回復シタト云フノミデハ、産業ガ到底起ラナイ、彼等ニ産業的基礎ヲ與ヘ、其生活ヲ保障シテヤルト云フヤウナ方法ハ、復舊事業ニ矢張離ルベカラザルモノデアルト思フ、此ニツト云フモノハ彼等自身ノ手ヲ以テハ到底不可能ナル状態ニ陥ッテ居リマス、ソレ故ニ復興事業ト云フモノハ全ク組織的ニ茲ニ計畫ヲ樹テラレテ、サウシテ政府ニ於テモ之ニ對シテ十分ナル力ヲ注ガレルコトガ必要デアルト信ズルノデアリマス、此點ニ關シテ本豫算ニ於テハ殆ド認ムルコトガ出來ナイ
>
> 「第六十四回帝國議會衆議院豫算委員會議録（速記）第十五回」傍線筆者

小野寺は、被災前から疲弊していた三陸の漁村が、昭和三陸津波により甚大な被害を受けさらに困窮している現状において、政府案のように震災前の状態を目指し復旧を果たしたところで根本的な問題は解決しないと批判している。そして、被災集落を根本的に救済するためには組織的な復興計画が必要であると述べている。

こうした問題について、岩手県では「新漁村計画」（「新漁村経営計画」と呼称されている場合もあるが、以下「新漁村計画」で統一する）を作成し復旧事業と復興事業の計画面での全体的統合を果たそうとした。

『岩手縣昭和震災誌』口絵に、産業組合における信用事業、販売事業、購買事業、利用事業の四つの事業と、昭和三陸津波により被災した漁村の復興との関連を整理した「『新漁村』経営計画要綱」と題したチャートが掲載されている［図8］。同じチャートが、岩手県永年保存文書「昭和

八年三月津浪罹災関係例規下閉伊支庁秘書課文書係」にも掲載されており、各集落が復興計画をつくるにあたっての参考資料として、岩手県が作成したものと考えられる。

同チャートには、被災集落において「新漁村」を建設するための各種事業の全体像が示され、「住宅復旧」「水産業ノ復旧」「生活改善」「金融改善」「合理的産業経営」「心身ノ鍛錬　社会教育」「衛生改善」「文化生活」「備荒施設」と全部で九つの項目が挙げられている。冒頭の「住宅復旧」「水産業ノ復旧」以外は震災復興とは直接関係のない社会政策に関連した項目であり、昭和三陸津波からの復興に合わせて社会改良を実施しようとしていることがわかる。

そして、九つの項目と産業組合による四つの事業の右に例示された詳細事業との関連が線で結んで示されている。図8において・印で示しているのは、岩手県において国庫補助もしくは大蔵省預金部の低利資金を使った事業との関連が考えられる事業で、表9において両者の関連を整理している。

また、産業組合を事業の中心に据えていること、農山漁村経済更生運動のキーワードである「隣保相助」が挙げられていること、さらに「住宅復旧」と「水産業復旧」以外の項目がいずれも農林省「農山漁村経済更生計画樹立方針」に挙げられている項目と対応していることなどから、新漁村計画と農山漁村経済更生運動との関連性がうかがえる。

さらに、『岩手県災害関係行政資料』(災害関係資料等整備調査委員会、一九八四)によると、岩手県は昭和三陸津波後の対策を「応急対策」「復旧対策」「恒久対策」の三つに分け、「恒久対策」の一環として「精神復興並びに経済更生」を掲げており、そのなかの「新漁村計画」の項目において、「(…)従前の無統制な産業機構を革新し日常生活の合理化を圖り漁農閑散期に於ける副業を指導奨勵する等專ら福利の增進に力むるを緊要とし、之が為には最も適切な機能を具有する産業組合を以て信用・販売・購買・利用等各般に亘る事業経営の主體と為」すとしている。[54] 産業機構の革新、日常生活の合理化、副業の推奨などは農山漁村経済更生運動の内容とも重なっており、岩手県が津波災害からの沿岸被災地の復興に合わせて、産業組合を中心とした農山漁村経済更生運動に基づく漁村の近代化を推し進めようとした意図が見て取れる。

これらの社会政策関連事業の事業費について、岩手県では表9で挙げた予算のほかに、「産業組合事業資金」とし

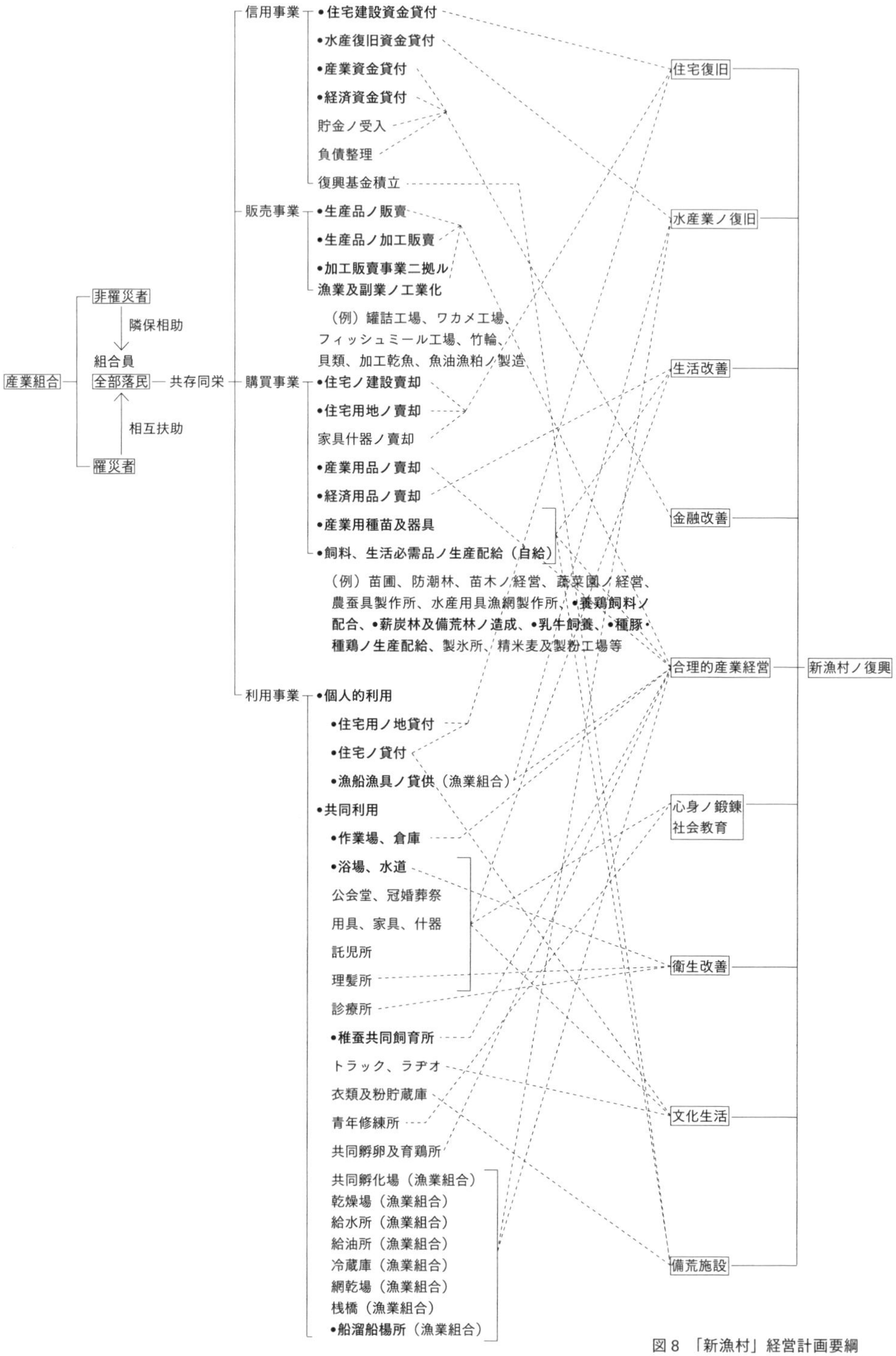

図８　「新漁村」経営計画要綱

て中央金庫を経由した低利資産七〇万円の予算が組まれており、同資金を活用しこれら社会政策関連事業が実施されていった。

ひな型としての村落復舊配置要図

『昭和八年三月津浪罹災関係例規下閉伊支庁秘書課文書係』のなかに、「村落復舊配置要図」と題された資料が存在する。ここには架空と思われる集落における復興関連施設の配置図およびその要点をまとめた村落計画要旨が記載されている［図9］。作成者および年代は記載されていない。しかし、その内容から岩手県が三陸沿岸の被災集落の復旧復興計画で整備する各種施設の空間的な配置案を示した、いわば「新漁村のひな型」として作成されたものであると考えられる。

同図では、南面する高台の復興地に「組合住宅」を中心に駐在所、消防屯所、村役場、郵便局、共同作業所、精米所、育雛所、稚蚕共同飼育所が配置されている。また、復興地から隣接する町村への道路が整備されているほか、復興地よりもさらに高台にある病院や学校、寺院、神社への避難道と見られる道路が整備されている。さらに、貯水池から復興地に向けて簡易水道が敷設されている。そのほか、復興地の周辺には備荒林や桑園、菜園、薪炭林、果樹園、苗圃、魚付林などが配置されている。そして沿岸部には水産倉庫および漁具置場、共同製造所が設置されているほか、防浪堤や護岸、防潮林などの予防施設が整備されている。

同図の「村落計画要旨」には、各施設の説明が記載されており、前述の『「新漁村」経営計画要綱』との関連は明らかである。事業体系を整理した「新漁村計画」とその空間的レイアウトを例示した「村落復舊配置要図」は、おそらくセットで作成されたのではないかと考えられる。[55]

その内容は、産業施設の共同化や副業の推奨など、農山漁村経済更生運動の流れを受けた農林省所管の産業関連事業と、道路や防浪施設などの内務省所管のインフラ整備事業の両者を組み合わせたものとなっている。そして「村落復舊配置要図」と、タイトルこそ「復旧」と冠されているものの、内容については防浪堤などの復興事業にかかわる内容も含んでいる。

さらには、こうした三陸沿岸の被災集落における震災復興の取り組みは、一九三六年度からの農山漁村経済更生運動における特別助成の実施町村に対しても規範として機能した可能性も考えられる。というのも前述したとおり、同年度の特別助成が実施される以前は、農山漁村経済更生運動に関する予算として国から町村に配分されたのはわずか数百円の調査費のみで、事業実施にかかる経費は基本的に町村が自ら調達する必要があったためである。それゆえ復旧・復興関連の予算を使うことで農山漁村経済更生運動の内容を包含する新漁村計画の立案実施が可能となった岩手県内の沿岸集落の取り組みが、事業主体としての産業組合の育成や、縦割り行政による弊害を排除した総合助成のあり方、零細事業者への資金供給ルートの確立など、さまざまな側面で農山漁村経済更生運動を行なううえでの実験的要素を含んでいたと考えられる。実際に、岩手県経済更生課主事として被災集落の復興に携わった佐藤公一は、「県に於て新漁村建設計畫指導に當っても、（…）総動員で現地につき親しく調査を遂げ、町村當局復興委員、部落民諸氏とも協議を遂げた上に具体案を作製した次第で、其の成案について研究さるるならば、一般農山漁村に於ける村落計画樹立上、参考となる点尠なくないであらう」と述べ

表9　新漁村計画と復旧・復興事業との関連

新漁村計画の項目	復旧・復興事業
住宅建設資金貸付	産業組合事業資金
水産復旧資金貸付	漁船復舊資金
	漁具復舊資金
	共同養殖設備復舊資金
	共同養殖設備復舊事業資金
	個人製造所復舊資金
産業資金貸付	工場店舗設備資金
経済資金貸付	工場店舗運轉資金
	運送船建設資金
生産品ノ販売	共同販売所復舊資金
生産品ノ加工販売	共同製造所復舊資金
	共同製造所復舊事業資金
産業用種苗及器具飼料生活	農産復舊資金
必需品ノ生産配給（自給）	1　農具購入資金
	2　納舎及肥料舎復舊資金
	3　肥料資金
	農作物種苗購入配付助成金
	1　自家食料配給用農作物種苗購入配付助成
	2　次季作付用農作物種苗購入配付助成金
	家畜復舊資金
	1　家畜購入資金
	2　家畜飼料購入資金
	炭材購入資金
住宅用地貸付	住宅適地造成資金
住宅ノ貸付	産業組合住宅復舊資金
漁船漁具ノ貸供	漁船復舊資金
	漁具復舊資金
共同利用	公設浴場設置資金
	共同販売所復舊資金
	共同製造所復舊資金
	共同製造所復舊事業資金
	共同倉庫復舊資金
	船溜船揚場復舊資金
	蠶絲業復舊資金
	稚蠶共同飼育所設置資金

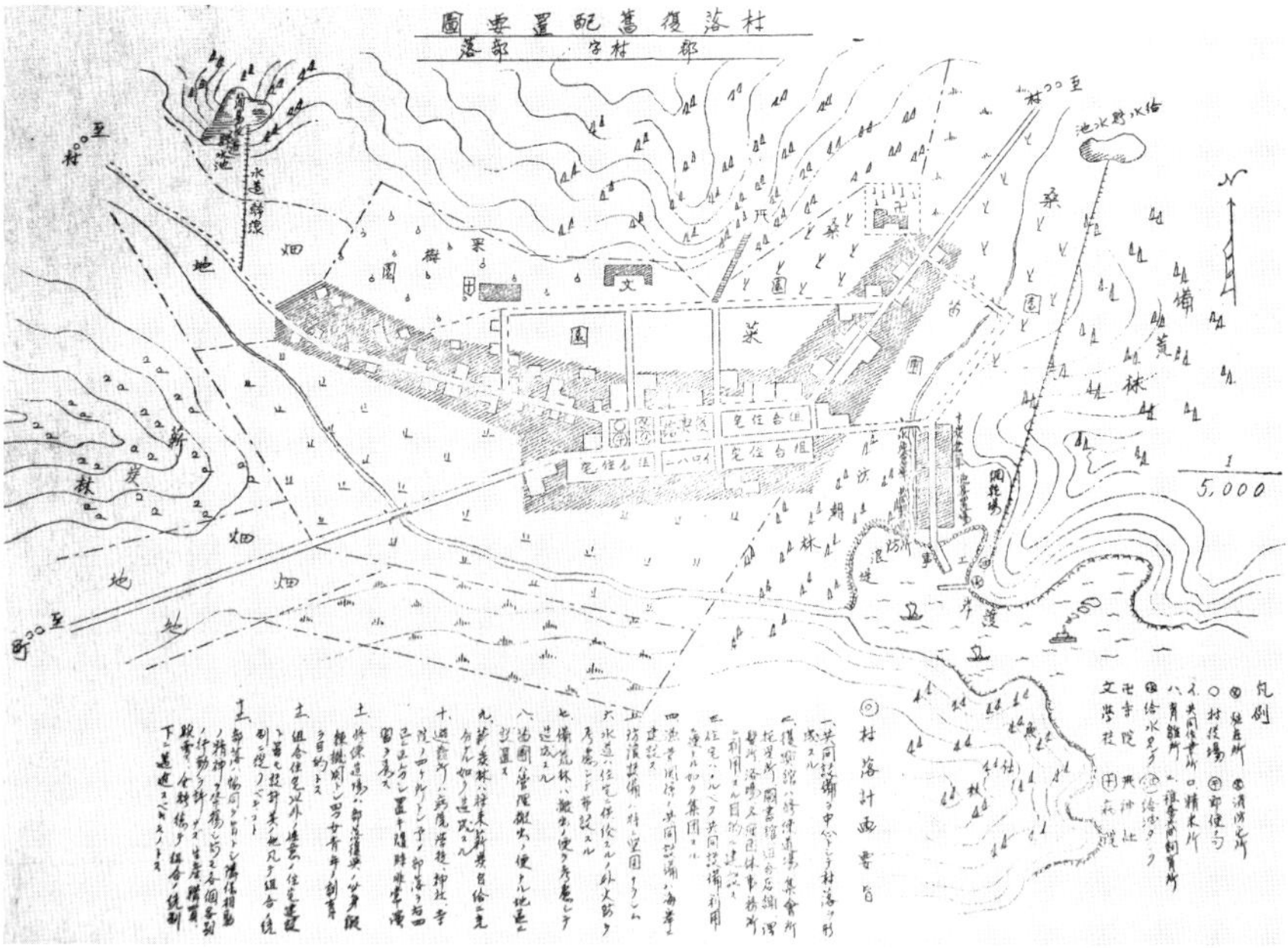

図 9 「村落復舊配置要図」

ている。[56] このように佐藤は、被災集落における「新漁村計画」を被災地以外の農山漁村の農山漁村経済更生計画に展開する可能性にまで言及している。

六　農山漁村経済更生運動に基づく復興

復興を担う体制の体系化

まず、昭和三陸津波の復興を支えた「体制」について、「中央政府」「地方政府」「集落」に分けて再整理する。

昭和三陸津波発災当時の「中央政府」は、斎藤実を首相とする挙国一致内閣であった。五・一五事件（一九三二）により犬養毅首相が殺害された後、元老の西園寺公望が軍部を抑えることができる人物として、次期首相に奏薦したのが海軍出身の穏健派・斎藤実であった。斎藤は、立憲政友会・立憲民政党両党から大臣を擁立するかたちで内閣を組閣した。ここで、一八九八年の第一次大隈重信内閣以来の政党内閣が終焉を迎える。こうした一連の動きは、「政党否定の第一歩」[57]と目される。そして、この時期に発言力を増しつつあったのが、統制経済に基づく国防国家体制を目指した国家官僚である。いわゆる官僚政治の始まりである。[58]彼らは「新官僚」[59]と呼ばれ、その代表格である内務官僚の後藤文夫は、斎藤内閣において農林大臣を務めている。また、本章で詳しく論じた農山漁村経済更生運動を立案・主導した農林官僚の石黒忠篤と小平権一も、いずれも「新官僚」に分類される。農山漁村経済更生運動は、単なる農山漁村の振興政策というよりは、国家による農山漁村民の組織化という側面が大きいとされる。[60]昭和三陸津波発災後約三週間と、非常に短い期間で復旧・復興のための予算が認められたのは、農山漁村経済更生運動が事前に準備されていたからだと先ほど述べた。その背景には、第一次世界大戦以降の不況や満州事変以降の戦時体制を統制経済により克服しようとする、「新官僚」を中心としたより大きな社会的潮流があったことは看過できない。

そして、昭和三陸津波の復興プロセスにおいて、中央政府は、復旧・復興事業のための予算案の作成、国会審議を通した予算の確保、復旧・復興計画立案のために必要な各種調査の実施、町村が申請した復旧・復興計画の確認および予算執行などの役割を担った。省庁ごとに見ると、農林省の事業が最も予算規模が大きく、次いで内務省、商工省の順である。そのなかで復興手法の構築にあたり、実質的に中心的役割を果たしていたのは、「新官僚」に代表される官僚機構であったことは想像に難くない。

そもそも、当時の地方政府が置かれた政治的状況はどのようなものであったのか。まず町村に関しては、一九二五年の普通選挙法の制定の影響が大きい。それ以前に公民権が認められていたのは地主らの有産階級に限られていたが、同法により男子のみではあるが有権者層が一挙に拡大した。これにより、労働者や小作人などにも市町村会議会に進出する道が開かれることになった。また、郡について、設置当初は、中央政府が地方を統制するための末端組織として重要な位置を占めていたが、次第に実態として機能しなくなり、一九二三年には郡議会が廃止され、一九二六年には郡役所そのものが廃止された。また、県については、民選知事を要求する動きも見られたが[61]、実現すれば中央政府は地方統治の足掛かりを失うことになるため認めず、官選知事が維持された。

こうした変化のなか、昭和三陸津波の復興プロセスにおいて、重要な役割を担ったのが県であった。当時の岩手県知事は、文部官僚出身の石黒英彦である。石黒が着任早々に取り組んだのが、青年教育の機関「県立六原青年道場」の創設である。これが後に農山漁村経済更生運動を担う中心人物の育成機関として同運動のなかに組み込まれていくことになる。また、前述の佐藤公一は、村役場の農業技術員から産業組合運動に取り組んだ叩き上げの人物であった。後年、岩手県の協同組合運動の指導者として「農民の父」と呼ばれることになる佐藤が、産業組合運動に取り組むひとつのきっかけとなったのが、第一七回全国産業組合大会資料において産業組合のスローガンのひとつである「共存共栄」の意味を説いた平田東助の言葉であったという[62]。平田東助とは、品川弥二郎とともに産業組合法の成立に奔走した官僚出身の政治家である。このように、当時の岩手県には、特に昭和恐慌の影響が大きかった農村ゆえか、農山漁村経済更生運動や産業組合を通じた社会改良を推し進めていく素地のようなものがあったと想像される。

実際に、昭和三陸津波の復興プロセスにおいても、復旧・復興計画の素案立案から、国への予算要求、被災集落の実地調査・計画立案に至るまで、幅広い役割を果たしたのも県であった。

最後に、「集落」が果たした役割について言及する。

ここでの「集落」が意味する主な主体は、漁業組合と産業組合である。この時期、漁業協同組合は、入会慣習権を有する主体を法的に追認した「明治漁業法」(一九〇一)に基づく「漁業組合」から、同法の改正(一九三三)により経営機能を強化した協同組合化が進められつつあった。一方産業組合は、信用・販売・購買・利用事業を行なうことができる組合として、行政主導でつくられた組織である。そして、復興プロセスにおいては、水産業に関する事業については漁業組合が、それ以外の事業については町村もしくは産業組合が担っていた。

本章で見てきたように、昭和三陸津波の復興手法は、発災以前から中央政府が進めていた農山漁村経済更生運動の枠組みを踏襲したものであった。その枠組みとは、省庁が事業メニューを提示し、末端の町村や集落がそのなかから必要なものを選択し実行するというものであった。ただし、農山漁村経済更生運動と異なるのは、災害復旧・復興のためのまとまった予算が確保されたことと、高所移転などの集落配置の転換を伴う複雑な計画が必要とされたことである。それゆえ、具体的な計画立案のサポートや、各省庁との調整、実施段階における進捗の確認などを行なう主体として、地方政府としての県が大きな役割を果たしたと考えられる。

低利資金の融通により生じたリスクと主体性

発災後、岩手県および宮城県はすぐさま復興計画を作成し、政府に提出した。しかし、結果として予算として認められたのは基本的には復旧予算のみで、復興予算の大半は査定の過程で除外された。一方、査定の過程で除外された防潮林や防波堤・防潮堤の整備などの復興関連の事業については、内務省および農林省にそれぞれ二万円ずつの調査費が認められ、その結果をもって計画立案し実施することとなった。発災が年度末であったため、審議の時間が限られたなかで迅速な予算措置を行なううえでは、被害額に基づく復旧事業費のみを計上し、複雑な事業となる復興事業費については後回しにするというのは妥当な判断であったと言える。

そして各種事業は、国庫補助金のみで構成されるものと、国庫補助金と低利資金を組み合わせたもの、そして低利資金のみで構成されるものの大きく三つに分類できることを確認した。その区分は、インフラの整備など公的施設の復旧に関する事業ほど国庫補助金の割合が高く、逆に住宅整備など私有財産の再建につながるものおよび復旧事業の範囲を超える復興事業に近いものほど低利資金の割合が高くなっている。

国庫補助金については、主に漁業を中心とする産業関連の施設の復旧については農林省、またインフラ整備などの復旧については内務省といったように、復旧する施設ごとにそれを所管する省庁から国庫補助金が支出された。国庫補助金は低利資金とは異なり返済する必要もないため、供給された資金により対象となるものを復旧するという、比較的事業としては単純な構図である。

一方、国庫補助金よりも大きな比重を占めたのが、大蔵省預金部資金による低利資金である。預金部資金の供給はあくまで融資であって後に回収する必要がある。昭和三陸津波後の復旧・復興資金の供給にあたり、政府は各種組合または罹災者への県転貸を認めた。これにより、県は罹災者への低利資金の融通手段を獲得したと言える。しかし同時に、低利資金が返済不能となった際のリスクを負ったことになる。ここにおいて、単に国からの予算を被災地に流すことで復旧を図るだけではなく、各種事業を通じて被災地が資金を返済できるような仕組みをつくる必要が生じた。結果として、県以下、町村・集落に、震災復旧・復興に取り組むうえでの主体性が生まれたのではないかと考える。実際に事業の実施にあたり、国が決めた事業をそのまま実施するというよりは、岩手県の「新漁村建設計画」のように、それらの組み合わせ方を考案するなど、県独自の工夫が見られる。このように、昭和三陸津波の復興事業の実施においては、国から供給された資金ではあるが、低利資金の性質上、計画立案や実施にあたって県が必然的に大きな役割を果たしたのではないかと考える。

事業のメニュー化と多様化

各県から被災町村および被災集落への各種復旧事業の実施に対する国庫補助金や低利資金の供給にあたっては、県による規定類により利用可能な事業メニューが提示された。被災町村は必要なメニューを選択して様式に沿って申請を行なうという体系的な手法が採用された。メニュー型の事業手法は、被災集落・町村における計画立案の手間を省くとともに、主体的な選択を行なう過程で被災集落間・町村間における不平等感を解消する効果があったと考えられる。

例えば漁業関連の復旧事業の内容は、岩手県と宮城県でほぼ同じになっており、基本的には政府が定めた方針にのっとり、予算が認められた事業のなかから必要なものを選択し、実施するというかたちで系統的な復旧・復興事業が進められた。

昭和三陸津波発災時点では、明治以降に災害による被災者の救済制度として機能してきた備荒儲蓄金制度やそれに続く罹災救助基金、あるいは社会インフラの復旧に寄与してきた災害準備基金などの諸制度が行き詰まりを見せていた。そうしたなかで、本章において分析してきた昭和三陸津波の復興は、預金部資金を原資とした国庫補助金と低利資金を組み合わせるかたちでの新しい災害復興の在り方を切り開いたと言える。それを可能としたのは、農山漁村経済更生運動を通して準備された産業組合や産業組合中央金庫、ピラミッド型の行政システムなどの新しい行政ツールであった。そこには、社会政策の実施を通して所得の再分配を行ない地方の安定化を図る、いわゆる福祉国家の原初的な形態が見受けられる。

昭和三陸津波後に政府により認められた予算は基本的に復旧事業に関するものであったと述べたが、例外的に認められた復興事業として「住宅適地造成事業」および「街路復旧事業」がある。前者は復興地などの土地造成を行なう事業であり、後者は名称に「復旧」とついているが、実際には主に原地復興を行なう市街地における道路拡張などの事業で、いずれも被災地における生活基盤を再建するのに必要不可欠な事業である。また、住宅適地造成事業のようなインフラ整備事業に対して、低利資金が投入されたことは、日本の都市政策の歴史上非常に重要な意味をもつ。というのも、それまで都市計画事業に対しては、受益者負担の考え方のもと国家予算がつけられることはなかったからである。

上記インフラ整備事業以外の社会政策関連事業については、基本的に被災による被害を元に戻す復旧事業の羅列になっており、全体を統合する理念を欠いたものになりかねないという問題点があった。そうした問題に対し、岩手県では「新漁村計画」として復旧事業と復興事業の両方を織り交ぜた総合的な計画を立案することで、その問題に対応した。同計画については、産業組合を各事業の実施主体として中心に据えていること、「隣保相助」のキーワード、列挙されている事業内容などから、一九三二年に開始された「農山漁村経済更生運動」の影響を受けたものであることは明らかである。つまり、岩手県では、震災復旧復興事業と農山漁村経済更生運動の内容を織り交ぜた「新漁村計画」により、単に被災した集落の再建を目指すのみならず、昭和恐慌や冷害などの影響もあって疲弊する漁村経済を根本的に立て直そうとしたと考えられる。

岩手県では、それら「新漁村計画」に記載された各種事業による施設を架空の集落の地図にプロットすることで空間的に表現した「村落復舊配置要図」を作成している。同図は各地の被災集落における復旧復興計画を作成する際のひな型として使用されたものと考えられる。

このように、昭和三陸津波の復興にあたっては、農山漁村経済更生運動の考え方に基づき、単なる復興ではなく、漁村の経済状況の改善や近代化、衛生問題の改善などを含む総合的かつ多様な計画が立案された。しかし、計画は立案されただけでは絵に描いた餅である。それが実際にどのように実現したのか、次章において詳しく論じていくこととする。

第三章

吉里吉里集落における新漁村建設

このやうに浮世はなれた漁師村も、經濟關係に支配されて、其所の住民は、二つの階級に分れてゐた。其所には、村長、局長、校長の三人兄弟山村一家の權力の下に集まる陸手の小市民階級と、働く漁夫の貧民階級があった……

局長は、この浮世はなれた王國に君臨して、どんな我儘でも振舞へる自分の位置をよく知つてゐた。彼は、この位置を、もつともつと利用しなければならなかつた。一人の漁夫の女房を強奪するなどは、端の端のことである……

もっと大きなことを――いや、この綾里村で最も大きな眼のつけどころは、鮑の採取についてでなければならない。

片岡鉄兵「綾里村快挙録」(『片岡鉄兵全集』改造社、一九三二、一三九頁)

「綾里村快挙録」は、大正末期から昭和初期にかけて岩手県気仙郡綾里村で起きた実際の出来事をもとに、当時プロレタリア作家として活動していた片岡鉄兵(一八九四―一九四四)が執筆した小説である。綾里村の特産品で、主に中国に輸出され大きな収入源となっていた鮑《あわび》をめぐり、村長ら「小市民階級」と漁夫ら「貧民階級」が対立し、「鮑騒動」と呼ばれる壮絶な闘争が繰り広げられたことが、同小説により広く知られることとなった。「綾里村快挙録」には、片岡による脚色も加えられており、どこまでが史実なのかを同定することは難しい。しかし、昭和三陸津波前夜の三陸沿岸集落に、多かれ少なかれ同様の階級的対立があったことは想像に難くない。

一　復興における中央政府と集落

岩手県大槌町吉里吉里集落に、昭和三陸津波の第一波が到達したのは一九三三（昭和八）年三月三日午前三時頃であった。明治三陸津波が発生してから三七年後のことである。吉里吉里集落の人的被害は被災前の人口一七三二人に対し、死者・行方不明者合わせて一〇名（人的被害率〇・六パーセント）であったが、建物被害は被災前の戸数二七二戸に対し、流出・倒壊合わせて一二八戸（建物被害率四七・一パーセント）に及んだ。人的被害の割に、建物被害は大きく、その後集落全体を高台に移転する計画が立案されることになる。そして、吉里吉里集落は「理想村」や「模範町村」と称され、ほかの集落のモデルとなるように、先駆けて計画が立案され、その計画内容が内務省の報告書などにおいても紹介されている。

ではなぜ、数ある被災集落のなかで吉里吉里集落がモデル集落として選定されたのであろうか。確たる証拠はないが、ひとつには昭和三陸津波発災前年の一九三二年に大槌町が農山漁村経済更生運動の指定村となっていたことが、その要因として考えられる。前章で明らかにしたように、昭和三陸津波の復興計画は、農山漁村経済更生運動に基づいて考案されたものであり、事前準備が完了していた集落として吉里吉里集落が選定されたのではないかと推察される。また、漁村における農山漁村経済更生計画の立案にあたっては、副業が推奨されており、緩斜面に広がる吉里吉里集落は農業が可能な後背地を有し、副業のための農地を比較的容易に得ることが可能であることも、選定理由のひとつと推測される。いずれにせよ、一九三三年七月一三日に、「大槌町吉里々々部落　新漁村建設計画要項」（以下、「計画要項」とする）と題された吉里吉里集落の復興計画は作成された。被災後わずか四カ月後のことである。

そこで、本章においては前章で明らかにした昭和三陸津波後の中央政府主導の「復興手法」がどのように実現されたのかを、吉里吉里集落を対象とし、被災前後の「集落環境」の変化を読み解くことで明らかにしていきたい。

まず次節〈二　被災前夜の大槌と被害状況〉において、昭和三陸津波発災前夜の三陸沿岸地域の漁村の疲弊状況と、昭和三陸津波による大槌町の被害状況について整理する。

そして〈三　復興のひな型〉では、「計画要項」の計画立案に関与した各主体が果たした役割を明らかにする。特に各種事業の実施にあたって重要な役割を果たしたと考えられる産業組合については詳細にその実態を明らかにする。また、モデル事業としての吉里吉里の復興計画が、具体的にどのようにほかの集落で参照できるよう工夫されたのかという点についても考察する。

次に〈四　建造環境の再編〉では、昭和三陸津波前後における吉里吉里集落の「集落環境」の変化のうち、復興地の建設を中心とした宅地の変化、復興地での住宅の建設、浸水した原地の利用などの空間的な変化を論じる。

また〈五　経済更生の実像〉では、昭和三陸津波前後における吉里吉里集落の「集落環境」のうち産業関連の施設や産業組合関連の施設など産業や経済にかかわる「経済社会環境」の変化を分析する。

そして〈六　漁村社会の近代化〉では、昭和三陸津波前後の土地所有形態の分析や、復興地の土地所有者の階層分析を通じて、集落の社会構造の変容を明らかにする。

以上を踏まえ、〈七　吉里吉里集落と近代復興〉でモデル集落としての吉里吉里集落の集落環境が再編されるプロセスを整理し、それが近代復興の枠組みのなかでどのような意味を有しているのかを分析する。

二　被災前夜の大槌と被害状況

本節では、昭和三陸津波後における吉里吉里集落の復興の前提となる事項について整理する。まずは、岩手・宮城両県の漁村の経済状況を、漁業関連の統計をもとに見ていくこととする。そのうえで、昭和三陸津波発災前年に農山漁村経済更生運動の指定村となったことを受けて作成された、大槌町における「農山漁村経済更生樹立計画」の内容を分析する。さらに、大槌町全体および吉里吉里集落の昭和三陸津波による被害を整理する。

昭和初期の漁村

第二章において、昭和三陸津波発災前夜における東北地方の疲弊状況を、統計資料をもとに明らかにした。ここでは、そうした昭和恐慌下における漁村がどのような経済的・社会的状況であったかを把握するため、漁業生産に関連する統計を見ていくこととする。

図1は昭和初期における全国および岩手県、宮城県の漁獲高（沿岸漁業、沖合遠洋漁業、水産養殖業の合計）の推移を示したものである。漁獲高は全国、岩手県、宮城県いずれにおいても一九三〇年から一九三二年にかけて一九二六年の五割から七割程度にまで減少している。特に岩手県の漁獲高の減少幅が大きく、一九三一年には、一九二六年の約半分にまで落ち込んでいる。同年には東北地方で大規模な冷害もあり、三陸沿岸地域は大きく疲弊していた。

一方、同じく全国および岩手県、宮城県の沖合遠洋漁業の漁獲高と漁獲量の推移を見ると【表1】、全国の漁獲高は低下している一方で漁獲量はおおむね増加基調である。岩手県でも変動は大きいものの一九三一年以降は増加しており、宮城県はやや減少しているものの、おおむね一定である。つまり、この時期の漁獲高の減少は、漁獲量の減少ではなく漁価の大幅な下落に起因している[1]。漁価の推移を見

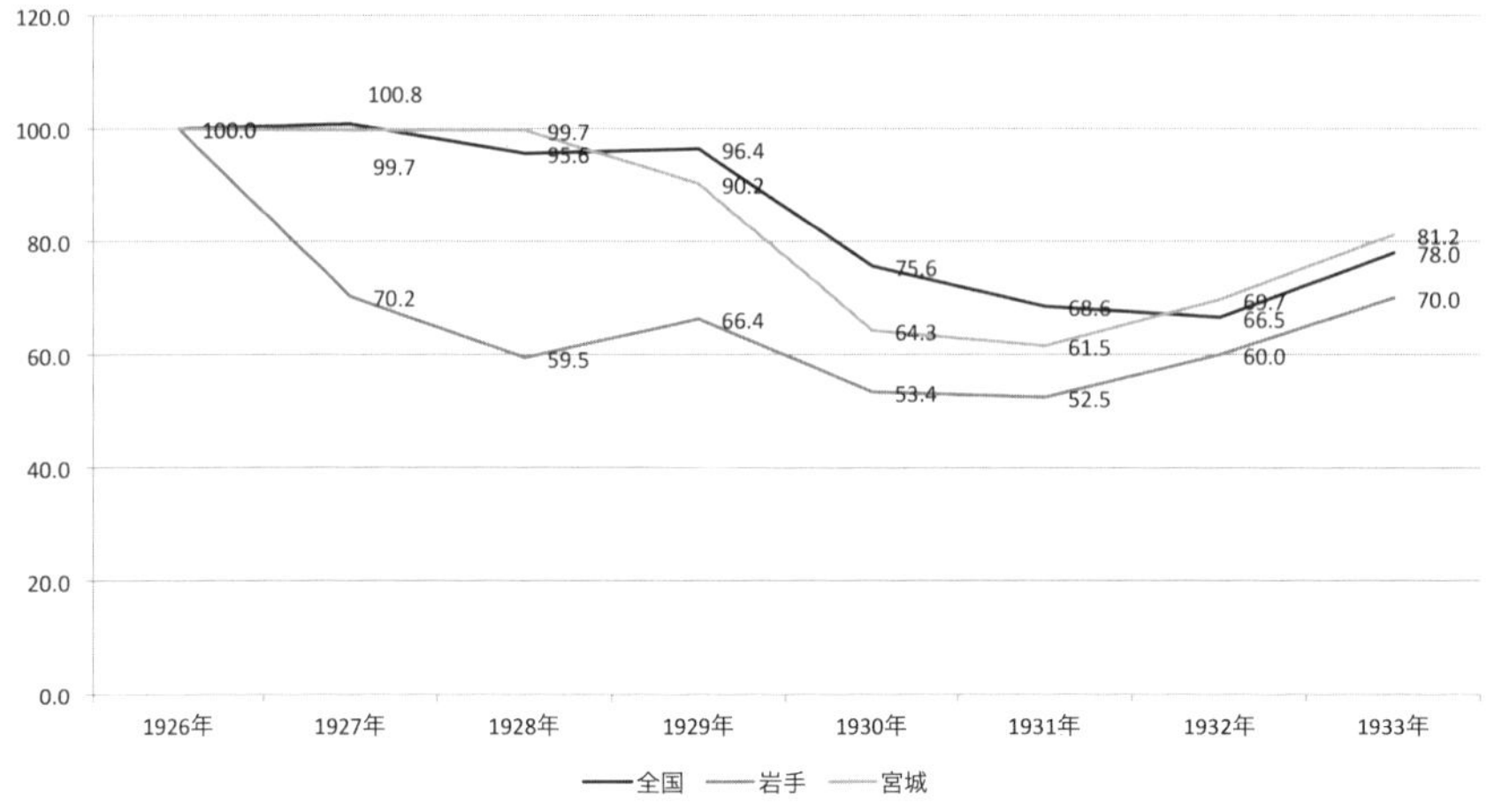

図1　昭和初期における漁獲高の指数推移（基準年 1926 年を 100 とする）

ると［図2］、全国と岩手県では一九二六年からほぼ単調に低下しており、宮城県でも一九三一年まで低下している。特に岩手県では、一九二六年から一九三三年にかけて漁価が約四分の一にまで低下しており、当時の漁村の疲弊が推察できる。これら漁価の下落は、昭和恐慌の不況に伴うデフレによるものと考えられる。

　最後に、全国および岩手県、宮城県の漁業者（業者および被用者）の一人当たりの漁獲高の推移を見る［図3］。全国平均、岩手県、宮城県いずれも、一九二六年から一九三一年頃にかけて大きく減少している。岩手県、宮城県はともに全国平均を上回っているものの、岩手県は一九二六年から一九三二年に半分以下に減少している。このように、昭和恐慌による不況に伴うデフレは、三陸沿岸地域の経済状況にも大きな負の影響をもたらしたと言える。

　次に、昭和初期における岩手県の漁業の特徴を整理する。沿岸漁業、沖合遠洋漁業、水産養殖業、水産製造業ごとに昭和初期における岩手県の漁獲高推移を見ると、一九三一年までは沿岸漁業と沖合遠洋漁業の漁獲高が拮抗しているが、一九三二年、一九三三年と沿岸漁業の占める割合が高くなっている。一方、水産養殖業については、一九三二年まで漁獲高が増加基調にあったが一九三三年で減少しており、割合も一九三一年までは上昇基調であったが一九三二年、一九三三年と低下している。また、水産製造業の生産高について、一九二七年以降は一九三一年を除きおおむね横ばいで推移しており、割合も同じく一九三一年を除き四〇パーセント台で推移している。

　また、一九三二年における分類ごとの漁獲高割合を全国、岩手県、宮城県で比較すると［図4］、岩手県は水産製造業、沿岸漁業、沖合遠洋漁業、水産養殖業の順に割合が高くなっているが、宮城県については水産製造業、沖合遠洋漁業、沿岸漁業、水産養殖業の順になっている。両県ともに、水産製造業および沖合遠洋漁業の割合が全国よりも高く、沿岸漁業および水産養殖業の割合が全国よりも低い。

　遠洋漁業については、日本においては過密化する沿岸部の漁場の適正化と漁場拡大を狙い、一八九七（明治三一）年実施の「遠洋漁業奨励法」以降遠洋漁業が奨励されてきた経緯がある。[2] 岩手県も全国平均を上回っているが、宮城県は沖合遠洋漁業において全国平均の二・五倍以上の漁獲高を記録するなど、漁場拡大に成功していた地域であると言える。[3]

　それら沖合遠洋漁業を支えたのが動力船である。昭和初

表1　昭和初期における沖合遠洋漁業の漁獲の推移

年	漁獲量（貫）	指数	漁獲高（円）	指数
全国				
1926	109,683,562	100.0	85,435,246	100.0
1927	111,495,232	101.7	78,500,369	91.9
1928	131,656,280	120.0	80,871,961	94.7
1929	155,269,061	141.6	89,534,102	104.8
1930	143,247,275	130.6	66,546,984	77.9
1931	156,264,206	142.5	57,978,535	67.9
1932	167,203,428	152.4	54,020,434	63.2
1933	196,558,775	179.2	65,986,858	77.2
岩手				
1926	6,721,517	100.0	5,874,225	100.0
1927	5,107,982	76.0	3,393,193	57.8
1928	4,374,410	65.1	3,257,838	55.5
1929	7,155,309	106.5	3,797,271	64.6
1930	5,055,238	75.2	2,583,524	44.0
1931	8,667,136	128.9	3,002,952	51.1
1932	8,662,521	128.9	2,130,016	36.3
1933	12,147,180	180.7	2,753,514	46.9
宮城				
1926	12,476,248	100.0	6,399,274	100.0
1927	11,809,978	94.7	6,492,361	101.5
1928	12,887,295	103.3	6,700,743	104.7
1929	12,236,700	98.1	5,708,931	89.2
1930	11,805,524	94.6	3,844,057	60.1
1931	12,064,542	96.7	3,601,227	56.3
1932	11,819,557	94.7	4,171,288	65.2
1933	12,104,762	97.0	4,943,005	77.2

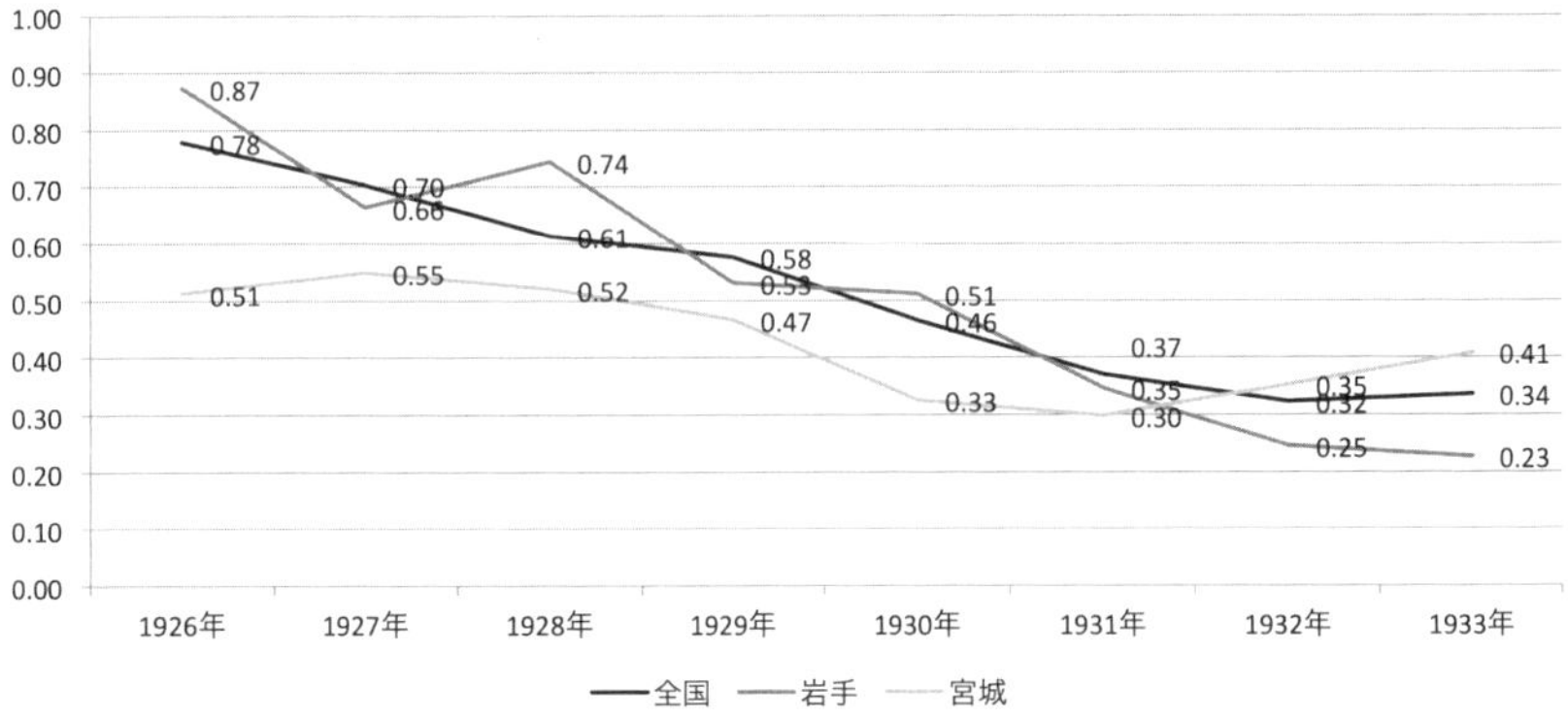

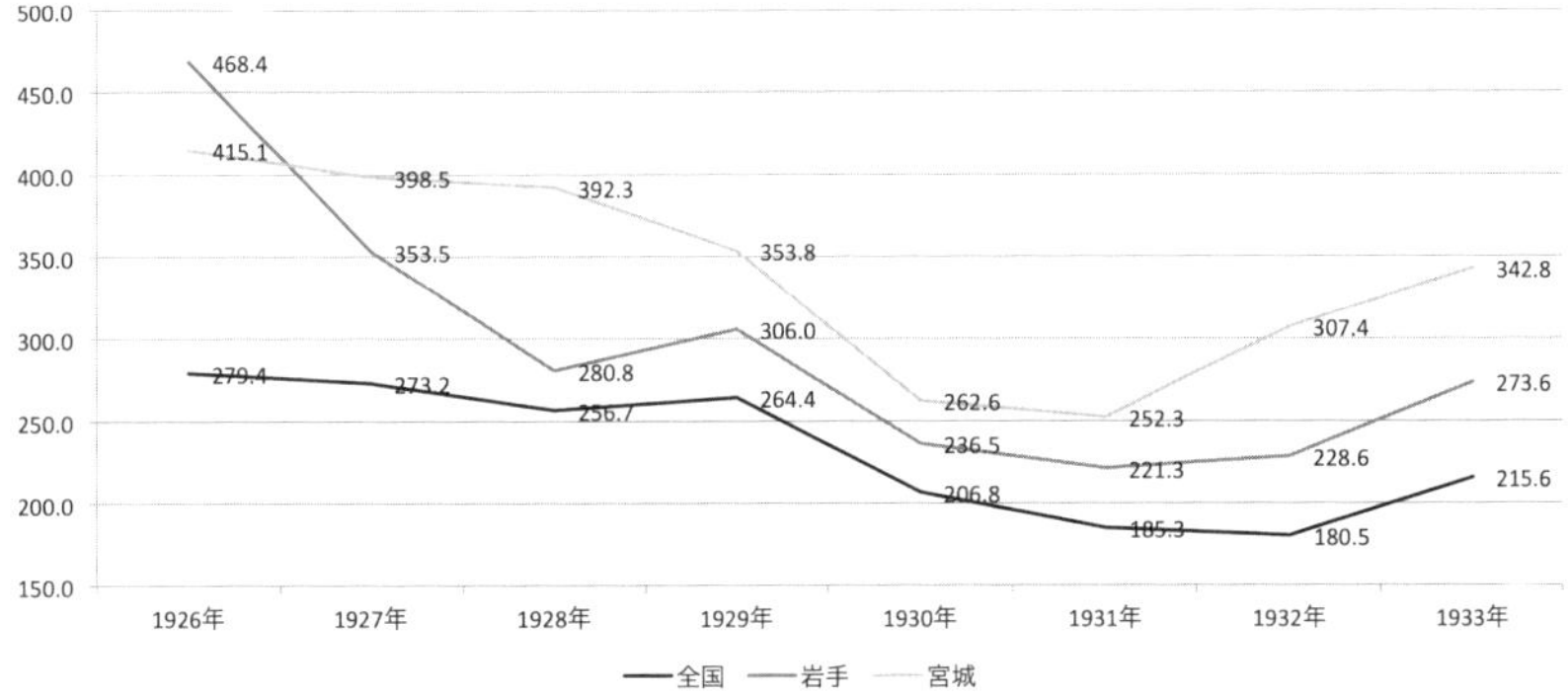

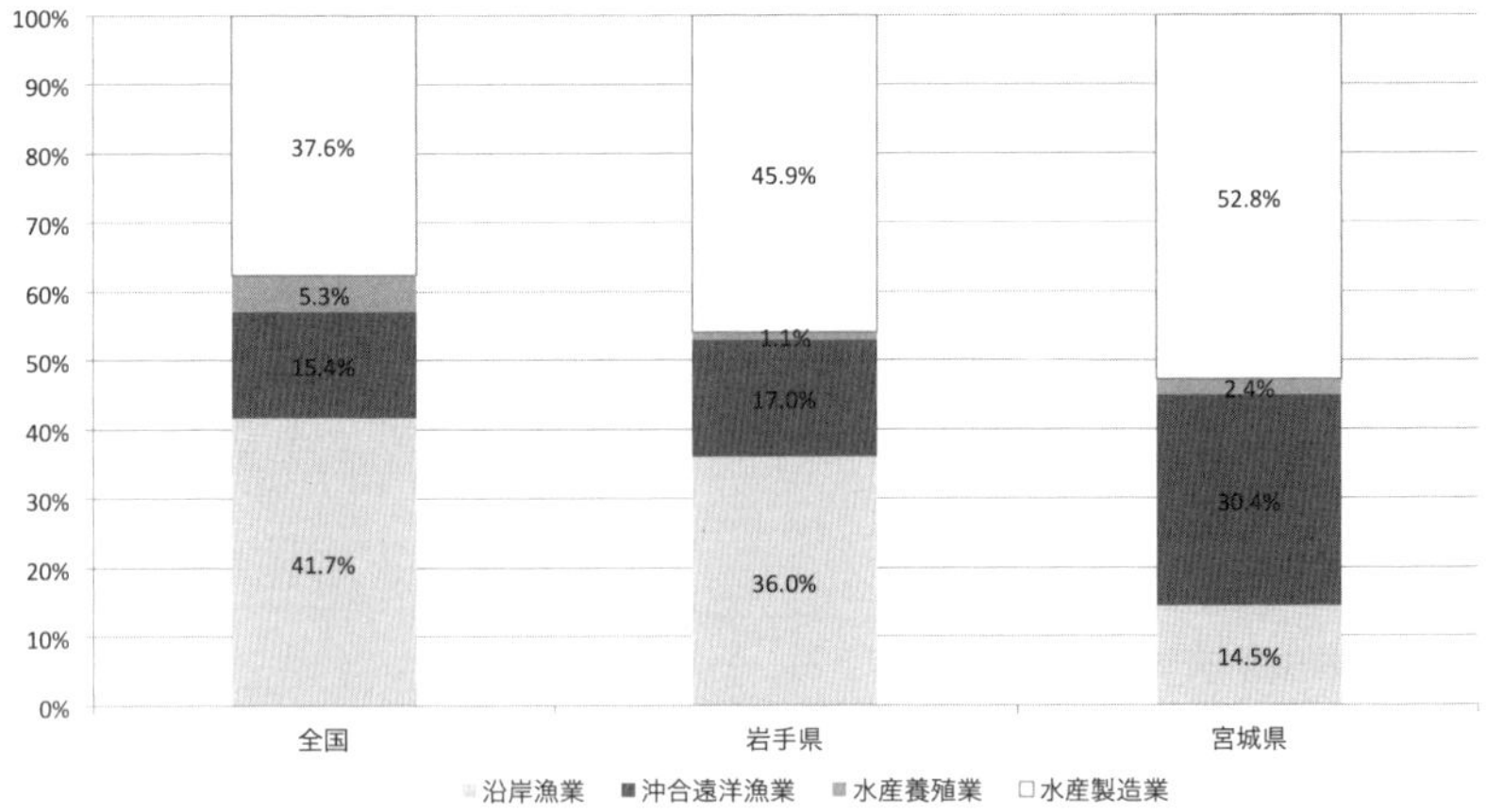

図２　昭和初期における沖合遠洋漁業の漁価の指数推移（基準年 1926 年を 100 とする）
図３　全国および岩手県、宮城県の漁業者（業者および被用者）の１人当たりの漁獲高
図４　全国、岩手県、宮城県における水産業の分類ごとの漁獲高割合比較（1932）

期は無動力船から動力船への切り替えが進んだ時期であり、統計を見ると、一九二六年から一九三三年にかけて全国では約三倍、岩手県では約一・八倍、宮城県では約一・六倍に増加している。[4] また、漁船に占める動力船の割合の推移を見ると［図5］、岩手県のほうが宮城県よりも割合が高いが、宮城県は一九三〇年、岩手県は一九三二年に全国の値を下回っている。[5]

岩手県の漁業従労者数の推移を見ると［図6］、合計値は一九二七年以降増加基調にあるが、全国および宮城県では一九二七年以降減少基調にあり、岩手県では漁獲高が減少するなかで漁民同士の競争が激化したことがうかがえる。また漁業従労者に占める業主の割合を見ると、岩手県では一九二七年から低下基調を示し全国よりも下回っており、一九三三年には宮城県よりも低い値となっている。漁業従労者に占める業主の割合の低下は、限られた業主とその他大勢の被用者に階層分化が進んでいることを意味し、岩手県では昭和恐慌の時期を通じ漁民の階層分化が進んだと言える。

岩手県では、こうした県の漁業の現状について、『岩手県水産概要』（岩手県、一九三三）において以下の問題点を列挙している。いずれも上記統計データの分析内容と矛盾しない内容となっており、県はそれを受け「遠洋漁業ノ開發、沿岸漁業ノ振興、淺海及内水面ノ利用開拓、水産製造加工ノ改善等ニ向ツテ最善ノ努力」をなすとしている。

> 遠洋漁業ノ如キニ至ツテハ、本邦第一ノ稱アル三陸漁場ノ中心ニアリナガラ、大型漁船ト謂ウモ僅カニ五拾噸内外ノモノ数隻ヲ有スルノミデ、他ハ殆ド他府県ノ廻來船ニヨツテ漁獲サレル。従ツテ漁利ノ大部分ハ、縣外ノ人ニ占メラレ、本縣人ノ擧ゲル利益ハ極メテ僅少ナモノデアル。（…）
> 水産製造業ニ於テモ、單ニ生産原料ノママ、縣外ニ移出スルモノガ甚ダ多ク、甚ノ加工精製ニヨル利益ハ殆ド他府県人ニヨツテ収メラレテ居ルノデアル。（…）
> 養殖業方面ヲ眺ムルニ利用スベキ數千町歩ノ淺海ト開拓スベキ廣茫幾百歩ノ内水面ヲ有スルニ拘ハラズ未ダ手ガ染メラレテ居ナイ實情デアル。
>
> 『岩手県水産概要』一六頁

次に、昭和初期における大槌町の人口と産業構成の概況を整理する。

まず、昭和初期における大槌町の人口について、国勢調

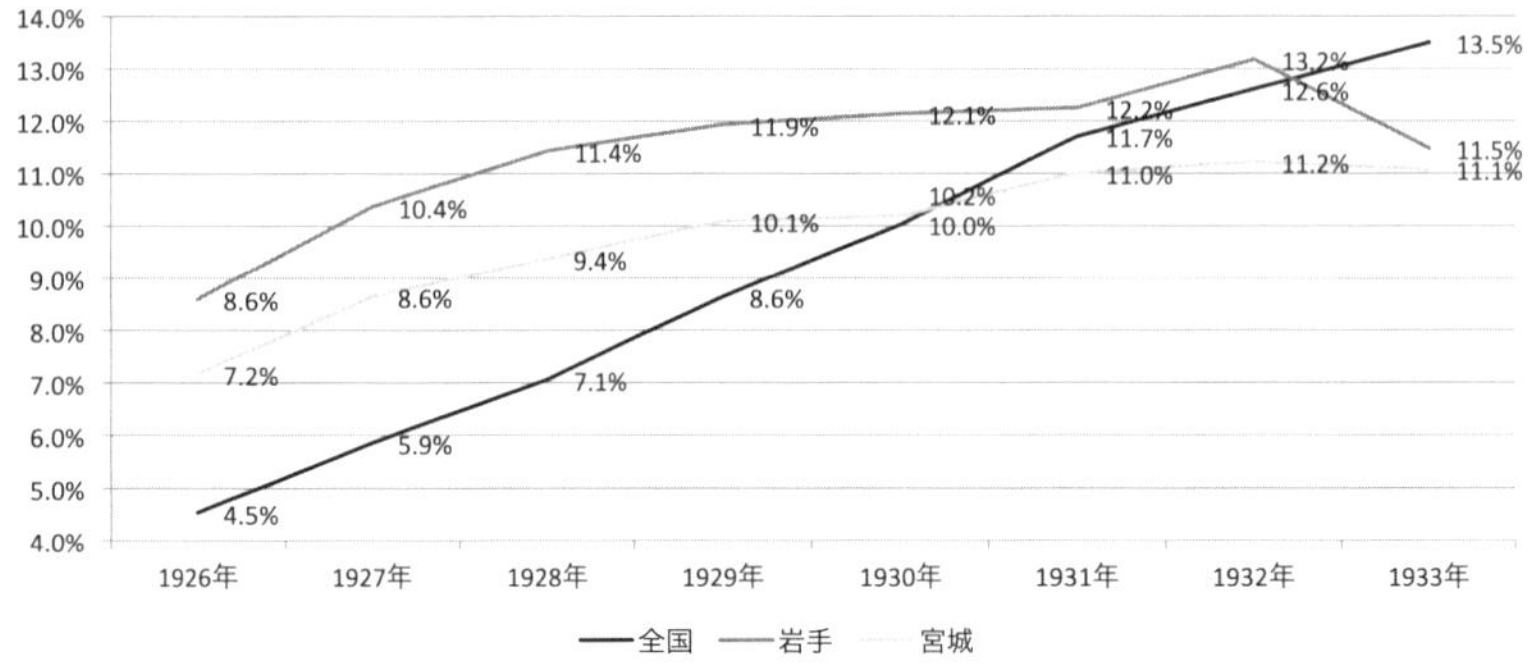

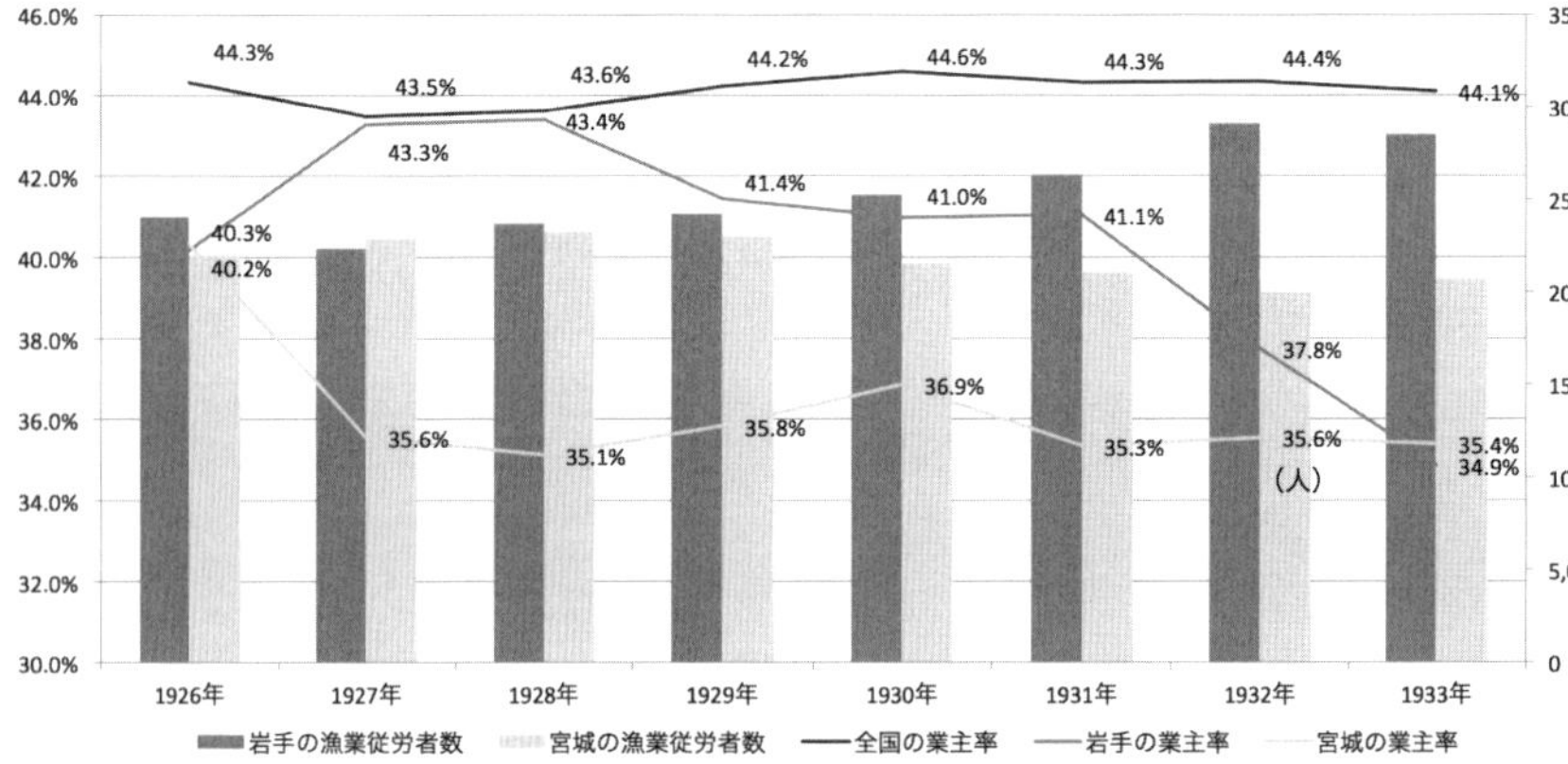

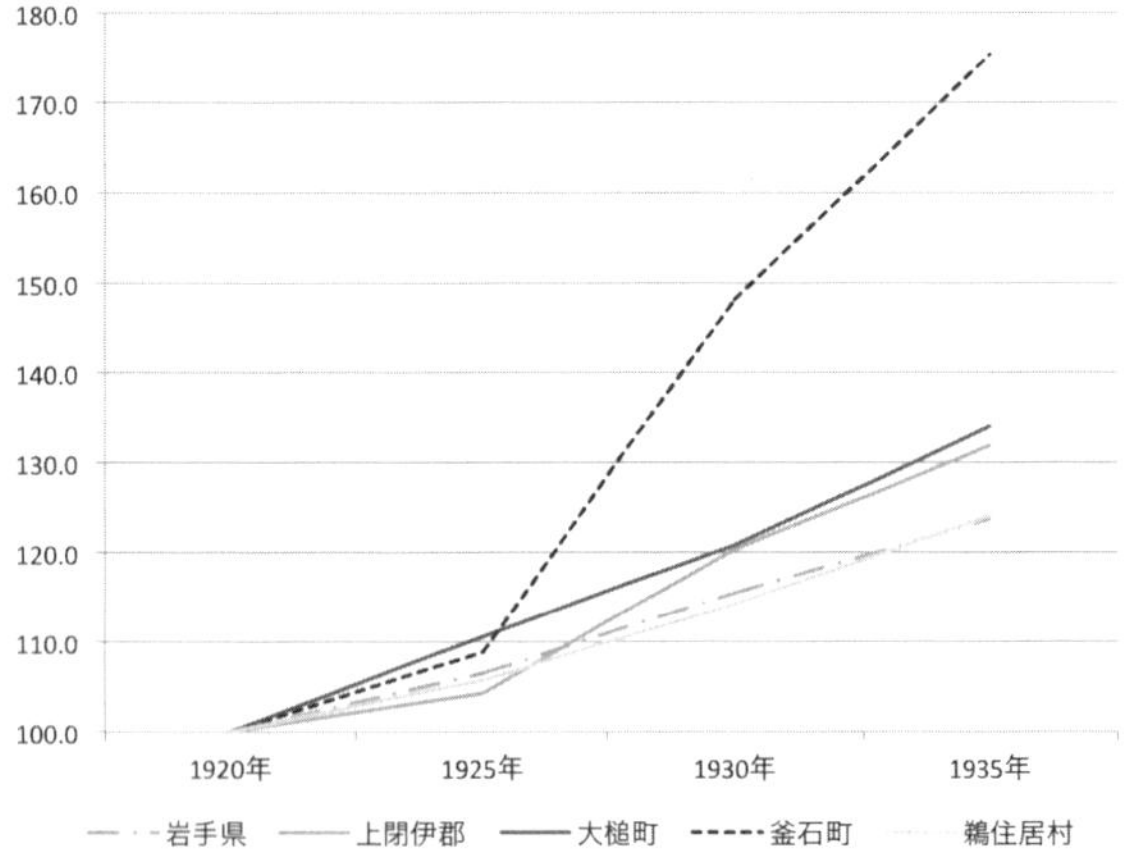

図5　全国、岩手県、宮城県の漁船に占める動力船の割合の推移
図6　岩手県、宮城県の漁業従労者数と、全国、岩手県、宮城県の漁業従労者に占める業主の割合（業主率）の推移
図7　昭和初期における岩手県、上閉伊郡、大槌町および周辺自治体の人口推移（基準年1920年を100とする）

査の人口をベースに岩手県および上閉伊郡のほか、同郡内の沿岸部に位置する釜石町、鵜住居村の人口推移を合わせて見ると、図7のようになる。大槌町の人口は五年ごとに約一〇パーセントずつほぼ単調に増加している。一方釜石町については、製鉄業の発展と相まって一九二〇（大正九）年から一九三五年の一五年間に人口が約一・八倍に急増している。このように大槌町、釜石町ともに岩手県の人口増加を上回るペースで増えている。

次に、大槌町の職業別戸数の推移を見ると、図8のようになる。最も割合が高いのが水産業で、おおむね三五パーセント前後で推移しており、次いで農業が二五パーセント、商業が一七パーセント、工業が九パーセント前後で推移している。水産業の実数は増加、割合も上昇しており、岩手県の動向と同じで、漁獲高が減少するなかで漁民同士の競争が激化していると考えられる。

なお、一九三一年における気仙郡、上閉伊郡、下閉伊《しもへい》郡の漁村の職業別戸数構成を比較すると［表2］、大槌町は農業が二四・七パーセント、水産業が三五・三パーセントと農業と水産業の構成が比較的平均値に近い値になっている。第二章で述べたように、農山漁村経済更生運動では、農業をはじめとした副業を奨励しており、一定数の農家や農地が存在していることが、同運動の実施における重要な要素のひとつになっていたと考えられる。また、吉里吉里集落がモデル集落に選出されたもうひとつの要因として、産業構造が三陸の平均的な構造と近似していたことが挙げられる。

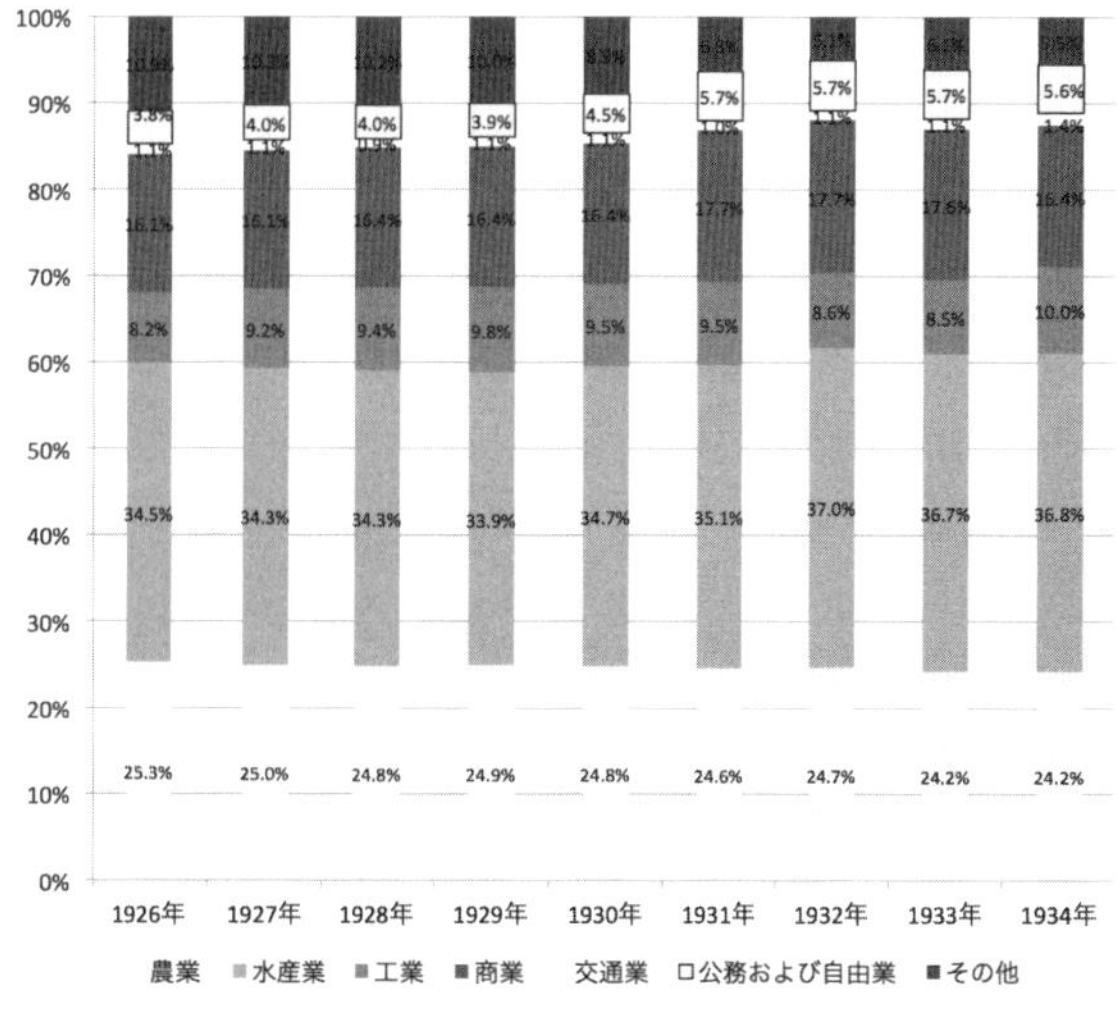

図8　大槌町の職業別戸数構成比の推移

表２　気仙郡、上閉伊郡、下閉伊（しもへい）郡の漁村の職業別戸数構成（1931）

	農業	水産業	鉱業	工業	商業	交通業	公務・自由業	その他
高田町	27.8%	0.5%	1.7%	34.9%	20.5%	3.8%	8.3%	2.5%
気仙町	56.5%	4.5%	1.5%	17.3%	9.8%	3.2%	5.0%	2.1%
大船渡村	49.5%	10.7%	0.0%	13.0%	21.0%	1.1%	4.7%	0.0%
末崎村	25.5%	45.4%	0.0%	10.7%	8.7%	2.2%	3.5%	4.1%
小友村	63.4%	7.5%	0.0%	14.2%	4.2%	0.7%	7.5%	2.5%
広田村	27.4%	56.1%	0.0%	4.5%	6.0%	0.5%	5.3%	0.2%
赤崎村	74.8%	1.6%	0.0%	13.2%	5.9%	3.0%	1.6%	0.0%
綾里村	19.1%	53.6%	0.0%	16.7%	5.4%	1.0%	4.2%	0.0%
越喜来村	43.2%	29.5%	0.0%	11.0%	6.8%	1.7%	4.2%	3.5%
吉浜村	70.1%	12.2%	0.0%	4.2%	4.8%	2.6%	6.1%	0.0%
唐丹村	21.7%	55.2%	0.0%	5.8%	10.4%	1.3%	5.5%	0.2%
釜石町	4.3%	18.9%	0.8%	40.9%	19.2%	2.1%	9.0%	4.8%
大槌町	**24.7%**	**35.3%**	**0.0%**	**9.1%**	**17.8%**	**1.0%**	**5.7%**	**6.4%**
鵜住居村	44.0%	42.6%	0.0%	3.3%	2.1%	0.3%	3.8%	3.8%
宮古町	2.5%	23.1%	0.0%	12.0%	49.1%	0.8%	8.0%	4.5%
山田町	33.2%	34.5%	0.2%	3.4%	18.2%	2.2%	4.8%	3.4%
崎山村	62.7%	29.5%	0.0%	1.8%	2.4%	0.0%	3.0%	0.6%
田老村	48.1%	28.6%	0.0%	7.6%	7.0%	2.3%	4.2%	2.1%
田野畑村	52.5%	23.5%	0.0%	10.8%	6.5%	0.3%	3.7%	2.8%
普代村	46.2%	37.1%	0.0%	1.9%	4.9%	0.8%	8.0%	1.0%
磯鶏村	42.3%	44.2%	0.0%	2.9%	5.8%	0.0%	4.8%	0.0%
津軽石村	66.5%	12.0%	0.0%	5.0%	4.8%	2.7%	4.3%	4.6%
重茂村	62.9%	21.8%	0.3%	0.9%	3.1%	1.9%	6.9%	2.2%
大沢村	12.8%	71.1%	0.0%	4.3%	3.8%	0.5%	3.3%	4.3%
織笠村	36.7%	52.5%	0.0%	2.8%	2.5%	0.3%	4.5%	0.6%
船越村	18.2%	63.3%	0.0%	7.1%	7.3%	0.2%	3.7%	0.2%
合計	25.8%	26.9%	0.3%	17.5%	18.2%	1.6%	6.4%	3.3%

大槌町における農山漁村経済更生樹立計画

前章において、農林省を中心とした農山漁村経済更生運動と県レベルにおける昭和三陸津波の復興計画との関連を明らかにした。そこで、ここでは後述する吉里吉里集落における昭和三陸津波の復興計画と、県・町村および集落レベルでの農山漁村経済更生計画の内容を比較分析する。対象とするのは、吉里吉里集落を含む大槌町が農山漁村経済更生運動の初年度（一九三二年度）の指定村に指定され、翌一九三三年度に樹立した「大槌町経済更生樹立計画」[6]である［資料11、二九〇頁］。そして、農林省の「漁村経済更生計画樹立方針」(一九三二)、および岩手県の「岩手県農山漁村経済更生計画樹立指針」(一九三四。以下「岩手県指針」とする)と、大槌町の計画との関連を整理し、同計画の問題点を明らかにする。

農林省は一九三二年一二月に「農山漁村経済更生計画樹立方針」で、農村、山村、漁村それぞれにつき経済更生計画樹立方針を示した。そのなかで、農山村と比較した際の漁村の特異性として、共同の必要性、収入の不安定性など以下九つの項目を挙げている。

一、漁業者ハ同一水面ニ入會ヒ漁獲ヲ為シ且其ノ入會關係ハ一部落、一漁村ノ地先水面ニ限ラレザル實情ニ在リ従テ漁業ハ各漁業者ノ協調ニ依リテ行フベキハ勿論漁業ノ統制、漁場ノ荒廢防止、漁場ノ改善等ニ付テハ數部落又ハ數町村ノ協力ニ俟ツベキモノ多キコト
二、漁業ハ概ネ無主物タル水族ノ採捕ヲ目的トスルモノナルガ故ニ濫獲ニ陥リ易キコト
三、回遊性魚族ヲ目的トスル漁業ノ如キハ漁場廣範圍ニ亘ルヲ以テ其ノ關係スル所廣汎ナルコト
四、漁業ハ自然現象ニ支配セラル丶コト多キヲ以テ其ノ収穫著シク増減スルコトアルノミナラズ漁獲ノ豫想困難ナルコト
五、水産物ハ鮮度保持困難ナル関係上速ニ之ヲ換價處分スルノ必要アルコト
六、漁業者ノ大多數ハ小漁業者ニテ荒天ノ場合ヲ除キ概ネ常時出漁シ其ノ収穫高ハ概シテ零細ニシテ之ヲ共同シテ處理スルニ非ザレバ不利益多キ状態ニ在ルコト
七、漁業者ハ漁業ノ性質上其ノ日常生活品ノ自給ヲ為シ得ル範圍狭小ナル為貨幣經濟ニ依存スル範圍相当大ナルコト
八、漁業者ハ漁業ノ性質上生命財産ヲ脅威セラルル場合多キコト
九、漁業者ハ海上作業ヲ主トスル関係上家庭經濟ハ概ネ主婦ニ依リテ支配セラル丶コト

農林省「農山林漁村経済更生計画樹立方針」

上記漁村の特異性を受け、「漁村経済更生計画樹立方針」では、次の項目が追加されている。それは「一、漁村ニ於ケル各種産業ノ組合セノ適正」および「七、漁業ニ関スル共同施設ノ普及徹底」の二つの項目である。つまり農林省は漁村の経済更生を行なううえで、この二項目について特別配慮が必要と考えていたと言える。

前者については「各種産業トノ組合セヲ適正ナラシメ以テ其ノ間ノ調和ヲ保タシムル」とあり、前述の漁獲量の不安定性（項目四）や貨幣経済への依存度の高さ（項目七）という漁業特有の性質を、副業を行なうことで解決しようとしているのがわかる。また後者については、「漁業組合等ヲ中心トシテ漁業ニ関スル（…）共同施設ノ普及徹底ヲ圖ルコト」とあり、前述の漁業特有の性質のうち協力の必要性（項目一）や濫獲（項目二）、漁業者の零細性（項目六）などに対応するものである。

また岩手県では、町村経済更生計画樹立の参考資料として前述の「岩手県指針」を計画樹立町村および関係者に配布している。大槌町の経済更生計画樹立は一九三三年であり、時期は前後するが大槌町の計画樹立に際しても当然岩手県からの指導もあったと考えられるため、合わせてここで分析する。

「岩手県指針」では、基本的に農林省の「農山漁村経済更生計画樹立方針」の内容に忠実にのっとり、町村が計画を樹立するための手順が整理されている。そのなかで岩手県独自の考え方や具体的な手法が表われているのは、以下の三点である。一つめは計画体系の考え方を示した「計画樹立方法」、二つめは樹立した計画の「実行機関」、三つめが基本調査および計画樹立のための「様式」である。

まず「計画樹立方法」について岩手県では、経済更生計画は「村更生計画」「部落計画」「各戸計画」の三つで構成されるとし、その計画樹立方法として三つの方法があり、図9のように説明している。ひとつは「各戸計画」から「部落計画」「村更生計画」へとボトムアップで構築する方法（図中［イ］）で、もうひとつは「村更生計画」から「部落計画」「各戸計画」とトップダウンで構成する方法（図中［ロ］）、そして「部落計画」から「各戸計画」と「村更生計画」を構築する方法（図中［ハ］）である。このように、経済更生計画を村、部落、各戸という三つの階層に明確に分け、それぞれを関連付けて計画を樹立するという考え方は農林省の指針には記載されていないものである。

次に二つめの「実行機関」については、「更生計画実行機関」と題した図を掲載している［図10］。同図では、先ほどの三つの計画に対応するかたちで「町村経済更生委員会」「部落会、更生会、農事実行組合」「農家（家族会）」の三つの実行機関が措定されており、そのほか漁業組合や産業組合、農会などの関連団体が「部落」や「農家」をサポートするようになっている。特に「部落」のなかに、「土地部」「生産部」など一一の部を設け、「六原青年道場修練生又は臨時道場修練生たる中堅青年を配属せしめ其の機能を十分発揮せしむることを要す」としている。[7] 第二章で触れた「六原青年道場」[8]への言及があることからも、「部落計画」の樹立に重きが置かれていることがわかる。その「部落計画」の実行機関については、「農事実行組合又は農家組合の設置ありて樹立せる部落計画の実行上別段支障なきときは特別に部落会又は更生会を設置するの要なかるべく」とある。このように、農林省の指針においては、経済更生計画樹立および実行の中心的機関として位置付けられていた産業組合が、岩手県においてはそこまで重要な役割が与えられていないことが指摘できる。この「岩手県指針」の発表は一九三四年であるが、作成時期はもっと早く、産業組合の位置付けが県レベルにおいては浸透していなかった可能性が考えられる。

　三つめの基本調査および計画樹立のための「様式」について、「岩手県指針」では農林省の指針に基づき、町村内の経済事情を把握するための基本調査の方法と、その調査結果に基づく経済更生計画樹立のための方法を説明してい

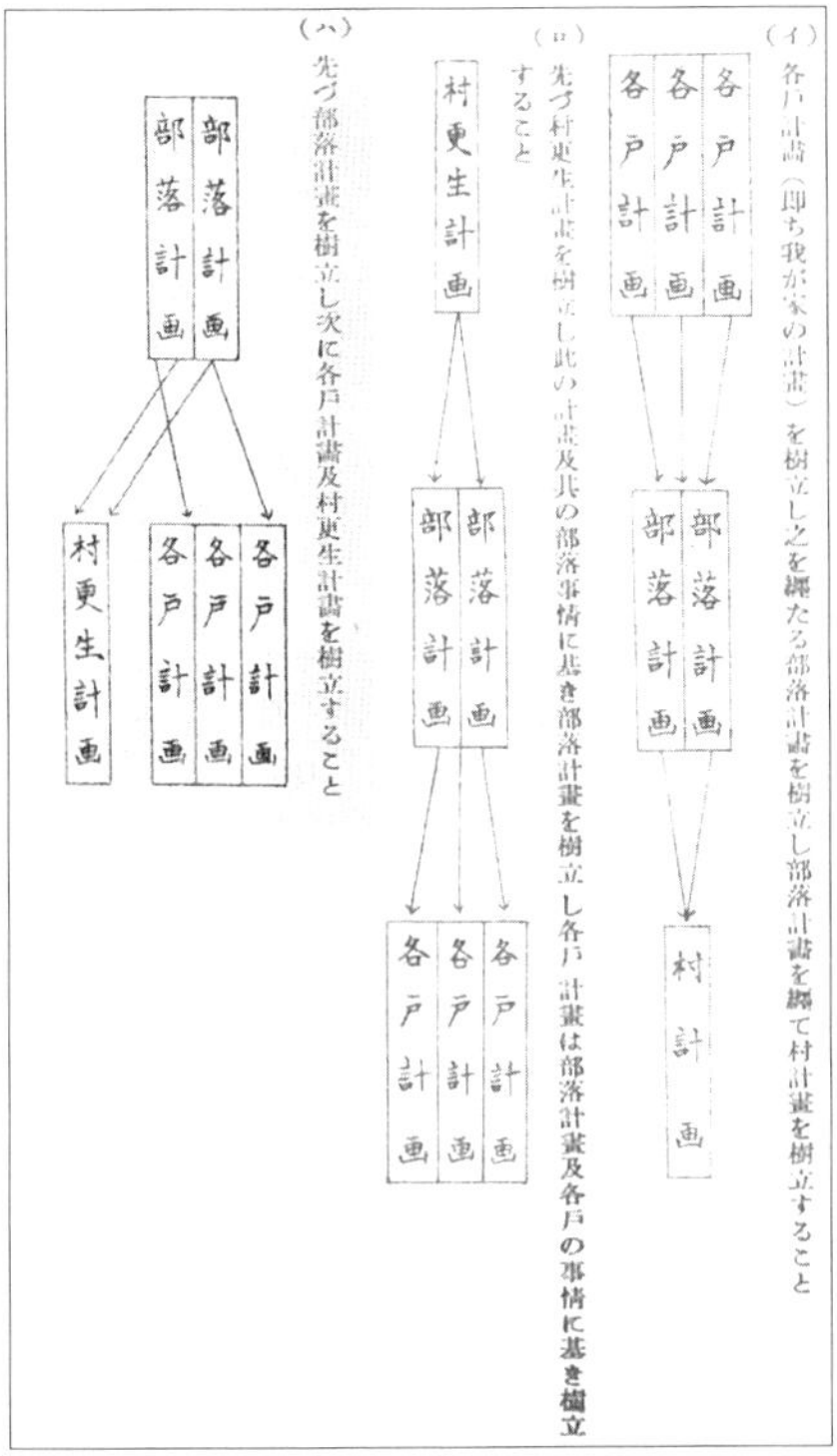

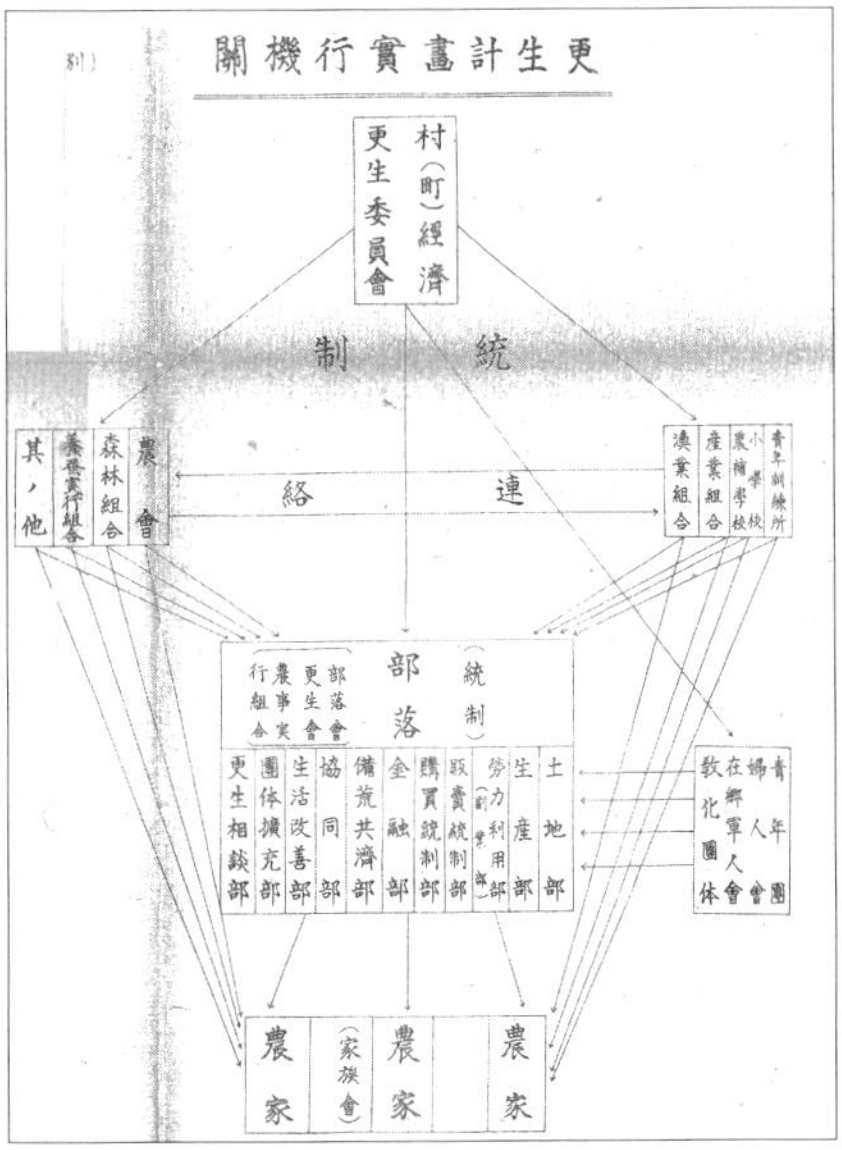

図 9　3 つの計画樹立方法
図 10　更生計画実行機関

る。その際に、それぞれに詳細な「様式」を提供することで町村による調査や計画樹立の作業を単純化している。

基本調査については、町村経済更生委員会の常任委員が行なう公簿または統計による調査、認定による調査と、委員が分担する個別申告、実地調査に分けており、それぞれに「調査様式」を提示している。例えば個別申告については、調査表の様式として「経済更生計画樹立資料申告書」を掲載しており、そのまま各戸に配布し集計することで実態を把握できるようになっている［図11］。

また、町村経済更生計画の樹立についても、記載項目と注意事項を記した様式が提示されており、部落経済更生計画と各戸経済更生計画についても同様である［図12］。さらに経済更生計画の実行方法についても「経済更生計画実行予定表」を例示している［図13］。これらを見てもわかるように、統計的手法に基づき詳細に実態を把握しそこから計画を立案していこうとする姿勢が見てとれる。

次に、「大槌町経済更生樹立計画」が作成されるまでの経緯を整理すると、表3のようになる。大槌町は、一九三二年一〇月二七日に県より一九三二年度経済更生計画樹立指定村の指定を受け、翌一九三三年七月に「大槌町経済更生樹立計画」を発表している。なお、一九三二年度経済更

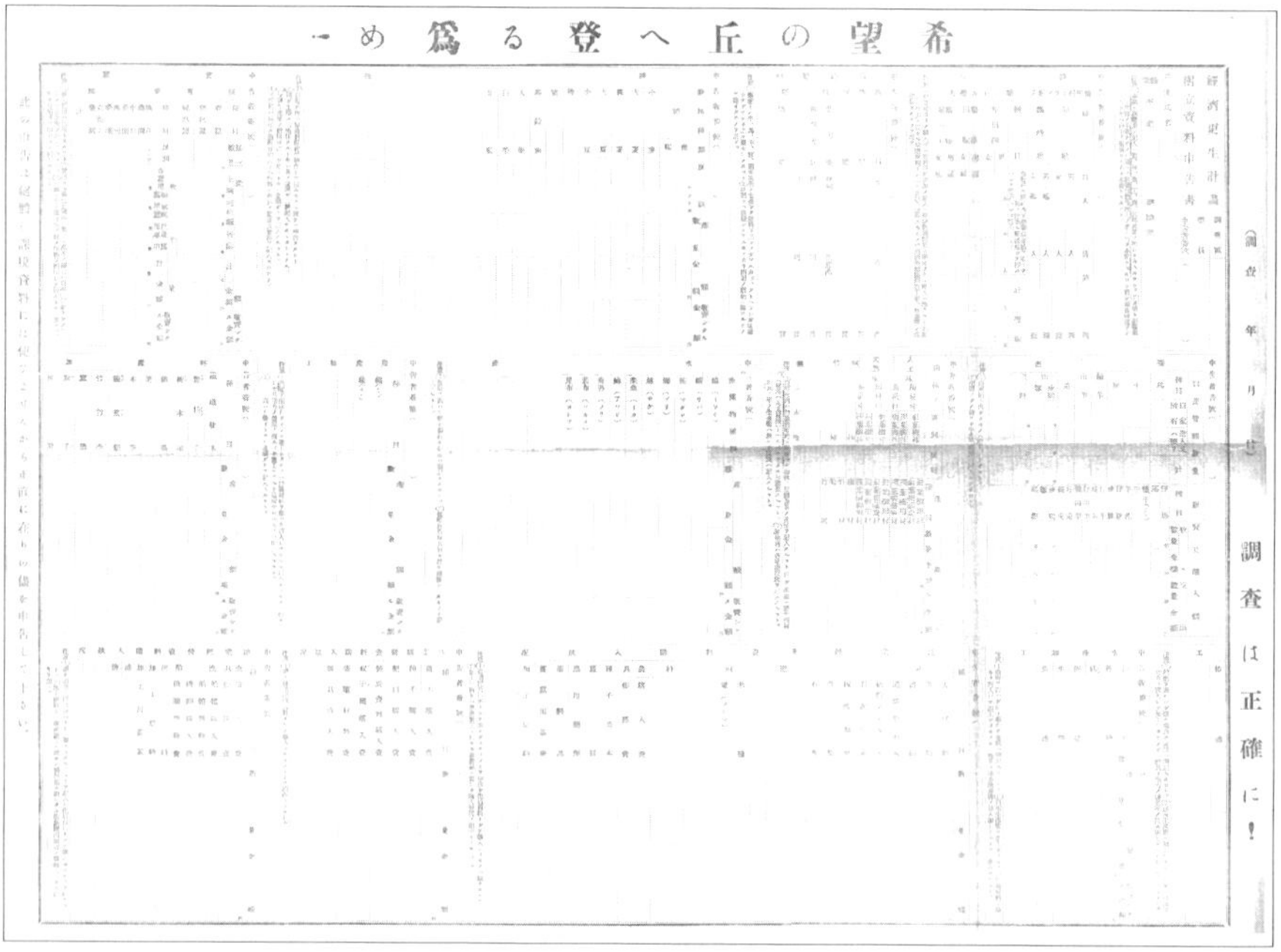

図 11　個別申告用の調査表様式

生計画樹立指定村は年度内に計画樹立することが求められており、大槌町の場合も計画を発表したのは一九三三年度だが、一九三三年三月に発生した昭和三陸津波に関する記述はほとんど見られない。それゆえ、基本的には昭和三陸津波発災以前に作成されたものと考えられる[9]。また、農林省「農山漁村経済更生計画助成規則」および岩手県「農山漁村経済更生計画助成金交付要項」によれば、町村が「事業計画書」および「経費予算書」を府県に提出し、それをもとに府県が国に申請するという手続きを踏む必要がある。大槌町の同計画立案に向けた動きが早いのは、初年度の指定村の指定から計画樹立までのスケジュールが非常に短いこともあり、第六三回臨時議会において予算が認められた段階で、府県があらかじめ指定町村の選定を行なっていた可能性があったためだと考えられる。

次に「大槌町経済更生樹立計画」の内容について分析を行なう［資料11、二九〇頁］。

まず計画の対象について、「岩手県指針」では「町村計画」「村落計画」「各戸計画」の三つの計画を組み合わせることを提唱していたが、大槌町において計画されたものは「町村計画」に該当するもので、「村落計画」および「各戸計画」に関する記述は見られない。実際に計画樹立に向け

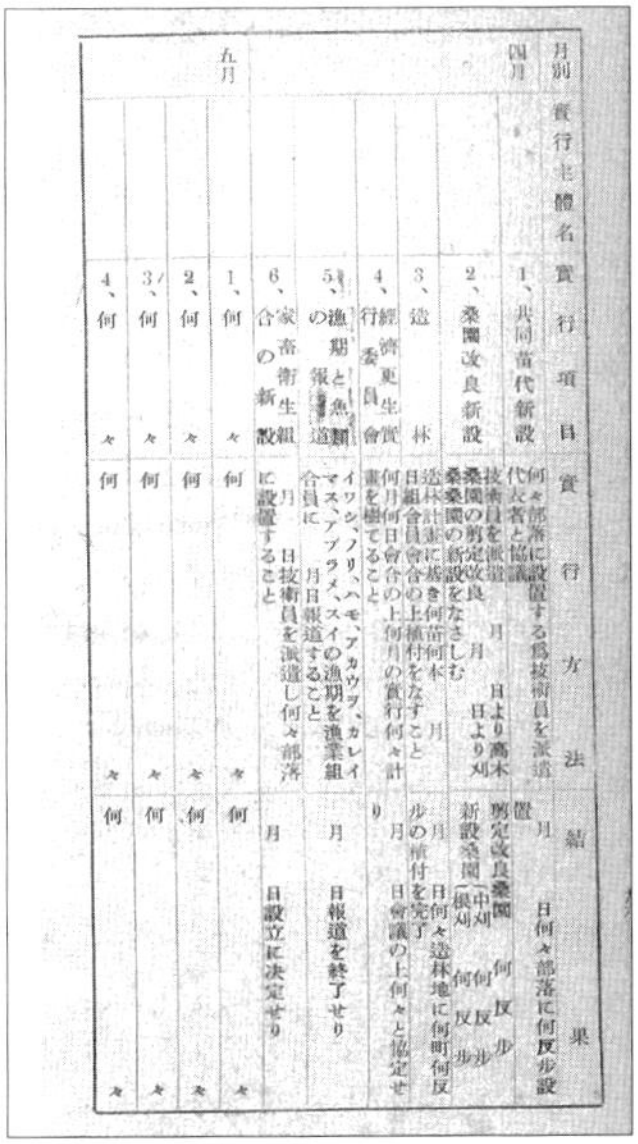

月別	實行主體名	實行項目	實行方法	結果
四月		1、共同苗代新設	何々部落に設置する爲技術員を派遣代表者と協議	月　日何々部落に何反歩設置
		2、桑園改良新設	技術員を派遣桑園の剪定改良桑園の新設をなさしむ 月　日より高木 月　日より刈	剪定改良桑園（中刈）何反歩 新設桑園（根刈）何反歩
		3、造林	造林計畫に基き何苗何本日組合員會合の上植付をなすこと 月	月　日何々造林地に何町何反歩の植付を完了
		4、經濟更生實行委員會	何月何日會合の上何月の實行何々計畫を樹てること	月　日會議の上何々と協定せり
		5、漁期と魚類の報道	イワシ、ノリ、ハモ、アカウヲ、カレイマス、アブラメ、スイの漁期を漁業組合員に　月日報道すること	月　日報道を終了せり
		6、家畜衛生組合の新設	月　日技術員を派遣し何々部落に設置すること	月　日設立に決定せり
五月		1、何々	何々	何々
		2、何々	何々	何々
		3、何々	何々	何々
		4、何々	何々	何々

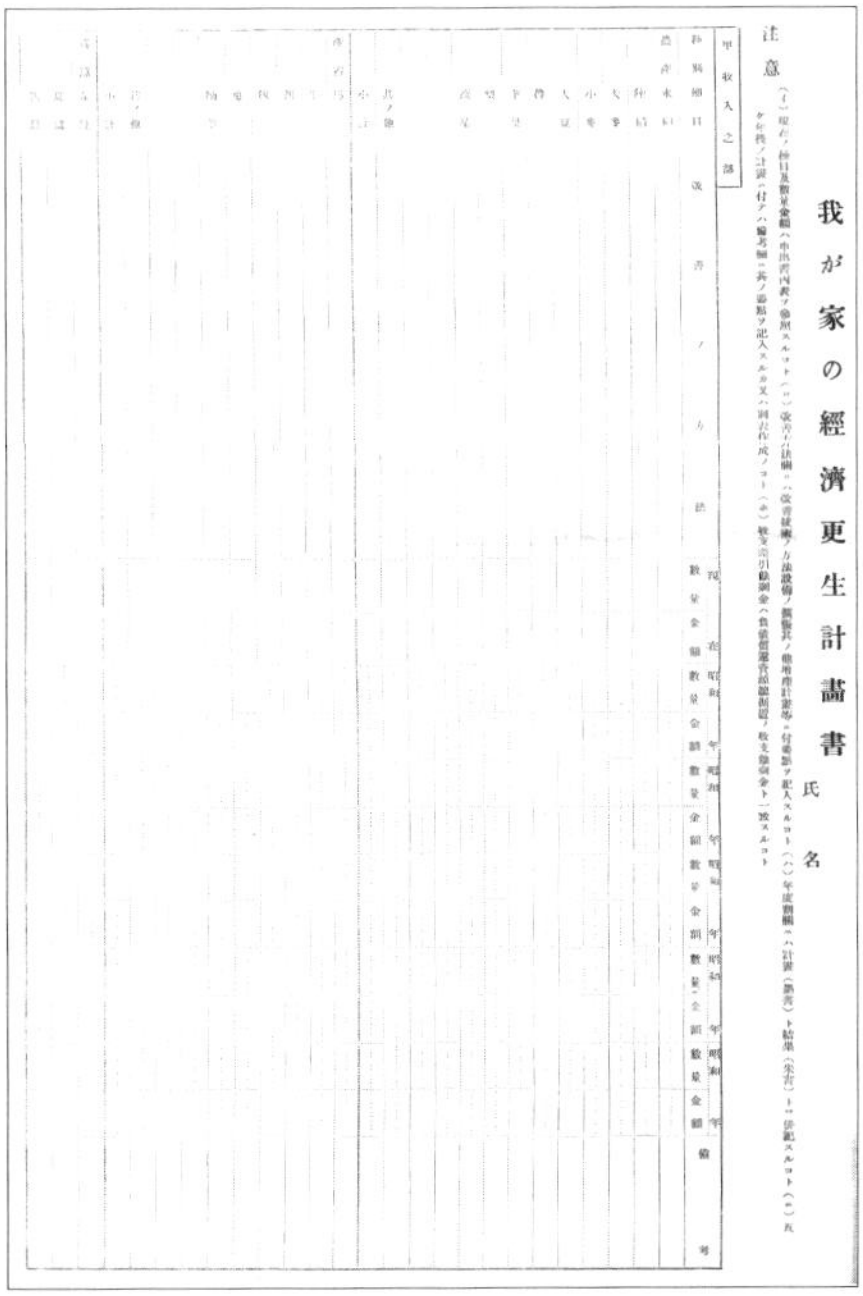

図 12 「我が家の経済更生計画書」
図 13 「経済更生計画実行予定表」

表3 「大槌町経済更生樹立計画」作成までの経緯

年月	事項
1932年8月	第63回臨時議会　開催
同年10月6日	【農林省】訓令「農山漁村経済更生計画ニ関スル件」 【農林省】「農山漁村経済更生計画助成規則」公布 【農林省】「農山漁村経済更生助成金交付要項」通牒
同年10月9日	【大槌町】大槌町経済更生委員会規定　制定＊
同年10月26日	【岩手県】「県経済更生委員会規定」を公布 【岩手県】「町村経済更生委員会規定（例）」を定める
同年10月27日	【岩手県】昭和7年度経済更生計画樹立指定村を指定 【大槌町】経済更生計画樹立のための委員会を開催
同年11月1日	【岩手県】「農山漁村経済更生計画助成金交付要項」を定める
同年11月5日	【岩手県】県経済更生委員会を組織
同年11月15日	【農林省】昭和7年度助成金交付のための申請書締切 （昭和7年度以降は2月末締切）
同年12月	【農林省】「農山漁村経済更生計画樹立方針」
1933年3月3日	昭和三陸津波発生
同年7月	【大槌町】「大槌町経済更生計画」発表

＊――「大槌町経済更生樹立計画」によると、1932年10月9日に「大槌町経済更生委員会規定」を制定したと記載されているが、県が「町村経済更生委員会規定（例）」を定める前であり、日付が誤っている可能性がある。

て設置された大槌町経済更生委員会の委員には、町長を会長として、町会議員、農会や商工会、漁業組合など各種団体の関係者、学校長などが名を連ねており、委員の構成からも集落を超えた大槌町全体の計画であることは明らかである。

計画内容については、第一章では緒言、第二章では土地、戸口、農林漁業経営、経営資料、農林漁業生産、貸借と、おおむね「岩手県指針」の基本調査の内容に沿った調査結果が、第三章では一一の項目ごとに方針が記載され、第四章では計画の目標が記載されている。いずれも「岩手県指針」における「第四章二節町村経済更生計画の樹立様式」に忠実にのっとって作成されていることが確認できる。

こうして作成された「大槌町経済更生樹立計画」には、大きく三つの問題点が存在すると考える。ひとつは計画としての一体性の問題、もうひとつが実現性の問題、最後が実施主体の問題である。

まずは一つめの一体性の問題について説明する。大槌町による計画では、最後に「漁業之部」と題した漁業関連の計画が付け加えられている。これは大槌町が農林省の資料では農業集落として指定を受けているが、実際には漁農集落として計画を樹立したことに起因すると考えられる。「漁業之部」には、農林省の「漁村経済更生計画樹立指針」の項目に沿って方針が述べられており、内容としては漁業関連の事項について第二章に対応する部分のみが切り出されているかたちである。また、ここでは詳細には触れないが、大槌町では「大槌町国有林野利用経済更生計画」と題した林業関連の計画書も別途出している。[10] 大槌町の場合、農業者も水産業者も兼業が多く、また森林も沿岸部まで広がっていることから、三つの計画は本来であれば一体的に計画されてしかるべきであるが、実態としては農業、林業と業種ごとにそれぞれ異なる三つの計画が樹立された。特に漁業は農林省の問題意識として収入が安定しないと考えられていたため、「各種産業の組み合わせの適正化」が推奨されていたのだが、「漁業之部」における記述は、「経済的調和」を保つべく実現に努めるとあるのみである。

次に二つめの実現性の問題について、大槌町による計画では、第四章において産業ごとに五年間の増産増殖の目標値が掲げられ、それを実施するための手法が述べられている。しかし、そこに述べられている手法を実現するために必要な事業内容や予算などの検討がなされておらず、実現性にいささか問題があると考えられる。実際に農林省からの補助を受けられるのは、計画樹立のために必要なわずかな金額のみであり、計画実施に必要な予算は独自に調達する必要があった。そのため初期に「農山漁村経済更生計画」を樹立した町村のなかには、資金不足のために計画を実行できない町村も少なくなかった。そうした事情を受け、一九三六年度からの特別助成制度が開始された。[11]大槌町による計画が実際にどの程度実現したかについては、報告書などの資料が見つかっておらず現時点では不明である。

最後に三つめの実施主体の問題について述べる。大槌町による計画では、計画に携わる各種機関の役割についてまとめており、それによると、実際に各種事業を担うのは集落の農家組合もしくは各農家とされている。それら事業の実施主体が事業に必要な国庫補助金や低利資金などを受けるためには、産業組合もしくは漁業組合など信用事業を実施できる組織が必要不可欠である。計画においても、「産業組合の内容充実」との記載があるが、前述の大槌町経済更生委員会に産業組合の関係者が含まれていないことからも、計画樹立の時点では産業組合は設立されておらず、具体的な事業実施の体制が整っていなかったものと考えられる。

大槌町および吉里吉里集落の被害

ここでは昭和三陸津波による大槌町および吉里吉里集落の被害概要を整理する。

岩手縣編『岩手縣昭和震災誌』（岩手縣知事官房、一九三四）によると、昭和三陸津波による大槌町の被害は表4に示すとおりである。大槌町の場合、「町方《まちかた》」「安渡」「吉里吉里」の三つの集落名が記載されている。ただし大槌町の沿岸部には、南から沿岸に沿って順に小枕、町方、安渡、赤浜、吉里吉里、浪板と六つの集落が存在し［序章図5（四四頁）および「大槌町の被災と復興」（三〇九–三一九頁）を参照］、『岩手縣昭和震災誌』にある「町方」「安渡」「吉里吉里」がどの範囲を示しているのかが不明である。また、『三陸津浪に因る被害町村の復興計畫報告書』（内務大臣官房都市計畫課、一九三四）にも被災前の人口および戸数を記した表が掲載されており、それによると安渡と赤浜の震災前の人口の合計が一九二五人、戸数の合計が二七〇戸で、吉里吉里と浪板の震災前の人口の合計が二九七二人、戸数の合計が四四〇戸としている。しかし、昭和三陸津波後の安渡の被害および復興を土地台帳に基づき研究した島広匡によると、[12]安渡集落単体の世帯数が二六九世帯となっており、おおむね『岩手縣昭和震災誌』における「安渡」集落の戸数と一致する。このことから、『岩手縣昭和震災誌』の「安渡」の人口や戸数は実際の安渡集落のみの値で、『岩手縣昭和震災誌』の「吉里吉里」のそれは実際の赤浜、吉里吉里、浪板の三集落の合計値であると考えられる。

表4によると、町方、安渡、吉里吉里のいずれの地域も人的被害は少ないが、物的被害については、安渡は四四・八パーセントにも及んでおり、また吉里吉里、町方もそれぞれ二四・一パーセント、一八・五パーセントと大きな被害を受けていることが確認できる。実際に、安渡集落における被災直後の写真を見ると、低地一帯が壊滅的な被害を受けた様子が見て取れる［図14］。

吉里吉里集落の被害については前述の「計画要項」にその詳細が記載されている。それによると、昭和三陸津波前の吉里吉里集落の人口は一七三二人、戸数は二七二戸である。職業別戸数を見ると、漁業が最も多く一五二戸（五五・九パーセント）、次いで農業とその他が三九戸（一四・三パーセント）、商業二五戸（九・二パーセント）、労働一七戸（六・三パーセント）の順となっている。

昭和三陸津波後の吉里吉里集落（赤浜、浪板集落は含まない）の人的被害は死者と行方不明者がそれぞれ五名ずつ計一〇人で人的被害率は〇・六パーセント、物的被害は住家の流出一〇五戸、倒壊二三戸で合計戸数は一二八戸で建物被害率は四七・一パーセントに及んでいる。明治三陸津波の吉里吉里集落の人的被害（二八八人）と比較すると昭和三陸津波の人的被害は小さいが、物的被害（一三八戸）についてはほとんど変わらない。

参考までに、吉里吉里集落における四つの三陸津波の浸水域を重ね合わせると、地図2（三〇三頁）のようになる。市街地が広がるエリアにおいては、浸水域の面積が大きい順に、東日本大震災、明治三陸津波、昭和三陸津波、チリ地震津波となっている。

表4　昭和三陸津波による大槌町の人的被害

集落名	震災前 人口(人)	人命の被害（人） 死亡	行方不明	負傷等	計	人的 被害率	震災前 戸数(戸)	建物被害（棟） 流失	倒壊	その他被害	建物 被害率
町方	7,136	28	0	2,257	2,285	0.4%	1,037	135	57	233	18.5%
安渡	1,925	6	4	1,680	1,690	0.5%	270	86	35	110	44.8%
吉里吉里	2,972	15	8	778	801	0.8%	440	88	18	23	24.1%
計	12,033	49	12	4,715	4,776	1.0%	1,747	309	110	366	24.0%

図14　昭和三陸津波後の安渡集落の様子

三　復興のひな型

　ここでは、前章〈三　近代復興の原型〉において明らかにした昭和三陸津波の復興手法が、具体的にどのように被災集落において実現されたのかを、吉里吉里集落を例に見ていくこととする。具体的には、吉里吉里集落の復興計画の立案にかかわる各主体の役割と事業内容に着目し、分析する。

復興事業の主体

　前出の「計画要項」には、住居や生活、産業などを含む集落の再建の道筋が記載されている。その内容についは後述するとして、ここでは、吉里吉里集落の復興計画の立案および実施の過程で各主体が担った役割を明らかにする。

　まずは「計画要項」に見られる計画主体について分析する。「計画要項」の巻末には、「大槌町復興委員会」として四四名の名前が掲載されている。この「復興委員会」とは、前章においても触れたが、岩手県知事が県と被災地の連絡統制を図るべく被災地に設置させた組織である。掲載されている人物の名前を見ると、吉里吉里集落に限らず大槌町全体の有力者で構成されており、前述の「大槌町経済更生樹立計画」における経済更生計画委員会の委員（調査員む）と重複している人物が二四名と約半数を占めている。

　吉里吉里集落からは、当時の漁業組合長の岡本勘平や後に吉里吉里の産業組合の理事や監事を務める釜石留次郎、堀合七之亟、川原善左エ門、吉里吉里小学校校長で吉里吉里天照御祖神社神主の藤本覚などが名を連ねている。また、委員とは別に大槌町役場から大槌町長後藤忠太郎をはじめ、四名の名前が掲載されている［表5］。

　また、復興委員会の氏名リストの前ページに、「附表第七　吉里吉里部落新漁村建設計画関係者」（一九三三年七月一二日現在）として以下の名前が挙がっている。担当内容と苗字、役職名しか記載されていないが、いずれも岩手県の職員である。

○吉里々々部落新漁村建設計画関係者(昭和八年七月)

前田内務部長

一、震災復旧復興一般関係　久尾総務課長、西条主事

補

二、産業組合（住宅其他）関係　佐藤主事

三、林業関係　山本山林課長

四、普通農事関係　鈴木農林技師

五、副業関係　猫塚主事

六、土木道路関係　坂本技師

七、耕地関係　露木農林技師

八、水産関係　三浦技手

「吉里々々部落　新漁村建設計画要項」

「計画要項」には復興委員会、大槌町役場職員、岩手県職員と三者の名前が記載されているが、このなかで実際に

表５　大槌町復興委員会のメンバー

氏名	委員	職名	累歴
岡本勘平	委員	漁業	吉里吉里浜漁業組合長
大久保新太郎	調査員	活版業	区長代理
越田長五郎	委員	商業	町会議員
伊藤司			
山崎嘉一郎	委員	商業	町会議員
三浦又六			
越田練太郎			
阿部平次郎	調査員	農業	沢山養蚕実行組合長
後藤三郎			
佐藤潔治			
釜石留七			
越田義一			
岩間勇次郎			
粕崎重三郎			
堀合七之亟	委員	漁業	吉里吉里浜漁業組合理事
小國桃太郎			
加藤政司	委員	海産業	大槌町漁業組合理事
三浦門太郎			
臺野理助	委員	農業	町会議員
小林孫右エ門	委員	農業	区長代理
古館元次郎	委員	商業	大槌消防組頭
鈴木厝太郎			
藤原京次郎	調査員	農業	小鎚区長
三浦春松	調査員	農業	区長
釜石留次郎	委員	農業	大槌町會議員
荒井儀兵エ	委員	海産業	大槌浦漁業組合長
佐々木麻吉	調査員	漁業	区長
里舘忠吾			
小川民治	調査員	商業	区長
太田鶴蔵	委員	商業	町会議員
煙山幸三	調査員	商業	区長
中村酉松			
古館武兵エ			
藤原平三郎			
小國郡治	委員	教員	安渡小学校校長
藤本覚	委員	教員	吉里吉里小学校校長
小林長左エ門	調査員	農業	家屋調査員
金崎駒吉			
金崎久兵エ	委員	農業	大槌農会副会長
釜石庄之助			
鈴木兼三	委員	教員	大槌中学校校長
佐々木栄太郎	委員	農業	町會議員
佐々木鉄男			
川原善左エ門			

計画立案したのは岩手県職員であったと考えられる。

『岩手日報（各地版）』の記事によると、岩手県は大槌町吉里吉里集落を模範的町村として選定し、計画立案の指導を行なうべく職員が七月一三日から三日間の日程で現地踏査を行なうとしている。

◦模範町村を選び復興計畫を實行
上閉伊郡大槌町吉里々々部落を選び／縣で関係者が實地踏査
模範的の町村を選び復舊復興計画を實行せしめるは單に該町村の復舊のみならず他町村の復舊を進める事になるので七日午前九時から前田内務部長以下關係者集合し協議の結果上閉伊郡大槌町吉里吉里部落を選び之に県で更に一層の督励を加えると共に各般の共同施設に指導をなすことに決し十三日から三日間／前田内務部長、久尾総務課長、山本山林課長、佐藤、猫塚両主事、坂本、鈴木、菊池、露木各技師、中澤、林両技手、西条主事補／等が出張し實地踏査をなすと共に部落民の意見を聴し計畫を樹て模範的復興を圖らしめる事になった

『岩手日報各地版』（一九三三年七月九日）

また、調査を終えた後に『東京日日新聞岩手版』に記事が掲載されており、それによると訪問日は一二日からと一日早まっているが、上記記事のとおり県の職員が吉里吉里集落を訪問し、集落民に山林経営の合理化や稲作などについて指導を行なったとある。

◦素晴らしい／模範部落／吉里々々を選抜
縣では災害復旧復興計畫の模範的實行を示すため上閉伊郡大槌町字吉里々々部落を選抜これが基礎調査並びに第一回指導のため去る十二日前田内務部長、久尾総務、山本山林各課長一行が來町、大槌湾を船で視察後吉里々々小学校に部落有志を集め當日随行した各専門技師から山林経営の合理化、生産物處置の改良等について説明、特に同地方では漁獲する頭が田を作ってゐるが内陸部の田作に比較して極めて幼稚なので農業方面においてもデンマーク式に仕込み完全なる模範部落とすることになり部落民は非常に熱心に指導を受けてゐる。資金は一戸當新たに七百圓を更生資金として部落で借入れ縣の指導で事業を進める

『東京日日新聞岩手版』（一九三三年七月一九日）

これらの記事によると調査を行なったのは一九三三年七月一二日もしくは一三日であるが、「計画要項」の作成日は一九三三年七月一三日である。『岩手日報（各地版）』の記事では県職員が実地踏査を行なったとされているが、実際には県が作成した「計画要項」の内容を吉里吉里の住民に説明したのではないかと考えられる。計画のリストに名前の記載のある県職員のうち、三浦技手以外は『岩手日報（各地版）』の記事で大槌町に来訪した職員の名前と一致する。そしてここに挙げられている県職員は岩手県に設置された「復興事務局復興部企画係」に所属する職員である。[13]

前章で整理したとおり、当初住宅適地造成事業については県が計画を作成することとなっていた。その住宅適地造成事業については復旧・復興事業のなかでも根幹となる重要な事業であり、かつ連絡道路の建設や水道などのインフラの整備、各種産業施設との兼ね合いなどを考慮する必要がある複雑な事業である。そこで、岩手県では、吉里吉里集落を模範村とし、住宅適地造成事業とその他事業を組み合わせた集落の復旧・復興計画の全体像を県職員が描き、それを「計画要項」として提示したのではないかと考えられる。その後、おそらく同計画は復興委員会および大槌町が承認するかたちで実行に移された。

次に、「計画要項」において計画された具体的な事業を担う主体について分析を行なう。

「計画要項」では「新漁村計画と各種団体」として復旧・復興による各種施設の建設とその後の経営を担う主体について規定している。それによると、「住宅地造成」や「防潮林」「防潮堤」「船揚場」「船溜」など大規模な土木工事を伴うものについては、当然町の事業であるから「主体たる団体」として「大槌町」が挙げられている。その他の項目について見ると、「住宅建築」から「共同浴場」や「水道」などの「住宅附属共同設備」、「共同菜園」や「共同作業場等」の施設に至るまで幅広い事業に主体として挙げられているのが「産業組合」である。

吉里吉里集落に産業組合が設置されたのは、震災約二カ月後の一九三三年五月二三日である。正式名称は、当初「保證責任吉里々々住宅購買利用組合」であった。目的としては「組合員ノ住宅、住宅用地又ハ経済ニ必要ナル物ヲ買入レ之ニ加工シ若ハ加工セシメテ又ハ之ヲ生産シテ組合員ニ売却スルコト」と、「組合員ヲシテ産業又ハ経済ニ必要ナル設備ヲ利用セシムルコト」の二つが挙げられている。このことからも、震災直後から住宅再建や産業の復興などの各種復旧・復興事業を担う主体として産業組合が措定され設立されたことがわかる。その後、一九三三年一一月一〇日には、名称が「保證責任吉里々々住宅信用購買利用組合」（以下「吉里吉里産業組合」とする）に改められ、目的に「組合員ノ経済ノ発達ニ必要ナル資金ヲ貸付シ及ビ組合員ト同一ノ家ニ在ルモノ、公共団体又ハ営利ヲ目的トセル法人若シクハ団体ノ貯金ヲ取扱ウコト」という文言が追加されている。産業組合は信用、購買、販売、利用の四種類の事業が可能で、前章で述べたとおり農山漁村経済更生運動においては、産業組合の四種兼業が推奨されていた。吉里吉里産業組合では当初購買と利用の二種兼業であったのが、一九三三年一一月に信用事業が追加され三種兼業となった[14]。復旧・復興事業を行なうにあたり、低利資金の融通を受ける際に産業組合が受け皿となり、さらにそこから各被災者に資金の融通が行なわれることとなる。そのため、産業組合における信用事業は復旧・復興事業における資金の流れを円滑化するうえで非常に重要な事業であったと言える。

また、産業組合の資金面に関する事業でもうひとつ重要な事項が一九三二年の「産業組合法」の改正である。改正以前は産業組合に加入するには出資金が必要であった。しかし前述のとおり、昭和恐慌で農山漁村が疲弊し借金もあるなかで、この出資金の支払いが産業組合の拡大を阻害する要因のひとつとなっていた。それが法改正により、農事実行組合や養蚕実行組合などの簡易法人[15]が産業組合に加入することが可能となった。そして法人として加入する場合には、出資金の金額も法人として一口分を支払うことができるため実質的に加入者の負担減となり、資金力に乏しい住民であっても産業組合に加入することができるようになった。このように震災前の時点で産業組合加入時における出資金の支払いに関するハードルが下げられていたことも、産業組合を中心とした復旧・復興事業が進められたひとつの大きな要因であると言える。

なお大槌町では、昭和三陸津波に前後していくつもの産業組合が設立されている。このうち直接的に高所移転事業に関与したのは吉里吉里集落の保證責任吉里吉里住宅信用購買利用組合と、安渡、惣川《そうがわ》、小枕の高所移転に関与した保證責任大槌水産信用販売購買利用組合の二つである。また、保證責任大槌信用購買利用組合は大槌町全域を対象とした産業組合で、後に大槌病院の設立などにも関与している。また、岩手県では一県一組合主義により県内の沿岸四郡全三六町村を区域とした保證責任岩手県水産販売利用組合を計画している。[16]このように震災を契機として沿岸集落ごとあるいは町村ごとに設立された産業組合ではあるが、政策としては全国産業組合連合会、県産業組合連合会、町村産業組合、集落ごとの各産業組合という系統的な序列のなかで、行政が末端の集落を統制するためのひとつの手段として利用しようとしたという側面も大きいと言える。

復興計画における事業と空間レイアウト

前章では、岩手県における復旧・復興事業の規定類や申請書を分析し、各省庁・県が作成した標準的な事業メニューリストのなかから被災町村が必要な事業を選択・申請することで、復興事業の効率化が図られていたことを明らかにした。ここでは、模範町村として選定された吉里吉里集落において県主導で作成された復興計画が、単に各メニューの内容紹介のため、一事例の紹介にとどまらない重要な意味を有していたことを明らかにしたい。

まずは、「計画要項」において計画されている各種施設・事業と政府による復旧・復興事業資金との対応を確認する[資料12、二九三頁]。一部資金の出所が不明な事業も含まれているが、基本的には資料5（二七三頁）で整理した岩手県の「震災復旧事業資金」にリスト化された資金を使い、それらを組み合わせて計画が作成されていることが確認できた。

「計画要項」では、これらの事業内容を列挙するだけではなく、住宅適地造成事業により整備された復興地を中心に、各種施設の配置を「上閉伊郡大槌町吉里々々略図」［図15］と題し、一つのイメージとしてまとめている。同図には、復興地における浴場や共同作業所などの生活に関連する施設のほか、海岸沿いの桟橋、船曳場、水産倉庫や共同作業場などの漁業関連施設、また防潮林などの防災施設などが記載されている。

同図を見ると、前章において紹介した「村落復舊配置要図」（一四七頁）と類似する点が多く見受けられる。復興地における住宅や共同作業所などの施設が配置されている点、復興地よりも標高の高い位置に学校および寺社が配置され、そこに向けた避難路が設置されている点、標高の高い位置にある水源地から水を引いている点、海岸沿いに漁業関連施設が配置されている点、船溜場や防潮林の配置など、枚挙にいとまがない。さらには、隣接町村への道路の配置や川と集落と海の配置など、集落の構造そのものも両者は似通っているように見える。これはあくまで推測の域

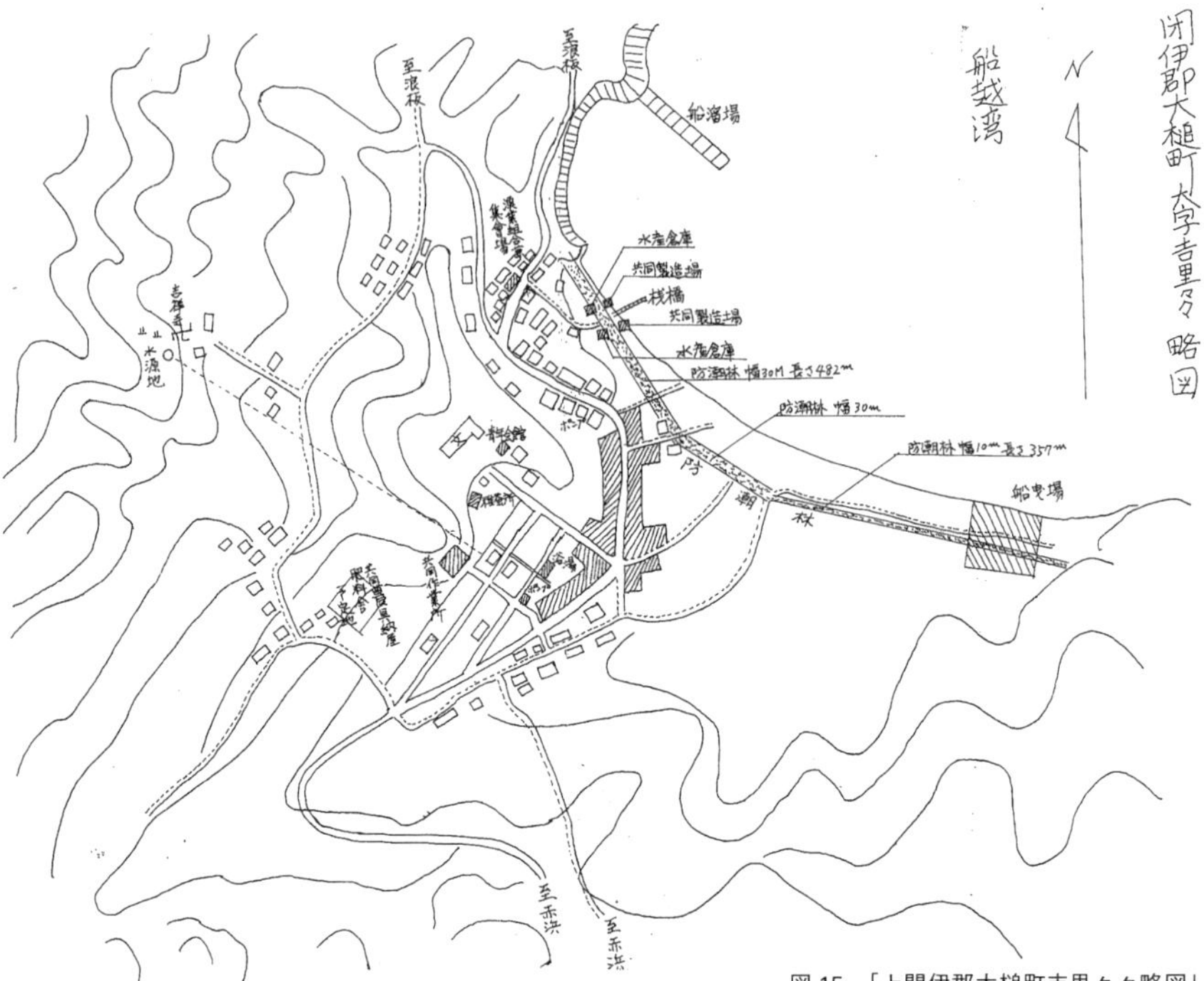

図 15 「上閉伊郡大槌町吉里々々略図」

を出ないが、模範村としての吉里吉里の復興計画をもとに岩手県が他町村の復興計画立案の参考とすべく「村落復舊配置要図」を作成したとも考えられよう。

四　建造環境の再編

ここでは、昭和三陸津波後の吉里吉里集落の復興過程における建造環境の整備に関する事業の計画内容を明らかにする。また、事業の実施を通じて再編された吉里吉里集落の建造環境を、住宅適地造成事業と住宅再建、原地の利用に分けてそれぞれ整理する。

住宅適地造成事業

吉里吉里集落における住宅適地造成事業については、内務省の報告書および「計画要項」に大まかな位置が示されているが、厳密な計画範囲や計画戸数などについてはこれまで明らかにされてこなかった。そこでここでは、計画内容を整理したうえで、吉里吉里集落の土地台帳資料の分析を通じ、住宅適地造成事業の実施状況を確認する。

前述したとおり、農林省水産局も『三陸地方津浪災害豫防調査報告書』（一九三四）において「従来ノ住宅地竝ニ移転スベキ住宅地ノ適否」についての調査結果を報告している。そのなかで、吉里吉里集落については、候補地として「小学校下ヨリ南西ニ至ル高地」としており、移転面積八〇〇〇坪、移転棟数九八戸と記載している［表6］。これは「計画要項」における位置、面積、移転棟数ともに一致している。

また、『三陸津浪に因る被害町村の復興計畫報告書』に、復興計画図が掲載されており、「航空写真測量図」の上に復興地の位置が示されている。計画戸数は一〇〇戸となっている。過去の浸水域よりも高い敷地を選定するという指針に基づき、「明治二十九年波高八・五米、昭和八年四・二米、造成敷地は部落後方地盤高一一・八米以上の緩斜面を選」んでおり、斜面を切り崩して平らな土地を造成する計画となっている［図16］。

次に「計画要項」を見ると、「略図」として復興関連の各施設の大まかな配置を記した図が掲載されているが、住

表6　農林省水産局による復興地の調査内容

区別	海岸よりの距離	海面上の高さ	河川との関係	交通関係
従来の住宅地	152m	2m	無	過半数ノ住宅ハ部落ヲ貫通スル県道ニ沿フ
移転すべき住宅地	978m	10m		新ニ連絡道路ヲ開発シコレニ據ラシムル計畫ナリ

•移転すべき住宅地に付いての調査

ホ　移転の棟数　98戸

ヘ　必要面積　8000坪

ト　位置の決定

　候補位置　小学校下ヨリ南西ニ至ル高地

　理由　　廿九年ニモ浸水セズ道路其他ノ計畫ニ支障少キ場所ナルニ依ルベシ

チ　地質　粘土（砕石交リ）

リ　用水　井戸（良）

ヌ　住宅地形成に要する経費概算

　住宅適地造成費　8000坪　8000円

宅適地造成事業の正確な範囲は記されていない。

　事業内容については、明治三陸津波および昭和三陸津波の被害状況を考慮し、「浸水ノ虞ナキ高地ヲ選ビ別紙設計ニ基キ町ニ於テ住宅造成資金八千円ノ借入ヲナシ八千坪ノ宅地ヲ整地造成スル」とある。事業主体は大槌町であるが、「住宅用地ハ産業組合ニ於テ買収シ年賦ヲ以テ売却ス」と記載されている。前述のとおり内務省の報告書によると敷地買収は町村が行なうのが通例とされていたが、吉里吉里集落では住宅適地造成事業についても敷地買収において「吉里吉里産業組合」が関与していることがわかる。

　実際に土地台帳を確認すると、昭和三陸津波後に同エリアの地主から吉里吉里産業組合が買い上げ、それを造成したのち償還終了をもって居住者に土地所有権を移転していることが判明した。そのため、吉里吉里産業組合が所有する土地の分布を見ると、同事業を実施したエリアが明らかになる。

　そこで当該エリア一帯の土地台帳を分析した結果、住宅適地として造成されたのは地図7（三〇八頁）で赤色および緑色で示した部分であることが明らかになった。青色の部分は土地台帳がないため、吉里吉里産業組合が土地を所有していたのか判然としない。しかし、後述するとおり住民へのインタビューによりそこには産業組合の事務所および倉庫が立地していたことがわかり、吉里吉里産業組合が所有していたと考えてよいだろう。

　赤、緑、青で色が塗られた土地に含まれる敷地の区画数は全部で一〇二区画ある。これを図16の宅地造成区域

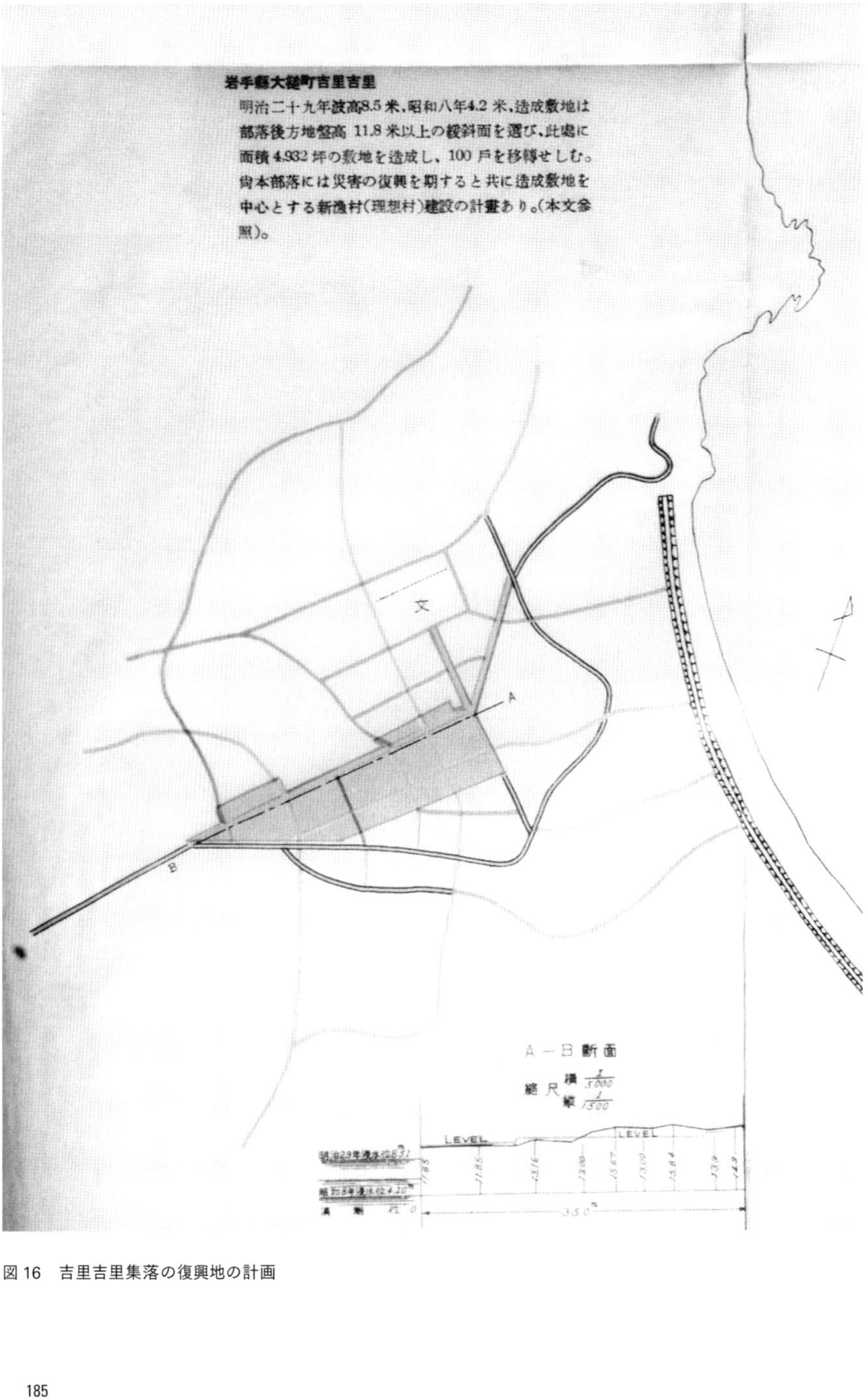

図 16　吉里吉里集落の復興地の計画

と比較すると、地図7で青と緑の部分（計一一区画分）が、新たに造成されていることがわかる。「計画要項」には、「今回ノ津浪ノ被害ヲ受ケザル住家及床上浸水程度ノ住家十戸ノ移転ニ付テハ之ガ移転実費ヲ供給シ急速ニ移転セシメントス」とある。そして、当初の計画に含まれていない被災程度の軽い住宅についても「第二期第三期ノ計画ニ依リ全部落ノ移転ヲ図ルモノトス」とあり、造成された時期は不明であるが緑色の土地はその第二期の計画エリアに該当するものと考えられる。

整理すると、当初計画されたのは赤色で塗られた九一区画（以下「第一計画区」とする）であろう。次いで計画・造成されたのは、青と緑で塗られた一一区画（以下「第二計画区」とする）である。[17] これまでにも上通り、下通りと呼ばれる通り沿いの住宅が昭和三陸津波後の復興地であることはわかっていたものの、上通りの北側の住宅についてどこまでが計画に含まれるのかが判然としなかったが、ここに明らかになった。また、上通りの北側一帯が第二計画区として第一計画区とは別に整備されたことも判明した。

計画の実施状況につき、「大槌町吉里々々部落　新漁村経済更生一覧表」（一九三三年九月二日、以下、「昭和八年一覧」とする）によると、一九三三年八月時点で、「住宅組合ニテ五千坪ノ適地ヲ購入スル」とある。そして、「豫算一万二千円ヲ以テ買入町ニテ造成スルモノナリ完成ヲ急グ」とあり、土地面積が五〇〇〇坪と縮小されているが、震災後約半年の一九三三年八月には土地購入が完了し造成工事が始まっていることがわかる。さらに、一九三四年度の実施状況を「計画実施要覧吉里吉里住宅信用購買利用組合 昭和一〇年四月一三日謄写一綴」（以下、「昭和一〇年計画要覧」とする）により確認すると、計画では八〇〇〇坪とされていた造成面積が、その八割以下の六二一四・四坪と規模は縮小されているが、実際に宅地造成がなされたことがわかる。

住宅の再建

次に、昭和三陸津波後の大槌町（特に吉里吉里集落）における住宅の復旧について、仮設住宅と本設住宅に分け、それぞれ前章において整理した行政の対応との比較分析を行なう。

前章において述べたように、岩手県では震災直後から小屋掛け材料の配給および小屋掛料として現金の交付を行なった。『岩手縣昭和震災誌』によると、県内では大槌町の配給戸数が最も多く二六一戸で、被害棟数（流失、焼失、倒壊戸数の合計）に占める割合は六二・八パーセントである。残りの三七・二パーセントは小屋掛料の交付を受けたかあるいは自給したと考えられるが、資料が残っておらず実態は不明である。

吉里吉里での住民へのインタビューのなかで、昭和三陸津波を経験した数少ない住民のひとりから、被災直後からの住居について話を聞くことができた。それによると、震災後一カ月間は親戚宅に借り住まいで生活し、その後約一年間集落内の空き地に建設されたバラックで生活したとのことである。このバラックはおそらく町が建設したもので、同じ敷地内に二–三世帯分が連棟形式で建設されていたとのことで、岩手県が仮小屋の基準とした「四戸一棟若しくは五戸一棟の規準に據らしめ」[18]とも符合する。ただし、柱に杉材を打ち付けただけの簡易な小屋であり、寒さや雨をしのぐのに非常に苦労したそうである。また、集落内のほかの空き地にも同様のバラックが建設されたという。

吉里吉里における仮設住宅の詳細について確認できたのはこの一例のみではあるが、おそらく行政からは材料もしくは資金の支給までは組織的な対応が取られたものの、実際のバラックの建設についてはインタビューの内容のとおり統制が取られておらず、基本的には被災者に任されていたため、きわめて性能の低い住宅であったと考えられる。

次に、住宅適地造成事業により整備された土地に建設された「本設住宅」について、計画および実施状況を整理する。

「計画要項」には、新住宅の建築について「新住宅ハ前記住宅地ニ（…）建築スルモノニシテ之ニ要スル資金ハ産業組合ニ於テ借入シ建築用材ノ購入設計建築ニ至ル迄購買組合ノ事業トシテ経營シ一斉ニ建築完成ヲナシ賣却スルモノニシテ代金ハ年賦掛込ノ方法ニ依リ回収セントスルモノナリ」と記載されており、産業組合の購買組合事業により住宅建設がなされたことがわかる。

「計画要項」によると、建設戸数は一九三三年七月時点で九八戸、一九三三年九月時点における各事業の進捗状況を記した「昭和八年一覧」では九四戸を建設予定となっている。また、一九三五年四月時点の状況を記した「計画実施要覧吉里吉里住宅信用購買利用組合」（以下「昭和一〇年実施要覧」とする）によると、住宅部の事業として第一計画と第二計画、準計画地に分けてそれぞれの建設実績が記載されている。第一計画および第二計画は、前述の第一計画区および第二計画区に該当するものと考えられる。

第一計画について見ると、一九三四年度末時点の建築実績は六六棟で、前述の土地台帳の分析から得られた九一区画から公共施設が建てられた三区画を除いた八八区画に対する実施率は七五パーセントとなっている。住民へのインタビューにおいて、自ら所有する山林の木材を使用し自力建設した事例や、被害を受けなかった地区に居住したまま戦後になって復興地に住宅を建設した事例などが判明した。つまり復興地に住宅を建設した全員が産業組合の事業として低利資金の融通を受けて住宅を再建したわけではなく、残りの二五パーセントにはそうした世帯が含まれていると考えられる。

また、準計画地については、「昭和一〇年実施要覧」には「自己所有地ニシテ安全地域」との但し書きが記載されていることから、復興地ではなく自らが所有する畑などでの自主的な住宅再建についても、産業組合が関与していることがわかる。岩手県の資料によると、産業組合による住宅復旧の費用（低利資金）は、住宅適地造成事業により整備された復興地での住宅建設に供給されることとなっていた。吉里吉里集落の場合、その対象が拡張され、復興地以外であっても、安全が確保されている土地での住宅再建については、産業組合の事業として供給されたものと考えられる。

次に、復興地に建設された住宅の平面について分析を行なう。吉里吉里集落の復興地は、東日本大震災により全域が津波による被害を受け、地域内の住宅の大半が流出し、残った建物も多くが解体されており、昭和三陸津波直後に整備された住宅は残存していない。そこで、住民へのインタビューのなかで震災前の住宅平面図の復元作業を行ない、昭和三陸津波直後に建設された四つの住宅平面を採集した。

平面の特徴として、平入りになっていること、平面の中心に「常居《じょい》」と呼ばれる部屋があり各部屋へのアクセスの中心になった四間もしくは六間形式になっていること、神棚および仏壇が「常居」に位置し、その上は人が歩かないよう吹き抜けや押入れなどになっていることの三点が挙げられる［図17］。これらの特徴は、基本的には昭和三陸津波以前からの三陸沿岸地域の一般的な住宅平面形式を踏襲したものと考えられる。[19] ただし、敷地の大きさがおおむね間口五間、奥行一〇間の五〇坪と、従前よりも狭いため、必然的に間取りも小ぶりであり、二階建ての家も多かったという。年代は不明であるが、復興地の町並みを撮影した写真が残されている［図18］。それを見ると、下見板張りである点は共通しているものの、階数（一階／二階）、屋根形

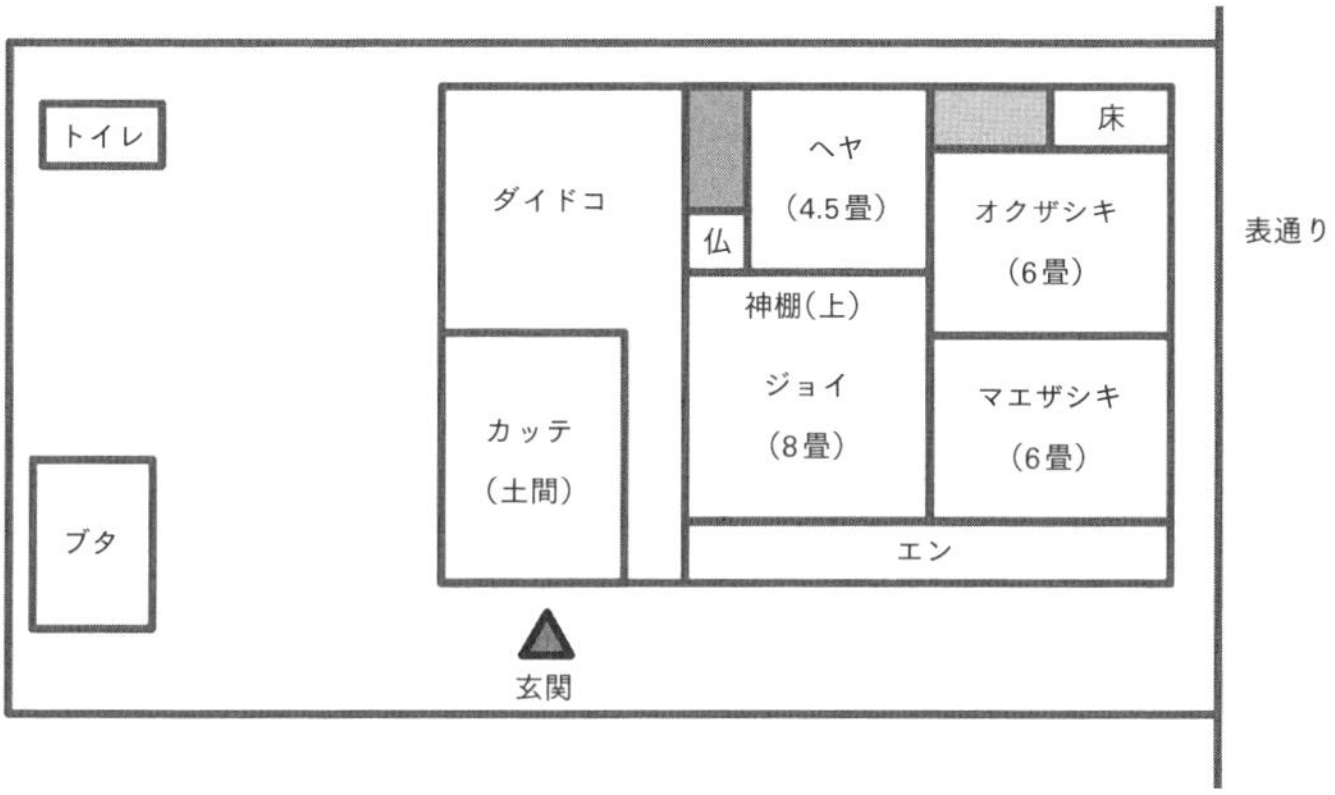

図 17　復興地の標準的間取り
図 18　復興地の町並み

状（切妻／入母屋）などが異なる住宅が建ち並んでいるのが見て取れる。住民へのインタビューにより震災前との変化について確認したところ、二階建て住宅の増加やガラス戸の多用および屋根材の変化（杉皮→トタン）などは確認できたが、『岩手縣昭和震災誌』の「漁村住宅設計仕様」に挙げられていたような耐震面での工夫や、震災を契機とした平面の標準化などについては確認できなかった。

原地の利用

前章において、岩手県では津波浸水域における住宅建設を制限する「津浪被害地住居制限法草案」を作成し一九三四年一二月に政府に提出したが、結果的に実現を見なかったことを指摘した。実際にはどうだったのだろうか。

岩手県では計画立案当初においては、住宅適地造成事業を行なう集落は基本的に集落全体を移転する方針であった。しかし、実際に計画が進められるなかで、「希望者のみの移転」というかたちでトーンダウンした内容に変更された。[20] ただし、その場合も原地での住宅再建については資金供給を行なわないという方針を採っており、自主的であっても高所移転を促していたことがわかる。

では吉里吉里集落の原地の建築制限（もしくは利用）について、実態としてどのようなことが起こったのか。

まず、『三陸津浪に因る被害町村の復興計畫報告書』に掲載されている、震災約三カ月後の一九三三年六月一二日時点における航空写真を見ると、津波浸水域のなかでも特に建物の被害が大きかった「昭和八年（一九三三年）家屋流失倒壊区域」［図19斜線部分］のなかに、すでに建築物が建てられていることが確認できる。特に沿岸部に建てられている建築物は規模も小さいことから漁業のための作業小屋であり、それ以外は住宅ではないかと考えられる。なかには、前項で紹介した住民のように、復興地の住宅が完成するまでの仮の住まいとして再建した家も含まれていたであろう。

このように政府や岩手県の意向とは反対に、吉里吉里集落においては高所移転事業により住宅が建設されるまでのあいだに、すでに住宅や作業小屋などの建築物の建設が進められていたと考えられる。

図 19　吉里吉里集落の浸水域（原地）内における建築建設

五　経済更生の実像

本節では、「計画要項」における宅地・住宅整備以外の産業関連事業などにより整備された施設について、農山漁村経済更生運動との関連を論じる。そのうえで、計画されている施設の実施状況の整理をとおし、被災集落の経済更生がどのように果たされたのか、その実像を明らかにする。

農山漁村経済更生計画との関連

「計画要項」は、表7の九つの項目から構成されている。これらの項目と、農林省による「漁村経済更生計画樹立方針」および「大槌町経済更生計画」における「漁業之部」とを比較すると、九項目中七項目が対応しており、吉里吉里集落の計画が農山漁村経済更生運動の影響を受けて作成されたことは明らかである。

また、「計画要項」においては、まず震災前における人口や産業、土地利用から、漁業組合の負債額に至るまで集落の現況を数値で把握し、津波による被害を整理している。そのうえで、各施設や備品の整備計画およびそれに要する金額とともに掲載し、さらに産業ごとに将来の目標生産額などを掲げている。このように、統計調査による現状把握を行ない、それに基づき計画および目標値を設定するという手法は、これまでみてきた農山漁村経済更生運動の手法に倣ったものであると言える。

このように、「計画要項」の構成や計画の立案手法をみても、農山漁村経済更生運動からの影響は明らかである。

各種施設の実現状況

「計画要項」で計画された施設のうち、すでに述べた「住宅地造成」および「住宅建築」以外の社会政策関連施設をはじめとする各種施設につき、資料およびインタビューをもとに実現状況を確認したうえで、それぞれの具体的な内容を整理する。

本項以降、前出の「計画要項」「昭和八年一覧」「昭和一〇年計画要覧」に加え、次の資料を使用する。各資料の所蔵場所に関しては巻末の参考史料一覧（三四〇頁）を参考にされたい。「保証責任吉里吉里住宅信用販売購買利用組合（昭和十二年度）報告書」（一九三七年二月、以下、「産業事業報告書」とする）は、吉里吉里住宅信用購買利用組合の一九三七年一月–一二月までの事業の実施状況や収支状況が記載されている。

また、これらの資料とは別に、吉里吉里集落で筆者が実施したインタビュー調査により入手した情報も活用する。インタビューは「吉里吉里住民インタビュー」と「吉里吉里歴史インタビュー」に分けられる。「吉里吉里住民インタビュー」は、東日本大震災以前に復興地に居住していた住民およびその親戚計三九世帯を対象に、二〇一二年六月から九月にかけて実施した。主に、インタビュイーの家族が住まいとしてきた住宅の変遷と家族の歴史に関する情報を収集した。一方、「吉里吉里歴史インタビュー」は、吉里吉里の歴史に明るい人物一〇名を対象に、二〇一二年一〇月以降適宜実施した。主に、昭和三陸津波前後の生活

表7　各主体（国、町村、集落）の復興関連計画の比較

吉里々々部落 新漁村建設計画要項（吉里吉里集落）	漁村経済更生計画樹立方針（農林省）	大槌町経済更生計画　漁業之部（大槌町）
第1.　村落ノ建設（宅地造成、新住宅ノ建設）	-	-
第2.　村落ノ建設（診療所、簡易水道、共同浴場）	14.　漁村諸施設ノ改善（漁村生活ノ改善）	14.　漁村教育改善其他漁村諸施設ノ改善
第3.　津浪防止及備荒施設	12.　備荒其ノ他各種貯金ノ充実普及、各種災害ノ防止施設	12.　共済備荒其ノ他各種貯蓄充実普及
第4.　産業経営（水産業、農業、養蚕、林業、副業）	1.　各種産業ノ組合セノ適正 2.　水面利用の合理化 4.　労力利用ノ合理化 5.　漁業経営組織ノ改善／等	1.　漁村ニ於ケル各種産業ノ組合セノ適正 2.　水面利用ノ合理化 4.　労力利用ノ合理化 5.　経営組織ノ改善
第5.　消費経済（購買組合ノ活動、利用組合施設）	3.　漁村金融ノ改善 11.　漁家経済ノ改善	3.　漁村金融ノ改善 11.　漁家経済ノ改善
第6.　社会施設（青年教育・成人教育）	14.　漁村諸施設ノ改善（漁村教育ノ改善）	14.　漁村教育改善其他漁村諸施設ノ改善（漁村教育實際化）
第6.　社会施設（神社、寺院）	14.　漁村諸施設ノ改善（漁村社会状態ノ改善）	14.　漁村教育改善其他漁村諸施設ノ改善（漁村社会状態ノ改善）
第7.　火防衛生 第8.　経済更生（負債整理）	14.　漁村諸施設ノ改善（漁村衛生ノ改善）	14.　漁村教育改善其他漁村諸施設ノ改善（漁村衛生ノ改善）

や町の様子、漁業、土地所有の変遷等に関する情報を収集した。

「昭和八年一覧」「昭和一〇年計画要覧」「産業事業報告書」およびインタビュー結果に基づき、各種施設の実現状況を整理すると表8のようになる。なお実現欄が「〇」となっているのは、資料もしくはインタビューにより実現したことが確認できた施設で、「×」となっているのは、実現しなかったことが確認できた施設である。空欄は、実現したのかどうかが不明な施設である。

これらを見ると、産業組合が主に実施主体となった「住宅附属共同設備」や漁業組合が実施主体となった「水産関係共同施設」については比較的実現している施設が多い。しかし、町が主な実施主体となった「津浪防止及備荒設備」やそのほかの「農事関係共同施設」「養蚕関係共同施設」「林業関係共同施設」などについては実現した施設もあるが、未完の施設も多い。

各種施設の利用状況

以下、整備された各種施設について、その利用状況を整理する。

まずは、高所移転の成否を左右するとも言われる簡易水道は、「計画要項」によると、産業組合経営の簡易水道を敷設し、「部落民二千人ノ飲料水ハ充足シ得ル」とある。また「昭和一〇年計画要覧」には、設備費三四七二・四六円で水道が完成したとの記述がある。「産業事業報告書」に記載されている「財産目録」には「水道敷設費」の内訳として、「堀井戸三ヶ所、共同栓二〇ヶ所」と記載されており、各戸には共同栓を通じて水道水が供給されていたことがわかる。実際に「吉里吉里歴史インタビュー」によると、飲料水は共有の井戸水を、生活用水については共同栓の水や沢水を使用するなど、用途によって使い分けていたとのことである。

次に共同浴場について、「計画要項」によると、燃料の経済性や衛生火防のために浴場を設置するとあり、主体は産業組合と記載されている。この共同浴場については、時期は不明であるが写真が残されている【図21】。場所は図25の【イ】にあったことがわかっている。復興地に建設された住宅には風呂が付いていないものが多く、多くの住民がこの共同浴場を利用した。その後、一九六三年頃に経営者が代わり土地所有者が一九七五年頃まで営業を行なっていた。[21]

表8 「吉里吉里新漁村計画要項」の施設実現状況

吉里吉里新漁村計画要項における施設		実現	実現状況
3 住宅附属共同設備	共同浴場	○	完成、写真有
	水道	○	完成（「昭和10年計画要覧」）、堀井戸3ヶ所・共同栓20ヶ所（「昭和12年産業組合事業報告書」）
	共同購買店舗	○	共同作業所の一部に店舗を設け、米穀、醤油等日用品及び建築用雑貨漁船用品書雑貨の購買を行う（「昭和10年計画要覧」）
	副業共同作業場	○	醤油、味噌、漬物の生産（「昭和10年計画要覧」「昭和12年産業組合事業報告書」）
	精米麦製粉工場		
	第一集会場	○	漁業組合販売所を利用す（「昭和10年計画要覧」）
	第二集会場	○	養蚕飼育所を利用す（「昭和10年計画要覧」）
4 津浪防止及備荒設備	防潮林	×	（インタビュー）
	防潮堤		完成とあるが実態は不明（「昭和10年計画要覧」）
	苗圃		
	備荒林	×	未完（「昭和10年計画要覧」）
	備荒倉	○	（インタビュー）
5 水産関係共同施設	桟橋	○	写真有（インタビュー）
	共同販売所	○	写真有（インタビュー）
	水産共同作業所		
	水産共同倉庫	○	写真有（インタビュー）
	水産共同製造所	○	写真有（インタビュー）
	船揚場	○	（インタビュー）
	船溜	×	（インタビュー）
	漁船漁具	○	動力船25隻、無動力船54隻造船及修理を為し出漁す（「昭和8年一覧」）
	共同乾場		
6 農事関係共同施設	共同菜園	×	未完（「昭和10年計画要覧」）
	共同肥料	×	未完（「昭和10年計画要覧」）
	共同納屋	×	未完（「昭和10年計画要覧」）
	技術員設置	○	現在実行を為し其の結果良好（「昭和8年一覧」）
7 養蚕関係共同施設	養蚕共同施設	○	稚蚕共同飼育所を建設（インタビュー）
	付共同桑園		
	技術員設置	○	インタビュー
8 林業関係共同施設	共同薪炭林		
9 副業関係共同施設	共同育雛		
	共同作業場	○	醤油、味噌、漬物の生産（「昭和10年計画要覧」「昭和12年産業組合事業報告書」）
10 火防衛生施設	消防屯所	○	住宅地の一部を充当（「昭和10年計画要覧」）
	貯水設備		
	診療所	○	目下実行に為し居るものなるが其の効果実に大なり（「昭和8年一覧」）

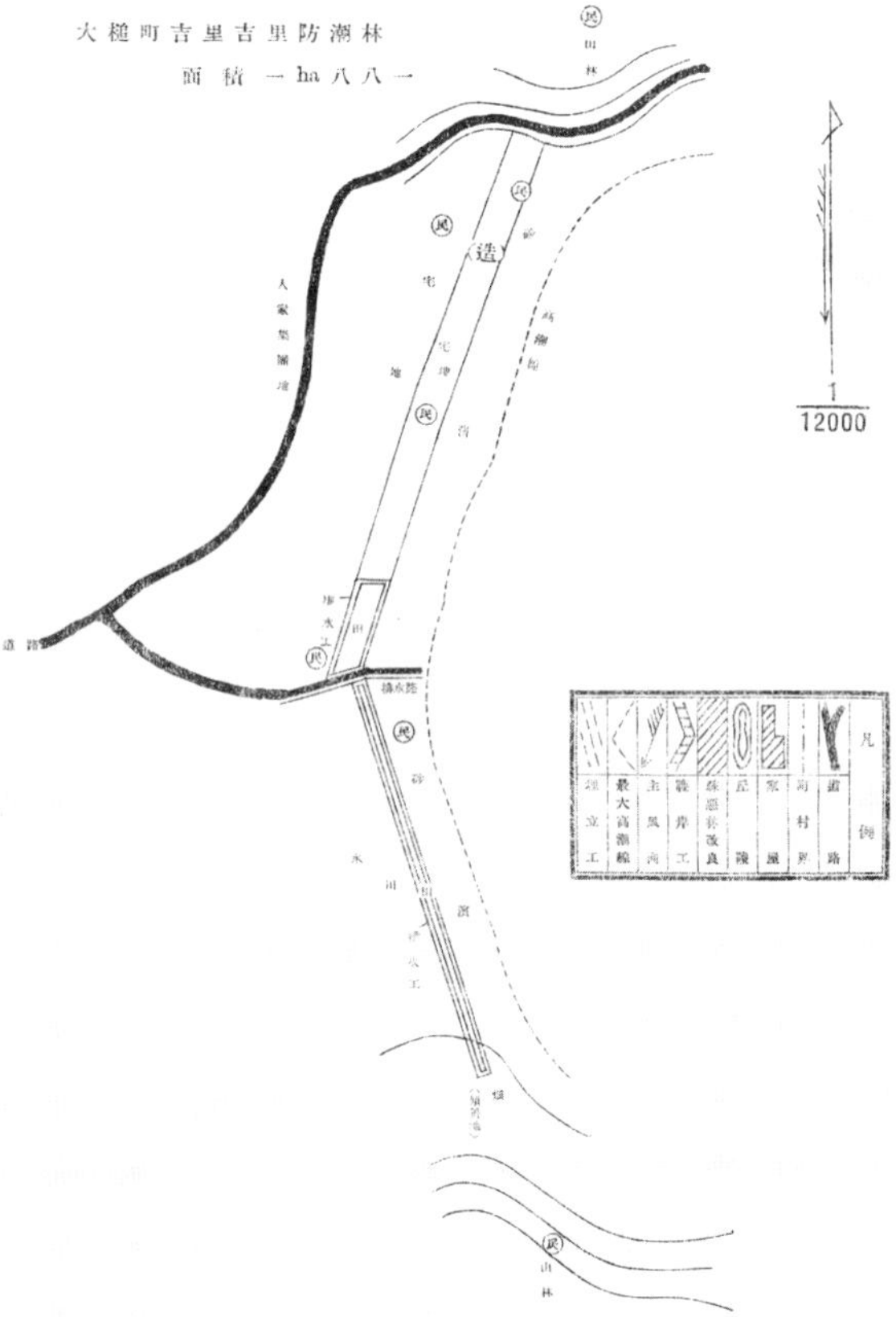

図 20　共同浴場
図 21　吉里吉里の防潮林計画

また、副業共同作業場については、「産業事業報告書」に醤油や味噌を製造していることが記載されている[22]。

共同購買店舗については、「昭和一〇年計画要覧」に「共同作業所ノ一部ニ店舗ヲ設米穀醤油等日用品及建築用雑貨漁船用諸雑貨ノ購買ヲ行フ」と記載されており、上記の「副業共同作業場」に隣接して設置されていたことがわかる。

防潮林については、『三陸地方防潮林造成調査報告書』において「事情ノ許ス限リ廣幅員ノ防潮林ヲ建設スルヲ要ス」として、面積一・八八一ヘクタールにおよぶ防潮林が計画されたが、吉里吉里集落の場合計画地の大半[23]が個人の宅地になっており、土地取得の問題もあって実現には至らなかった［図21］。

「昭和一〇年計画要覧」に「町営の防潮堤が完成」とあるが、「計画要項」の「略図」においては防潮林の計画位置しか示されていない。また、『三陸津浪に因る被害町村の復興計畫報告書』の計画図には「防浪堤及防波堤」として位置が示されているが、実際の計画者や建設地、建設年など詳細はよくわかっていない。また、『三陸地方津浪災害豫防調査報告書』においては、防波堤の計画案が二案示されているのみで、防潮堤に関するそのほかの記述は見当たらない。

桟橋、共同販売所、水産共同倉庫、共同製造所の水産関係共同施設については、資料からは施設の実現は確認できなかったが、それぞれ吉里吉里濱漁業組合による写真が残されており、実現したことが確認できる［図22－24］。桟橋および水産共同倉庫、共同製造所の位置については「計画要項」の「略図」に記載されている場所よりも若干東側にあったことが、「吉里吉里歴史インタビュー」によりわかっている。

「計画要項」によると、稚蚕飼育を行なうため吉里吉里養蚕実行組合の経営による木造平屋建四九坪五合の「稚蚕共同飼育所」を建設するとある。同施設は、「吉里吉里歴史インタビュー」より図25の［ク］の場所にあったことがわかっているが、土地台帳によると個人所有となっており、土地は個人から養蚕実行組合に貸し出されたと考えられる。なお稚蚕とは、飼育が非常に難しいとされる一齢から三齢の蚕の飼育を専門的に行なうことを指し、成長した蚕は各養蚕農家に配蚕される。「吉里吉里歴史インタビュー」によると吉里吉里では、農家の越田徳右衛門が指導的役割を果たしており、おそらく技術指導員に該当する人物であると考えられる。

図 22　共同販売所
図 23　共同製造所付属桟橋
図 24　共同製造所

消防屯所については、「昭和一〇年計画要覧」に「住宅地ノ一部ヲ充当シ」とあり、実現したことがわかる。場所は図25の［ウ］で、警察屯所と並んで設置されていたとのことで、土地台帳を確認すると所有者が大槌町になっていることからも同位置に立地していたことが確認できる。

診療所については、「昭和八年一覧」によると、「目下實行ニ寫シ居ルモノナルガ其ノ効果實ニ大ナリ」とあり、「昭和一〇年計画要覧」によると、「従来漁業組合ノ診療所ヲ充用ス」とある。また助産所は、同じく「昭和一〇年計画要覧」に「漁業組合経営ノ診療所ヲ充用ス」とある。立地場所は図25の［ア］で、昭和三陸津波後に土地所有者から産業組合を経由せずに直接漁業組合に所有権移転が行なわれたため、土地台帳では土地所有者は漁業組合になっている。その後所有者が漁協から個人に代わったが、東日本大震災で被災するまで診療所として機能し地域医療を支えた。

託児所は、「昭和八年一覧」によると、「(一九三三年)八月廿三日開始シ頗ル結果良好ナリ」とある。小学校内に設置するとの記述がある託児所は、愛国婦人会岩手支部の事業として一九三三年八月一日に設置され、同年一一月時点で五〇名の児童を受け入れている。また、「昭和八年一覧」および「昭和一〇年計画要覧」においても託児所事業の実施を確認できる。なお、愛国婦人会岩手支部は、被災地支援の一環として同様の「震災地託児所」を県内一九カ所で実施している。[24]

表8において施設としては挙げられていないが、「吉里吉里住民インタビュー」によれば復興地に建設された多くの住宅の裏庭で豚を飼育しており、飼育した豚は、まとめて出荷していたとのことである。

六　漁村社会の近代化

昭和三陸津波後の集落の復旧・復興に大きな影響を与えた農山漁村経済更生運動は、単に地方経済の更生を目指すのみならず、計画推進主体に自作農家を据えるなど、旧態依然とした地主らを中心とした農村の支配構造そのものの変革を目指していた。それゆえ、昭和三陸津波後の政府や県による政策にも、集落の社会構造そのものを変革しようとする意図があったと推測できる。例えば建築史学者の青井哲人は、昭和三陸津波の被災集落における住宅適地造成事業を契機とした均質な宅地の創出と集落の社会構造の変化との対応について、二種類の仮説を提示している。ひとつは、同事業により完成した五〇坪前後のほぼ均等な敷地および住宅を零細土地所有者や借地人が取得したことで、震災前の社会が有していた階層性が解体されたというものである。もうひとつは、船主や網元などの上位層の居住地は復興地の外にあり、上位層と下位層の階層性は保存されたまま、上位層を除く均質化した専業漁民層が形成されたというものである。[25]

そこでここでは、土地台帳の分析および産業組合の担い手の分析により、前章において確認した吉里吉里集落におけるインフラ整備事業および産業関連事業が、昭和三陸津波前後における集落の社会構造にどのような変容をもたらしたのか、青井の仮説の検証を含め明らかにする。

被災前の土地所有者

昭和三陸津波発生直前の時点において、これら復興地の元地権者がどのような人物であったのか、土地台帳および住民インタビューによって確認した。[26]

元地権者は漁業者（半農半漁）や商業者が多く、土地の大半が自家消費用の農地であったと考えられる。唯一の例外が、地番七〇の広大な宅地を所有していた芳賀源八である［地図7、三〇八頁］。芳賀源八は、吉里吉里湾に三カ所ある定置網漁のうち二、三カ所の漁を明治後期から継続的に手がけていた大きな網元で、土地を多く所有している地主でもあった。地番七〇の地目は土地台帳では宅地になっているが、自宅はもう少し海沿いにあり、昭和三陸津波発生の時点ではそこに家屋はなく、麦畑であったとのことである。[27] また地理学者の山口弥一郎は、吉里吉里の復興地は一坪五円から一〇円で取引されていたのを一坪二円で強制的に買収することに成功したと記述している。[28] 実際に「吉里吉里歴史インタビュー」において、当時非常に安い値段で売ったと聞いているとの証言も得た。いずれも土地の購入主体については言及していないが、土地台帳を見る限り、おそらくそれは産業組合である。このように吉里吉里集落の場合、地域の有力な網元が所有していた比較的大きな宅地を中心にその周辺の農地を合わせた敷地を産業組合が安価に入手することができたことが、速やかな復興につながる大きな要因のひとつであったと考えられる。

復興地の宅地面積の分析にみる社会構造の変化

次に復興地の宅地面積を分析する。前述したとおり岩手県では、復興地の一区画当たりの面積を約一・七アール（五〇坪）としており、吉里吉里集落の復興地における区画割を見てもおおむね間口五間奥行一〇間と、岩手県の記述とほぼ一致するように見える。しかし、復興地において地目が宅地となっている区画について土地台帳に記載されている情報をもとに分析を行なうと、区画ごとの面積に相当程度のばらつきが存在することがわかった。

まず、各区画の面積を分析すると、全九五区画の平均値は五二・九坪と五〇坪に近い値となっており、うち七一筆が四〇―六〇坪の範囲に収まっているものの、最小値一七坪から最大値一一二・五七坪までかなり幅をもっている［表9］。図25において、面積が六〇坪以上の区画を「＋」、四〇坪未満の区画を「－」で示している。なかには、八―二や八―三〇、八―三二など角地であるがゆえに敷地がいびつな形になっているものも含まれているが、そう

表9　復興地の宅地面積の分布表

データ区間	区画	データ区間	区画
10坪以上20坪未満	1	70坪以上80坪未満	4
20坪以上30坪未満	3	80坪以上90坪未満	2
30坪以上40坪未満	3	90坪以上100坪未満	2
40坪以上50坪未満	44	100坪以上110坪未満	0
50坪以上60坪未満	27	110坪以上120坪未満	1
60坪以上70坪未満	8	計	95

した特殊な筆以外にも面積のばらつきが見られる。
また、筆ごとの面積の差だけではなく、一人の所有者が複数の区画を所有しているケースも見受けられた。三区画所有していたのが三名、二区画所有していたのが三名で、最も広い面積の土地を所有していたのが芳賀多納可で、前述した震災前に最も大きな土地を所有していた地主で網元の芳賀源八の親族にあたる人物である。「吉里吉里歴史インタビュー」によると震災直後には当該区画には居住しておらず、一九五〇年頃に家を建てたとのことである。また、同じく三区画所有していた中村貢は、昭和三陸津波前は大きな旅館および商店を経営していた人物である。もうひとり三区画所有していた川原善左エ門は、震災前から大規模な旋網漁業および加工業を展開していた人物である。中村、川原ともに震災後に産業組合でそれぞれ監事および理事を務めている。中村は三つの区画のうち隣り合う二つの区画に自宅と商店を建設し、残りの一区画はのちに分家に与えている。川原は三つの区画のうち隣り合う二つの区画に自宅と大きな倉庫を建設している。[29]
一見すると復興地においては被災した住民に対し平等に区画がいきわたるよう計画されたように見受けられる。しかしこのように、少なくとも吉里吉里集落においては区画ごとの面積はかなり異なる。また、複数の区画を所有する住民も存在するなど、世帯ごとの金銭的余裕や集落内での立場など集落側の事情が相当反映されたと考えられる。なお、「吉里吉里住民インタビュー」によると、住宅地の決定はくじ引きで行なわれたが、その後住民同士の話し合いにより土地の交換も行なわれたとのことである。
一方で、農林省の意向を受け、既存の集落における社会構造に対抗する新たな漁村秩序を構想するような動きも見られる。農林省は一九三六年度から特別助成制度を実施するにあたり、全国一〇〇〇の町村における「中心人物」を列挙している。この「中心人物」とは、農村の場合、既存の地主層に対抗し「自から生産に従事しつつ、新しい生産技術の導入やその生産者の組織化といった面で農村の指導者として衆望を担っている階層」[30]の人物を指すとされる。農林省が大槌町の中心人物として挙げたのが堀合七之亟である。[31]堀合家は代々イワシ漁などを手掛ける網元であったが、昭和三陸津波前後の七之亟の代において漁業を拡大した、いわば当時の新興の漁家であった。[32]
結果的に大槌町は特別助成の対象からは外れ助成金獲得はならなかったものの、堀合七之亟は一九三四年二月から産業組合の理事を務め、さらに一九四四年二月からは吉里吉里漁業協同組合の組合長を、また戦後においても漁協の初代組合長を長きにわたり務めるなど、その後の吉里吉里集落を支えた人物である。震災復興を契機とした吉里吉里集落における社会構造の変化の一端がうかがえる。

産業組合のその後

最後に、復興地が整備された後の産業組合について整理する。前述のとおり、住宅適地造成事業により整備された宅地は、宅地の買収費用および造成費を面積に応じて移転者に割り当て、五カ年据え置き、一五カ年償還で所有権を移転させる方針であった。そのため、土地台帳により所有権の移転時期を分析することで、復興地に移転した住民の返済状況を知ることができる。

第一計画区および第二計画区の居住地で土地台帳が存在する九五区画につき分析を行なった結果、償還期間は平均で一〇・二年、最も遅い区画であっても一六年と、いずれの区画についても内務省の想定する二〇年以内に償還を終えている。[33] 宅地にかかる費用以外に住宅建設の借入金や産業組合への出資金などの負担もあるため一概には言えないが、借入金の順調な償還の要因として、その後の漁業収入

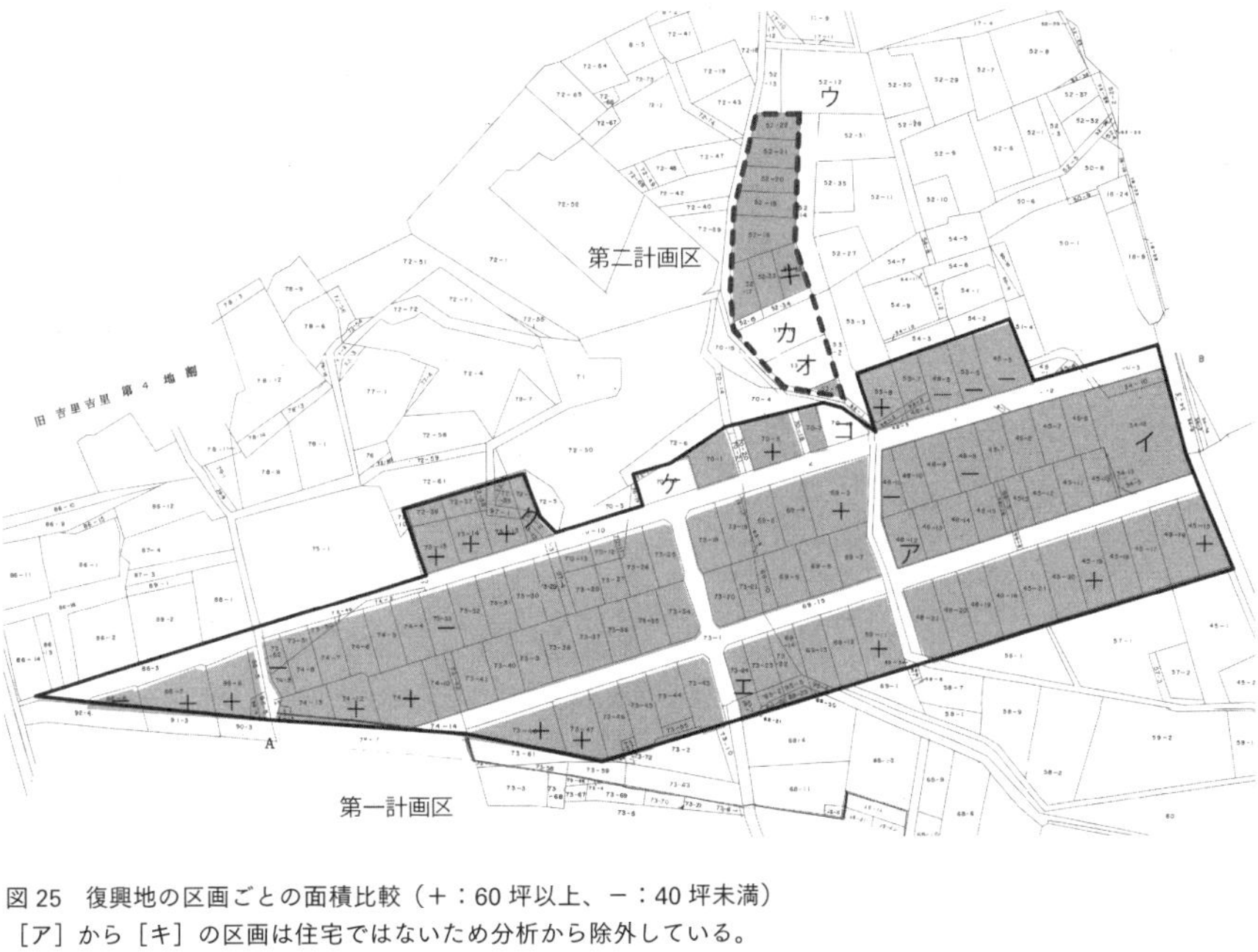

図 25　復興地の区画ごとの面積比較（＋：60 坪以上、－：40 坪未満）
［ア］から［キ］の区画は住宅ではないため分析から除外している。

の回復に加え、養蚕や養豚など「計画要項」に記載のある副業による収入増加や味噌や醤油の共同製造事業など、産業組合による各種事業が一定の成果を挙げたと推察できる。

ただし産業組合そのものは、一九四四年三月に農業団体法第八八条の規定により解散を命じられ、同年六月二日に設立された大槌町農業会に吸収されるかたちで終戦を前にして消滅することになる。なお、前述の堀合七之亟は産業組合の理事を、産業組合が解散するまで継続的に務めている。

七　吉里吉里集落と近代復興

復興のひな型

吉里吉里集落においては、「計画要項」に見られるように、高所移転や住宅再建などのインフラ整備事業と各種産業の復旧・復興事業などの社会政策関連事業の双方を組み合わせた総合的な復興計画が作成された。前章で整理したとおり、岩手県における復旧・復興事業は住宅適地造成事業を除き、基本的に被災町村が県の様式に従って各事業の申請を行なうかたちで進められた。しかし、それら複数の事業を寄せ集めただけでは集落の復旧・復興計画の全体像を描くことができないという問題意識が岩手県にあったように思われる。そこで岩手県では、模範村落として吉里吉里集落を選定し、他町村が復旧・復興計画の全体像を描く際の参考とすべく、県の復興事務局復興部企画係の職員が「計画要項」を作成したと考えられる。

計画の実施にあたっては、前章で触れた「産業組合ニ依ル村落復旧計画」にあるとおり、産業組合が主体に据えられた。吉里吉里集落の場合、震災を受けて集落を単位とした新たな「保證責任吉里々々住宅購買利用組合」が設立された。産業組合が担ったのは、住宅適地造成事業および住宅再建にかかる費用に関し、低利資金の融通を受ける際の窓口になったほか（信用事業）、住宅建設のための材料や日用品などの共同購入（購買事業）、復興地に新たに建設された共同浴場や水道の経営（利用事業）、醤油や味噌など共同作業所で生産した商品の販売（販売事業）など多岐にわたった。

「計画要項」において記載されている各事業は、基本的には各省庁および岩手県が用意した復旧・復興事業リストにあるもののなかから必要なものを組み合わせた内容となっている。重要なのは、それが単なる事業リストの列挙にとどまらず、「略図」として各施設の空間的なレイアウトまで作成している点である。そこには、復興のひな型としての理想村たる吉里吉里集落の計画をほかの被災集落が参照可能なかたちで提示しようとする強い意志が感じられる。

復興地の建設にみる制度の柔軟な運用

本章において、住宅適地造成事業および住宅再建にあたっては、当初計画にあった事業が実施されただけでなく、被害が軽微であった地域の居住者や、自ら所有する畑への自主的な高所移転などの国や県が当初想定していなかった整備についても、産業組合が中心となり実行されたことを明らかにした。これらは立案された計画の内容を超えるものであり、低利資金の融通を受けて実施された事業ではあるが、被災集落においてはかなり柔軟な運用がなされていたことが確認できる。

また、復興地に建設された住宅の平面については、平入りの形式、常居と呼ばれる多目的空間を中心とした間取り、神棚のある吹き抜けの部屋など、震災前からの平面を継承したものが多く、岩手県が「漁村住宅設計仕様」で示したような仕様は具体的には確認できなかった。

本章で分析してきた吉里吉里集落における復興地の造成による宅地の整備および住宅の建設は、当時としては中央政府の介入なしには成しえなかった大規模な事業である。しかし、ほかの集落に先駆けて、地方政府の手厚いサポートを受けつつ計画が立案された吉里吉里集落ですら、計画どおりには実現していないことからも、中央政府による災害復興の難しさを看取できる。要するに、集落ごとに地理的条件や被災規模、社会・経済状況など前提条件の差が大きいため、特にハード事業については一律に計画の網を掛けることには困難が伴うのである。それゆえ、吉里吉里集落において集落の実態に即し、当初計画からの変更を余儀なくされながらも復興が果たされたのはむしろ評価すべきであると考える。つまり、中央政府および地方政府によって立案された計画を大前提とせず、復興のプロセスのなかで柔軟に対応していったことこそが、昭和三陸津波後の復興の要点のひとつと言えるのではないか。

社会政策としての復興

昭和三陸津波後の復旧・復興事業のなかで、上記インフラ整備事業以外の社会政策関連事業については、前年より始まった農山漁村経済更生運動による影響を大いに受けたものであることを確認した。また、吉里吉里集落における計画の実施状況を詳細に確認したところ、共同浴場や簡易水道などの生活関連施設や共同漁業倉庫や作業場などの産業関連施設、また、養蚕や味噌や醤油などを製造する共同作業場などについては、実現し活用されていたことを確認した。このように、吉里吉里集落を対象に立案された復興計画は、完全ではないにしろその大半が計画に沿って実現したといえる。

昭和三陸津波後の吉里吉里集落においては、農山漁村経済更生運動の指針に基づき、産業組合を中心に据えたかたちで単なる震災による被害の復旧のみならず、集落の社会構造そのものが変容していったと考えられる。さらには、産業組合や漁業組合の人事の分析、農山漁村経済更生運動の特別指定村の申請における「中心人物」の記述内容から、従前の集落の統治構造に対抗するような新たな漁村秩序を構想するような動きも見られた。

三陸沿岸地域に、これほどまでに中央政府による事業が集中的に展開されてきたのは前代未聞のことであった。その要因として、当然一〇年前に発生した関東大震災（一九二三）や、それに続く北丹後地震（一九二七）などを経験し、その復興に中央政府が関与するなかで、ノウハウを積み上げてきたことも考えられるだろう。一方で、昭和恐慌以来農山漁村が疲弊し不満が高まるなか、さらには戦争の足音が近づくなかで、昭和三陸津波からの復興における中央政府の積極的な関与には、地方を統制するための一種の実験台としての意味合いもあったのではないかとも考えられる。いずれにせよ、昭和三陸津波の復興は、当時三陸が置かれた特殊な社会的状況を色濃く反映しつつ果たされていったと言えよう。

第四章
チリ地震津波と東日本大震災にみる近代復興の成立

わたしは初代のキリキリ善兵衛、御上《おかみ》におさめるべき年貢を一時《いっとき》、流用し、吉里吉里村に水路を引く普請費用《ふしんのかかり》として使ってしまった男だ。そしてお咎《とがめ》を蒙《こうむ》って咽喉《のんど》を突いて自害した。(…)わたしは死後も吉里吉里村のことが気になって、西方にあるとかいう浄土とやらへとても旅立つ気にはなれなかった。そこでこの吉里吉里の地の地の霊となってとどまり、百姓たちの暮しぶりを眺めてきた。これまで、この地に一揆や小作争議が両手の数だけでは足りぬほど起ったが、このたびの一揆がやはり最大の規模だった。全世界を相手にしたわけだから、最大は当然だが。

井上ひさし『吉里吉里人』(新潮社、一九八一)八三三頁

『吉里吉里人』は、一九七三年から一九八〇年にかけて総合雑誌、小説誌に連載された井上ひさし(一九三四―二〇一〇)による小説である。東北の一寒村が「吉里吉里国」として独立を宣言してから、それが失敗に終わるまでの一日半の出来事を描いている。食料やエネルギーを自給し、独自の法制度、医療制度、金融制度を備える「吉里吉里国」は、井上の考える理想国家の姿を表わしている。小説における「吉里吉里国」の立地は、本書で扱ってきた大槌町の吉里吉里集落の位置とは異なるが、それをモデルとしていることは、「記録係」を務めるのがキリキリ善兵衛であることからも明らかである。言うまでもなく、キリキリ善兵衛とは、一七世紀に吉里吉里集落を拠点とし、盛岡藩にも大きな影響を及ぼした豪商吉里吉里(前川)善兵衛のことである。国家への従属を拒否し住民自治による新しい国家建設を謳う物語の舞台として、吉里吉里は必然的に選ばれたと言えよう。

一　近代復興の進展

近代日本の災害政策史のなかで、大きなターニングポイントとなったのが、一九六一（昭和三六）年に制定された「災害対策基本法」であることは論を俟たない。同法はそれまで省庁ごと、災害フェーズごとにバラバラに設定されてきた法令群を体系的に整理するとともに、災害時における国および地方公共団体の役割、責任を明確化した。本書でいうところの「近代復興」の構築に、大きな影響を及ぼしたと考えられる。

そして本章で扱うチリ地震津波は、「災害対策基本法」が制定される直前に発生した災害である。津波による被害そのものは、明治三陸津波や昭和三陸津波と比較しても限定的なものであった。しかし、その後の復興プロセスにおいては、国庫補助による大規模なインフラ整備事業が実施された。また、同じく本章で扱う東日本大震災は、言うまでもなく日本の観測史上最大のマグニチュードを記録した巨大地震によりもたらされた災害であり、地震に伴い発生した津波により多くの被害が出た。

序章で述べたように、本書は国家官僚が主導し、国庫補助によるインフラ整備を中心としたメニュー型事業による災害復興にシフトしていくプロセスを近代復興と名付け、その歴史的な展開過程を明らかにすることを目的のひとつに据えている。そのなかで本章では、一九六〇年のチリ地震津波の復興と現在進行形の東日本大震災後の復興のそれぞれについて、近代復興の有する特色がどのように表出しているのか、具体的に政府および地方自治体の災害対応を分析することで明らかにしていく。

二　チリ地震津波の復興にみる近代復興

北洋漁業と戦後における漁港の開発

近世においては、江戸幕府による鎖国政策により、遠洋航海が可能な大型船の建造が禁止されていた。それゆえ、日本で遠洋漁業が操業されるようになったのは基本的には明治維新以降のことである。特に日露戦争後の一九〇七年に日露漁業協約が締結されたことを受け、北洋漁業が拡大していった。その後、一九一九年の漁業条約改定にあたって母船式鮭・鱒漁業が始まり、北洋漁業は最盛期を迎えるが、第二次世界大戦の影響もあり、一九四三年には母船式漁業が禁止となるなど、次第に衰退していった。戦後においては、ＧＨＱにより北洋漁業は禁止されていたが、一九五二年のサンフランシスコ講和条約の発効に伴い再開された。一九五六年には日ソ漁業条約が締結され、翌一九五七年からはベーリング海域での漁業が再開された。これを機に、資源量に限界があり飽和しつつあった沿岸漁業・近海漁業に従事していた三陸の漁業者は、次々とベーリング海域に進出していった。また、戦後の食糧難に起因する慢性的なたんぱく質不足を克服すべく、一九五〇年の「漁港漁場整備法」に基づく漁港整備を進めるなど、政府も遠洋漁業への進出を後押しした。その結果、漁獲量は急激に増え、そうした漁獲を買い支え、加工する業者が漁港周辺に立地するようになった。

戦後の三陸の漁港は、このように北洋漁業を中心とする遠洋漁業の発展に伴い、漁港そのものもさまざまな機能を要求されるようになった。大槌漁港においても、一九四七年から修築工事が政府と県によって計画され、順次実行されていった。

チリ地震津波による被害状況

チリ地震津波の原因となったチリ地震は、日本時間の一九六〇年五月二三日四時一一分にチリのバルディビア沖アタカマ海溝において発生したマグニチュード九・五の観測史上最大の地震であった。[1]地震により発生した津波は太平洋を越え、翌二四日早朝に日本に到達し、大きな被害を与えた。津波は日本の太平洋沿岸部全域に達し、なかでも被害が大きかったのがリアス式海岸を有する岩手県、宮城県の両県であった。

両県の市町村ごとの人的被害および建物被害を整理すると表1のようになる。人的被害については死者・行方不明者が岩手県内で六二名、宮城県内で五四名、建物被害については全壊および流失の合計が岩手県内で九六二戸、宮城県内で一〇〇八戸であった。過去の明治三陸津波および昭

表1　チリ地震津波による岩手県・宮城県の人的被害および建物被害

県	市	人的被害（人）			建物被害（戸）		
		死者	行方不明	合計	全壊	流失	合計
岩手県	陸前高田市	7	1	8	71	90	161
	大船渡市	50	3	53	214	218	432
	釜石市	0	0	0	17	11	28
	宮古市	0	1	1	36	76	112
	久慈市	0	0	0	1	0	1
	大槌町	0	0	0	38	44	82
	山田町	0	0	0	88	48	136
	種市町	0	0	0	0	1	1
	三陸村	0	0	0	0	0	0
	野田村	0	0	0	0	9	9
	合計	57	5	62	465	497	962
宮城県	石巻市	1	1	2	46	18	64
	塩釜市	2	0	2	18	1	19
	気仙沼市	0	2	2	10	5	15
	名取市	3	2	5	0	0	0
	亘理町	1	3	4	0	0	0
	七ヶ浜町	0	0	0	8	5	13
	利府村	0	0	0	0	0	0
	河北町	0	0	0	0	0	0
	矢本町	0	0	0	0	0	0
	雄勝町	0	0	0	52	29	81
	成瀬町	0	0	0	8	9	17
	北上村	0	0	0	0	0	0
	女川町	0	0	0	139	53	192
	牡鹿町	1	0	1	1	0	1
	稲井町	0	0	0	3	0	3
	志津川町	38	0	38	417	184	601
	本吉町	0	0	0	0	0	0
	唐桑町	0	0	0	0	0	0
	歌津町	0	0	0	0	2	2
	合計	46	8	54	702	306	1,008

和三陸津波の被害に比べると人的被害は少ない。しかし、建物およびインフラの被害は大きい。また町村ごとに見ると、岩手県大船渡市および宮城県志津川町の被害がほかの市町村に比べて突出している。

チリ地震津波以前の災害関係法制度

チリ地震津波以前の災害関係法制度を被災者個人の救済にかかわる制度と社会インフラの復旧に関する制度に分けてそれぞれ整理する。

まずは、被災者個人の救済にかかわる制度の整備状況を確認する。

第二章において一八九九（明治三二）年に制定された「罹災救助基金法」に基づく罹災救助基金が、戦前における被災者個人の救済にかかわる制度として活用されたと述べた。そして戦後においては一九四七（昭和二二）年に「罹災救助基金法」が廃止され、同時に制定された「災害救助法」がその機能を果たしていくことになる。同法は、第二条において「一又は二以上の都道府縣の全部又は一部にわたる非常災害にかかり、現に應急的な救助を必要とする者に対して、これを行う」としている。そして、具体的な救助の内容として「収容施設の供與、炊出しその他による食品の給與及び飲料水の供給、被服・寝具その他生活必需の給與又は貸與、医療及び助産、生業に必要な資金、器具又は資料の給與又は貸與、学用品の給與、埋葬」などを挙げている。また、費用については「救助の行われた地の都道府県」が負担することとしており、災害救助基金の積み立てが義務付けられている。

しかし、「災害救助法」に基づく支援はあくまで応急的なものに限られており、個人の住宅や生業の再建のための支援はそこには含まれていない。それらについては、一九四七年の「災害被害者に対する租税の減免、徴収猶予等に関する法律」「農業災害補償法」、一九五〇年の「住宅金融公庫法」「中小企業信用保険法」、一九五五年の「天災による被害農林漁業者等に対する資金の融通に関する暫定措置法」などの各法律に基づき、戦後間もない時期にさまざまな災害融資に関する制度が整えられていった。

次に、社会インフラの復旧に関する制度の整備状況を確認する。

戦前における災害復旧に関する法制度は、一九一一年に制定された「災害土木費國庫補助規程施行細則」および「災害土木費国庫補助規定」により、災害土木費に対する国庫補助がなされていたが、法文上はあくまで「補助することができる」というもので、国庫の負担義務があったわけではなかった。また、補助率も「以内」という表現が用いられており、場合によっては打ち切ることも可能であった。さらに、土木被害以外の被害についての法的規定はなく、適宜予算補助というかたちで国庫が投入された。

この「災害土木費國庫補助規程施行細則」に基づく災害土木費の国庫補助は戦後も続いた。ところが、一九四九年の「シャウプ勧告」において、災害は予知できず、多額費用を必要とし罹災した地方自治体の財政を破綻させかねないとして、災害復旧については「全額補助金によって賄れるべきである」[2]との勧告を受けた。「シャウプ勧告」とは、戦後日本の財政改革を実行すべく、GHQからの要請を受けて日本にやってきた財政学者カール・シャウプを団長とする使節団が、一九四九年と一九五〇年に提出した二つの報告書を指す。

この勧告を受け、日本政府は一九五〇年度に限定し災害土木費を全額国庫負担とする「昭和二五年度における災害復旧事業費国庫負担の特例に関する法律」を制定した。その結果、公共土木事業に限り一五万円以上の災害復旧事業が全額国庫負担となった。その後翌一九五一年には「公共土木施設災害復旧事業費国庫負担法」（以下「負担法」とする）が制定された。同法第三条には「国は、法令により地方公共団体又はその機関の維持管理に属する左に掲げる施設のうち政令で定める公共土木施設に関する災害復旧事業で、当該地方公共団体又はその機関が施行するものについては、その事業費の一部を負担する」とし、同法四条で国庫負担率を定めている。これにより、同法が対象とする河川、海岸、砂防設備、林地荒廃防止施設、道路、港湾、漁港に関する災害土木費については国庫負担が義務付けられた。ここにおいて、戦前における「災害土木費國庫補助規程施行細則」に基づく任意の「補助」から、「負担法」に基づく義務としての「負担」へと大きく方針転換がなされ、国による災害復旧事業への関与の度合いがより強まったと言える。

また、時間は前後するが、一九五〇年には「農林水産業施設災害復旧事業国庫補助の暫定措置に関する法律」（以下「暫定法」とする）が制定された。これにより、土木施設以外の農林水産業施設の災害復旧事業に対する国庫負担が法的に定められた。この「負担法」および「暫定法」の両法律が、現在に至るまで災害復旧事業に対する国庫負担を規定する主要な法律である。その後も、一九五三年の「公立学校施設災害復旧費国庫負担法」や一九五七年の「水道法」などの単行法により、国庫補助対象となる災害復旧施設が拡大していく。なかでも本書とも関係する住宅の災害復旧への国庫負担が法制度として整備されたのが、一九五一年に制定された「公営住宅法」である。同法は、もともと戦後の住宅不足解消を目的に、低所得者層を対象とした公営住宅の供給施策として策定されたものである。同法第八条において「地震、暴風雨、こう水、高潮その他の異常な天然現象に因り住宅が滅失した場合で、その滅失した戸数が被災地全域で五百戸以上又は一市町村の区域内の住宅戸数の一割以上であるとき」に、公営住宅建設などに要する費用の三分の二を補助するものとしている。

チリ地震津波の復興手法

次に、チリ地震津波による被害を受け、国・県・町村がそれぞれ取った対応を明らかにする。

まずは国の対応について分析する。戦時中には防災のためのインフラ整備にまで手が回らなかったため、終戦直後の日本では災害が頻発し、またそれに応じて数多くの災害関係の法律が整備されていった。なかでも、法整備のきっかけとなったのがチリ地震の前年一九五九年に発生した伊勢湾台風である。伊勢湾台風は中心気圧が気象庁のサイトでは上陸時九二九ヘクトパスカルの非常に勢力の強い台風で、愛知県および三重県を中心に全国の死者が五〇九八名に達するなど、大きな被害をもたらした。被害が広範にわたることから、内閣に災害復旧対策協議会が、現地に中部日本災害対策本部がそれぞれ設置され、対策本部を中心としたトップダウン方式の体制が敷かれた。そして既存の法律をベースとしつつも補助率を高めるなど特別な措置が取られた。一方で、それら戦後に制定されたさまざまな災害関連制度の煩雑さが各省庁と自治体の対応の一貫性および計画性を欠いたとして大きな問題となった[3]。

そうした問題が解決しないまま、翌一九六〇年五月二四日に発生したのがチリ地震津波である。甚大な被害を受け、被災した一道一五県の緊急知事・議長合同会議が六月六日に開催され、「伊勢湾台風に準ずる特別立法」の措置を政府に要請した。それを受け、政府は六月一五日に「昭和三十五年五月のチリ地震津波による災害を受けた地域における津波対策事業に関する特別措置法」（以下「チリ地震特措法」とする）を衆議院に上程し、六月二〇日に八法案が制定された。

その内容を見ると、第三条に「主務大臣は、当該津波対策事業につき、関係地方公共団体の意見をきき、（…）その事業計画の案を作成し、閣議の決定を求めなければならない」とあり、各事業の計画主体が中央政府（省庁）であることが明記されている。また、第五条では「津波対策事業計画を実施するために必要な措置を講じ、かつ、国の財政の許す範囲内においてその実施を促進することに努める」ことが求められており、その後具体的な事業資金についての国の負担の特例などが定められた。それによると、事業経費の三分の二について国庫補助を行なうなど、かなり手厚い内容となっている。さらにその後、チリ地震津波に関連する法令が次々と制定され、伊勢湾台風と同様に、補助率上昇などの被災地が有利となるような変更が加えられた。次に記したのは、「チリ地震特措法」の抜粋である。

◦目的

第一条　この法律は、昭和三十五年五月のチリ地震津波（以下「チリ地震津波」とする）による災害を受けた地域における津波対策事業の計画的な実施を図り、もつて国土の保全と民生の安定に資することを目的とする。

◦津波対策事業

第二条　この法律で「津波対策事業」とは、チリ地震津波による災害を受けた政令で定める地域において、海岸又はこれと同様の効用を有する河川でチリ地震津波により著しい災害を受けたもの及びこれらに接続し、かつ、これらと同様の効用を有する海岸又は河川について施行する津波による災害を防止するために必要な政令で定める施設の新設又は改良に関する事業（それらの施設について合わせて施行するチリ地震津波に係る災害復旧に関する事業を含む。）をいう。

◦津波対策事業計画

第三条　津波対策事業に関する主務大臣は、当該津波対策事業につき、関係地方公共団体の意見をきき、かつ、チリ地震津波対策審議会の審議を経て、その事業計画（以下「津波対策事業計画」という。）の案を作成し、閣議の決定を求めなければならない。

二　津波対策事業計画には、津波対策事業の実施の目標及び事業量を定めなければならない。

三　主務大臣は、第一項の規定による閣議の決定があつたときは、遅滞なく、津波対策事業計画を関係地方公共団体に通知しなければならない。
四　第一項及び前項の規定は、津波対策事業計画の変更について準用する。

○チリ地震津波対策審議会
第四条　総理府に、チリ地震津波対策審議会（以下「審議会」という。）を置く。
二　審議会は、津波対策事業計画に関する事項その他津波対策事業に関する重要事項を審議する。
三　この法律に定めるもののほか、審議会に関し必要な事項は、政令で定める。

○津波対策事業計画の実施
第五条　政府は、津波対策事業計画を実施するために必要な措置を講じ、かつ、国の財政の許す範囲内においてその実施を促進することに努めるものとする。

衆議院ホームページより（http://www.shugiin.go.jp/internet/itdb_housei.nsf/html/houritsu/03419600627107.htm［二〇一七年一月二〇日最終閲覧］、傍線筆者）

次に、岩手県の対応を分析する。「チリ地震特措法」の策定を受け、岩手県ではチリ地震津波対策審議会が設置された。一九六〇年九月六日、一一月二八日、一九六一年一一月二四日の三回開催され、「津浪防波堤計画」および「チリ地震津波対策事業計画」の策定基準や事業量が示された。「津浪防波堤計画」については、堤防の計画高、構造などの具体的内容が県によって示されている。一方、「チリ地震津波対策事業計画」では、津波災害防止の見地から、「海岸、河川、港湾、漁港、干拓地、埋立地、道路、防潮林等の施設についての計画を総合的に考慮し樹立する」としている。

その結果決定された、岩手県内における一九六一年六月三日時点におけるチリ地震被害対策費および復旧事業費の総額は約三四億円に上る。なかでも建設省および農林省、自治省の三省が所管する各種社会インフラの整備費が九五パーセント以上を占めている。

また、個人や民間企業・事業者向けの系統金融資金による融資をまとめたものが表2である。総額は三七億円以上に上り、被害対策費および復旧事業費の総額を超えている。また、個別に見ると「天災資金」として産業復旧にかかわる融資の占める割合が最も高く、次いで住宅金融公庫による住宅関係の融資の割合が高くなっている。

最後に、市町村レベルでのチリ地震津波の対応を分析する。本来であれば大槌町を取り上げるべきであるが、比較的被害が軽微であり資料も限られているため、被災地のなかでも最も被害の大きかった大船渡市を取り上げることとする。

チリ地震津波による大船渡市の被害が死者五〇名、行方不明者三名、建物の全壊二一四戸、流失二一八戸と、人的

表 2　系統金融資金による融資

公庫	用途	資金額（千円）	割合
医療金融公庫	一般診療所等復旧資金	12,125	0.3%
住宅金融公庫	住宅建築及び修繕資金	1,011,250	27.1%
農林漁業金融公庫	農地農業用施設復旧事業資金	4,353	0.1%
	農業用共同利用施設復旧資金	1,369	0.0%
	水産関係資金	112,674	3.0%
	小計	118,396	3.2%
天災資金	自作農創設維持資金	357,480	9.6%
	農作物等対策資金	12,896	0.3%
	畜産関係対策資金	1,000	0.0%
	経営資金	33,304	0.9%
	事業資金	13,460	0.4%
	木炭倉庫復旧資金	240	0.0%
	伐採調整資金	10,000	0.3%
	水産関係資金	970,220	26.0%
	小計	1,398,600	37.5%
商工組合中央金庫	事業協同組合等の共同利用施設復旧	5,000	0.1%
	資金中小企業等貸付金	300,000	8.0%
	小計	305,000	8.2%
中小企業金融公庫	中小企業等貸付金	388,000	10.4%
国民金融公庫	中小企業等貸付金	255,000	6.8%
長期信用銀行等	大企業、工場、事業所等復旧資金	150,000	4.0%
中小企業信用保険公庫		50,000	1.3%
中小企業振興資金助成金	中小企業振興資金貸付	40,000	1.1%
合計		3,728,371	100.0%

被害・建物被害ともにほかの市町村と比べて大きくなったのは、湾口が狭く奥に深いという大船渡湾の形状によるところが大きい。津波は防潮堤を乗り越えて市街地に入り込み、大きな被害を与えた［図1］。図2は、チリ地震津波における大船渡湾の浸水図であるが、黒い太線で示したのが昭和三陸津波による浸水域で、斜線で示したチリ地震津波による浸水域のほうが内陸の奥まで津波が入り込んでいることがわかる。

被害を受けて、大船渡市では「防災都市建設計画」を策定した。その基本構想のなかの「計画策定の方針」において、「臨海工業都市建設」を基本とし災害復旧および津波対策事業により港湾のインフラ整備を行なうとしている。

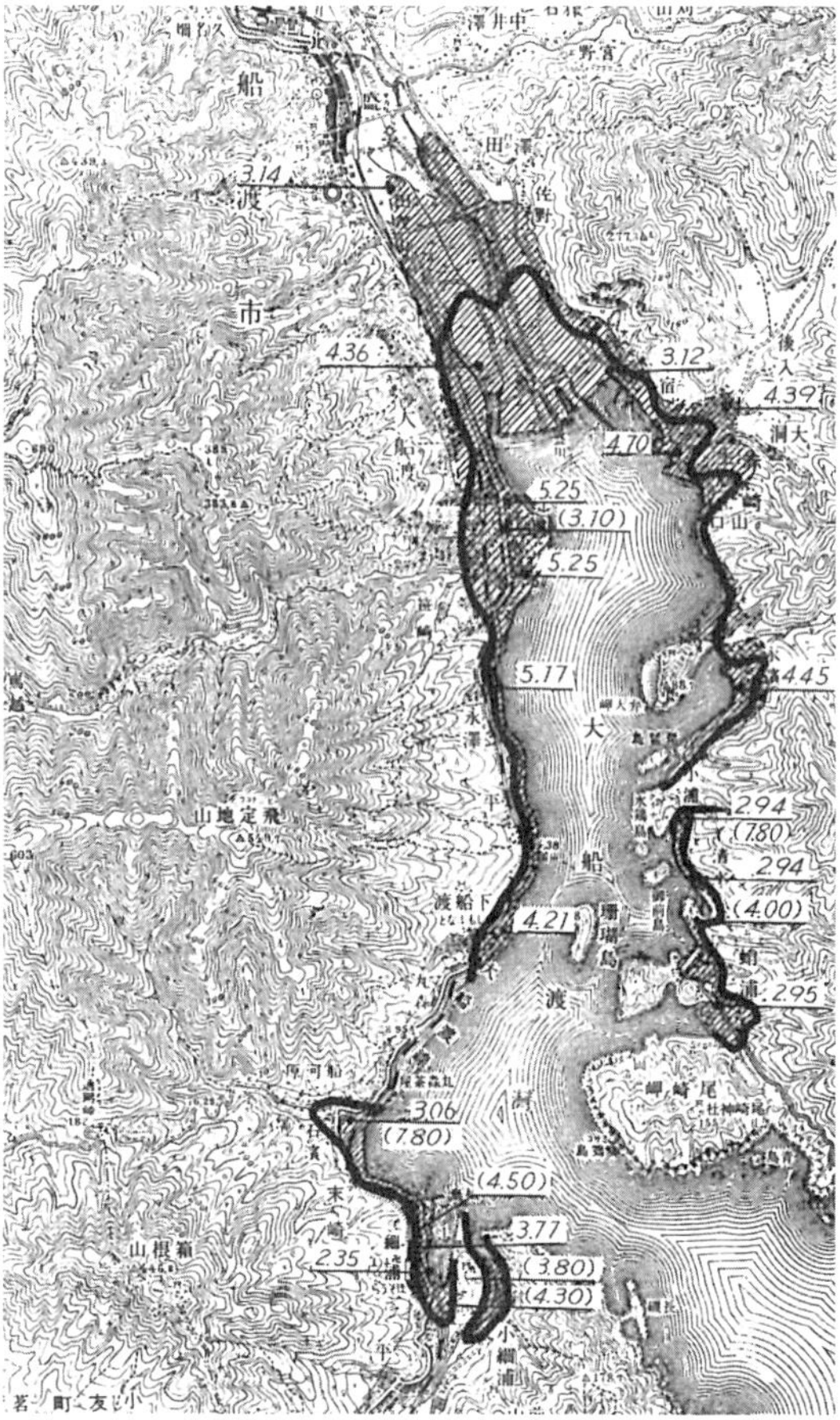

図1　引き波が4mの防潮堤を越える

図2　チリ地震津波における大船渡湾の浸水図

具体的には、臨海地域（大船渡町、赤崎町、末崎町）を一二地区（一 合足、二 長崎、三 蛸浦、四 大立清水、五 中赤崎、六 盛川左岸、七 盛川右岸、八 大船渡、九 下船戸、一〇 細浦、一一 門の浜、一二 泊里）に分け、各地区において地区の現況と将来の開発・発展の様相を勘案し、計画策定および重点事項の推進を図るとしている。各地区の事業計画を整理したものが表3である。各地区が被害状況や将来の町の方向性に従い、建設省や農林省、運輸省などが所管する全五二事業のなかから災害対策費および復旧事業費などに基づく事業を中心に必要な事業を取捨選択し、計画をつくり上げている。

また、大槌町でも大船渡市でも、チリ地震津波の復興は防潮堤や防波堤などの港湾インフラを整備することで居住地に津波が浸水する危険性を下げ、居住地の安全性を確保するという考え方を採用している。そのため、住居については「原地復興」が基本となる。なかでも、大船渡市の下船戸地区および中赤崎地区については「災害復興区画整理」が実施された。これは、チリ地震津波後の災害区画整理としては数少ない事例である［図3］。

吉里吉里集落における被害と復興

前述のとおりチリ地震津波による吉里吉里集落の被害は限定的であり、また復旧事業もほとんど行なわれていないため、ここでは大槌町および吉里吉里集落における被害概要および浸水域を示すのみにとどめることとする。

チリ地震津波が日本に到達した一九六〇年五月二四日は、大槌町のわかめの口開け日であった。そのため、当日早朝から採藻出漁の準備を行なっていた人も多く、そのなかの一人が異様な波音を不審に思って海岸に行ったところ、引き波があったため消防団に報告した。午前三時四〇分に町単独で警戒警報が発令され、午前四時二〇分には避難区域の避難が完了したとのことであり、[4] 人的被害は皆無であった。

津波そのものは、午前二時四〇分に第一波の兆候が見られたのち、午前四時五〇分頃には四メートル五〇センチの最高値を記録し、その後午後八時三〇分に警報解除となった。吉里吉里集落においては、当時すでに海岸と集落の住宅地のあいだに防潮堤が整備されていたこともあり、津波は防潮堤をわずかに越えた程度で、建物被害も水産加工場一棟の倒壊のみにとどまった［図4］。

表 3　大船渡各地区における防災都市建設計画
地区番号はそれぞれ、1 合足、2 長崎、3 蛸浦、4 大立清水、5 中赤崎、6 盛川左岸、7 盛川右岸、8 大船渡、9 下船渡、10 細浦、11 門の浜、12 泊里。

	所管省庁	事業名	事業主体	地区番号											
				1	2	3	4	5	6	7	8	9	10	11	12
1	建設省	国道付替	県									○			
2	建設省	国道改修	県									○	○		
3	建設省	河川堤防嵩上げ	県						○	○					
4	建設省	河川改修	市、県	○											
5	建設省	災害復興区画整理	市					○				○			
6	建設省	区画整理	市			○			○		○		○		
7	建設省	防火建築帯設置助成	市								○		○		
8	建設省	産業道路開設	市	○								○			
9	建設省	II 14号線整備	市							○					
10	建設省	市道改修	市										○	○	
11	建設省	バイパス線開設	市	○	○								○	○	
12	建設省	避難道路新設	市								○				
13	建設省	川口線整備	市							○					
14	建設省	川口橋架設	市							○					
15	建設省	都市水利事業	市							○					
16	建設省	河川改良	市					○	○						
17	建設省	佐野橋修築	市							○					
18	建設省	佐野橋架設	市							○					
19	農林省	海岸護岸築造	県				○								
20	農林省	海岸舗装	県										○		
21	農林省	漁港修築	県									○			
22	農林省	漁港防潮壁	県			○									
23	農林省	防潮林整備	県	○											
24	運輸省	防潮堤築造	県					○	○	○	○	○		○	○
25	農林省	防潮壁築造	市、県										○		
26	農林省	桟橋架設	市、県										○	○	
27	農林省	舟揚場築造	市、県										○	○	
28	農林省	防波堤築造	市		○	○							○		
29	農林省	海岸護岸	市			○									
30	農林省	海岸護岸復旧	市			○	○								
31	農林省	漁港護岸	市		○										
32	農林省	漁港浚渫	市		○										
33	農林省	漁港整備	市	○											○
34	農林省	産業道路新設	市										○		
35	農林省	林道新設	市										○		
36	農林省	敷地造成	漁組										○		
37	農林省	用地造成	漁組					○							
38	運輸省	岸壁築造	県								○				
39	運輸省	港湾修築	県												

	所管省庁	事業名	事業主体	地区番号											
				1	2	3	4	5	6	7	8	9	10	11	12
40	通産省	臨港線開設	-					○		○					
41	通産省	工業用地買収	県							○					
42	通産省	工場用地造成	県							○					
43	厚生省	工場用地買収	県						○						
44	文部省	水源地整備	市				○				○		○		
45	国鉄	第二小学校建設	市									○			
46	国鉄	大船渡駅西口整備	-								○				
47	その他	鉄道横断道路開設	市									○			
48	その他	観光施設整備	市												○
49	その他	鉄道高架化	国鉄								○				
50	その他	有料道路新設	道路公団									○			
51	その他	工業用地造成	-				○								
52		水道布設	-		○	○									

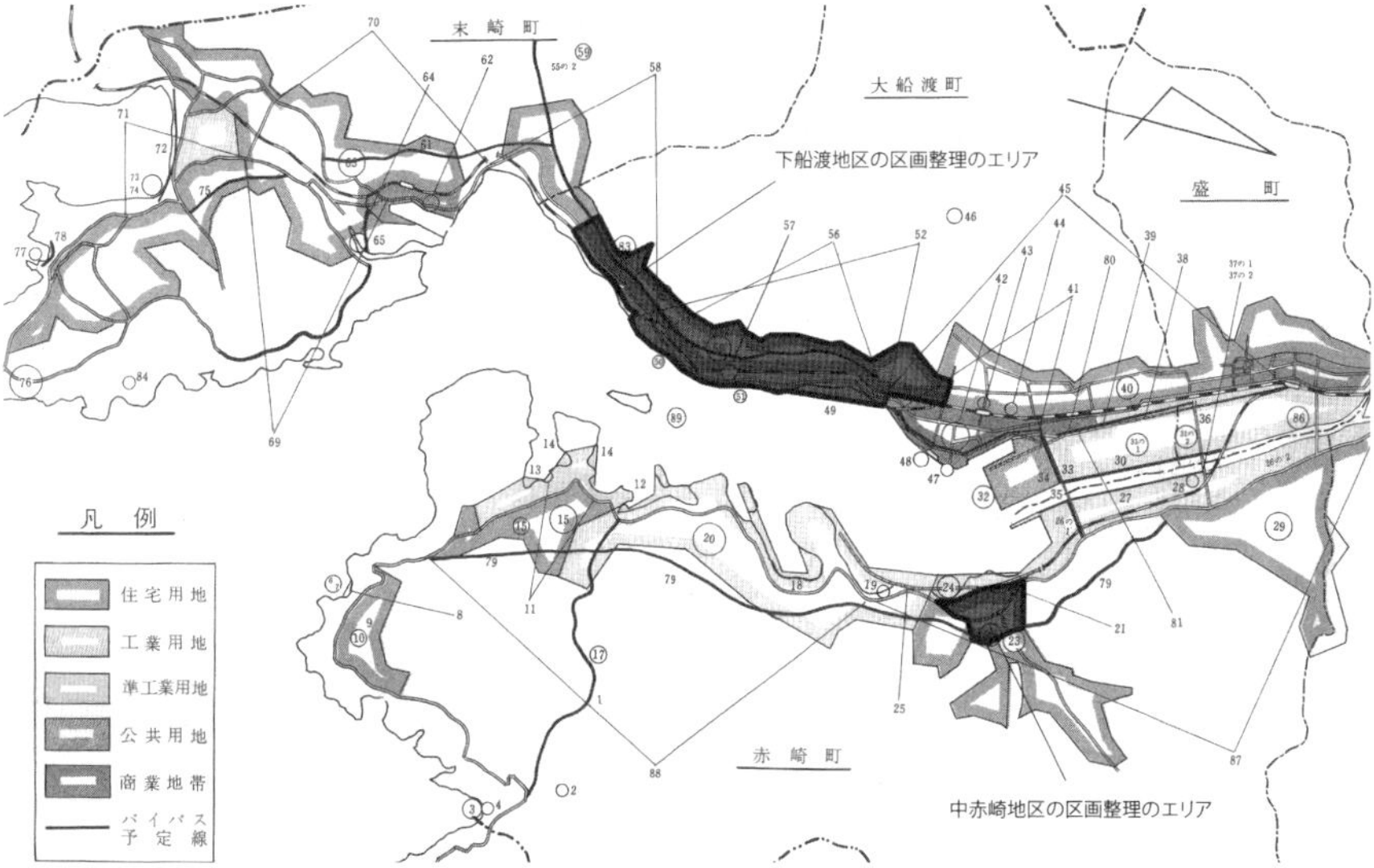

図3　チリ地震津波後の大船渡市の災害復興計画図

その後の復旧にあたっては、当初計画で一四二〇メートルの防潮堤を申請したが、決定したのは七七〇メートルで、その後さらに計画が改定され、結果として七六一・五メートルの防潮堤および門扉三門、水門三門が整備され［図5］、要した金額は五七六七万円であった。

地図3（三〇四頁）は、チリ地震津波による浸水域と明治三陸津波、昭和三陸津波、そして東日本大震災に伴う津波の浸水域を比較したものであるが、四つの津波の浸水域のなかでチリ地震津波の浸水域が最も狭い。なお、図5では防潮堤を越えて津波が浸水しているが、前述のとおり建物

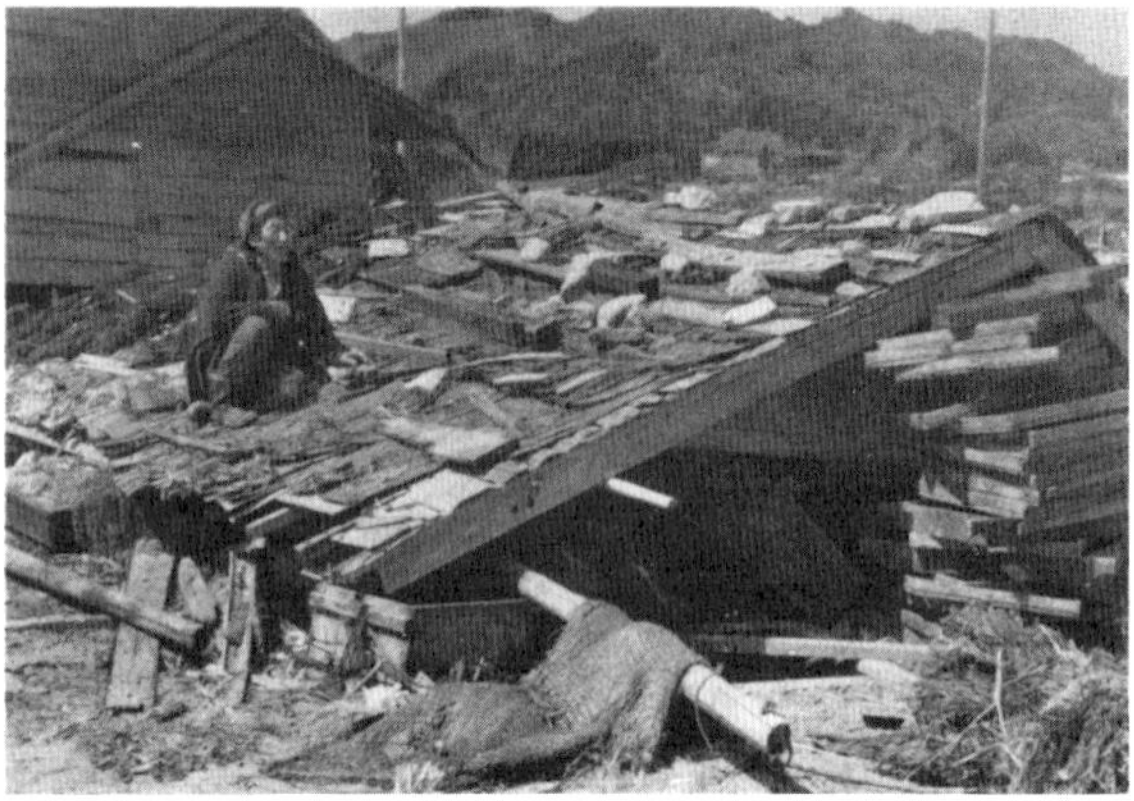

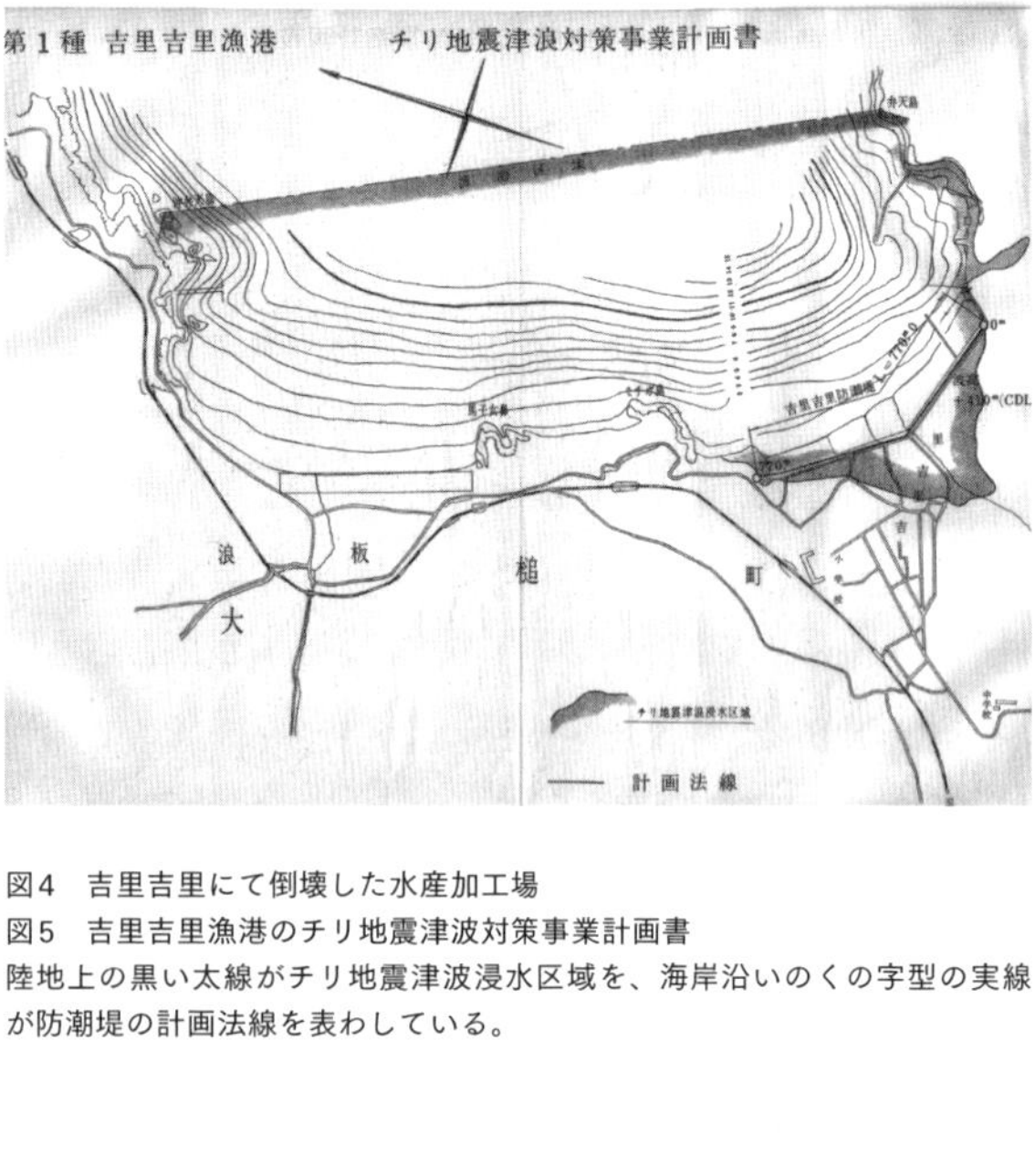

図4　吉里吉里にて倒壊した水産加工場
図5　吉里吉里漁港のチリ地震津波対策事業計画書
陸地上の黒い太線がチリ地震津波浸水区域を、海岸沿いのくの字型の実線が防潮堤の計画法線を表わしている。

被害は水産加工場にとどまるなど、その範囲は限られている。

　そして、チリ地震津波の復興については、「チリ地震特措法」に基づき、被災した施設の復旧のみならず、「従前にその例をみない画期的な海岸保全施設の新設改良を行ない再度津波による災害を防止するための総合的な対策」[5]が確立され、予算が確保され、実行に移されていった。

三　東日本大震災にみる近代復興

被災前夜の三陸と被害状況

　二〇一一（平成二三）年三月一一日に岩手県沖から茨城県沖にかけた広範囲を震源域として東北地方太平洋沖地震が発生した。震度は日本の観測史上最大のマグニチュード九・〇で、地震に伴い発生した巨大津波により、東日本の太平洋沿岸地域は大きな被害を受けた[6]。なかでも被害が大きかったのが、リアス式海岸を有する岩手県および宮城県を中心とした三陸沿岸地域である。両県の被害を整理すると、岩手県では死者・行方不明者の合計が六二一七人で人的被害率が二・三パーセント、建物倒壊棟数が一九三六〇棟、建物倒壊率が一九・〇パーセントであった。また、宮城県では死者・行方不明者の合計が一一七五〇人で人的被害率が〇・七パーセント、建物倒壊棟数が八一六五三棟、建物倒壊率が一一・七パーセントであった[7]。

　市町村ごとの人的被害率を比較すると、女川《おながわ》町の八・七パーセントが最も高く、次いで大槌町が八・四パーセント、陸前高田《りくぜんたかた》市が七・八パーセントとなっている。また、建物被害率で見ると、女川町の七三・七パーセントが最も高く、次いで大槌町の六二・九パーセント、南三陸町の五九・四パーセントの順となっている。このように、本書が主に対象としている大槌町は、人的被害、建物被害双方ともに他市町村と比較しても大きくなっている。これは、平地が少なく可住地域が大槌川、小鎚川の両河川の河口域および沿岸部の低地に集中していたことが要因として考えられる。

東日本大震災以前の災害関係法制度

東日本大震災以前の災害関係法制度を被災者個人の救済にかかわる制度と社会インフラの復旧に関する制度に分けてそれぞれ整理する。

まずは、被災者個人の救済にかかわる制度について、前節では、一九四七年制定の「罹災救助基金法」およびその後の個人や民間企業などに向けた各種融資制度について簡単に整理した。ここでは、一九七三年制定の「災害弔慰金の支給等に関する法律」（以下、「災害弔慰金等法」とする）および阪神・淡路大震災後に制定され、東日本大震災後の復興においても活用されている「被災者生活再建支援法」に限定して、その概要を整理する。

「災害弔慰金等法」は、一九六七年八月に発生した羽越豪雨水害（死者・行方不明者合計一三八八人）に際し、その被災者であった佐藤隆がその後参議院議員となり、議員立法により一九七三年に成立したものである。「災害救助法」では個人に対する現金支給は規定しておらず、「災害弔慰金等法」制定以前は被災者への公的資金の支給制度はなかった。同法では、災害により家族を失った被災者への「災害弔慰金」の支給、災害によって重い障害を負った被災者への「災害障害見舞金」、被災者に対する「災害援護資金」の貸付の三つの内容を定めている。支給主体は市町村であるが、原資の負担割合は国が二分の一、都道府県が四分の一、市町村が四分の一であり、死亡者が主たる生計維持者であれば五〇〇万円が支払われる。「災害弔慰金」および「災害障害見舞金」はそれぞれ目的が弔慰と見舞で、いずれも被災者の生活再建を目的としたものではなく、「災害援護資金」のみが被災者の生活再建を目的とした資金となっている。ただし、利率が高いこと、保証人が必要なことなど、問題を指摘する声も多い。[8]

一方「被災者生活再建支援法」は、阪神・淡路大震災後に被災者個人への金銭支援を求める声が大きくなり、その後一九九八年に成立した法律である。同法による補助金は当初上限が一〇〇万円で所得制限が設けられていたうえ住宅再建に使用できないという制限があった。それが、その後の法改正で、被害認定調査と呼ばれる調査に基づき、被害に応じて最大三〇〇万円まで支払われることになり、また使途に関する制限も取り外された。

次に、社会インフラの復旧に関する制度について整理する。一九五九年の伊勢湾台風および一九六〇年のチリ地震津波の復興にあたっては、いずれも特別措置法が制定され、個別に既存の法律の補助率などが緩和されたことを確認した。その後、手続きに要する手間や類似した法律が乱立した煩雑な法体系に対する反省から、一九六一年に制定されたのが「災害対策基本法」である。同法では、第一条において「防災に関し、基本理念を定め、国、地方公共団体及びその他の公共機関を通じて必要な体制を確立し、責任の所在を明確にする」こと、および「防災計画の作成、災害予防、災害応急対策、災害復旧及び防災に関する財政金融措置その他必要な災害対策の基本を定めることにより、（…）社会の秩序の維持と公共の福祉の確保に資すること」の二つの目的を掲げている。つまり防災にかかわる関係主体の責任の明確化、および防災の総合化である。同法により、これまで災害フェーズごとにそれぞれに対応する法律に基づき各主体がばらばらに動いていたものが、ここで体系化されることとなった。

そして、災害復旧に関しては第八七条において「指定行政機関の長及び指定地方行政機関の長、地方公共団体の長その他の執行機関、指定公共機関及び指定地方公共機関その他法令の規定により災害復旧の実施について責任を有する者は、法令又は防災計画の定めるところにより、災害復旧を実施しなければならない」として、実施責任の所在を被災自治体の長と定めた。一方、災害復旧事業費に対する国の負担や補助については、第九六条において「災害復旧事業その他災害に関連して行なわれる事業に要する費用は、別に法令で定めるところにより、又は予算の範囲内において、国がその全部又は一部を負担し、又は補助することができる」としており、基本的にはそれまでの各種法令にのっとって国庫による負担や補助がなされることが規定された。さらに、第九七条に定めるところにより、一九六二年に「激甚災害に対処するための特別の財政援助等に関する法律」が制定され、規模の大きい災害時における国庫補助率の嵩《かさ》上げを定めている。

東日本大震災の復興手法

ここでは、東日本大震災からの復興における政府、岩手県、それぞれの対応を整理し、現在進行形の東日本大震災における復興手法を分析する。

まずは、東日本大震災復興構想会議について整理する。

東日本大震災の一カ月後の二〇一一年四月一一日、政府は東日本大震災の被災地域の復興に向けた指針策定のための復興構想について内閣総理大臣の諮問に基づき審議を行なうことを目的とし、有識者からなる東日本大震災復興構想会議を開催することを閣議決定した。その後二〇一一年四月一四日から一二回にわたって会議が開催され、委員として参加した各分野の専門家による議論の結果、同年六月二五日に「復興への提言～悲惨のなかの希望～」が決定され、内閣総理大臣に手交された。以下、本書に関連する部分を中心にその概要を整理する。

提言の冒頭には、「復興構想七原則」として次の内容が掲載されている。そのなかの「原則二」において、「地域・コミュニティ主体の復興を基本」とし「国は、復興の全体方針と制度設計によってそれを支える」としている。

○復興構想七原則

原則一：失われたおびただしい「いのち」への追悼と鎮魂こそ、私たち生き残った者にとって復興の起点である。この観点から、鎮魂の森やモニュメントを含め、大震災の記録を永遠に残し、広く学術関係者により科学的に分析し、その教訓を次世代に伝承し、国内外に発信する。

原則二：被災地の広域性・多様性を踏まえつつ、地域・コミュニティ主体の復興を基本とする。国は、復興の全体方針と制度設計によってそれを支える。

原則三：被災した東北の再生のため、潜在力を活かし、技術革新を伴う復旧・復興を目指す。この地に、来たるべき時代をリードする経済社会の可能性を追求する。

原則四：地域社会の強い絆を守りつつ、災害に強い安全・安心のまち、自然エネルギー活用型地域の建設を進める。

原則五：被災地域の復興なくして日本経済の再生はない。日本経済の再生なくして被災地域の真の復興はない。この認識に立ち、大震災からの復興と日本再生の同時進行を目指す。

原則六：原発事故の早期収束を求めつつ、原発被災地への支援と復興にはより一層のきめ細やかな配慮をつくす。

原則七：今を生きる私たち全てがこの大災害を自らのことと受け止め、国民全体の連帯と分かち合いによって復興を推進するものとする。

東日本大震災復興構想会議

「復興への提言～悲惨のなかの希望～」（二〇一一）

同様の方針は提言本文のなかでも見られ、「復興の主体は、住民に最も身近で地域の特性を理解している市町村が基本」[9]であるとして、「今後の地域づくりのあり方については、市町村が、復興の選択肢をその利害損失を含め、地域住民に示し、その上で、地域住民、関係者の意見を幅広く聞きつつ、その方向性を決定しなければならない」[10]としている。また、それを実現するための手法のひとつとして「新しい地域づくりなどへの対応と合わせ復興に必要な各種施策が展開できる、使い勝手のよい自由な交付金」[11]の必要性に言及している。

また、「地域類型と復興のための施策」として被災地を五つの類型に分け、類型ごとに地域の復興のイメージを図入りで示している。いずれの類型においても、山の切り崩しによる市街地の高所移転や人工地盤や盛土による嵩上げ、避難タワー、防潮堤、海岸防災林などの土木インフラ整備を中心とした複数の手法を組み合わせることで、安全性を確保することを優先している【図6】。また、関連して防災集団移転促進事業についても言及している。

そのほか、土地利用規制について、「建築基準法」第三九条（災害危険区域の指定）や同法第八四条（被災市街地における建築制限）による制限に加え、土地利用規制と各種事業とを組み合わせた『多重防御』を実現する必要がある」[12]と述べている。

産業政策については、「地域経済活動の再生」のなかで「企業・イノベーション」「農林業」「水産業」「観光」の四つの分野についてそれぞれ提言を行なっている。

その後、これら東日本大震災復興構想会議による「復興への提言～悲惨のなかの希望～」を受けて、東日本大震災復興対策本部は「東日本大震災からの復興の基本方針」を発表した。

次に、具体的に被災集落の再建に向けた事業の実施に活用されている復興交付金の制度について、その概要を整理する。

復興交付金事業計画とは、二〇一一年一二月一四日に制定された「東日本大震災復興特別区域法」に基づくもので、

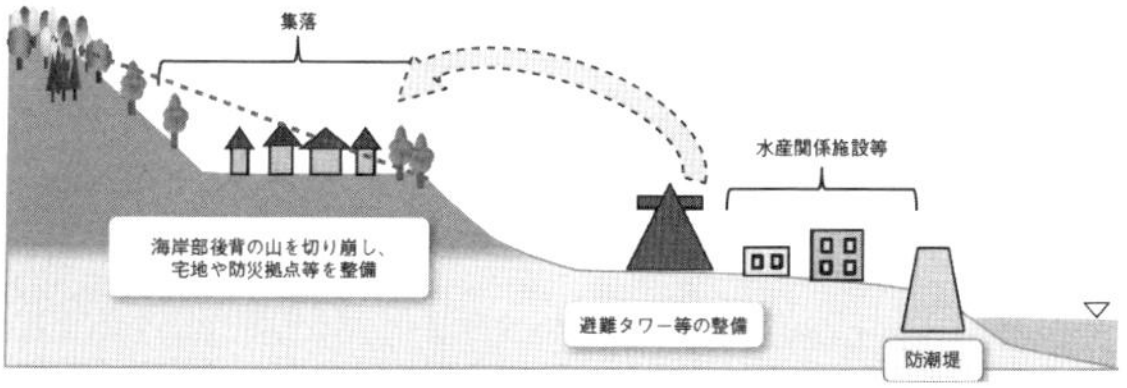

図6 「地域類型と復興のための施策」類型3の復興イメージ

同法七七条により市町村は被災地の「円滑かつ迅速な復興のために実施する必要がある事業に関する計画」を作成することができるとしている。そして同計画には、「土地区画整理事業」「集団移転促進事業」「道路法第二条第一項に規定する道路の新設又は改築に関する事業」「公営住宅法第二条第二号に規定する公営住宅の整備又は管理に関する事業」「土地改良事業」「漁港漁場整備事業、その他内閣府令で定める事業」に関する事項について記載するものと定められている。要するに、復興交付金事業とは、災害復旧事業では対応しきれない「復興」にかかわる内容を含む事業を意味し、そうした事業については、復興交付金によって実施するということである。そして、具体的に復興交付金によって実施できる事業は、大きく基幹事業と効果促進事業等（関連事業）の二種類に分けられる。前者は被災自治体に必要なハード事業で「五省四〇事業」がリストアップされている［資料13、二九五頁］。また、後者は前者に関連して自治体が自主的に実施する比較的自由度の高い事業である。

　そして被災地における住宅再建は、基本的には五省四〇事業のうち五つの事業（漁業集落防災機能強化事業、災害公営住宅整備事業、津波復興拠点整備事業、都市再生区画整理事業、防災集団移転促進事業）のいずれかを選択する、もしくは自主再建を行なうことになる。自主再建を除くいずれの場合においても、復興地の造成や盛土、区画整理などの大規模なインフラ整備を伴うものとなっている。

吉里吉里集落における被害と復興計画

　次に国の復興交付金計画が具体的に被災集落においてどのようなかたちで立案され実施されようとしているのか、吉里吉里集落を事例として見ていくこととする。

　まずは、大槌町および吉里吉里集落における被害を整理する。すでに整理したように、大槌町全体の被害は人的被害率および建物被害率のいずれも被災地のなかでも高く、最も被害の大きかった市町村のひとつとして数えられる。町内の地域別の被害［表4］を見ると、人的被害率は小枕・伸松《のべまつ》が最も高く一五・四パーセント、次いで町方一四・九パーセント、安渡一一・二パーセントの順で、建物被害率は小枕・伸松が最も高く九七・三パーセント、次いで町方が七六・七パーセント、安渡六四・九パーセントの順となっている。吉里吉里集落においては、人的被害率は四・〇パーセント、建物被害率は三七・二パーセントと町内では低いほうであるが、実数で見ると死者・行方不明者の合計が一〇〇人、全壊棟数が三五五棟と非常に大きな被害を受けている。

また、東日本大震災による吉里吉里集落における津波浸水域で、住宅地の広がる集落の西側については、明治三陸津波、昭和三陸津波、チリ地震津波のいずれよりも広い範囲で浸水しており、昭和三陸津波後に高所移転を行なった上通り、下通りの一帯も浸水被害を受け多くの建物が流失した［地図4、三〇五頁］。

最後に、吉里吉里集落における復興計画について見ていくこととする。

大槌町では津波により町長が亡くなったため、新たな町長が選出されたのが二〇一一年八月で、必然的にほかの自治体に比べて復興計画策定作業が遅れた。計画策定に向け地域住民を主体とした最初の「地域復興協議会」が開催されたのが二〇一一年一〇月一〇日で、その後会議が重ねられ、最終的に復興計画「大槌町東日本大震災津波復興計画　基本計画」が策定されたのは、二〇一一年一二月であった。同計画では、集落ごとに「まちづくりの方向性」［図7］が示され、吉里吉里集落の場合は従来低地を走っていた国

表4　東日本大震災による大槌町内地域別の被害

	震災前人口(人)	死者(人)	行方不明者(人)	人的被害率	世帯数（世帯）	全壊(棟)	建物被害率
町方	4,483	343	325	14.9%	1,853	1,421	76.7%
桜木町・花輪田	1,421	19	5	1.7%	579	176	30.4%
小枕・伸松	272	28	14	15.4%	110	107	97.3%
沢山・源水・大ヶ口	3,104	60	19	2.5%	1,195	215	18.0%
安渡	1,953	161	57	11.2%	824	535	64.9%
赤浜	938	53	42	10.1%	371	230	62.0%
吉里吉里	2,475	72	28	4.0%	954	355	37.2%
浪板	404	13	11	5.9%	143	53	37.1%
小鎚	499	1	2	0.6%	200	0	0.0%
金沢	509	1	2	0.6%	179	0	0.0%
合計	16,058	751	505	7.8%	6,408	3,092	48.3%

道四五号を山側に架け替えてその内側を盛土し住商混在のエリアとし、浸水域については観光エリアとしてオートキャンプ場などに利用することが想定された。そして海岸については砂浜の復活を目指し、「低地から斜面地へ広がる美しい集落という地の利を活」かすとしている。また、復興地の候補として高台の土地がいくつか挙げられている。

その後、二〇一五年一一月四日の吉里吉里集落の復興計画の状況を確認すると、当初計画どおりに国道が山側に架け替えられ、その内側（[図8]中央あたりの太線囲い部分）が都市再生区画整理事業が実施されるエリアで、同エリアは最大九メートルもの盛土が実施される計画となっている。また、そのほか集落の東西の山の斜面六カ所に点在しているのが「防災集団移転促進事業」の移転先の候補地である。そのほか、吉里吉里においては災害公営住宅一〇四戸分が二〇一三年八月に完成し、すでに入居している。また、震災前の約二倍の高さ一二・八メートルの防潮堤が建設される計画となっている。

なお、大槌町では浸水エリアの建築制限に関して、震災の翌年二〇一二年五月一六日に町内各集落で区画整理事業などを予定しているエリアを「被災市街地復興推進地域」として都市計画決定し、知事の許可なく建築行為などを行なうことを制限している。

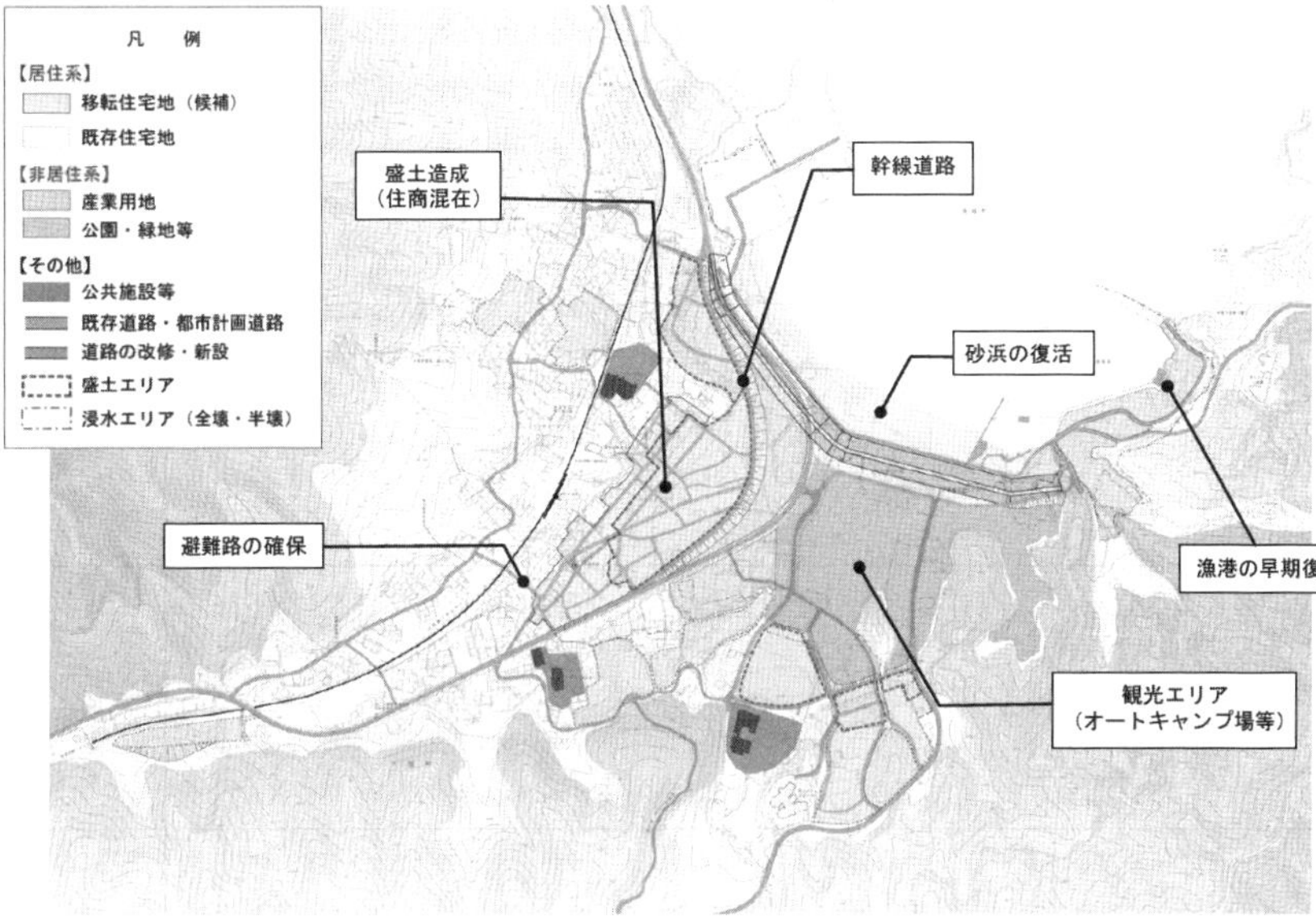

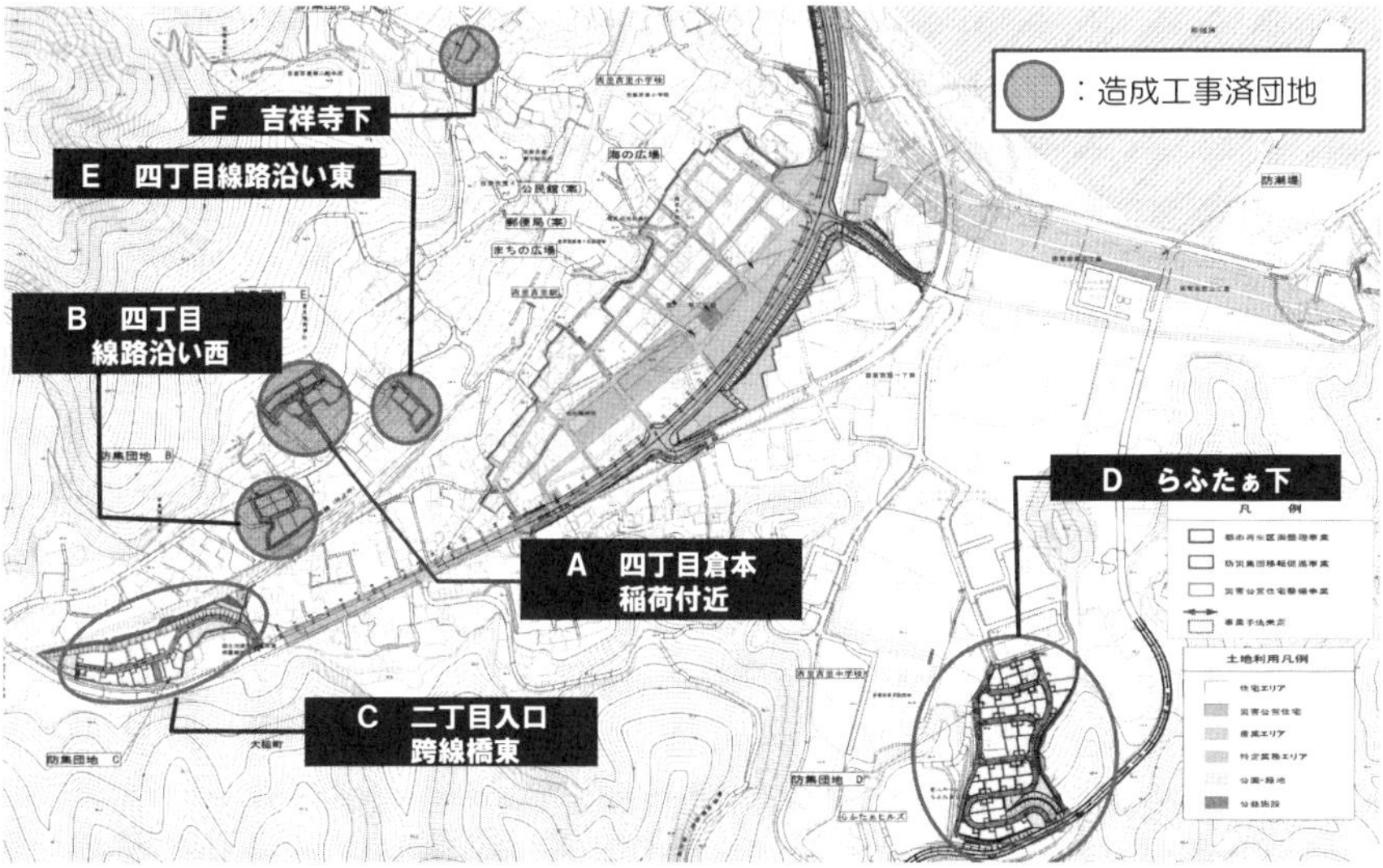

図7 吉里吉里集落の「まちづくりの方向性」（2011年11月）
図8 吉里吉里集落の全体計画図（2015年11月4日時点）

四　近代復興の成立と限界

中央政府主導のチリ地震津波の復興手法

チリ地震津波の復興手法はどのように位置付けられるであろうか。

まずは、復興を支えた体制における各主体間の関係を確認したい。周知のとおり、戦後改革により「中央政府」と「地方政府」の関係が大きく変わった。知事公選や府県の自治体化、市町村と都道府県の独立税体系および起債権の確立などの一連の改革により、都道府県や市町村が自治体として成立した。また、戦前において府県を監督する立場にあった内務省がGHQにより解体された。ただし、そうした性急な改革による地方自治制度の限界もすぐに露呈する。その一番の要因は財政面における自治権が未確立であったことによる。具体的には、国庫支出金の割合が大きいこと、地方債の起債が許可制であること、明治以来の機関委任事務制度が残されたことなどから、地方政府が中央政府に従属する立場に陥っていった。さらに、戦時中に防災に寄与する公共事業が行なわれなかったがゆえに、災害が多発し、地方政府の財政が非常に悪化した。

そうした状況下で発生したのが、チリ地震津波であった。そしてその復興については、本章において見てきたとおり、「チリ地震特措法」により、中央政府が地方政府からの意見を反映し、津波対策事業計画を作成し、さらに国庫補助により実施することが定められた。地方政府は中央政府が作成した計画に基づき、それを粛々と実行した。このように、トップダウンによる復興手法が採用されたのは、計画内容の大半がインフラ整備事業であったからにほかならない。チリ地震津波の規模は明治三陸津波や昭和三陸津波ほどではなく、すでにあった防潮堤などにより被害を免れた集落も少なくなかった。それゆえ、被害を受けた地域が津波対策として防潮堤などのインフラ整備を行なったのは必然的な流れであった。そして、前述したとおり地方政府の財政状況が悪化するなかで、インフラ整備を行なうためには、中央政府からの国庫補助に頼らざるをえなかったのである。ここで重要なことは、インフラ整備の内容が、復旧の範囲を超えた「津波対策事業」となっており、そこに国庫補助が積極的になされている点である。戦後における「暫定法」や「負担法」の対象範囲が復旧にとどまっていたことを考えると、明らかに一歩踏み込んだ内容となっている。このように、チリ地震津波の復興は、「チリ地震特措法」に基づき、中央政府が主導するかたちでインフラ整備を中心とした事業メニューが提案され、国庫補助を受けて果たされていった。ここに近代復興の一定の完成形をみることができる。

一方で、戦前においては低利資金の融通によって対応していた個人住宅や民間事業の再建については、「シャウプ勧告」に従い、各種金融公庫を経由してそれぞれの被災者に融通する形式となっている。内容としては、住宅から産業、商工業まで幅広く網羅している。しかも、融通金額としてはインフラ整備に対する国庫補助額を超えていることからも、充実した内容となっていることがうかがえる。ただし、インフラ整備と住宅再建や産業再建とを切り離してしまっており、計画としての一体性は損なわれている。また、戦前の低利資金の融通の際に問題となった、返済不能となるリスクについては対応していないように見受けられる。

地方分権改革と東日本大震災の復興

チリ地震津波の復興手法同様に、東日本大震災の復興を支えた体制における各主体間の関係を確認したい。

近年の我が国における「中央政府」「地方政府」および両者の関係に大きな変化をもたらしたのが、一九九五年に改正された「合併特例法」により始まった市町村合併（平成の大合併）と、一九九九年に制定された「地方分権一括法」、そして小泉純一郎内閣以降の地方分権改革である。

一つめの平成の大合併については、行政の効率化を目的に、市町村の数を一九九五年時点の三二三四から一〇〇〇にまで減らすことを目指した。東日本大震災の被災地においても、石巻市や大船渡市などをはじめ多くの市町村がこの時期に合併し、市町村が広域化した。また、「地方分権一括法」により、明治以来続いた機関委任事務が廃止され、中央政府と地方政府の関係が名目上対等なものとなった。そして、地方分権改革では、新自由主義の考えに基づき市場原理の導入による「小さな政府」を目指す方向で改革が進められている。

こうした状況下で発生した東日本大震災に対する復興手法は本章で見てきたとおりである。中央政府が打ち立てた方針にのっとり、中央政府が定めた予算および事業メニューの枠組みのなかで、地方政府（市町村）が計画を立案し、国庫補助を受けながら各種事業を実施していくというものである。地方分権を目指しつつも、基本的には近代復興の枠組に基づく復興手法が採用されている。

その背景には、平成の大合併を含む一連の改革の流れのなかで、行政の効率化に伴う地方政府の人員の不足の問題もあるだろう。また、機関委任事務が廃止されたとはいえ、明治以来脈々と続いてきた中央政府と地方政府の従属関係のなかで、自ら考え行動できるような人材が地方政府には育ってこなかったということもあるだろう。あるいは、「小さな政府」の導入により、インフラ整備以外の社会政策事業が縮小された結果、中央政府の事業メニューおよび予算に頼らざるをえなかったのかもしれない。しかし、昭和三陸津波やチリ地震津波の復興との類似性（および差異）を踏まえると、問題の所在を直近の地方自治改革の流れにのみ求めるのではなく、もう少し中長期的な近代復興の流れのなかで考察したほうがよさそうである。そうした近代日本の災害復興史のなかでの東日本大震災の位置付けについては、第五章において引き続き論じていきたい。

第五章
ポスト近代復興に向けて

いまさら振り返っても仕方のないことだが、東北という、とくに太平洋岸の陸奥という、この乾いた寒冷の風土にたとえば北欧諸国などの国土経営法の下敷をあてることによって、――つまり白河以南の米作地帯とは別原理の思想でもって――有史以来の東北経営をやり変えてしまうという構想が、明治初年に思いつかなかったものだろうか。もしそれがなされていたとすれば、百年後のこんにち、たとえば四国地方の面積を一県でもつという広大な岩手県などは密と乳の流れる山河になっているかもしれないのである。

司馬遼太郎『街道をゆく3　陸奥のみち、肥後のみちほか』

（朝日新聞出版、二〇〇八［新装版］）一〇頁

司馬遼太郎（一九二三－一九九六）が、長年かけて旅をしながら執筆した紀行文『街道をゆく』のなかで、東北を訪れた際に記した一文である。東北のなかでも岩手県は、元来稲作の適地ではないために、これまでに幾度となく米の不作による壊滅的な被害を受けてきた地域であるとしている。それゆえ、どこかの段階で為政者が稲作ではなく牧畜の導入を決断していれば、別の未来があったのではないかと指摘している。

「歴史に『もしも』はない」とはよくいわれる言葉である。また、司馬は地理学者ではないため、上記指摘が必ずしも学術的に正しいとは限らない。しかし、「白河以北、一山百文」という言葉に象徴されるように、東北地方が中央政府との関係のなかで幾度となく侮蔑的な扱いを受け、自らの未来を主体的に選択できずにいるとすれば、それは不幸なことである。

一　マクロな災害復興史

前章まで、明治三陸津波（一八九六［明治二九］）、昭和三陸津波（一九三三［昭和八］）、チリ地震津波（一九六〇［昭和三五］）、そして東日本大震災（二〇一一［平成二三］）と、四度の「三陸津波」について個別に論じてきた。それらは、本書でいう「ミクロな歴史」に該当する。一方本章では、四度の「三陸津波」の通時的な分析を行なう。それが序章で述べた「マクロな歴史」である。長期的な観点から四度の津波災害に通底する「マクロな歴史」を捉えたうえで、近代復興の構造的問題を把握し、ポスト近代復興のあり方を検討する。

具体的には、まず〈二　復興手法と集落環境の変遷〉において、復興手法および集落環境のそれぞれについて、どのように変化してきたのか、通時的な分析を行なう。次に〈三　近代復興と統治機構〉において、特に、四度の「三陸津波」のなかでも近代復興の原点として、また、新たな復興手法を考案するうえでの参照点としての昭和三陸津波の復興を中心に、その前後の災害復興との差異およびその要因について詳細に論じる。さらに〈四　日本の現況と近代復興の不適合〉において、東日本大震災前後の日本の経済・社会状況を整理し、そこに近代復興を当てはめることによって進められている現在進行形の復興の構造的な問題点を指摘する。そのうえで、〈五　ポスト近代復興への展望〉において今後の災害時における復興手法を見通すこととする。

二　復興手法と集落環境の変遷

各津波災害における被害

まず、復興の前提となる被害について、四度の「三陸津波」を比較する。明治三陸津波以降、岩手県および宮城県が経験した四度の津波災害の被害を整理すると表1のようになる。以下、岩手・宮城両県の合計値をもとに人的被害および建物被害の比較を行なう。

明治三陸津波の人的被害は実数二万一六一〇人と最も多く、人的被害率も二〇・五パーセントと最も高い。また、建物被害についても建物被害率が三九・九パーセントと最も高くなっている。明治三陸津波発生当時は道路や橋梁、港湾設備などのインフラの整備状況も未熟であり、また漁村の家屋も素朴なものであったため、津波が三陸沿岸地域に与えた影響としては、建物被害よりも人的被害の大きさのほうが深刻だったと考えられる。したがって山口弥一郎

表1　4度の津波災害による被害

		人的被害			建物被害		
		震災前 人口（人）	死者・行方 不明数（人）	人的 被害率	震災前 戸数（戸）	被害 戸数（戸）	建物 被害率
明治三陸津波	岩手県	76,114	18,158	23.9%	12,003	5,617	46.8%
	宮城県	29,486	3,452	11.7%	4,823	1,095	22.7%
	2県計	105,600	21,610	20.5%	16,826	6,712	39.9%
昭和三陸津波	岩手県	133,246	2,671	2.0%	21,555	3,666	17.0%
	宮城県	68,439	313	0.5%	10,364	519	5.0%
	2県計	201,685	2,984	1.5%	31,919	4,185	13.1%
チリ地震津波	岩手県	-	62	-	-	962	-
	宮城県	-	54	-	-	1,008	-
	2県計	-	116	-	-	1,970	-
東日本大震災	岩手県	274,086	6,217	2.3%	101,919	19,360	19.0%
	宮城県	1,708,599	11,750	0.7%	695,490	81,653	11.7%
	2県計	1,982,685	17,967	0.9%	797,409	101,013	12.7%

が論じたように、人口の移動や家督の継承などが大きな問題となった。

昭和三陸津波の人的被害について見ると、実数二九八四人、人的被害率一・五パーセントと小さくはないものの、いずれも明治三陸津波の被害を大きく下回っている。一方、建物被害について見ると、実数四一八五戸および建物被害率一二・七パーセントとともに明治三陸津波を下回っているものの、人的被害に比べると大きな被害を受けたと言える。そこで国による予算が投入されて、高所移転や区画整理、防潮堤などの建設が進められた。

チリ地震津波について見ると、人的被害は一一六人で被害戸数も一九七〇戸とほかの津波被害に比較するといずれも小さく、また、大きな被害を受けたのは、大船渡市や志津川町などに限られており、ほかの市町村の多くは防潮堤などの施設によりある程度被害を防ぐことができた。そのため、その後の復興過程においては基本的に防潮堤や防波堤、河川堤防などの土木インフラ整備が進められた。

東日本大震災について見ると、人的被害の実数は明治三陸津波に次いで多く、また建物被害の実数は四つの災害のなかでも最も多い。チリ地震以降進められてきた防潮堤や防波堤、河川堤防などの土木インフラ整備に伴い海岸沿いの可住面積が広がり、そこに家が建設され人口が増加したところに、想定を超える津波が押し寄せ、人的にも物的にも大きな被害を被ったと言える。

次に、大槌町および吉里吉里集落における四度の「三陸津波」による被害を整理すると表2のようになる。

大槌町全体の被害について人的被害率を見ると、明治三陸津波が八・六パーセントと最も高い値となっているが、建物被害率で見ると四八・三パーセントと東日本大震災が最も高い値となっている。吉里吉里集落の被害は、明治三陸津波およびチリ地震津波発生時点における人口や世帯数が判明していないた

表2　4度の津波災害による大槌町および吉里吉里集落の被害

	集落	震災前人口（人）	死者・行方不明者(人)	人的被害率	震災前戸数(戸)	流失・全潰戸数（戸）	建物被害率
明治	大槌町	6,983	600	8.6%	1,172	444	37.9%
	吉里吉里	953（推計）	288	30%（推計）	約160	122	約76%
昭和	大槌町	12,033	61	0.5%	1,747	419	24.0%
	吉里吉里	1,732	10	0.6%	272	128	47.1%
チリ	大槌町	20,004	0	0%	3,768	82	2.2%
	吉里吉里	–	0	0%	–	0	0%
東日本	大槌町	16,058	1,256	7.8%	6,808	3,092	48.3%
	吉里吉里	2,475	100	4.0%	954	355	37.2%

め、厳密な比較はできないが、筆者の推計によると人的被害率で見ると明治三陸津波が最も高く、次いで東日本大震災、昭和三陸津波の順となっている。また建物被害率で見ると同じく明治三陸津波が最も高く、次いで昭和三陸津波、東日本大震災の順となっている。このように昭和三陸津波による被害は、ほかの災害と比較しても人的被害は軽微であるにもかかわらず、建物被害が大きいと言える。またチリ地震津波については大槌町の建物被害八二戸のみで、吉里吉里では人的被害および建物被害は皆無であった。また津波浸水域を比較すると、東日本大震災が最も広く、次いで明治三陸津波、昭和三陸津波、チリ地震津波の順となっている。

復興に関する法制度の変遷

前章までで時代区分ごとに整理した災害に関連する法制度を、個人救済にかかわる制度（住宅再建と産業再建にかかわる制度の双方を含む）、宅地整備にかかわる制度、土木復旧に関する制度の三つに分けて再整理すると資料14（二九八頁）のようになる。個別の法制度についてはは各章においてすでに論じたので、ここでは各制度が変容していく過程において転換点となった法令を中心に、通時的な変化を論じることとする。

まず個人救済にかかわる制度をみると、明治初期から戦前までは備荒儲蓄金や罹災救助基金などにより、小屋掛料や農具料などの応急的な支援が行なわれてきた。それが戦後においては、「住宅金融公庫法」や「農林漁業金融公庫法」（一九五二）により被災住民への住宅再建や産業再建のための融資などが行なわれるようになる。さらにその後、「被災者生活再建支援法」により住宅再建のための資金支出が成されるなど、国による支援の対象、内容を拡充させてきた。「被災者生活再建支援法」に至るまで、国による資金支出が認められてこなかった背景には、個人財産形成につながる国庫支出に対する国の慎重な姿勢があったと言える。

次に、道路拡張や区画整理などの宅地整備にかかわる制度をみる。東京市における「東京市区改正条例」（一八八八）から六大都市を対象とした旧「都市計画法」（一九一九）、さらに六大都市以外にも対象を拡大した同法改正（一九三三）と、徐々に対象範囲を拡大するかたちで法整備が進められてきた。一方で、それら各種事業を実施するための費用に対する国庫補助は、災害復興などにおいて個別に実施された例はあるが、戦前の段階では法制度化されておらず、基本的には受益者負担の考え方に基づいていた。その後「土地区画整理法」（一九五四）や「都市計画法」（一九六八）により、それらの事業に対する国庫補助が法律として認められるようになった。また、被災したエリアにおける建築制限については、国による法律としては「建築基準法」（一九五〇）において初めて法的な制限が定められた。集団移転に関する法律としては、一九七二年に制定された「防災のための集団移転促進事業に係る国の財政上の特別措置等に関する法律」が挙げられる。同法は、九州および四国を中心に大きな被害を与えた昭和四七年七月豪雨災害（一九七二）を契機として制定された。自然災害が発生した地域もしくは「建築基準法」により指定された災害危険区域のうち、居住に適当でないと認められる区域内の住居の集団的移転を促進すべく、地方公共団体が実施する移転事業経費に対し、国が特別な措置を行なうことを定めたものである。このように、宅地整備にかかわる各種事業に対する国庫補助や建設制限などの制度が整備されたのは、主に戦後であった。

次に、被災した道路や橋、港湾などの土木インフラの復旧に関する制度については、これまでみてきたとおり、時代が下るにつれて国による関与の度合いが深まり、国庫補助の割合が高まるかたちで整備された。

三陸津波にみる近代復興

次に、前章までに論じてきた各津波災害後の復興手法の通時的変化を整理することで、近代復興が進展するプロセスを明らかにしていく。

序章において述べたとおり、近世において災害復興の責務を負ったのは基本的には被災地の領主であった（近世復興）。一方、明治維新を経て、被害が広範囲に跨るような大規模災害時における各種問題に対処しうる主体としての近代国家が成立したことにより、災害復興においても近代国家が中心的役割を果たしていくようになる（近代復興）。

ところが、明治三陸津波発災時点においては、近代国家としての各種法制度の整備が途中段階にあり、政治的にも藩閥政治から政党政治への移行期であり、中央政府と地方政府の関係が必ずしも安定的なものではなかった。そうしたなかで、実質的に中央政府に代わって被災地の復興を主導したのが、県や郡などの地方政府であった。当時、県および郡は内務省の監督下にあったが、中央政府から復興のための特別な予算措置があったわけでもなく、また自主財源も乏しかったため、限られた予算のなかでそれぞれ工夫を凝らしながら被災集落の復興を支えた。岩手・宮城両県ともに被災地に県職員を派遣し、被災集落の対応にあたった。

このように、明治三陸津波の復興は、地方政府の支援および集落における自主的な取り組みをベースとしており、体制・予算・内容ともに近代復興としては未成熟なものとなっている。しかし、各種救援金の配布や宮城県における行政主導の高所移転の実現など、近世復興とは異なる近代復興の萌芽的な形態が確認できる。

次の昭和三陸津波発災時点では、五・一五事件などを経て政党政治から官僚政治の時代に移行していた。当時、発言権を増しつつあったのが「新官僚」と呼ばれる官僚たちで、彼らが目指したのが統制経済に基づく国防国家体制である。そして、第二章でも述べたとおり、昭和三陸津波の復興は、「新官僚」を中心とした中央政府が主導的役割を果たした。具体的には、予算の確保、事業メニューの提示、地方政府から上がってきた計画の確認などを中央政府が担った。他方、高所移転事業に伴う計画の立案や集落・市町村ごとの計画の取りまとめなど、地方政府としての県が果たした役割も小さくない。また、集落においては、ピラミッドの末端組織として産業組合が設置された。そして、高所移転事業や住宅建設事業のための低利資金の受け皿など、復興後の生活改善を含めてさまざまな役割を果たした。

こうして、昭和三陸津波の復興は、中央政府が主導し、地方政府（県・町村）および集落（産業組合）がそれに従うトップダウン形式で、国庫が投入され、ハード事業を含む各種事業が実施されたという点において、近代復興の原点として位置付けられる。ただし、トップダウン式の計画ではあるが、事業の実施にあたっては集落の個別の事情に応じた変更を許容するなど、柔軟な運用がなされているように見受けられる。ここまで、国庫の投入およびメニュー型の事業手法を駆使することで、時代が下るにつれて中央政府が災害復興への介入の度合いを高めていく近代復興のプロセスを確認した。

そして、チリ地震津波発災時点では、一連の戦後改革に伴い都道府県および市町村が地方自治体となり、建前上は中央政府と地方政府が同等の関係となっていた。ところが、チリ地震津波の復興を見る限り、中央政府が立案した事業を、国庫補助を受けて地方政府が実施するというように、実質的に両者の上下、従属関係は保存され、より強化されたように見受けられる。「災害対策基本法」の制定（一九六一）を待たずして、中央政府が主導し、国庫補助に基づくメニュー型の手法により、インフラ整備中心の事業が実施されており、ここに近代復興の完成形をみることが可能である。さらに、東日本大震災発災時点においては、一九九九年制定の「地方分権一括法」により、今度こそ、中央政府と地方政府が対等な関係となったはずであった。ところが、東日本大震災においては、第四章で論じたとおり、基本的には近代復興の手法がそのまま踏襲されているように見受けられる。

集落環境の再編

行政機関により、近代復興の手法に基づく復興計画が立案されたとして、それが集落環境をそのまま規定するわけではない。そのため本書では、吉里吉里集落を例として、各津波災害後に、計画がどのように実現し、その結果集落環境がどのように変化したのかを確認してきた。

明治三陸津波後の吉里吉里集落においては、集落の建造環境に変更をもたらすような行政による復興計画は立案されなかった。それゆえ、被災前後の地図の比較により確認できる集落環境の変化は、集落に住まう無数の被災者の個別意志や、地縁・血縁関係などの集団意志の重なりの結果としてもたらされたものである。ある者は自ら所有する畑に移転し、ある者は地主の土地を借地もしくは売買により取得し移転した。その結果、元居住地と新たな復興地が入り混じった斑状の宅地に再編された。宅地全体としては震災前よりも標高の高い位置に重心が移動している点や、また海岸沿いの低地における宅地制限などは、防災上の集団意志の表われとも受け取れる。ただし、その後高所移転した住宅のうち一〇戸ほどは漸次低地に帰ってしまうなど、復興地が完全に定着するには至らなかった。一方、経済・社会環境については、被災後の行政的支援もあり、船材のための材木の確保、伐出、そして造船が速やかに進められ回復したと考えられる。

次に昭和三陸津波後の吉里吉里集落においては、第二章で見たとおり、公的資金が投入され、大規模な行政主導の計画が立案された。その結果、計画戸数よりも若干少ない九一区画分の復興地が実現し、その後さらに一一区画分の宅地が追加で整備された。また、海岸沿いには漁業共同倉庫や販売所などの共同施設が整備され、移転元の宅地の多くは作業小屋が建ち並んだ。こうして、公的資金に基づく大規模な改変により、居住地は高台へ、産業施設は低地へと、職住が分離するかたちで集落は再編された。一方、復興計画では、旧来の封建的な経済・社会環境に対しても再編を促すべく、産業の近代化・共同化を目指した事業を実施した。ところが、産業組合の人事や土地所有の分析を見る限り、船主や網元などの旧来からの支配者層と被支配者層の階層分化が一定程度保存されていたことも確認した。

そして、チリ地震津波について吉里吉里集落ではほとんど被害がなかったため、原地での再建が選択された。一方、東日本大震災は集落に大きな被害をもたらした。それゆえ、これまでよりもさらに標高の高い場所への移転と最大九メートルの盛土と区画整理による原地復興を組み合わせて再建を図る計画が立案され、完成すれば集落が抜本的に再編されることになる。

このように、吉里吉里集落においては、津波災害ごとに上からの計画論理ともともとある集落の論理がぶつかり合うかたちで、段階的に集落環境が再編されてきたことを確認した［地図5、三〇六頁］。

三　近代復興と統治機構

中央政府による介入の強化

まず、明治三陸津波から昭和三陸津波にかけての復興体制の変化をもたらした要因を分析する。

明治三陸津波の復興においては、政府が被災者個人の救済に直接関与したのは一カ月間限定の備荒儲蓄金の支給とその延長ともいえる救済費（第二予備金）の支出のみであった。これは、いわば被災後の最低限の生活を維持するための一時的な措置であり、その後の中長期的な生活再建に関しては基本的には国家の責務としては認識されていない。一方、昭和三陸津波の復興においては、震災後一カ月に満たない期間で被災集落再建のための計画立案と予算措置がなされ、その後住宅から産業の再建に至るまで幅広い事業が国庫補助などを受けて実施された。こうした明治三陸津波と昭和三陸津波の災害後にみられる対応の差異は、国家が政策を通じて取り組むべき範囲が、危機的状況を脱するための一時的な措置から、より安定的な生活を営むための中長期的な対策へと拡大したことを意味する。二つの津波災害における中央政府の対応の差異は、何に起因するのであろうか。

明治三陸津波から昭和三陸津波に至る一九世紀後半から二〇世紀前半に至るまでの期間は、日本のみならず世界各国で工業化や第一次世界大戦、世界恐慌などに起因する労働環境や生活環境の悪化、貧困、失業などのさまざまな社会問題が露呈した時代である。その結果各国政府において政策的対応が取られ、各種社会政策が進展した。日本においても、一九一七年に内務省地方局に救護課が設置され、その後一九二二年には内務省外局として社会局が設置されるなど組織の拡充強化が図られ、労働問題や工場法、社会保険、賑恤《しんじゅつ》救済などに関連する社会政策が幅広く展開された。このように、昭和三陸津波後の災害復興は、社会政策のなかで位置付けを得たことで、中央政府を中心とした中央集権的な体制のなかで扱われていくことになった。

行政学者の市川喜崇は、明治期における中央集権と、昭和初期におけるそれは様態が異なるとして、その違いを以下のように説明している。前者は中央政府が「地域社会が中央政府の意図通りに自治を営む能力について懐疑心を抱いていた」[2]ゆえに、人事統制権と事後的な矯正により監督するものであるとする。一方、後者は「さまざまな分野の行政サービスについて全国的な最低基準（ナショナル・ミニマム）を設定するとともに、それを地方政府に守らせるため、個別の行政分野ごとに各種の統制手段（通達や補助金など）を整備」[3]するものであるとする。

市川による二つの中央集権の区分は、そのまま明治三陸津波と昭和三陸津波の復興時における中央政府のスタンスの違いにぴたりと対応している。すなわち、用途制限付きの各種救援金を配布し制限からの逸脱の有無をチェックする明治政府と、各省庁が各種補助金を出し地方政府にさまざまな事業を実施させる昭和初期の政府の違いである。つまり、両津波災害後における中央政府の対応の差異は、基本的には明治期と昭和初期における統治機構の差異によりもたらされたと言ってよい。

続いて、昭和三陸津波からチリ地震津波への変化について分析していく。第四章において検討したとおり、チリ地震津波の復興においては、「チリ地震特措法」に基づき、省庁（中央政府）が主導するかたちで、国庫補助により各種事業が立案・実施されていった。そして、県および市町村（地方政府）は、上から降りてきた計画・事業をただ粛々と実施していくばかりであった。昭和三陸津波の復興と比較すると、中央政府と地方政府の従属関係がより明確になる。

こうした変化をもたらした大きな要因のひとつが、「シャウプ勧告」である。「シャウプ勧告」の内容は、実現しなかったものも少なくないが、戦後日本の税制に多大な影響を及ぼした。内容は多岐にわたり、殊に地方自治に関しては、国庫支出金や機関委任事務などの全廃により、地方自治体の独立性を強化する内容となっていた。ところが、災害対応に関しては、前述したとおり、被災地域の地方財政を破綻させないためにも中央政府が処理すべきであると主張した。日本の中央官僚機構は、「シャウプ勧告」の地方自治に関する部分については徹底して抵抗し、結果国庫支出金と機関委任事務はいずれも維持され、地方自治の実現は阻止された。一方、災害対応については、「シャウプ勧告」に従って、国による役割分担が明確化・強化されるかたちで法整備が進められた。

低利資金の融通にみる「共助」とその喪失

次に、「予算」に着目し、津波災害ごとの差異とその要因を読み解いていくこととしよう。

第一章において述べたとおり、明治三陸津波の復興において活用された予算は、インフラ復旧に投入された国庫補助以外は、いずれも「救援金」として位置付けられる一時的な救済措置のための資金である。一方、昭和三陸津波の復興において活用された予算は、国庫補助金と低利資金の大きく二つである。つまり明治三陸津波から昭和三陸津波にかけての変化は、国庫補助がインフラ整備以外にも拡大した点と、新たに低利資金が付け加えられた点である。この違いは、何によりもたらされたのであろうか。

まず、前者の変化をもたらしたのは、端的に「福祉国家」の成立であると言える。

「福祉国家」とは、社会保障制度によって国民生活の安定を図る国家を指す。概念としては戦前・戦中期からスウェーデンやイギリスなどで登場し、日本では主に戦後における「生活保護法」（一九五〇）や「国民年金法」（一九五九)、「国民健康保険法」(一九六一)などを通じて形成されたとされる。ところが、実際には社会政策に対する国庫補助は昭和初期にはすでに行なわれており、この時期において実態としては福祉国家型の体制が成立していたと言える。[4]福祉国家においては、中央政府がナショナル・ミニマムを設定しそれを地方政府に達成させる必要がある。そのため、地方政府への税金の再分配がなされ、その過程で中央政府から国庫補助が行なわれることになる。そして、昭和三陸津波も、地方政府のみでは対処できない大規模災害であったため、その復興プロセスにおいては福祉国家の枠組みが適用された。

では、後者の低利資金の導入をもたらしたものは何であろうか。

こちらについては、一言で言い表わすことが難しい。郵便制度の普及および国民生活の安定化に伴い、資金の主な原資となった郵便貯金額が急速に増大したこと、[5]またその一部を地方資金として地方に回すことができるほど国家財政が安定したことなど、さまざまな要因が考えられる。しかし重要なことは、預金部資金を災害時に低利資金を罹災者に貸し与える制度が構築された点にあると考える。そして、それを可能にしたのが「対人信用」の考え方である。

第二章および第三章において述べたとおり、低利資金は産業組合を通して被災者に転貸された。こうした担保によらない対人信用制は、農商務省の官僚として「産業組合法」(一九〇〇)制定後にその普及に深く携わった柳田國男の考えに合致している。

柳田は産業組合の意義を解説した『最新産業組合通解』(一九〇二)において、産業組合の信用事業について「郷党の結合心を恢復し、社会道徳の制裁によりて、個人の弱点を匡正し、唯利的原動力の外に、純粋の対人信用制を設けて、以て国民の品性を上進せしめんとするものなり」としており、そして対人信用を行なうためには「必ず其区域を定め、一市、一町、一村を出づべからずとせるなり」[6]と述べている。つまり、柳田にとっての産業組合の目的のひとつは、資本主義の進展により疲弊する以前の社会が有していた「共助」(郷党の結合心)を回復することであり、対人信用制はそれを実現するための一手段であった。しかし、明治期から大正期にかけての農政は、前述した恒産恒心主義の方針からもわかるように、どちらかというと地主ら一定の資産を有する者に向けられたものであった。しかし、そうした恒産恒心主義に基づく地主による統治の問題が大正期より徐々に露呈しはじめ、それが限界に達したのが昭和農業恐慌であった。そうしたなか、中央政府は、農山漁村に直接介入すべく、農政の対象を地主から小農へと切り替えていった。第二章において詳しく論じた農工銀行などの特殊銀行から産業組合中央金庫へのシフトは、その顕著な動きのひとつと言える。その後、農山漁村経済更生運動が始まり、昭和三陸津波後の産業組合による集落再建につながっていくこととなる。経済状況の悪化と災害が重なり極度に疲弊した三陸沿岸地域において、産業組合を中心とした集落の再建が図られ、柳田が当初考えていたような「共助」に基づく理想的な地域社会の回復が、一時的にではあったにせよ目指されたのではないかと考える。

その後、チリ地震津波においては、第四章において論じたとおり、国庫補助は補助率が高められつつ継続され、低利資金の融通は後退し、公的金融機関を通じた個別の融資へと切り替えられていった。

このうち、国庫補助の補助率の上昇については、前項において述べたとおり、災害対応を中央政府が処理すべきとした「シャウプ勧告」とそれに従った中央官僚機構によるものである。その結果、災害後には国からの手厚い支援が約束されているがゆえに、自治体によってはあえて災害前に防災対策のための投資を行なわずに災害が発生するのを待ち（「災害待ち」と呼ばれる）、その後の復旧事業においてインフラ整備を行なうというモラルハザードが発生していることも指摘されている。[7]

では、低利資金の融通が後退した要因は何だろうか。

預金部資金による地方資金の運用は、戦中期においては停滞し、戦争関連の資金として活用された。また、戦後は連合軍司令部の意向やＧＨＱ金融政策顧問ジョゼフ・ドッジによる金融政策を記した「ドッジ書簡」の内容を受け、一九五一年に「資金運用部資金法」および「資金運用部特別会計法」が制定され、大蔵省預金部は「資金運用部」に改組されるとともに、資金運用についても資金の安全性保持の観点から大きな変更が加えられた。それによると、「地方資金」については、運用範囲が地方公共団体および土地改良区や水害予防組合などに限定され、預金部時代には融通の対象であった産業組合や漁業組合などの公共組合が融通対象から除外された。公的資金の供給先としてはリスクが大きくふさわしくないと判断されたのである。換言すれば、柳田が信じた「対人信用」やそれによってもたらされる「共助」といったものは、戦後の民主主義の時代にはそぐわないと判断された。結果として民間への資金供給は「住宅金融公庫」や「国民金融公庫」などの政府系機関を通じてなされることとなったのは、第四章においてみたとおりである。

メニュー型事業とインフラ整備への偏重

第一章において確認したように、明治三陸津波により被災した集落の再建に向け、中央政府が積極的に関与したのは土木インフラの復旧のみであった。そのため、住宅や産業の再建については県や町村、被災者に任されており、宮城県において県が高所移転を斡旋し一部集落で実現したほか、岩手県でも住民による高所移転などが実施された。ただしあくまで自主的なもので、十分な予算措置がなされた事業ではないこともあり、規模も限定的で計画段階で頓挫した集落も少なくなかった。

一方、昭和三陸津波後の集落再建にあたっては、国庫補助金および大蔵省預金部からの低利資金が供給され、各種事業が実施された。それら事業内容は、第二章において整理したとおり、土木事業においては防潮堤や防潮林など震災前よりも防災機能の高い施設が整備され、また住宅再建においては大規模な高所移転や区画整理が実施された。産業面においても共同施設や副業のための施設が拡充されるなど、ハード事業、ソフト事業いずれもいわゆる「復旧」事業にとどまらない「復興」事業を包含するものであった。それまでの災害事業においては、災害土木復旧事業に顕著なように、迅速性や平等性の観点から現状復帰を目指す「復旧」が前提とされていた。また税金に基づく事業である以上、それが個人の私有財産の形成につながってはならないという原則から、特に住宅再建については基本的に自助努力によってなされるべきと考えられ、公的な支援は行なわれてこなかった。

このように昭和三陸津波後の集落の再建は、復旧のみならず復興を目指したものであったこと、また、住宅再建を始めとした被災者個人への単なる救済措置を超える支援がなされたこと、大きくこの二点において画期的なものであったと言える。そして前者を可能にしたのがメニュー型の事業手法であり、後者を可能にしたのが国庫補助金と低利資金との組み合わせによる事業手法である。

前者のメニュー型の事業手法とは、個別の被災状況に合わせて個別に事業を組み立てるのではなく、あらかじめ行政が標準的な事業内容を定めておき、被災集落において必要な事業を選択し実施するものである。昭和三陸津波の場合、岩手県および宮城県が各種事業と必要経費からなる計画案を作成し、それをもとに各省庁が事業計画を立て予算を査定し、さらに大蔵省での査定を受け、その後帝国議会で予算措置が承認された。それらの事業は建前上「復旧事業」となっているものが多いが、実質的には従前の状態を上回る内容のいわゆる「復興事業」に該当するものが含まれている。また、高所移転や区画整理などは明らかに「復興事業」といえる事業である。

津波災害のように被災地が広範な災害において「復興事業」を一から計画、立案、実施するとなれば、大変な労力と時間を要するうえ、国庫の投入額が被災地によって異なり、不公平感が生じかねない。それが国や県レベルであらかじめ事業メニューを定め被災地が必要な事業を選択することで、迅速性と公平性の両方を担保することが可能となる。特に、昭和三陸津波後のソフト面における事業計画は、第二章において詳細に論じたように震災の前年から開始した農山漁村経済更生運動のなかで計画された事業メニューを生かして作成されたものであった。こうしたメニュー型の事業手法が導入されたのも、これまでたびたび言及してきた福祉国家の成立によるところが大きい。前述したとおり、福祉国家においては中央政府がナショナル・ミニマムを設定し、それを地方政府に実施させる必要がある。ただし、戦後の社会政策が皆、保険制度のように全国一律の制度を目指すものであったのに対し、戦前のそれは、地域ごとに必要な社会政策を投入することで地域の安定化を目指すものであった。それゆえ、最低限を設定するナショナル・ミニマムとは異なり、標準型の事業メニューを提示してそれを取捨選択するものであったと考えられる。

一方、後者の国庫補助金と低利資金との組み合わせによる事業手法は、災害関連事業の実施にあたり事業費の一部を国庫から補助し、さらに大蔵省預金部資金からの低利資金を供給することで県や町村などの負担を軽減するものである。そして、個人住宅再建のような公的資金では実施しにくい事業についても、事業の性質に応じて国庫補助金と低利資金の割合を設定し両者を組み合わせることで実施することに成功した。

このように国庫補助金と低利資金は、資金の性質も供給決定に至るまでのプロセス（国庫補助金は帝国議会、低利資金は預金部資金運用委員会による）も異なるが、災害関連事業の実施にあたり両者は補完的な関係にあり一体的に運用された。こうした手法は、第一次世界大戦以来の不況と関東大震災を始め大正期以来多発した災害災害を乗り越えるための苦肉の策として編み出されたと考えられる。

その後、チリ地震津波の復興においては、事業の内容がハード事業を偏重しつつ、復旧にとどまらない復興事業がメニュー型事業によって実施された。ハード事業の事業費の詳細が判明している岩手県を例に、事業が現在進行形で未だ事業費の確定していない東日本大震災を除く三度の津波災害後の国による事業費用割合の推移を整理したものが表3である（詳細は資料15［三〇〇頁］）。災害ごとに被害状況も異なれば物価も異なるため一概に比較できないが、明治三陸津波、昭和三陸津波、チリ地震津波と時代が下るごとに土木インフラの復旧・復興事業費の割合が上昇しており、そのなかでも土木インフラの復興事業費の割合が特に上昇している。このことからも三陸沿岸地域では津波災害により被害を受けるたびにその後の復旧・復興過程において土木インフラに投資され増強されていったことが確認できる。

このように、昭和三陸津波からチリ地震津波にかけて、ハード事業の復旧事業から復興事業へのシフトは、なぜ起こったのだろうか。この点についても、やはり福祉国家に関連した政治経済学的な説明が可能である。行政学者の北山俊哉は、日本が公共事業支出の多いいわゆる「土建国家」である要因として、公共事業による利益散布が、福祉国家における社会保障の機能的同等物としての役割を果たしてきたことを挙げている[8]。そうした「土建国家」としてのふるまいは、当然災害時においてもみられ、災害復興の過程において積極的な公共投資が行なわれてきた。

表3　各津波災害（東日本大震災除く）のハード事業の事業費割合の推移

		土木		宅地・住宅		計		
		復旧	復興	復旧	復興	復旧	復興	合計
明治三陸	小計	44.0%	0.0%	56.0%	0.0%	100.0%	0.0%	100.0%
	合計		44.0%		56.0%			
昭和三陸	小計	41.9%	22.4%	25.1%	10.6%	67.0%	33.0%	100.0%
	合計		64.3%		35.7%			
チリ地震	小計	23.5%	65.6%	10.6%	0.3%	34.0%	66.0%	100.0%
	合計		89.1%		10.9%			

四　日本の現況と近代復興の不適合

本節では、今後の災害時における復興手法を考えるに先立ち、現在進行形の東日本大震災後の復興における問題点を整理する。前節にて、東日本大震災以前の三度の津波災害における復興は、発災時点における中央政府と地方政府の関係や福祉国家の進展状況と深く関連していることを確認した。そこで、まず現代日本における経済・社会状況を整理したうえで、東日本大震災における復興過程が有する構造的問題を明らかにする。

東日本大震災と現代日本の経済・社会状況

ここでは、直近の国家財政、ＧＤＰ（国内総生産）などのマクロ経済状況、人口減少、そして高齢化の社会状況を確認する。

図1は、一九八九年度以降の日本の国債発行額および一般会計歳出に占める国債発行額の推移を示したものである。これを見ると、国債発行額は一九八九年度以降二〇〇五年度に至るまで単調増加しており、二〇〇八年度までは減少しているが、その後増加に転じている。そして、震災後の三年間はいずれも一七〇兆円を超えており、二〇一二年度の発行額は一七八兆円で過去最高額となっている。また、一般会計歳出に占める国債発行額（国債依存度）の推移を見ても、一九八九年度から一九九八年度まで上昇しており、その後は三〇パーセント後半から四〇パーセント前半で推移し、震災後の二〇一二年度は四九・二パーセントと非常に高い値となっている。

図2は、一九八九年以降の公債残高と名目ＧＤＰの推移を示したものである。これを見ると、公債残高は一九八九年度から単調増加しており、二〇一三年度は約七五〇兆円で一九八九年の約四・七倍にまで増加している。名目ＧＤＰの推移をみると、一九八九年度から一九九七年度

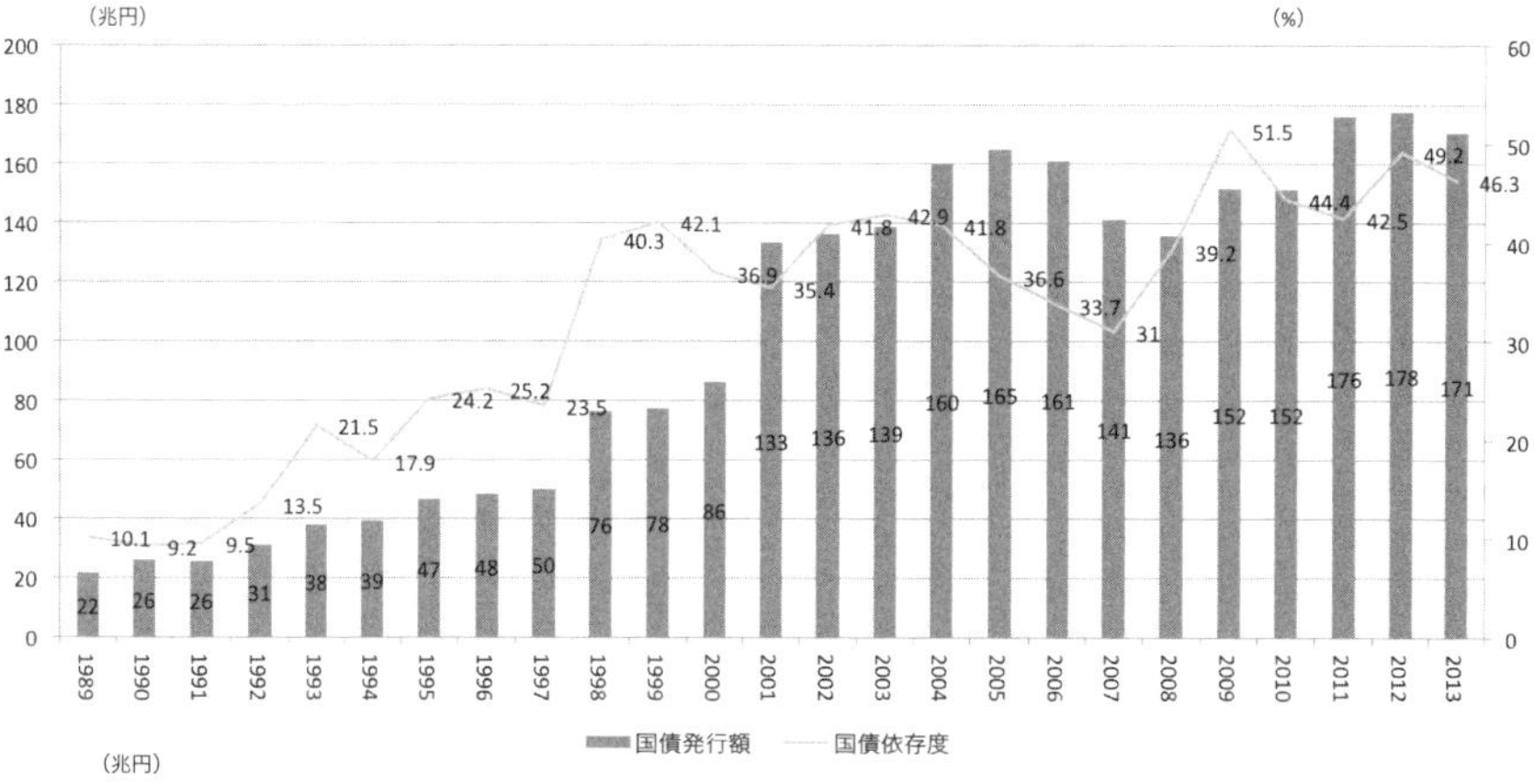

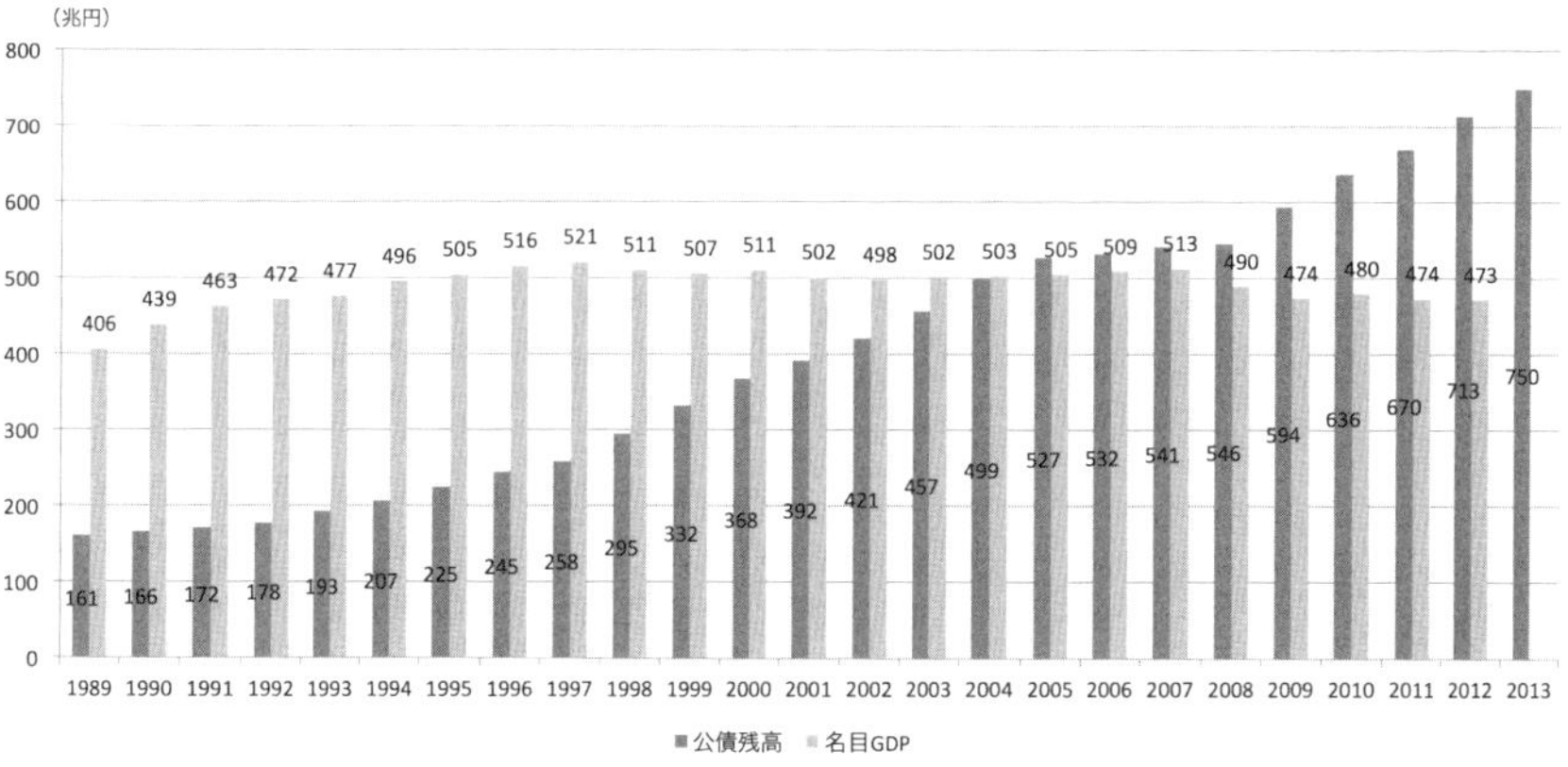

図 1　1989 年度以降の日本の国債発行額および一般会計歳出に占める国債発行額の推移
図 2　1989 年以降の公債残高と名目 GDP の推移

までは単調増加し、その後二〇〇七年度までは五〇〇兆円から五一〇兆円で推移し、さらにその後は減少しつつある。

このように、国債発行額および一般会計歳出に占める国債の依存度、公債残高および名目ＧＤＰの推移を見る限り、東日本大震災発生時における日本の経済状況は停滞しており、財政状況は悪化の一途をたどっている。

次に、国立社会保障・人口問題研究所の推計をもとに、全国、岩手県、岩手県沿岸市町村、大槌町の人口推計および高齢化率の推計を確認する。なお、全国の将来推計人口は二〇一二年一月推計、地方別の将来推計人口は二〇一三年三月時点の推計で、いずれも震災後の推計値であり、自然増減および社会増減ともに震災の影響を考慮した値である。図3は、全国、岩手県、岩手県沿岸市町村、大槌町の二〇一〇年から二〇四〇年までの人口推計を、二〇一〇年を一〇〇として表わしたグラフである。これによると、全国、岩手県、岩手県沿岸市町村、大槌町といずれも単調減少しているが、大槌町、岩手県沿岸市町村、岩手県、全国の順に減少のスピードが速くなっている。大槌町の場合、震災前の二〇一〇年を基準として二〇四〇年で約半分、震災後の二〇一五年を基準としても二〇四〇年に約三分の二に減少する推計となっている。

また、図4は同じく全国、岩手県、岩手県沿岸市町村、大槌町の二〇一〇年から二〇四〇年までの高齢化率の推計値の推移を表わしたグラフである。これによると、全国、岩手県、岩手県沿岸市町村、大槌町といずれも高齢化率が上昇しているが、大槌町、岩手県沿岸市町村、岩手県、全国の順に上昇のスピードが速くなっている。大槌町の場合、震災前の二〇一〇年の三二・四パーセントから二〇四〇年には四六・四パーセントと人口の約半分を六五歳以上の高齢者が占めるという推計となっている。

次に、東日本大震災の復旧・復興対策事業費について整理する。東日本大震災復興対策本部は、二〇一一年七月二九日に「東日本大震災からの復興の基本方針」を発表し、そのなかで復興期間について「被災各県の計画を踏まえ、阪神・淡路大震災の例も参考としつつ、復興期間は一〇年間とし、被災地の一刻も早い復旧・復興を目指す観点から、復興需要が高まる当初の五年間を『集中復興期間』と位置付ける」としている。そして、「集中復興期間」に実施が見込まれる施策・事業の事業規模については、国・地方（公費分）合わせて少なくとも一九兆円程度、一〇年間で二三兆円程度と見込んでいる。[9]

その財源については、当時すでに決定していた二〇一一年度第一次補正予算および第二次補正予算（計六兆円）の財源（剰余金および歳出削減など）に加え、歳出の削減、国有財産売却、特別会計、公務員人件費の見直し、さらなる税外収入の確保および時限的税制措置などにより確保し、その一時的なつなぎとして復興債を発行するとしている［図5］。

「集中復興期間」の五年間における施策・事業の事業規模一九兆円の根拠について、当時の野田佳彦首相は二〇一一年一一月一日の参議院本会議において「阪神・淡路大震災の際における当初五年間の国及び地方公共団体負担分を踏まえつつ、被害総額の規模の違いなどを勘案し、さらに、全国の緊急防災・減災事業について阪神・淡路大震災の直

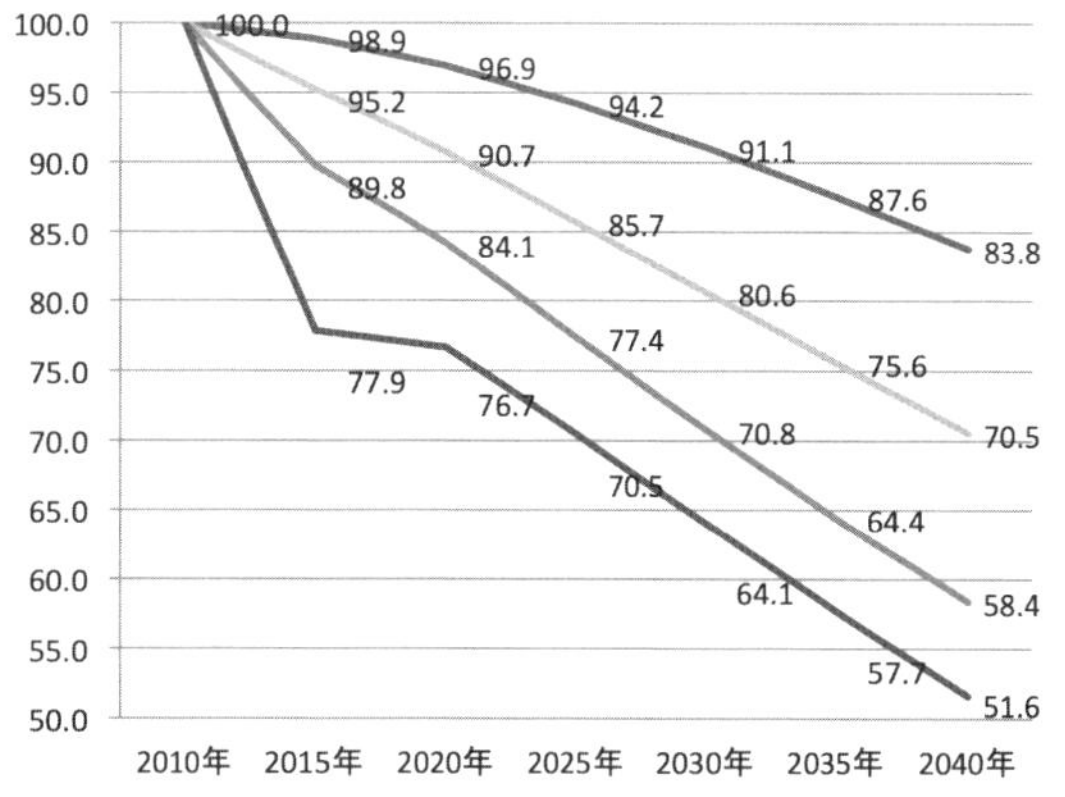

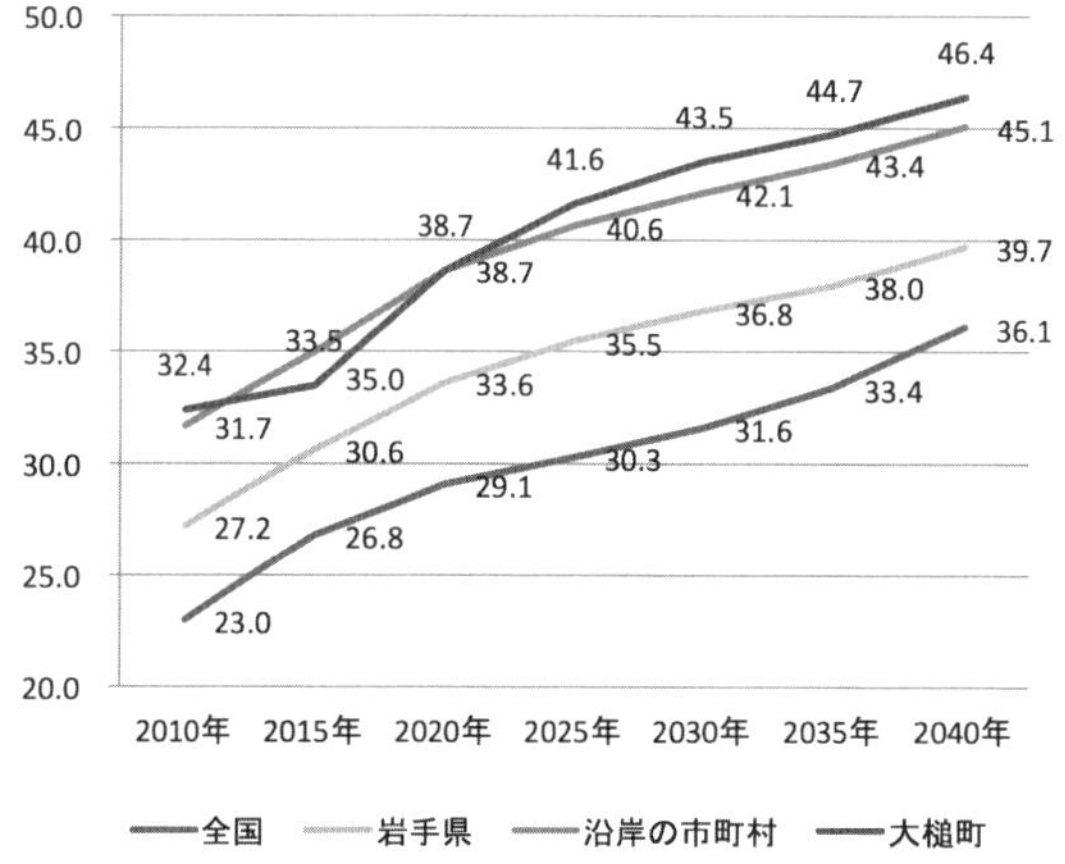

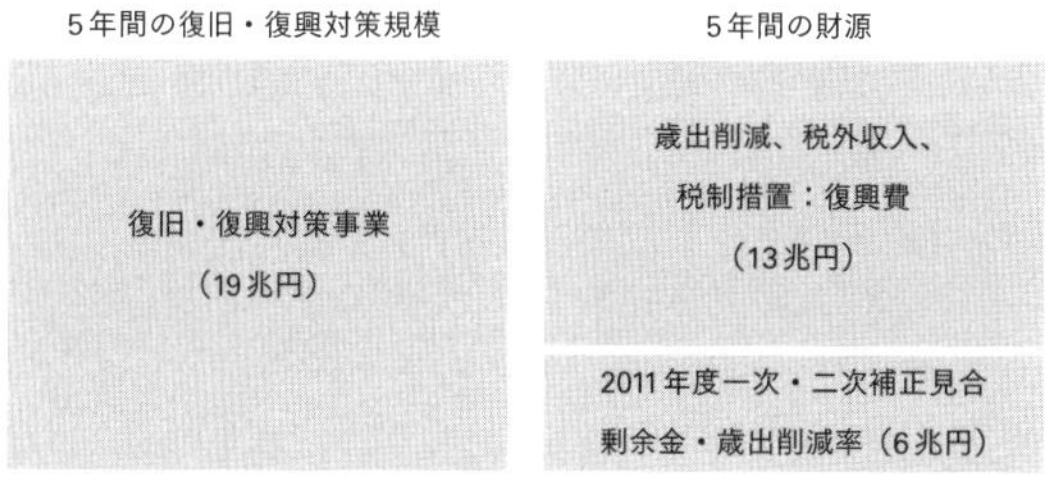

図3　全国、岩手県、岩手県沿岸市町村、大槌町の人口推計（指数　2010年＝100）
図4　全国、岩手県、岩手県沿岸市町村、大槌町の高齢化率の推計
図5　東日本大震災の最初の5年間の復旧・復興対策事業費とその財源

後に講じられたものと同程度は必要と見込んだ結果、全体として五年間で少なくとも一九兆円程度は必要と見込んだ」と答弁している。つまり、阪神・淡路大震災後の事業規模を参照し、東日本大震災後の事業規模を決定したことを明らかにしている。

しかし、図6に整理したとおり、東日本大震災発生時の二〇一〇年度における名目GDP、国債依存度、公債残高などのマクロ経済指標を阪神・淡路大震災発生時の一九九五年度のそれと比較すると、いずれも東日本大震災の指標のほうが悪化している。また、高齢化率も上昇し社会保障関連費用が増大しているにもかかわらず、復旧・復興事業費の実額および被害額に対する割合はいずれも阪神・淡路大震災を大きく超える規模となっている。

試しに、二〇一一年度から二〇一四年度の復旧・復興事業のなかからインフラ整備に関連した事業を抜き出すと、年平均約二・七兆円の事業が実施されており、これは震災前直近五年間の東北地方全体の政府系建設投資の一年あたりの平均値の約一・五倍に相当する。なお東北全体の面積に占める津波が浸水した沿岸市町村の面積は約一五パーセントであり、面積あたりで比較すると、浸水した沿岸市町村では震災前における東北の約一〇倍のペースでインフラ整備がなされている計算となる。実際に大槌町における予算規模の推移を見ると、震災二年後の二〇一三年度の予算は震災前の約一二倍に達しており、同年度の歳入に占める町税の割合は一パーセント未満となっており、非常にいびつな財政構造となっている。

このように、国や地方自治体の財政状況が悪化し、さらに今後人口減少や高齢化の進展が予想されるなど、経済・社会状況の改善が見込まれないなかで、東日本大震災後の復旧・復興事業は過大であると言わざるをえない。

	阪神・淡路大震災（1994年度）	東日本大震災（2010年度）
経済・社会	名目GDP：496兆円 国債依存度：21.5％ 公債残高：207兆円 高齢化率：14.1％	名目GDP：480兆円 国債依存度：44.4％ 公債残高：636兆円 高齢化率：23.1％
復旧・復興	被害額：9.9兆円（推計） 復旧・復興費：9.2兆円（92.9％）	被害額：16.9兆円（推計） 復旧・復興費：少なくとも19兆円（117.2％）

図6　阪神・淡路大震災と東日本大震災の経済社会状況と復旧・復興事業費

近代復興の構造的問題

そもそも近代復興とは、戦後、特に一九六一年の「災害対策基本法」以降に一定の完成をみた「災害復興手法」である。高度成長期における産業資本を元手とし、災害発生時にそれを国庫補助金として被災自治体に投入しインフラを整備し、さらなる産業振興を図ることを目指すものである［図7］。つまり、基本的に近代復興は、経済成長を前提とした災害復興手法であり、現代日本のように経済が停滞し人口減少・高齢化が進む成熟社会においては、インフラ整備が必ずしも地域の人口増加や産業振興につながらず、復興手法としては成立しえない。

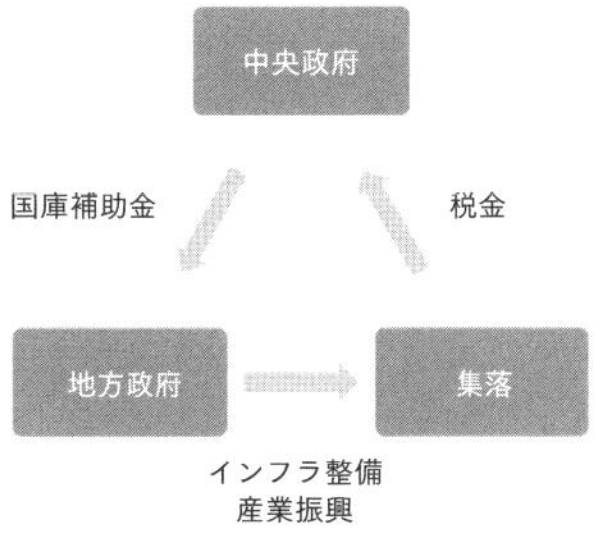

図７　近代復興の模式図

現在、経済・社会状況に適応していない近代復興に基づき、巨大な事業計画が立案されたことで、中央政府・地方政府、被災地域それぞれにおいてさまざまな問題が生じている。中央政府においては、東日本大震災の復旧・復興にかかわる事業予算については償還財源が確定しているものの、増大する公的債務の返済については解決しておらず、国および地方の財政状況は悪化の一途をたどっている。また、地方政府においては、自治体職員が過大な事業の計画立案・実施に伴う膨大な事務作業に忙殺され、産業振興や地域の特徴を生かしたオリジナルの事業を展開するような余地が損なわれている。また集落においては、巨大さゆえに復興計画が進捗せず長引く避難所生活に疲弊し、その結果として人口が流出するといったような悪循環に陥りかねない状況が続く。

このように、問題の所在が明らかであるにもかかわらず、東日本大震災の復興手法として近代復興が採用された背景には、戦後を通じ近代復興が形成されるなかで、中央政府・地方政府・集落のそれぞれの主体が、同復興スキームに応じたかたちに変容してきたことが考えられる。つまり、中央政府においては戦後を通じて中央集権化が進み、災害時に国庫補助の割合が高められるなかで国の介入の度合いが強化されてきた。また、災害復興時のインフラ整備が既得権益化していたことも考えられる。地方政府においても中央集権化が進んだ結果、そもそも高度経済成長期においては災害そのものの発生頻度が低く被災や復旧・復興事業の経験機会が少なかったこともあり、今回のような大規模な事業の計画立案・実施を担えるだけの人材が不足していた。そして、集落においては、戦前は低利資金の供給により公私一体的な復旧・復興計画が立案実施されていたのが、戦後になって災害復興時における個人や民間事業者を対象とした支援が公的金融機関を通じた融資に切り替えられ、復旧・復興計画からは切り離された。さらに、地域コミュニティの解体や産業構造の転換などもあり、災害後の復旧・復興事業に個人や民間事業者が積極的にかかわるような素地が損なわれてきたと考えられる。

要するに近代復興自体は、昭和三陸津波の復興に端を発し、戦後の法整備や災害経験を経て徐々に形成されてきた歴史的産物であり、中央政府・地方政府・集落の各主体もそれに応じた体制を強固に形成してきたため、一朝一夕に変えられるものではなくなっていた。それゆえ、東日本大震災後の復興においても近代復興の枠組みを踏襲せざるをえなかったのである。

五　ポスト近代復興への展望

これまでの東日本大震災における復興手法の問題点の分析を踏まえると、現在進行形の復興手法を適正化し、ポスト近代復興を見出すためには、大きく以下の三つの方向性が考えられる。すなわち、一つめは地方政府の支援を受けつつ集落主導で復興を果たした明治三陸津波の復興手法に倣うものである。二つめは中央政府の枠組みのなかで地方政府が主導した昭和三陸津波の復興手法に倣うものである。そして、三つめが中央政府主導による現在進行形の近代復興の手法の問題点を改善するものである。以下、それぞれの方向性を、復興手法－復興計画－集落における空間の関係を整理しつつ述べることとする。

地域主導の復興モデル

明治三陸津波の復興においては、中央政府の役割は資金提供にとどまっていた。そうしたなか中心的な役割を果たしたのは、各集落における篤志家や地主であり、地方政府から助言や資金提供を受けつつ、集落を復興に導いたと考えられる［図8］。

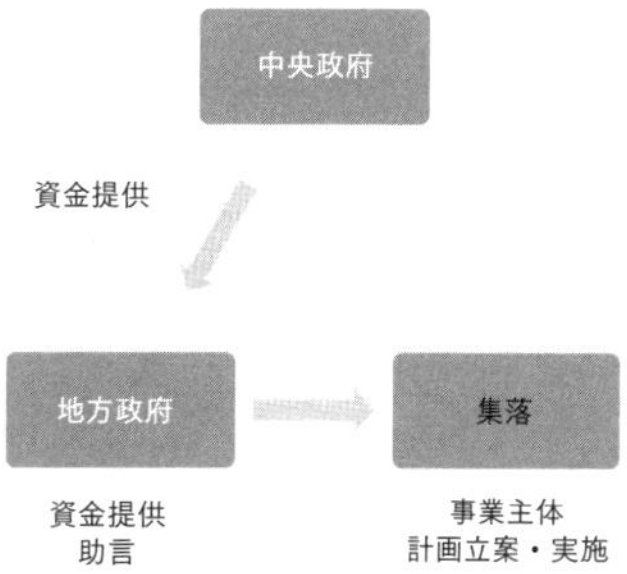

図8　明治三陸津波の復興手法

そして第一章で明らかにしたように、明治三陸津波後の吉里吉里集落においては、被災住戸の約四割が自らの所有する農地（自助）や、他人の所有する農地（互助）、地主が所有する農地（共助）への高所移転により集落の再建を果たした。これらの立地を見ると、津波浸水域に立地しているものも多いが、なかには今回の東日本大震災による被害を免れた場所もあるなど、一定の効果があったことも事実である。

このように、災害時に限らず地域の問題に対しては、地域の主体が可能な限り解決することが、「補完性の原理」からしても地方自治の基本である。補完性の原理とは、欧州共同体と加盟各国における関係の原理としても知られる概念で、単に行政の効率性という観点のみならず行政自治の観点からも重要な概念である。しかし、これまで述べてきたとおり、二〇世紀における中央集権化の進展や地域コミュニティの解体などに伴い、そうした自助や互助、共助が発現するための土壌が損なわれてしまったのが現状である。そして、今後の災害時において地域主導の事業を行なううえでは、損なわれてしまった地域における主体性を取り戻すことが肝要である。東日本大震災の復興過程においては、被災地以外からの支援団体を含め、さまざまなＮＰＯやＮＧＯなどがまちづくりなどの分野で誕生し活動を行なうなど、公助によらない新たな自助や互助、共助のあり方が育ちつつあると言える。例えば吉里吉里集落においても、震災後に浸水エリアにあって立ち枯れの危険性がある木を伐採して、木材として販売するなど、さまざまな事業を手掛けるNPO法人（NPO法人吉里吉里国）が地元住民により立ち上げられた。東日本大震災後のこうした地域住民による自主的なまちづくりに向けた動きは、今後の災害復興時において非常に重要なファクターになると考える。

地方政府主導の復興モデル

次に昭和三陸津波の復興手法に倣う方向性について論じる。そもそも昭和三陸津波の復興手法は、国からの資金供給があり、国から事業メニューが提示され、それに基づき復興計画が立案されるという点で近代復興の原型とも言える。しかし、一方で県が無償で国からの融資を転貸している点や、計画立案に際して主導的役割を果たすなど、戦後における近代復興の流れとは一線を画している側面もある［図9］。

そして、第四章において詳しくみたように、昭和三陸津波後の吉里吉里集落の復興計画は、国からの国庫補助および低利資金を受け、国が提示した事業メニューに基づき、岩手県が主導するかたちで計画が立案され、計画に沿って新たな復興地が建設された。

ただし、昭和三陸津波後に岩手県では津波浸水域における建築制限がなされなかったこと、さらにチリ地震津波において被害がほとんどなかったこと、またそのあいだに防潮堤の整備がなされたことなどの要因が重なり、次第に低地の宅地化が進行した。その後東日本大震災においては、昭和三陸津波の浸水域のみならず、昭和三陸津波後の復興地までが浸水被害を受け、死者・行方不明者一〇〇名、

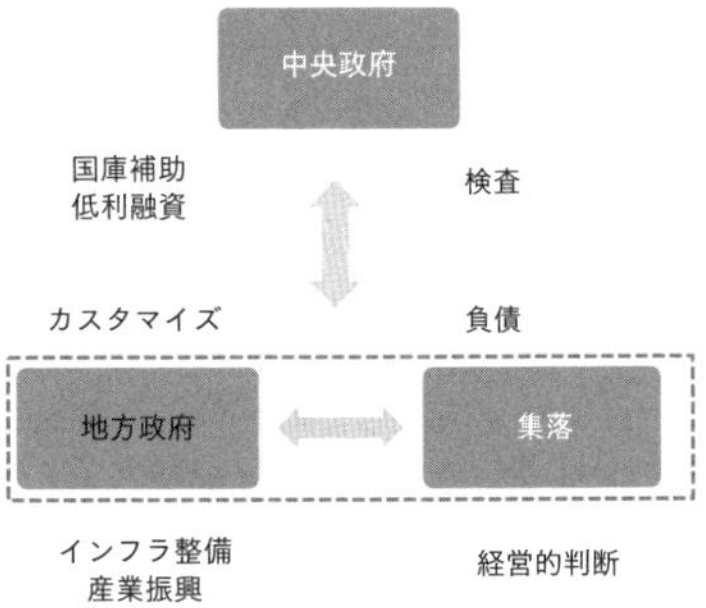

図9　昭和三陸津波の復興手法

住宅の流出・倒壊三五五戸に及ぶ大きな被害となった。津波による被災リスクの高い低地が宅地化され、結果的に被害が出てしまった点について、都市計画上致命的な問題があったと言わざるをえない。しかし、当時、これほどまでの災害を予見することは現実的に不可能であり、あくまで想定を超えた津波が来襲したということであって、吉里吉里集落の復興計画そのものの瑕疵《かし》を問うことは難しいと考える。むしろ、昭和三陸津波以前の海沿いの集落を大々的に移転する大規模な計画をわずかな期間で立案・実施し、その後約八〇年にわたり集落の中心地として地域生活を支えたことは十分に評価すべきである。

このように、昭和三陸津波の復興計画やその実施状況を見ると、中央政府による資金提供および事業メニューの提示などによる支援を受けつつ、実態としては地方政府、集落（産業組合）がそれぞれ事業主体として、限られた予算のなかで共同化や効率化を図るなど工夫を凝らしつつ復興を果たしたと言える。また、国庫補助ではなく、返済義務の生じる低利資金を活用することで、計画が過大になることを未然に防いだ点も重要である。[10]

現行の近代復興に基づく復興における事業費が過大になる要因のひとつとして、国庫補助率の高さが挙げられる。それゆえ、ポスト近代復興においては、昭和三陸津波の復興手法に倣い、地方政府が集落の負担割合を高めることが考えられる。そのためには財源に関する権限を中央政府から地方政府に移譲し、本当の意味での地方分権を進め、地方財政の適正化を図る必要があると考える。

中央政府主導の復興モデル

三つめの現在進行形の復興手法の問題点を改善する方向性について説明する。前述したとおり、近代復興では、国による補助金が県や市町村に投入され、それをもとにインフラ整備事業を中心とした復旧・復興事業が実施される［図7］。中央政府からの資金供給があり、事業メニューが提示され、それに基づき復興計画が立案されるという点で昭和三陸津波の復興とも共通するが、事業メニューの内容の規定や金銭的な負担において中央政府の関与の度合いが大きいことが特徴である。

東日本大震災後の吉里吉里集落における復興計画を見ると、震災前の約二倍の高さの防潮堤、昭和三陸津波の復興地を中心に最大高さ九メートルにも及ぶ盛土がなされたうえでの区画整理、六カ所で防災集団移転事業、海沿いを走っていた国道の山側への架け替えなど、大規模な土木工事を伴う内容となっている。実際に計画どおりにすべての事業が進められると、かなり安全性の高い町が整備されることになるが、完成するまでに相当の時間を要することが想定される。そのあいだに住民が町外に流出してしまう可能性や、今後人口減少が見込まれるなかで完成後のインフラの維持にかかる住民の負担増などの問題が懸念される。

こうした現在進行形の復興手法から新たな復興手法を導くには、中央政府による主導を維持しつつ、巨大化する事業規模を適正化するための措置を講じる必要がある。具体的には、まずそもそもの予算の設定自体を国の経済・社会状況に見合ったものにすべく、慎重に検討を行なうことである。東日本大震災後に政府が五年で一九兆円、一〇年で二三兆円という事業規模を明らかにした際には、経済学者を中心に財源をどう確保するのかという点に関する議論が盛んになされた。しかし、そもそもの予算規模の算出に対して疑問が呈されることはほとんどなかった[11]。たしかに被災地における惨状を前に、復旧・復興予算の削減を議論することの難しさは考慮する必要があるが、少なくとも予算規模の算出根拠をオープンにしたうえでそれを適正化するための議論を国会などにおいて行なうべきである。もうひとつは、復興政策・事業に対する評価を厳密に行なうことである。震災以前から、日本の行政評価は所管省庁による自己評価でかつ定性的なものにとどまりがちであった。そのうえ、震災後においては、震災後の状況を鑑み一部行政評価を見送る措置が取られている。そうした処置が過剰な投資を生み出す要因となっている以上、復旧・復興事業であることを名目として行政評価を緩和するのでなく地域の再建に本当に必要な事業を選別するために厳密な行政評価を行なう必要がある。特にインフラ整備関連事業については、産業構造の転換もあり必ずしもこれまでのような効果が得られるとは限らないため、厳密な効果測定に基づいて評価すべきである[12]。また、それら評価を所管省庁の枠を超えて比較分析することで、これまでのインフラ整備中心の復興政策の方針も改善されるものと考えられる［図10］。

実際に大槌町の赤浜集落では、東日本大震災後に国および県から提示された防潮堤の高さ（一四・五メートル）を拒否するなど、従来の防潮堤の復旧を選択した事例も見られる。東日本大震災後における近代復興の流れのなかにあっても、事業の適正化を図ること自体は可能であることを示している。

「補完性の原理」に基づく復興

三つの復興手法と、各手法に基づいて作成された復興計画およびそれら計画に基づく実空間、それらを安全性および持続性の観点から評価をすると以下のようになる。

明治三陸津波の復興は、行政による統一的な計画はなく集落ごとの個別的対応に依らざるをえなかったこと、また宅地に転換する余地が多く残されていたこともあり、速やかな移転が行なわれた反面、空間としては離散しがちで効率が悪く、また原地復帰の割合が高いなど問題も多い。

一方、昭和三陸津波の復興は、国や県レベルで集団移転を推奨しており、また副業や共同化などの産業関連施設も整備している。原地復帰の割合も、明治三陸津波より低く、空間としてもコンパクトな町並みが新たに形成された。

そして、現在進行形の東日本大震災後の復興は、安全性は非常に高いものの、時間がかかること、産業面での考慮がなされていないなど、持続性に問題がある。また、空間としては開発のための土地が限定されていること、モータリゼーションの流れ、土木技術の進展もあり、震災前よりも町並みが分散してしまうような計画となりがちである。

以上、三つに分けてそれぞれの手法について比較整理してきたが、ポスト近代復興は、そのなかから単一の手法を選択するというよりは、被災規模、国や自治体の経済・社会状況、分野に応じて復興手法を選択・組み合わせることで創出されるものと考えられる。そしてその際には、補完性の原理に基づき、自助や互助、共助でできることを行ない（明治三陸津波）、それらでは賄いきれない部分については市町村や県などによる公助が担い（昭和三陸津波）、さらにそれでも賄いきれない部分については国が担う（東日本大震災）という序列が重要となる。公助と互助、自助を対立的に捉えるのではなく、それらをいかにうまく組み

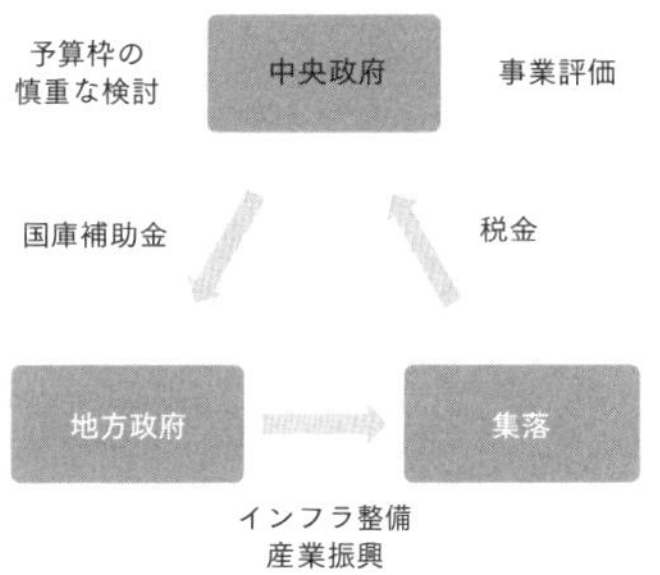

図10　近代復興の手法の改善

合わせるかが要点となるであろう。

そして、昭和三陸津波の復興手法が優れているのは、中央政府と地方政府、そして集落の三者の役割分担が、低利資金の融通や産業組合といった仕組みのなかに組み込まれていた点にある。それにより、国庫支出を切り詰める必要がある中央政府と復興費用を確保しようとする地方政府、脱封建社化を図る中央政府とそれに抗う集落、といった各主体間の緊張関係が保たれた節度ある計画が生み出されたと考えられる。補完性の原理も、それが災害復興のなかで実行性を担保されるような仕組みがなければ意味をなさない。

そもそも東日本大震災の復興手法が近代復興であるという点についても、あくまで中央政府主導による復興手法が優勢であることを意味するまでで、NPO法人吉里吉里国や赤浜集落の事例に見られるように、住民主導による復興の動きも数多く見受けられる。そしてポスト近代復興は、二〇世紀後半の災害経験のなかで、地方政府、集落が失ってきた主体性を回復したうえで、三者がお互いを補完し合うなかで見出されるものと考えられる。そのためにも、東日本大震災におけるさまざまな主体による復興のあり方を、数年後復興が一定程度果たされた段階で改めて評価することが重要である。

歴史のなかのユートピア

災害復興とは、いかに被災集落の未来像を思い描き、それを共有し、実行に移していくかというプロセスにほかならない。成熟社会に入り、公助のみによる復興がうまく立ち行かなくなりつつある現代、そしてこれからの日本において、レベッカ・ソルニットが大規模災害直後の限られた期間にのみ見出したユートピア[13]を、復旧・復興段階を超え永続的なものとする必要があるのではないだろうか。現実のユートピアは、中央政府、地方政府、集落などの各主体間の緊張関係のなかからこそもたらされると考える。にわかにそれを実現するのは難しいかもしれないが、三陸沿岸地域における過去の災害復興の事例のみならず、宮沢賢治が思い描いたイーハトーブや、柳田國男が理想とした産業組合、井上ひさしが描写した吉里吉里国など、三陸沿岸地域がこれまでに築いてきた歴史的文脈のなかからも、ヒントを得ることができるはずである。何より、それが実現可能であることを雄弁に物語るのが、理想村としての吉里吉里集落である。ポスト近代復興を考えるうえでの手がかりは、歴史のなかのユートピアにすでに存在している。

資料

紙面の都合等で本文には掲載しきれなかった表や資料をここに掲載している。宮城県における明治三陸津波の被害データと復興地の関係、農山漁村経済更生運動の指定村リスト、大蔵省預金部資金における特別資金の融通状況、岩手・宮城両県の昭和三陸津波後の復興事業リスト・住宅適地造成事業・住宅再建の状況、農山漁村経済更生計画樹立方針の内容、「吉里々々新漁村計画要項」と岩手県における復興事業との対応分析、東日本大震災における復興交付金による基幹事業、災害関連法制度の年表、各津波災害後の復興過程におけるハード事業をまとめた表など一五点である。いずれも本文中で言及したものであり、適宜参照していただきたい。

1　明治三陸津波後の宮城県内の集落における被害（人的被害率、建物被害率）と高所移転地

町村名	字	人的被害率	建物被害率	高所移転	町村名	字	人的被害率	建物被害率	高所移転
大谷村	大谷	33.9%	100%	○	戸倉村	瀧浜	1.1%	27.3%	
階上村	明戸	73.5%	97.8%	○	階上村	杉下	6.0%	26.7%	
歌津村	田ノ浦浜	51.1%	94.5%		唐桑村	馬場	24.1%	25.0%	
唐桑村	只越	58.4%	94.4%	○	小泉村	歌生	15.4%	23.1%	
志津川町	清水浜	42.4%	89.6%		十五浜村	雄勝	2.8%	22.5%	
志津川町	細浦	44.2%	89.5%		戸倉村	波伝谷	5.7%	21.9%	○
十三浜村	相川浜	42.8%	86.0%		唐桑村	石浜	19.4%	21.7%	
歌津村	中山浜	49.0%	84.6%		志津川町	平磯	5.6%	19.5%	
小泉村	廿一浜	48.7%	83.8%		唐桑村	岩井澤	11.0%	18.2%	
小泉村	藏内	33.1%	77.3%		歌津村	館浜	4.7%	16.7%	
唐桑村	宿	20.6%	75.0%		女川村	御前浜	0.0%	16.1%	
歌津村	菅浜	11.4%	75.0%		戸倉村	津ノ宮	0.0%	15.0%	
戸倉村	長清水	19.9%	70.0%		唐桑村	笹浜	31.5%	14.3%	
志津川町	沖の須賀埋地	12.1%	69.4%	○	唐桑村	浦	3.2%	13.3%	
歌津村	馬場浜	34.2%	66.7%		女川村	寺間	0.0%	13.3%	
十三浜村	小指浜	21.1%	66.7%		十五浜村	船越	4.6%	13.3%	
歌津村	伊里前	12.0%	63.6%		歌津村	泊浜	2.1%	12.9%	
歌津村	湊浜	25.1%	60.9%		大谷村	平磯	8.3%	12.1%	
唐桑村	大澤	26.0%	58.2%	○	歌津村	菲浜	4.0%	10.8%	
唐桑村	小鯖	32.0%	56.5%		大嶋村	崎浜	3.1%	7.4%	
歌津村	寄木浜	21.2%	56.3%		大原村	谷川	0.3%	6.9%	
唐桑村	鮪立	8.8%	54.2%		大嶋村	田中	3.2%	5.1%	
歌津村	石浜	25.2%	52.9%		大嶋村	長崎	2.2%	4.3%	
十三浜村	大指浜	10.1%	52.9%		階上村	長磯	0.4%	4.2%	
大嶋村	外浜	8.8%	50.0%		御嶽村	大澤	0.8%	3.4%	
戸倉村	藤浜	9.5%	45.5%		戸倉村	折立	0.0%	2.9%	
歌津村	名足浜	30.5%	40.0%		女川村	鷲之神	0.0%	2.0%	
唐桑村	舞根	8.0%	33.3%		唐桑村	崎浜	3.5%	1.6%	
志津川町	袖浦	7.5%	33.3%		戸倉村	水戸邊	0.0%	1.4%	
戸倉村	寺浜	9.8%	33.3%		十五浜村	名振	0.0%	1.3%	
十三浜村	大室浜	6.6%	31.8%		大川村	長面	0.1%	0.9%	
志津川町	荒戸	6.0%	31.7%		松岩村	片浜	0.1%	0.8%	
鹿折村	鶴ヶ浦	5.6%	31.3%		小泉村	小泉	0.1%	0.7%	

* ――大谷集落の建物被害率を算出すると 100 パーセントを超える値（113.6 パーセント）になるが、誤りと考えられるため 100 パーセントとしている。

東磐井郡	気（氣）仙郡	上閉伊郡	下閉伊郡	九戸郡	二戸郡	漁村数	総数	割合
長島村、門崎村、折壁村、長坂村	末崎村（農漁）、猪川村	小友村、附馬村牛村、大槌町（漁）	千徳村、重茂村（漁）、小川村		斗米村、鳥海村	3	30	10.0%
奥玉村	盛町	遠野村、青笹村	津軽石村（農漁）、山口村、小園村、小本村（農漁）、大川村	大川目村、山形村	一戸町、御返地村	2	26	7.7%
矢越村	吉濱村（農漁）、唐丹村（農漁）、米崎村（農漁）	上郷村、金津村	船越村（漁）、有藝村	種市村（農漁）、江刈村、野田村（農漁）	石切所村	6	25	24.0%
藤津村	横田村、上有住村、立根村、綾里村（農漁）	土淵村	豊間根村	山根村、侍濱村（農漁）、小軽米	小鳥谷村、浪打村	2	25	8.0%
松川村	小友村（農漁）	鵜住居村（農林漁）、達曾部村	川井村、門馬村、安家村、普代村（農漁）、田野畑村（農林漁）	晴山村、江刺家村、長内村（農林漁）	爾薩体村、荒澤村、浄法寺村	5	24	20.8%
奥玉村	末崎村（農漁）		大川村			1	9	11.1%
小梨村、大原村、磐清水村	下有住村、大船渡町（農漁）	鱒澤村、宮守村、甲子村	花輪村、織笠村（農林漁）	中野村（農漁）		3	25	12.0%
	米崎村	金澤村	津軽石村、小川村	種市村	御返池村	0	10	0.0%
入澤村、生母村、猿澤村	日頃市村、矢作村、越喜来村（農林漁）	綾織村	刈屋村	葛巻村、宇部村	金田一村	1	25	4.0%
		附馬牛村	小本村		鳥海村	0	11	0.0%
藤澤村、長島村	猪川村		船越村	小軽米村		0	7	0.0%
						0	3	0.0%
				江刈村		0	2	0.0%
					合計	22	222	9.9%

2　岩手県における指定村

		岩手郡	紫波郡	稗貫郡	和貫郡	胆澤郡	江刺郡	西磐井郡
1932年度		本宮村、大更村、御堂村、瀧澤村	彦部村、古館村	内川目村、外川目村、矢澤村	澤内村	古城村、南都田村	染川村、伊手村	日形村、涌津村
1933年度		厨川村、松島村	見前村、長岡村	湯口村	立花村	衣川村、白山村、佐倉河村	黒石村	一関村、花泉村、磐美村
1934年度		滋民村	飯岡村、佐比内村	新堀村、太田村、八幡村	笹間村、小山田村、谷内村	永岡村	稲瀬村、藤里村	金澤村
1935年度		御所村、御明神村、西山村	赤澤村、赤石村	八重畑、亀ヶ森村	藤根村、中内村	若柳村	愛宕村、羽田村	中里村
1936年度	指定町村	玉山村、藪川村、田頭村	不動村	湯本村	岩崎村	相去村、眞城村	国里村	萩荘村
	特別助成	本宮村	古館村	湯口村		南都田村、佐倉河村	黒石村	
1937年度	指定町村	川口村、一方井村	煙山村、乙部村	大迫村町	飯豊村、二子村、更木村	姉体村、金ヶ崎村、小山村	廣瀬村、福岡村、田原村	
	特別助成	渋民村					藤里村、稲瀬村	厳美村
1938年度	指定町村	太田村	志和村	花巻村、富野目村、石鳥屋村	江釣子村、鬼柳村、横川田村、十二鏑村	前澤村	米里村	老松村、弥栄村、平泉村
	特別助成	西山村	飯岡村、赤石村	矢澤村	立花村	若柳村、古城村		仲里村
1939年度	特別助成			湯本村			愛宕村	
1940年度	特別助成				二子村	眞城村		萩荘村
1941年度	特別助成						福岡村	

* ――下線は漁村を含む指定村を表わす。

玉造郡	栗原郡	遠田郡	登米郡	桃生郡	牡鹿郡	本吉郡	漁村数	総数	割合
川渡村	澤邊村、高溝水町	大貫村	新田村、米川村	橋浦村	女川町(漁)	柳津町、唐桑村(漁)	3	20	15.0%
一栗村	宮澤村、栗駒村、長崎村	富永村	吉田村	野蒜村、大谷地村	鮎川村(漁)	御嶽村、戸倉村(漁)	3	20	15.0%
東大崎村	一迫町、清瀧村、金成村	北浦村	石越村	赤井村、十五浜村（漁）	大原村(漁)	入谷村、大島村(漁)	3	20	15.0%
眞山村、鬼首村	萩野村、宮野村、藤里村	篦嶽村	米谷村	鹿又村、二俣村	蛇田村	志津川町（漁農）	1	20	5.0%
	尾松村、富野村、志波姫村、花山村	中埣村	浅水村	小野村、桃生村、大川村（農林漁）	稲井村	階上村（漁農）	2	20	10.0%
							0	0	
							0	1	0.0%
							0	0	
	長岡村、島矢崎村		北方村、錦織村、豊里村	須江村	渡波町（農漁）	松岩村（農漁）、大谷村（農漁）	4	15	26.7%
	高清水町	北浦村	米谷町				0	9	0.0%
眞山村	沢邊村		淺水村			階上村	0	5	0.0%
			錦織村	野蒜村			0	3	0.0%
							0	1	0.0%
						合計	16	134	11.9%

3　宮城県における指定村

		刈田郡	柴田郡	伊具郡	亘理郡	名取郡	黒川郡	宮城郡	加美郡	志田郡
1932年度		七ヶ宿村	川崎村	館矢間村	坂元村	生出村、閖上町（漁）	吉田村	利府村	小野田村	荒雄村
1933年度		齋川村	船岡村	大内村	吉田村	愛島村	大谷村	七北田村	鳴瀬村	敷玉村
1934年度		圓田村	金ヶ瀬村	耕野村	山下村	千貫村	吉岡町	多賀城村	色麻村	鹿島臺村
1935年度		大平村	富岡村	大張村		秋保村	大衡村	高砂村、根白石村	色麻村	下伊場野村
1936年度	指定町村	宮村、越河村		筆甫村		高館村	鶴巣村	岩切村、廣瀬村	加美石村	高倉村
	特別助成									
1937年度	指定町村								宮崎村	
	特別助成									
1938年度	指定町村	福岡村		西根村	小齋村、逢隈村		宮床村	七郷村（農漁）		
	特別助成	齋川村					大衡村	根白石村、高砂村		下伊場野村、鹿島臺村
1939年度	特別助成						鶴巣村			
1940年度	特別助成	福岡村								
1941年度	特別助成		槻木村							

* —— 下線は漁村を含む指定村を表わす。

4　昭和三陸津波以前における災害関連の主な特別資金融通状況（金額単位：1,000円）

年	災害に関連する低利資金	予定額	実績額
1906	東北三県凶作融資資金（岩手、宮城、福島）		1,250
1908	水害復旧事業資金（山梨、群馬、京都）		1,300
1910	水害応急復旧工事費（東京府外七県）		2,315
	青森市火災善後経営資金		400
1914	東北凶作救済資金	2,050	1,650
1921	火災復旧資金（函館市火災善後経営費）		646
1922	震災復旧資金（長崎）		629
1924	震災応急資金		10,850
1925	災害復旧資金	12,000	12,000
	兵庫県及京都府震災復旧資金	2,500	2,500
	関東大震災関係復旧並復興資金	20,758	20,758
1926	風水害復旧資金	10,000	9,999
	霜害救済資金	1,200	1,200
	鳥取県果樹園災害救済資金	250	250
	旱害救済資金	1,000	1,000
	北海道十勝嶽爆発災害復旧資金	300	300
	関東大震災関係復旧並復興資金	8,500	8,500
1927	災害復旧資金	10,000	9,802
	雹霜害救済資金	8,330	8,330
	奥丹後地方震災復旧資金	10,430	10,156
	震災地復旧並復興資金	10,745	10,701
1928	災害復旧資金	16,000	15,510
	霜害救済資金	5,000	4980
	震災地復旧並復興資金	40,549	37,475
1929	災害復旧資金	15,000	13,330
	北海道駒ヶ嶽爆発災害復旧資金	530	442
1930	災害復旧資金	9,000	8,582
	豆相地方震災復旧資金	7,700	5,782
1931	災害復旧資金	6,670	6,583
	霜害救済資金	1,500	1,449
	北海道及東北地方凶作救済資金	8,049	7,296
1933	三陸地方震災復旧資金	8,715	

5　昭和三陸津波後の岩手県の震災復舊事業資金一覧表（1）

•内務省

種別	資金総額（円）	内訳						附記
		補助金		低利資金				
		金額（円）	補助率（%）	金額（円）	経由機関	償還期間	利子補給	
災害土木應急資金	70,000	0	0	70,000	直接	20ヵ年5ヵ年据置	無	7年度分2萬圓内4000圓町村補助　8年度5萬圓
災害土木復舊資金	1,685,600	1,432,600	-	253,000	-	-	-	
1 縣	464,769	394,769	85	70,000	直接	20ヵ年5ヵ年据置	有	
2 町村	1,220,831	1,037,831	85	183,000	直接	20ヵ年5ヵ年据置	有	
街路復舊資金	100,000	85,000	85	15,000	直接	20ヵ年5ヵ年据置	有	
住宅適地造成資金	345,000	0	0	345,000	直接	20ヵ年5ヵ年据置	有	
住宅復舊資金	327,000	0	0	327,000	縣 103,000 直接 224,000	20ヵ年5ヵ年据置	無	
養老育児院建設資金	8,000	4,000	50	4,000	直接	20ヵ年5ヵ年据置	無	普通社会事業資金ヨリ
公益質屋運轉資金	50,000	0	0	50,000	直接	20ヵ年5ヵ年据置	無	普通社会事業資金ヨリ
公設浴場設置資金	25,000	0	0	25,000	直接	20ヵ年5ヵ年据置	無	普通社会事業資金ヨリ
救療費	34,375	34,375	100	-	-	-	-	7、8両年度
警備費	104,524	104,524	100	-	-	-	-	7、8両年度
救護費	72,000	72,000	100	-	-	-	-	7、8両年度
縣歳入缺陥補填金	182,000	0	0	182,000	直接	20ヵ年5ヵ年据置	有	
町村歳入缺陥補填金	563,000	0	0	563,000	直接	20ヵ年5ヵ年据置	有	
小学校舎復舊資金	5,000	0	0	5,000	直接	20ヵ年5ヵ年据置	有	
教員住宅復舊資金	64,000	0	0	64,000	直接	20ヵ年5ヵ年据置	有	
内務省計	3,635,499	1,732,499		1,903,000				

•農林省

種別	資金総額（円）	内訳 補助金 金額（円）	補助率（%）	低利資金 金額（円）	経由機関	償還期間	利子補給	附記
産業組合住宅復舊資金	727,000	0	0	727,000	縣	20ヵ年5ヵ年据置	無	
産業組合事業資金	700,000	0	0	700,000	中金	20ヵ年5ヵ年据置	無	産業組合普通地方資金ヨリ融通
漁船復舊資金	2,282,700	1,056,700	-	1,226,000	-	-	-	
1 無動力漁船復舊資金	630,450	315,450	50	315,000	縣	20ヵ年5ヵ年据置	無	
2 動力付漁船復舊資金	1,482,250	741,250	50	741,000	縣	20ヵ年5ヵ年据置	無	
3 漁船復舊事業資金	170,000	0	0	170,000	中金 110,000 勧銀 60,000	20ヵ年5ヵ年据置	無	
漁具復舊資金	2,068,680	671,680	-	1,397,000	-	-	-	
1 小漁具復舊資金	118,180	59,180	50	59,000	縣	10ヵ年3ヵ年据置	無	
2 曳網類復舊資金	60,000	30,000	50	30,000	縣	10ヵ年3ヵ年据置	無	
3 旋網類復舊資金	520,000	260,000	50	260,000	縣	10ヵ年3ヵ年据置	無	
4 沖合漁業用延縄等復舊資金	120,000	60,000	50	60,000	縣	10ヵ年3ヵ年据置	無	
5 沖合漁業用刺網復舊資金	100,000	50,000	50	50,000	縣	10ヵ年3ヵ年据置	無	
6 定置漁業復舊資金	850,500	212,500	25	638,000	縣	10ヵ年3ヵ年据置	無	
7 定置漁業復舊資金	300,000	0	0	300,000	中金 150,000 勧銀 150,000	10ヵ年3ヵ年据置	無	1統1萬圓ヲ超ユル漁具ノ復舊ニ充当ス
共同販売所復舊資金	70,000	35,000	50	35,000	縣	20ヵ年5ヵ年据置	無	
共同製造所復舊資金	125,500	62,500	50	63,000	縣	20ヵ年5ヵ年据置	無	
共同製造所復舊事業資金	75,000	0	0	75,000	中金 40,000 勧銀 35,000	10ヵ年3ヵ年据置	無	
共同倉庫復舊資金	75,500	37,500	50	38,000	縣	20ヵ年5ヵ年据置	無	

5　昭和三陸津波後の岩手県の震災復舊事業資金一覧表（3）

種別	資金総額（円）	内訳						附記
		補助金		低利資金				
		金額（円）	補助率（%）	金額（円）	経由機関	償還期間	利子補給	
共同養殖設備復舊資金	175,600	87,600	-	88,000	-	-	-	
1海苔養殖場復舊資金	120,000	60,000	50	60,000	縣	10ヵ年3ヵ年据置	無	
2海苔乾燥場復舊資金	48,000	24,000	50	24,000	縣	10ヵ年3ヵ年据置	無	
3牡蠣養殖場復舊資金	7,600	3,600	50	4,000	縣	10ヵ年3ヵ年据置	無	
共同養殖設備復舊事業資金	1,000	0	0	1,000	中金	10ヵ年3ヵ年据置	無	
個人製造所復舊資金	240,000	0	0	240,000	中金 190,000 勧銀 50,000	20ヵ年5ヵ年据置	無	
船溜船揚場復舊資金	24,125	18,125	75	6,000	直接	20ヵ年5ヵ年据置	有	但シ据置期間中利子補給
築磯復舊資金	72,000	36,000	50	36,000	直接	20ヵ年5ヵ年据置	有	但シ据置期間中利子補給
耕地復舊資金	598,035	355,035	-	243,000	-	-	-	
1 縣設備費補助	13,160	13,160	100	-	-	-	-	
2 防潮堤道水路等復舊事業資金	303,880	202,880	66	101,000	直接	20ヵ年5ヵ年据置	無	
3 耕地復舊資金	280,995	138,995	50	142,000	縣	20ヵ年5ヵ年据置	無	
農産復舊資金	317,240	113,240	-	204,000	-	-	無	
1 農具購入資金	125,800	62,800	50	63,000	縣	10ヵ年3ヵ年据置	-	
2 納舎及肥料舎復舊資金	100,440	50,440	50	50,000	縣	10ヵ年3ヵ年据置	無 無	
3 肥料資金	91,000	0	0	91,000	中金 51,000 勧銀 40,000	10ヵ年3ヵ年据置	無	
農作物種苗購入配付助成金	23,183	23,183	-	-	-	-	-	
1 自家食料配給用農作物種苗購入配付助成	10,100	10,100	100	-	-	-	-	
2 次季作付用農作物種苗購入配付助成金	13,083	13,083	100	-	-	-	-	

種別	資金総額（円）	内訳						附記
		補助金		低利資金				
		金額（円）	補助率（%）	金額（円）	経由機関	償還期間	利子補給	
家畜復舊資金	45,507	22,507	-	23,000	-	-	-	
1 家畜購入資金	18,000	9,000	50	9,000	縣	10ヵ年3ヵ年据置	無	
2 家畜飼料購入資金	27,507	13,507	50	14,000	縣	10ヵ年3ヵ年据置	無	
蠶絲業復舊資金	69,775	39,775	-	30,000	-	-	-	
1 蠶種購入資金	9,375	9,375	100	-	-	-	-	
2 蠶其復舊資金	40,000	20,000	50	20,000	縣	10ヵ年3ヵ年据置	無	
3 稚蠶共同飼育所設置資金	20,400	10,400	50	10,000	縣	20ヵ年5ヵ年据置	無	
炭材購入資金	134,000	0	0	134,000	中金 30,000 勧銀 104,000	10ヵ年3ヵ年据置	無	
農林省合計	7,824,845	2,558,845		5,266,000				

• 商工省

種別	資金総額（円）	内訳						附記
		補助金		低利資金				
		金額（円）	補助率（%）	金額（円）	経由機関	償還期間	利子補給	
工場店舗設備資金	253,500	101,500	25	152,000	縣	20ヵ年5ヵ年据置	無	
工場店舗運轉資金	153,000	0	0	153,000	勧銀	20ヵ年5ヵ年据置	無	
運送船建設資金	90,500	16,500	10	74,000	縣	20ヵ年5ヵ年据置	無	
商工省合計	497,000	118,000		379,000				

• その他

種別	資金総額（円）	内訳						附記
		補助金		低利資金				
		金額（円）	補助率（%）	金額（円）	経由機関	償還期間	利子補給	
郵便局舎復舊資金	59,000	0	0	59,000	縣	20ヵ年5ヵ年据置	無	
児童就学奨励費	43,942	43,942	100	-	-	-	-	
防免費	2,581	2,581	0	-	-	-	-	国費
その他合計	105,523	46,523		59,000				

合計	12,062,867	4,455,867		7,607,000

* —— 表中の中金＝産業組合中央金庫、勧銀＝勧業銀行を示す。

6　昭和三陸津波後の宮城県の震災復舊事業資金一覧表（1）

•内務省

種別	資金総額（円）	内訳						附記
		補給額（円）	補助金		低利資金		一般経費	
			金額（円）	補助率（％）	金額（円）	利子補給		
災害土木應急費	6,000	0	0	0	6,000	無	0	
災害土木復舊資金	579,532	0	492,300	-	87,000	有	232	
1 縣	511,328	0	434,328	35	77,000	有	0	
2 町村	68,204	0	57,972	35	10,000	有	232	
街路復舊資金	-	-	-	-	-	-	-	○
住宅適地造成資金	195,000	0	0	0	195,000	有	0	
罹災住宅復舊資金	277,000	0	0	0	277,000	無	0	
小学校舎復舊資金	5,000	0	0	0	5,000	有	0	
教員住宅復舊資金	-	-	-	-	-	-	-	○
養老育児院建設資金	-	-	-	-	-	-	-	○
公益質屋運轉資金	-	-	-	-	-	-	-	○
公設浴場設置資金	-	-	-	-	-	-	-	○
救療費	6,625	6,625	0	100	-	-	0	
警備費	44,952	22,476	0	50	-	-	22,476	
救護費	42,000	21,000	0	50	-	-	21,000	
縣歳入缺陥補填金	53,000	0	0	0	53,000	有	0	
町村歳入缺陥補填金	60,000	0	0	0	60,000	有	0	
内務省合計	1,269,109	50,101	492,300		683,000		43,708	

•農林省

種別	資金総額（円）	内訳						附記
		補給額（円）	補助金		低利資金		一般経費	
			金額（円）	補助率（%）	金額（円）	利子補給		
産業組合住宅復舊資金	-	-	-	-	-	-	-	○
漁船復舊資金	406,050	0	194,800	-	211,000	-	250	
1 無動力漁船復舊資金	197,550	0	98,550	50	99,000	無	0	
2 動力付漁船復舊資金	192,500	0	96,250	50	96,000	無	250	
3 漁船復舊事業資金	16,000	0	0	0	16,000	無	0	
漁具復舊資金	227,400	0	83,400	-	144,000	-	0	
1 小漁具復舊資金	19,900	0	9,900	50	10,000	無	0	
2 曳網類復舊資金	7,500	0	3,500	50	4,000	無	0	
3 旋網類復舊資金	40,000	0	20,000	50	20,000	無	0	
4 沖合漁業用延縄等復舊資金	-	-	-	-	-	-	-	○
5 沖合漁業用刺網復舊資金	40,000	0	20,000	50	20,000	無	0	
6 定置漁業復舊資金	120,000	0	30,000	25	90,000	無	0	
7 定置漁業復舊資金	-	-	-	-	-	-	-	○
共同販売所復舊資金	14,000	0	7,000	50	7,000	無	0	
共同製造所復舊資金	75,500	0	37,500	50	38,000	無	0	
共同製造所復舊事業資金	45,000	0	0	0	45,000	無	0	
共同倉庫復舊資金	15,500	0	7,500	50	8,000	無	0	
共同養殖設備復舊資金	56,200	0	28,000	-	28,000	-	200	
1 海苔養殖場復舊資金	24,000	0	12,000	50	12,000	無	0	
2 海苔乾燥場復舊資金	9,800	0	4,800	50	5,000	無	0	
3 牡蠣養殖場復舊資金	22,400	0	11,200	50	11,000	無	200	
共同養殖設備復舊事業資金	20,000	0	0	0	20,000	無	0	
個人製造所復舊資金	160,000	0	0	0	160,000	無	0	
船溜船揚場復舊資金	60,000	0	45,000	75	15,000	有	0	
築磯復舊資金	9,800	0	4,800	50	5,000	有	0	
耕地復舊資金	45,345	0	22,405	-	19,000	-	3,940	
1 縣設備費補助	7,880	0	3,940	50	0	-	3,940	
2 防潮堤道水路等復舊事業資金	-	-	-	-	-	-	-	○
3 耕地復舊資金	37,465	0	18,465	50	19,000	無	0	

6　昭和三陸津波後の宮城県の震災復舊事業資金一覧表（3）

種別	資金総額（円）	内訳						附記
		補給額（円）	補助金		低利資金		一般経費	
			金額（円）	補助率（%）	金額（円）	利子補給		
農産復舊資金	85,970	0	30,770	-	55,000	-	200	
1 自家食料配給用農作物種苗購入配付助成	3,572	0	3,572	100	-	無	0	
2 次季作付用農作物種苗購入配付助成金	4,438	0	4,438	100	-	無	0	
3 農具購入資金	26,400	0	13,200	50	13,000	無	200	
4 納舎及肥料舎復舊資金	19,560	0	9,560	50	10,000	無	0	
5 肥料資金	32,000	0	0	0	32,000	無	0	
家畜復舊資金	3,985	0	1,985	-	2,000	-	0	
1 家畜購入資金	2,000	0	1,000	50	1,000	無	0	
2 家畜飼料購入資金	1,985	0	985	50	1,000	無	0	
蠶絲業復舊資金	124,800		17,400	-	107,000	-	400	
1 蠶室復舊資金	90,000		0	-	90,000	無	0	
2 蠶具復舊資金	14,000	-	7,000	50	7,000	無	0	
3 稚蠶共同飼育所設置資金	20,800	0	10,400	50	10,000	無	400	
炭材購入資金	-		-	-	-	-	-	○
農林省合計	1,349,550		480,560		864,000		4,990	

•商工省

種別	資金総額（円）	内訳 補給額（円）	補助金 金額（円）	補助金 補助率（%）	低利資金 金額（円）	低利資金 利子補給	一般経費	附記
工場店舗設備資金	90,000	0	36,000	40	54,000	無	0	
工場店舗運轉資金	60,000	0	0	0	60,000	無	0	
運送船建設資金	17,000	0	3,000	18	14,000	無	0	
商工省合計	167,000	0	39,000	-	128,000	-	0	

•その他

種別	資金総額（円）	内訳 補給額（円）	補助金 金額（円）	補助金 補助率（%）	低利資金 金額（円）	低利資金 利子補給	一般経費	附記
産業組合事業資金	-	-	-	-	-	-	-	○
郵便局舎復舊資金	-	-	-	-	-	-	-	○
児童就学奨励費	1,300	1,300	0	100	-	-	0	
欠食児童給食費	1,742	1,742	0	100	-	-	0	○
防免費	-	-	-	-	-	-	-	○
その他合計	3,042	3,042	0	-	-	-	0	

* ―― 附記の「○」は筆者が追記したもので、岩手県にあって宮城県にない事業を表わしている。

7　昭和三陸津波後の岩手県および宮城県の敷地造成面積並其工事進捗状況（1）

県名	町村名	部落名	移轉戸数（戸）	敷地造成面積（坪）	流出倒壊戸数（戸）	家屋の流出倒壊区域面積（坪）	工事進捗状況	備考
宮城縣	唐桑村	大澤	23	2,114	20	16,950	六分通出来三月末竣功	各戸移轉
		只越	32	2,516	39	8,250	同上	各戸移轉
		石浜	4	422	5	-	同上	各戸移轉
		高石浜						各戸移轉
		鮪立	5	589	2	-	同上	各戸移轉
		宿浦	23	1,859	9	2,050	二分通出来三月下旬竣功	集団移轉
		中 中井	7	439	2	-	六分通出来三月末竣功	各戸移轉
		小鯖	38	2,754	31	6,000	同上	集団移轉
	鹿折村	三ノ浜	2	459	3	-	竣功	各戸移轉
	大島村	横沼	3	254	-	-	七分通出来二月末竣功	各戸移轉
		中山	3	269	-	-	同上	各戸移轉
		浅根	1	92	-	-	同上	各戸移轉
		廻館	1	80	1	-	同上	各戸移轉
		大初平	1	93	-	-	同上	各戸移轉
		磯草	1	102	-	-	同上	各戸移轉
		海ノ浜	1	39	-	-	同上	各戸移轉
	大谷村	大谷	6	466	6	3,500	竣功	各戸移轉
	陸上村	渡路上	6	560	6	4,150	九分通出来二月中旬竣功	各戸移轉
		長磯浜	1	296				各戸移轉
	小泉村	二十一浜	5	424	18	5,250	竣功	各戸移轉
		今朝磯	9	735	-	-	同上	各戸移轉
		歌生	7	554	-	-	同上	各戸移轉
		藪内	6	428	4	650	同上	各戸移轉
		泉	2	169	-	-	同上	各戸移轉
	志津川村	細浦 清水	1	49	5	1,600	竣功	各戸移轉 各戸移轉
		阿曾	2	308	-	-	竣功	各戸移轉
		西田	1	158	-	-	同上	各戸移轉
		蛇主	2	389	-	-	同上	各戸移轉
	戸倉村	波傳谷	4	274	2	4,500	九分通出来二月中旬竣功	各戸移轉
		藤浜	8	480	7	-	同上	各戸移轉
		長清水	4	483	1	-	同上	各戸移轉
		寺浜	4	558	1	-	同上	各戸移轉
	歌津村	港	6	516	6	10,000	九分通出来二月中旬竣功	各戸移轉
		田ノ浦	28	2,610	27	7,500	同上	各戸移轉
		名足	11	1,326	11	2,300	竣功	各戸移轉
		石浜	7	665	7	1,500	九分通出来二月中旬竣功	各戸移轉
		馬場	7	759	16	4,600	同上	各戸移轉
		中山	7	421				各戸移轉
		泊	1	30	1	-	同上	各戸移轉
		寄木	2	132	-	-	同上	各戸移轉

県名	町村名	部落名	移轉戸数（戸）	敷地造成面積（坪）	流出倒壊戸数（戸）	家屋の流出倒壊区域面積（坪）	工事進捗状況	備考
		伊里前	2	151	4	-	同上	各戸移轉
	十三浜村	長鹽谷	1	129	1	-	七分通出来三月上旬竣功	各戸移轉
		月浜	1	66	-	-	竣功	各戸移轉
		小指	7	1,017	4	-	同上	各戸移轉
		大指	6	833	2	-	同上	各戸移轉
		小泊	5	1,235	1	-	同上	各戸移轉
		相川	29	2,318	40	5,590	同上	各戸移轉
		相川田ノ入	29	772	-	-	同上	集団移轉
	鮎川村	鮎川浜	1	114	2	-	竣功	各戸移轉
		金華山						各戸移轉
	大原村	谷川	19	3,925	32	6,250	八分通出来三月下旬竣功	集団移轉
		鮫ノ浦	16	1,852	13	2,300	同上	各戸移轉
		泊	9	958	1	-	同上	各戸移轉
		小淵						各戸移轉
		大谷川	2	120	-	-	同上	各戸移轉
		小網倉	13	1,715	1	-	同上	集団移轉
	女川町	石浜	20	1,000	10	-	竣功	集団移轉
		塚浜、小家取	4	200	2	-	同上	集団移轉
	十五浜	荒	17	1,422	18	3,590	四分通出来五月中旬竣功	各戸移轉
		室越	48	2,311	25	2,000	同上	集団移轉
		船渡	34	1,935	195	3,000	同上	集団移轉
		雄勝	226	14,395		13,000	同上	集団移轉
		名振	26	2,058	10	-	同上	集団移轉
	坂元村	磯	14	1,274	21	2,250	竣功	各戸移轉
	計		801	64,678	612	116,670		
岩手縣	気仙町	長部	86	5,364	105	8,688	二月上旬着工 三月中竣功	集団移轉
	廣田村	六ヶ浦	15	958	27	599	一月末日竣功	集団移轉
		泊	45	2,735	50	10,500	七分通出来二月中旬竣功	集団移轉
	小友村	唯出	19	1,113	35	8,500	八分通出来二月上旬竣功	集団移轉
	末崎村	泊里	19	1,360	42	7,300	五分通出来三月上旬竣功	集団移轉
		細浦	35	1,863	33	3,200	八分通出来二月上旬竣功	集団移轉
	赤崎村	宿	20	1,313	33	4,370	二月上旬着工 三月中竣功	集団移轉
	綾里村	湊	146	7,287	117	14,016	二月上旬着工 三月中竣功	集団移轉
		石浜	20	1,130	29	2,744	六分通出来二月下旬竣功	集団移轉
		田ノ浜	18	898	37	2,448	七分通出来二月中旬竣功	集団移轉
		白浜	15	842	34	7,988	竣功（家屋建設中）	集団移轉

7　昭和三陸津波後の岩手県および宮城県の敷地造成面積並其工事進捗状況（3）

県名	町村名	部落名	移轉戸数（戸）	敷地造成面積（坪）	流出倒壊戸数（戸）	家屋の流出倒壊区域面積（坪）	工事進捗状況	備考
	越喜来村	浦浜	70	3,494	58	24,899	二月上旬着工 三月中竣功	集団移轉
		下甫嶺	21	1,252	23	1,808	同上	集団移轉
		崎浜	25	780	49	7,526	未定	集団移轉
	吉浜村	本郷	11	549	43	152,700	六分通出来二月下旬竣功	集団移轉
	唐丹村	本郷	101	5,637	101	25,500	六分通出来二月下旬竣功	集団移轉
		小白浜	85	4,168	108	12,430	同上	集団移轉
		片岸	60	2,762	34	19,800	二月上旬着工 三月中竣功	集団移轉
		花露邊	20	1,425	16	2,000	同上	集団移轉
	唐石町	台村	18	567	仲町　109	釜石市街地流出 倒壊　43456 焼失　61500	二月上旬着工 三月中竣功	集団移轉
		狐崎	11	376			同上	集団移轉
		坊主山	13	851			同上	集団移轉
		嬉石	52	2,238	89	-	同上	集団移轉
	鵜住居村	両石	93	3,991	91	7,986	七分通出来二月中旬竣功	集団移轉
	大槌町	小枕	40	1,782	171	-	七分通出来二月中旬竣功	集団移轉
		惣川	20	790		-	竣功	集団移轉
		安渡	20	939		10,850	竣功	集団移轉
		吉里々々	100	4,932	107	21,466	四分通出来三月中旬竣功	集団移轉
	船越村	田ノ浜	240	12,197	196	15,000	一月中旬着工 三月中竣功	集団移轉
		前須賀	20	100	24	-	同上	集団移轉
	田老村	田老・乙部	500	未確定	503	47,000	近々着工ノ豫定	集団移轉
	小本村	小本	71	3,314	126	3,364	七分通出来二月中旬竣功	集団移轉
	田野畑村	島ノ越	35	1,675	59	7,400	四分通出来三月中旬竣功	集団移轉
		平須賀	47	3,179	64	5,300	同上	集団移轉
	普代村	太田名部	54	3,559	84	9,230	六分通出来二月下旬竣功	集団移轉
	種市村	八木	20	1,174	42	1,410	九分通出来一月末竣功	集団移轉
		大浜	9	663	9	-	同上	集団移轉
		川尻	5	323	11	-	同上	集団移轉
	計		2,199	87,580	2,660	550,923		
合計			3,000	152,258	3,272	667,593		

震災復舊資金（農林省所管）配分表

貸付先	金額(円)	用途別金額（円）		用途別内訳		一戸當貸付平均額(円)
		個人住宅復舊	住宅附属共同設備復舊	建設戸数（戸）	その他（円）	
気仙町信用販賣購買利用組合	15,000	15,000	0	63		250
廣田信用組合	12,000	12,000	0	89		145
越喜來信用販賣購買利用組合	35,000	31,000	3,000	86	共同作業場兼集會場　3,000	380
綾里信用販賣購買利用組合	70,000	61,000	9,000	198	水道三部落ニ布設　7,000 浴場一棟　1,500 家具什器　500	300
末崎信用販賣購買利用組合	25,000	22,200	2,800	61	共同作業場二棟　800 浴場一棟　1,500 家具什器二部落分　500	350
赤崎村信用販賣購買利用組合	35,000	32,000	3,000	138	共同作業場兼集會場　2,500 家具什器　500	287
米崎信用販賣購買組合	6,870	5,370	1,500	19	倉庫一棟　1,500	250
唐丹信用販賣購買利用組合	92,000	80,000	12,000	250	共同作業場兼集會場一棟　2,100 浴場二棟　2,300 共同倉庫一棟　2,000 水道　5,000 家具什器二部落分　600	300
釜石信用販賣購買利用組合	28,000	25,000	3,000	67	共同倉庫一棟　1,500 浴場同　1,500	350
両石信用販賣購買利用組合	37,000	32,000	5,000	88	共同倉庫一棟　3,000 共同作業場同　2,000	350
室浜水産信用販賣購買利用組合	7,000	7,000	0	40		250
吉里々々住宅信用販賣購買利用組合	50,000	41,000	9,000	100	共同作業場兼集會場一棟　1,000 浴場同　3,000 水道　3,500 家具什器　1,500	400
大槌水産信用販賣購買利用組合	58,000	50,000	8,000	136	浴場一棟　3,000 水道二ヶ所　3,000 家具什器二部落分　2,000	350
片岸住宅信用販賣購買利用組合	7,000	7,000	0	0		
船越村水産信用販賣購買利用組合	81,000	70,000	11,000	200	浴場三棟　4,500 水道二ヶ所　5,000 共同倉庫一棟　2,500	350
大澤村信用販賣購買利用組合	34,000	31,000	3,000	89	共同作業場兼集會場一棟　2,000 家具什器　1,000	350

8　昭和三陸津波後の岩手県における産業組合ごとの住宅再建（2）

貸付先	金額(円)	用途別金額（円）		用途別内訳		一戸當貸付平均額(円)
		個人住宅復舊	住宅附属共同設備復舊	建設戸数（戸）	その他（円）	
小本村信用販賣購買利用組合	35,580	26,980	8,600	71	共同作業場兼集會場一棟　2,000 共同倉庫四棟　6,000 家具什器　500	380
平井賀住宅信用販賣購買利用組合	25,550	19,000	6,550	50	共同作業場兼集會場一棟　1,750 浴場一棟　1,300 水道　3,000 家具什器　500	380
鳥越住宅信用販賣購買利用組合	10,000	10,000	0	46		217
山田信用組合	10,000	10,000	0	45		240
千鶏信用販賣購買利用組合	5,000	5,000	0	17		300
普代村信用販賣購買利用組合	8,000	8,000	0	23		350
太田名部住宅信用販賣購買利用組合	28,000	19,000	9,000	52	共同作業場兼集會場一棟　3,500 浴場一棟　1,300 水道　1,500 共同倉庫二棟　2,200 家具什器　500	450
種市信用販賣購買利用組合	12,000	12,000	0	37		350
計（表の値）	727,000	632,550	94,450	1,965	水道 7 ヶ所 共同作業場兼集會場 11 棟 共同倉庫 12 棟 浴場 12 棟 家具什器 10	

郡町村名	被害戸数				住宅建築見込戸数			左のうち床上浸水し、新築する建物			進行状況	
	流出	倒潰	浸水	計	低利資金	自力	計	低利資金	自力	計	竣功	未着手
亘理郡坂元村	0	22	28	50	0	10	10	0	0	0	10	0
桃生郡十五浜村	128	120	221	469	258	5	263	31	0	31	52	189
牡鹿郡女川町	0	12	495	507	17	0	17	7	0	7	15	0
同　大原村	41	7	116	164	64	11	75	30	5	35	48	3
同　鮎川村	1	1	54	56	1	0	1	1	0	1	1	0
本吉郡志津川村	2	3	196	201	6	0	6	1	0	1	6	0
同　戸倉村	5	6	29	40	10	12	22	7	3	10	20	2
同　十三浜村	38	20	73	131	50	0	50	9	0	9	25	1
同　歌津村	60	12	50	122	12	59	71	0	11	11	68	1
同　小泉村	20	2	14	36	0	27	27	0	9	9	25	1
同　大谷村	6	0	2	8	0	6	6	0	0	0	6	0
同　階上村	1	5	17	23	0	7	7	0	2	2	7	0
同　鹿折村	1	2	80	83	0	2	2	0	0	0	2	0
同　唐桑村	93	24	138	255	109	0	109	24	0	24	35	26
同　大島村	3	4	37	44	9	1	10	4	0	4	8	0
計	399	240	1550	2189	536	140	676	114	30	144	328	223

農村經濟更生計畫樹立方針

一　土地分配ノ整備及土地利用ノ合理化
二　農村金融ノ改善
三　勞力利用ノ合理化
四　農業經營組織ノ改善
五　生産費其ノ他經營費ノ輕減
六　生産方法ノ改良及生産ノ統制
七　生産物販費ノ統制
八　農業經營用品ノ配給統制
九　農家經濟ノ改善
十　各種災害ノ防止施設、共濟積立、備荒貯蓄等各種貯金ノ充實普及
十一　農村ニ於ケル各種團體ノ連絡活動促進
十二　農村教育、衛生、生活改善其ノ他ニ關スル農村諸施設ノ改善

山村經濟更生計畫樹立方針

一　土地分配ノ整備及利用ノ合理化
二　山村金融ノ改善
三　勞力利用ノ合理化
四　林業經營組織ノ改善
五　生産費其ノ他經營費ノ輕減
六　生産方法ノ改良及生産ノ統制

七　生産物販賣ノ統制
八　林業經營用品ノ配給統制
九　山家經濟ノ改善
十　共濟事業ノ施設及其ノ充實
十一　山村ニ於ケル各種團體ノ連絡活動促進
十二　山村ニ於ケル教育、衛生、警備、生活改善其ノ他ニ關スル山村諸施設ノ改善

漁村經濟更生計畫樹立方針

一　漁村ニ於ケル各種産業ノ組合セノ適正
二　水面利用ノ合理化
三　漁村金融ノ改善
四　勞力利用ノ合理化
五　漁村經營組織ノ改善
六　生産費其ノ他經營費ノ輕減
七　漁業ニ關スル共同施設ノ普及徹底
八　生産物ノ保藏及加工方法ノ改善
九　生産物販費方法ノ改善及販賣ノ統制
十　漁業經營用品ノ配給統制
十一　漁家經濟ノ改善
十二　共濟、備荒其ノ他各種貯金ノ充實普及、遭難防止及各種災害ノ防止施設
十三　漁村ニ於ケル各種團體ノ連絡活動促進

十四　漁村教育ノ改善其ノ他漁村諸施設ノ改善

農林省「農山漁村経済更生計画樹立方針」（一九三二）

第一章 緒言

一 概況、二 経済更生計画、三 機関、四 大槌町経済更生綱領、五 経済更生計画樹立ノ経過

第二章 経済更生計画大綱

一 土地、二 戸口、三 農林漁業経営、四 経営資料（飼料農具種苗薬剤購入額、林業経営資料購入状況、漁業経営資料購入額）、五 農林漁業生産（養種、養蚕、畜産、山林、農産加工、林産加工、水産加工、水産、所有別漁業権）、六 貸借（負債、負債原因件数、賃金及預金、貸借）

第一 土地分配ノ整理及土地利用ノ合理化（自作農創設、開田、空地宅地畦畔堤塘池沼ノ利用、牧野改良及原野荒廃地ノ利用）

第二 金融ノ改善（産業組合ノ内容拡充、負債整理償還、基本財産造成）

第三 捞力利用ノ合理化（捞力ノ自給、農閑及漁閑期捞力ノ調整）

第四 農業経営組織ノ改善（農業経営組織ノ改善、計画農業ノ実施）

第五 生産方法ノ改良（稲作ノ改良増殖、養蚕ノ改良増殖、畜産ノ改良増殖）

第六 生産販賣ノ統制（農産物ノ販賣統制、繭取引方法ノ改善、販賣機関ト系統機関ノ利用）

第七 農業経営用品ノ配給統制（肥料飼料ノ配給改善、農業経営用品ノ共同生産配給）

第八 農家経済改善（生活用品ノ自給、貯金ノ励行）

第九 共済積立備荒貯蓄各種貯金ノ充實普及（家畜保険制度ノ普及充實、備荒貯蓄）

第十 各種團体ノ聯絡活動（部落實行組合團体ノ充實、町農會活動、経済更生委員會ノ活動）

第十一 産業教育（教育ノ郷土化、農村教育實際化、青年教育ノ實際化、婦人教育ノ實際化、

農村衛生ノ改善、農村生活ノ改善）

第三章 経済更生計画細目

第一 目的及ビ目標

第二 主要産業及副業増殖計画及実施方法（米増殖計画、麦増産計画、大豆陸稲増産計画、桑園桑葉増産計画、養鶏奨励施設、養兎増殖計画、藁加工品増産計画、各種団体連絡提携、家計簿記帳、農家組合ノ促進、自給肥料ノ充実及肥料供給ノ改善、余剰勞力ノ利用、生産品ノ合理的販賣及必需品ノ購入斡旋、町民ノ教化、補習学校ノ充實化、植林事業ノ奨励）

第四章 経済更生計画ノ目標

一 農漁家ノ経済

二 大槌町経済更生計画實行予定表

漁業ノ部

漁業経済更生計画樹立方針

一 漁村ニ於ケル各種産業ノ組合セノ適正

二 水面利用ノ合理化

三 漁村金融ノ改善

四 撈力利用ノ合理化

五　経營組織ノ改善
六　生産費其ノ他経費ノ軽減
七　漁業ニ関スル共同施設ノ普及及ビ徹底
八　生産物保蔵及加工方法ノ改善
九　生産物販費方法ノ改善及販賣統制
一〇　漁業経営用品ノ配給統制
一一　漁家経済ノ改善
一二　共済備荒其ノ他各種貯蓄及実普及
一三　漁村ニ於ケル各種團体ノ連絡活動促進
一四　漁村教育改善其他漁村諸施設ノ改善

『大槌町経済更生計画』（大槌町、一九三三）

12 「大槌町吉里々々部落　新漁村建設計画要項」と「復旧復興予算」との対応（1）

大槌町吉里々々部落　新漁村建設計画要項における施設		「岩手県震災復舊資金貸付規程」の貸付け対象事業
一　住宅地造成		住宅適地造成事業
二　住宅建築		産業組合ニ依ル住宅復舊事業（住宅）
三　住宅附属共同設備	共同浴場	公設浴場設置助成事業
	水道	産業組合ニ依ル住宅復舊事業（水道）
	共同購買店舗	産業組合ニ依ル住宅復舊事業（販賣所）
	副業共同作業場	産業組合ニ依ル住宅復舊事業（作業場）
	精米麦製粉工場	産業組合ニ依ル住宅復舊事業（産業設備）
	第一集会場	産業組合ニ依ル住宅復舊事業（修養娯樂設備等）
	第二集会場	産業組合ニ依ル住宅復舊事業（修養娯樂設備等）
四　津浪防止及備考設備	防潮林	防潮林苗圃造成事業
	防潮堤	耕地復舊
	苗圃	防潮林苗圃造成事業、備荒林及防潮林苗圃造成援助（義捐金配分）
	備荒林	備荒林及防潮林苗圃造成援助（義捐金配分）
	備荒倉	備荒倉庫設備援助（義捐金配分）
五　水産関係共同施設	桟橋	
	共同販売所	水産共同施設復舊事業（共同販賣所）
	水産共同作業所	水産共同施設復舊事業（共同製造場）
	水産共同倉庫	水産共同施設復舊事業（共同倉庫）
	水産共同製造所	水産共同施設復舊事業（共同製造場）
	船揚場	
	船溜	船溜船揚場復舊事業
	漁船漁具	無動力漁船復舊事業、動力付漁船復舊事業、漁船復舊事業資金融通事業、漁具漁網復舊事業
	共同乾場	水産共同施設復舊事業（海苔乾燥場）
六　農事関係共同施設	共同菜園	産業組合ニ依ル住宅復舊事業（菜園）
	共同肥料	納舎及肥料舎復舊事業
	共同納屋	納舎及肥料舎復舊事業
	技術員設置	
七　養蚕関係共同施設	養蚕共同施設	稚蠶共同飼育所設置事業
	付共同桑園	桑園復舊奬勵
	技術員設置	
八　林業関係共同施設	共同薪炭林	
九　副業関係共同施設	共同育雛	副業共同施設（義捐金）
	共同作業場	副業共同施設（義捐金）
十　火防衛生施設	消防屯所	
	貯水設備	
	診療所	産業組合ニ依ル住宅復舊事業（診療所）
	助産所	産業組合ニ依ル住宅復舊事業（診療所）
十一　社会教育施設	青年道場	産業組合ニ依ル住宅復舊事業（修養道場）
	道場附属農園	産業組合ニ依ル住宅復舊事業（修養道場）
	道場附属漁船	産業組合ニ依ル住宅復舊事業（修養道場）
	図書館	産業組合ニ依ル住宅復舊事業（図書館）
	託児所	産業組合ニ依ル住宅復舊事業（託児所）

12 「大槌町吉里々々部落　新漁村建設計画要項」と「復旧復興予算」との対応（2）

大槌町吉里々々部落　新漁村建設計画要項における施設	
娯楽場	産業組合ニ依ル住宅復舊事業（娯楽所）
津浪記念碑	震災記念碑建設費（東京朝日新聞）
震浪死亡者供養塔	
小公園	

基幹事業（五省四〇事業）

・文部科学省所管

A―1　公立学校施設整備費国庫負担事業（公立小中学校等の新増築・統合）

A―2　学校施設環境改善事業（公立学校の耐震化等）

A―3　幼稚園等の複合化・多機能化推進事業

A―4　埋蔵文化財発掘調査事業

・厚生労働省所管

B―1　医療施設耐震化事業

B―2　介護基盤復興まちづくり整備事業《新規》（「定期巡回・随時対応サービス」や「訪問看護ステーション」の整備等）

B―3　保育所等の複合化・多機能化推進事業

・農林水産省所管

C―1　農山漁村地域復興基盤総合整備事業（集落排水等の集落基盤、農地等の生産基盤整備等）

C―2　農山漁村活性化プロジェクト支援（復興対策）事業（被災した生産施設、生活環境施設、地域間交流拠点整備等）

C―3　震災対策・戦略作物生産基盤整備事業（麦・大豆等の生産に必要となる水利施設整備等）

C－4　被災地域農業復興総合支援事業（農業用施設整備等）
C－5　漁業集落防災機能強化事業（漁業集落地盤嵩上げ、生活基盤整備等）
C－6　漁港施設機能強化事業（漁港施設用地嵩上げ、排水対策等）
C－7　水産業共同利用施設復興整備事業（水産業共同利用施設、漁港施設、放流用種苗生産施設整備等）
C－8　農林水産関係試験研究機関緊急整備事業
C－9　木質バイオマス施設等緊急整備事業

・国土交通省所管
D－1　道路事業（市街地相互の接続道路等）
D－2　道路事業（高台移転等に伴う道路整備（区画整理））
D－3　道路事業（道路の防災・震災対策等）
D－4　災害公営住宅整備事業（災害公営住宅整備事業、災害公営住宅用地取得造成費等補助事業等）
D－5　災害公営住宅家賃低廉化事業
D－6　東日本大震災特別家賃低減事業《新規》
D－7　公営住宅等ストック総合改善事業（耐震改修、エレベーター改修）
D－8　住宅地区改良事業（不良住宅除却、改良住宅の建設等）
D－9　小規模住宅地区改良事業（不良住宅除却、小規模改良住宅の建設等）
D－10　住宅市街地総合整備事業（住宅市街地の再生・整備）
D－11　優良建築物等整備事業（市街地住宅の供給、任意の再開発等）

D－12 住宅・建築物安全ストック形成事業（住宅・建築物耐震改修事業）
D－13 住宅・建築物安全ストック形成事業（がけ地近接等危険住宅移転事業）
D－14 造成宅地滑動崩落緊急対策事業《新規》
D－15 津波復興拠点整備事業《新規》
D－16 市街地再開発事業
D－17 都市再生区画整理事業（被災市街地復興土地区画整理事業等）
D－18 都市再生区画整理事業（市街地液状化対策事業）
D－19 都市防災推進事業（市街地液状化対策事業）
D－20 都市防災総合推進事業（津波シミュレーション等の計画策定等）
D－21 下水道事業
D－22 都市公園事業
D－23 防災集団移転促進事業

・環境省所管
E－1 低炭素社会対応型浄化槽集中導入事業

復興庁「復興交付金について」（二〇一二）
（http://www.reconstruction.go.jp/topics/20130117_koufukingaiyou.pdf
［二〇一七年一月二〇日最終閲覧］）、
傍線は筆者によるもので、本文で言及した事業を示す。

年号	土木復旧にかかわる制度	宅地整備にかかわる制度	個人救済にかかわる制度
1869（明治2）年			府県施政順序
1871（明治4）年			窮民一時救助規則
1873（明治6）年	河港道路修築規則		
1874（明治7）年			恤救規則
1880（明治13）年	太政官布告第48号		•備荒儲蓄法
1888（明治21）年		東京市区改正条例	
1889（明治22）年		•大日本帝國憲法（予備費）	
1896（明治29）年		明治三陸津波発生	
1899（明治32）年	災害準備基金特別会計法		•罹災救助基金法
1909（明治42）年		**•三省合同通牒（預金部資金の地方還元開始）**	
1911（明治44）年	**•災害土木費國庫補助規程施行細則** •災害土木費国庫補助規定		
1920（大正9）年		市街地建築物法	
1929（昭和4）年		都市計画法	救護法
1933（昭和8）年		都市計画法改正	
		昭和三陸津波発生	
1947（昭和22）年			**災害救助法** 災害被害者に対する租税の減免、徴収猶予等に関する法律 農業災害補償法
1949（昭和24）年	**シャウプ勧告**		
1950（昭和25）年	昭和25年度における災害復旧事業費国庫負担の特例に関する法律 **•農林水産業施設災害復旧事業費国庫補助の暫定措置に関する法律（暫定法）制定**	建築基準法	農業災害補償法 中小企業信用保険法 **•住宅金融公庫法**
1951（昭和26）年	**•公共土木施設災害復旧事業費国庫負担法（負担法）**		**資金運用部資金法、資金運用部特別会計法**
1952（昭和27）年			•農林漁業金融公庫法
1953（昭和28）年			災害救助法改正
1954（昭和29）年		**土地区画整理法**	
1955（昭和30）年			天災による被害農林漁業者等に対する資金の融通に関する暫定措置法
1960（昭和35）年		チリ地震津波発生	
		チリ地震津波による災害を受けた地域における津波対策事業に関する特別措置法	
1961（昭和36）年		**災害対策基本法**	
1962（昭和37）年		激甚災害に対処するための特別の財政援助等に関する法律	
1968（昭和43）年		都市計画法	
1972（昭和47）年		**防災のための集団移転促進事業に係る国の財政上の特別措置等に関する法律**	

14　災害関連制度の整備（2）

年号	土木復旧にかかわる制度	宅地整備にかかわる制度	個人救済にかかわる制度
1973（昭和48）年			災害弔慰金の支給等に関する法律
1995（平成7）年		被災市街地復興特別措置法	
1998（平成10）年			**被災者生活再建支援法**
2000（平成12）年		**地方分権一括法施行**	
2007（平成19）年			•独立行政法人住宅金融支援機構法 •株式会社日本政策金融公庫法
2011（平成23）年		**東日本大震災発生**	
	東日本大震災に対処するための特別の財政援助及び助成に関する法律、東日本大震災復興特別区域法案		
	東日本大震災による被害を受けた公共土木施設の災害復旧事業等に係る工事の国等による代行に関する法律案	東日本大震災により甚大な被害を受けた市街地における建築制限の特例に関する法律案	農林中央金庫及び特定農水産業協同組合等による信用事業の再編及び強化に関する法律の一部を改正する法律案

*——「•」は各津波災害において適用された法律で、太字は転換点として第5章で取り上げた法律・事項である。

		土木	宅地・住宅
明治三陸	復旧	土木インフラの復旧：災害土木費（国庫補助、県費）	住宅復旧：備荒儲蓄金（小屋掛料）、第二予備金（救済費）のうち被服家具料、義捐金（現金分）、恩賜金
	復興	防潮堤建設（吉浜本郷）	高所移転（県費、篤志家、住民） 市区改正（田老、釜石、村崎）
昭和三陸	復旧	土木インフラ復旧：災害土木応急資金（低利融資）、災害土木復旧資金（国庫補助、低利融資）	住宅復旧：産業組合住宅復舊資金（低利融資） 住宅復旧：住宅復舊資金（低利融資）
	復興	防波堤、海岸堤防、防潮林等の建設：海嘯災害予防施設費等（国庫補助、低利融資）	高所移転：住宅適地造成資金（低利融資） 区画整理：街路復旧資金（国庫補助、低利融資）
チリ地震	復旧	土木インフラの復旧：災害復旧事業（国庫補助、県費、町村費）	災害公営住宅：災害公営住宅建築費（国庫補助、県費、町村費） 住宅再建のための融資：住宅金融公庫
	復興	防浪堤、海岸堤防、船揚場、水門等建設：チリ地震津波対策事業（国庫補助、県費、町村費）	区画整理：都市計画復旧事業費（国庫補助、県費、町村費）

「三陸津波」と吉里吉里集落の再編

地図：ゼンリン　ZMap-TOWNII、許諾番号（Z16LL 第 099 号）

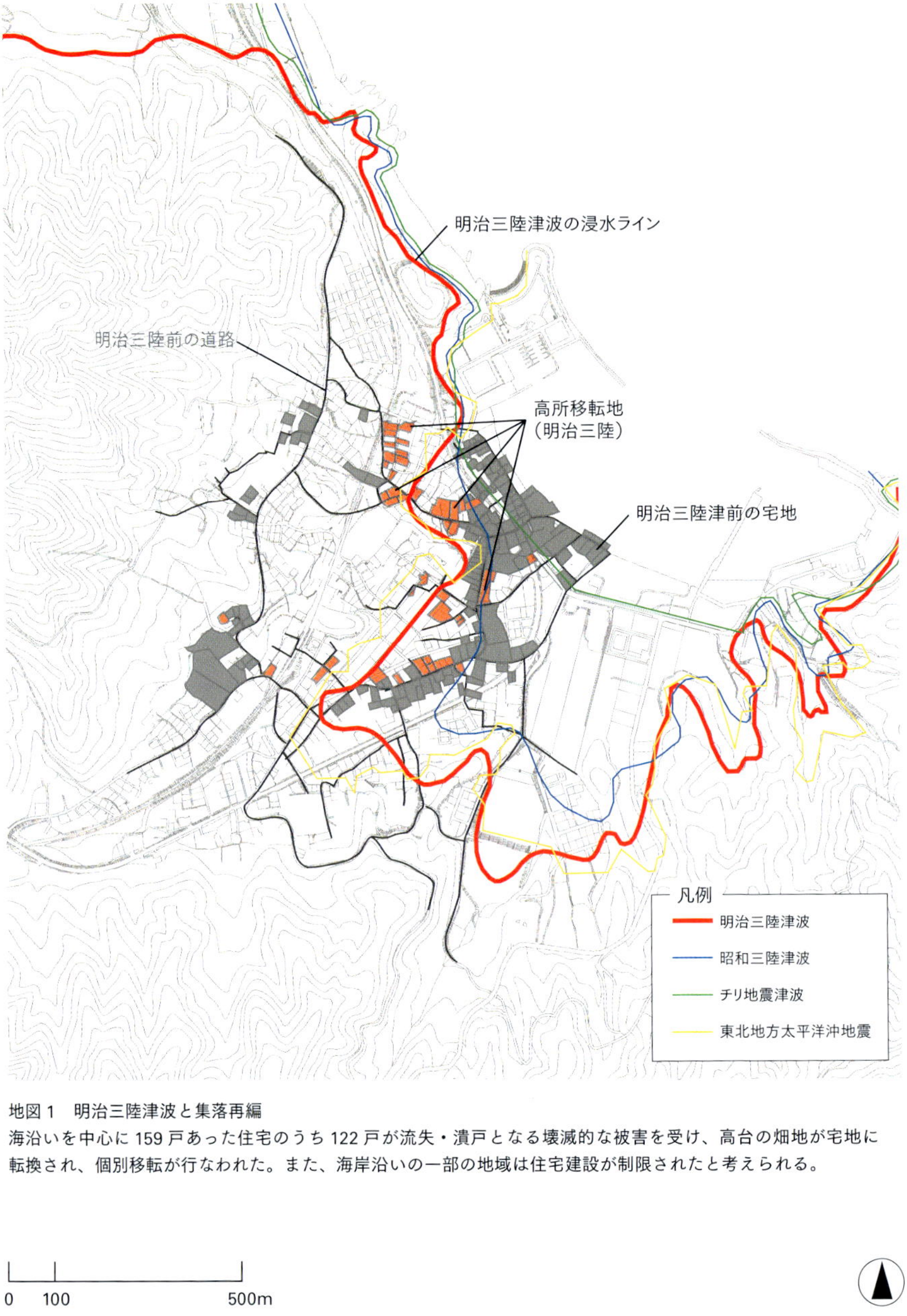

地図 1　明治三陸津波と集落再編
海沿いを中心に 159 戸あった住宅のうち 122 戸が流失・潰戸となる壊滅的な被害を受け、高台の畑地が宅地に転換され、個別移転が行なわれた。また、海岸沿いの一部の地域は住宅建設が制限されたと考えられる。

地図：ゼンリン　ZMap-TOWNII、許諾番号（Z16LL 第 099 号）

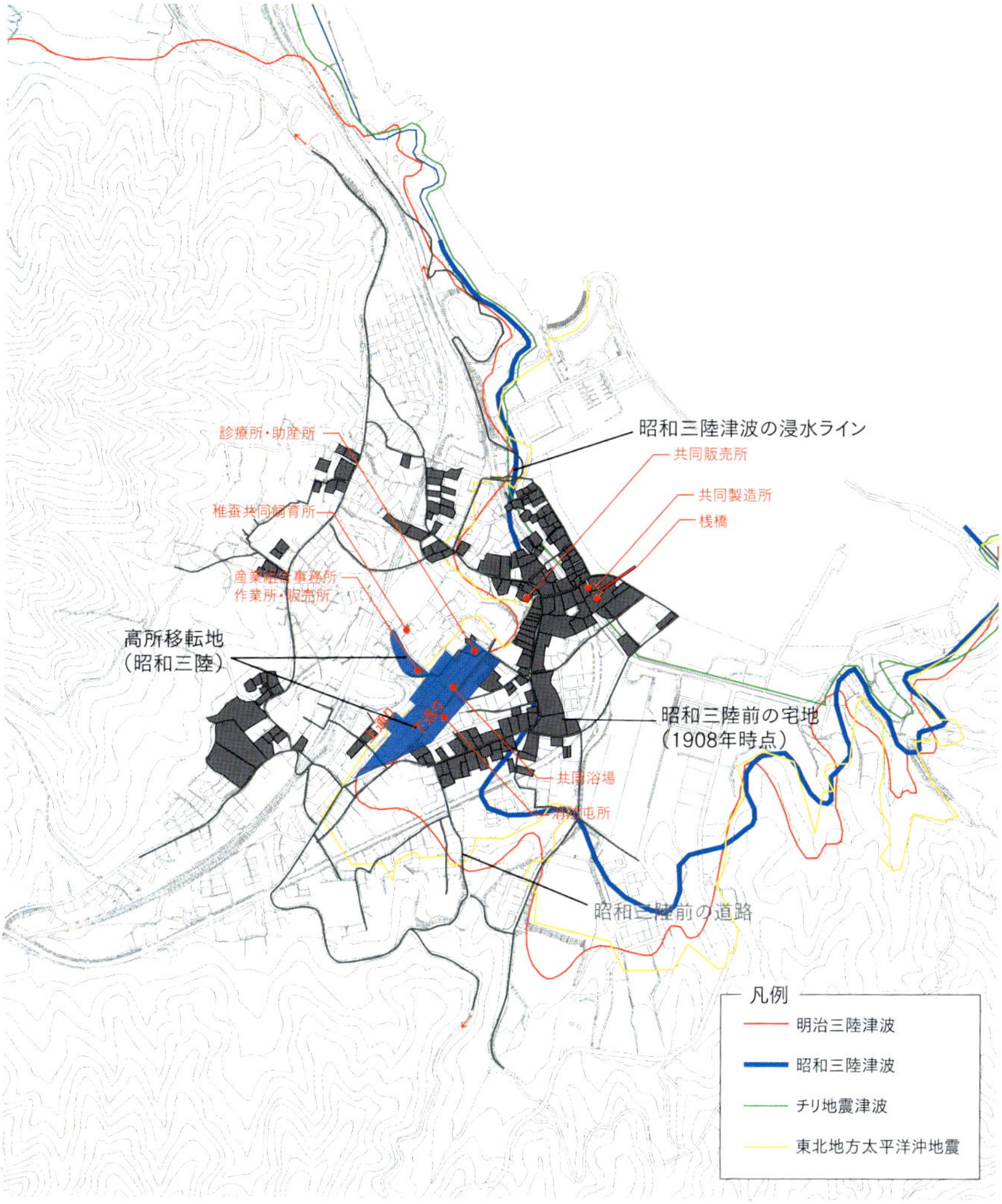

地図 2　昭和三陸津波と集落再編
明治三陸津波から 37 年後、272 戸あった住宅のうち 128 戸が流出・倒壊するという大きな被害を再び受け、緩斜面の中腹に約 100 戸分の宅地が造成され、集団移転が行なわれた。また、海岸沿いには共同製造所などの漁業用施設が整備された。

0　100　500m

地図：ゼンリン　ZMap-TOWN、許諾番号（Z16LL 第 099 号）

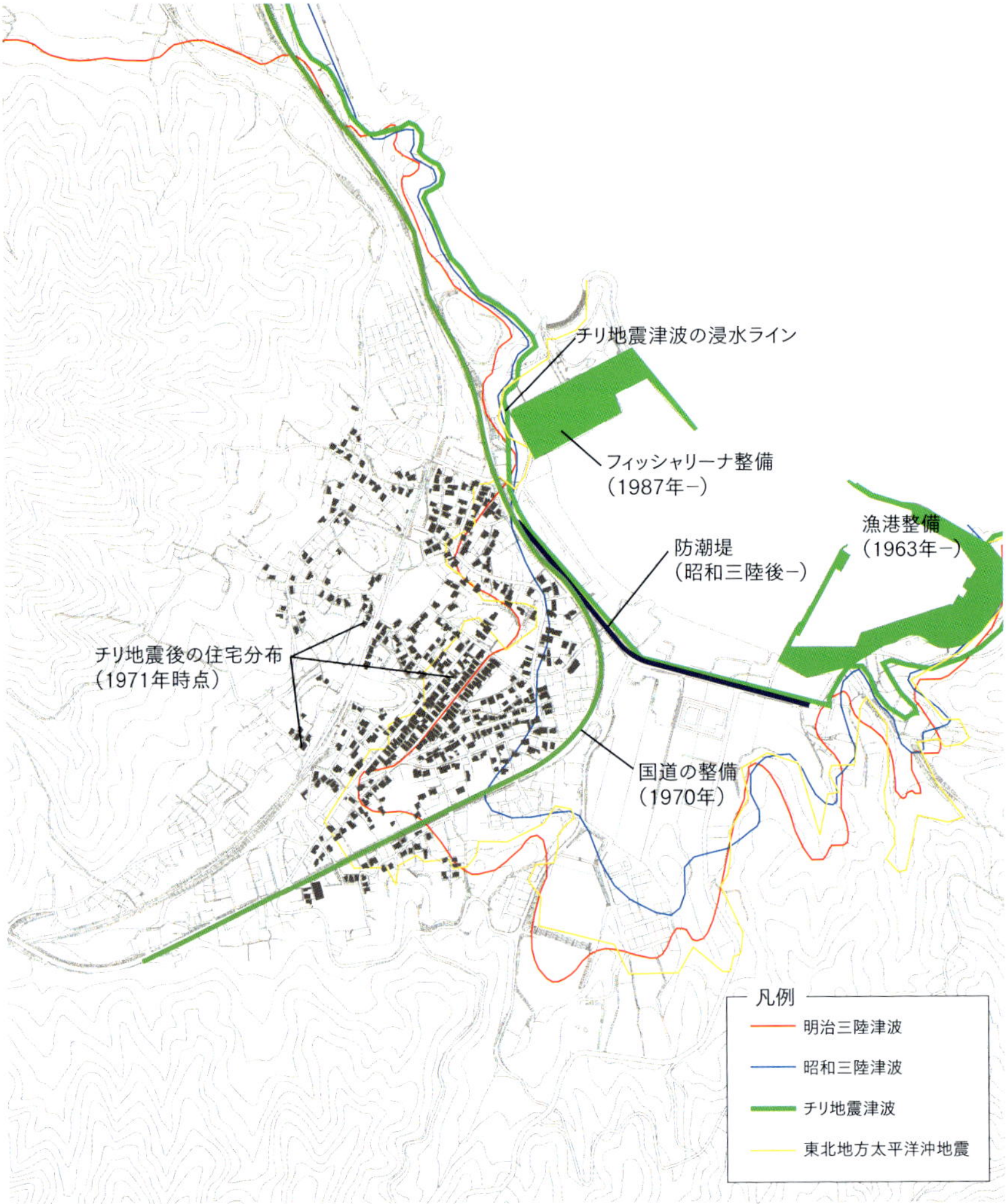

地図 3　チリ地震津波と集落再編
津波による被害は限られた範囲内であったが、被災後海岸沿いに防潮堤が整備された。さらにその後、漁港や国道などのインフラ整備事業が本格化し、その過程で海に近い低地にも住宅が広がっていった。なお、第 4 章図 5（222 頁）の浸水域は、「大槌町津波防災マップ」のそれとは異なり、防潮堤を越えて津波が浸水しているが、その範囲は限られていることから、本図では後者を採用している。

地図：ゼンリン　ZMap-TOWNII、許諾番号（Z16LL 第 099 号）

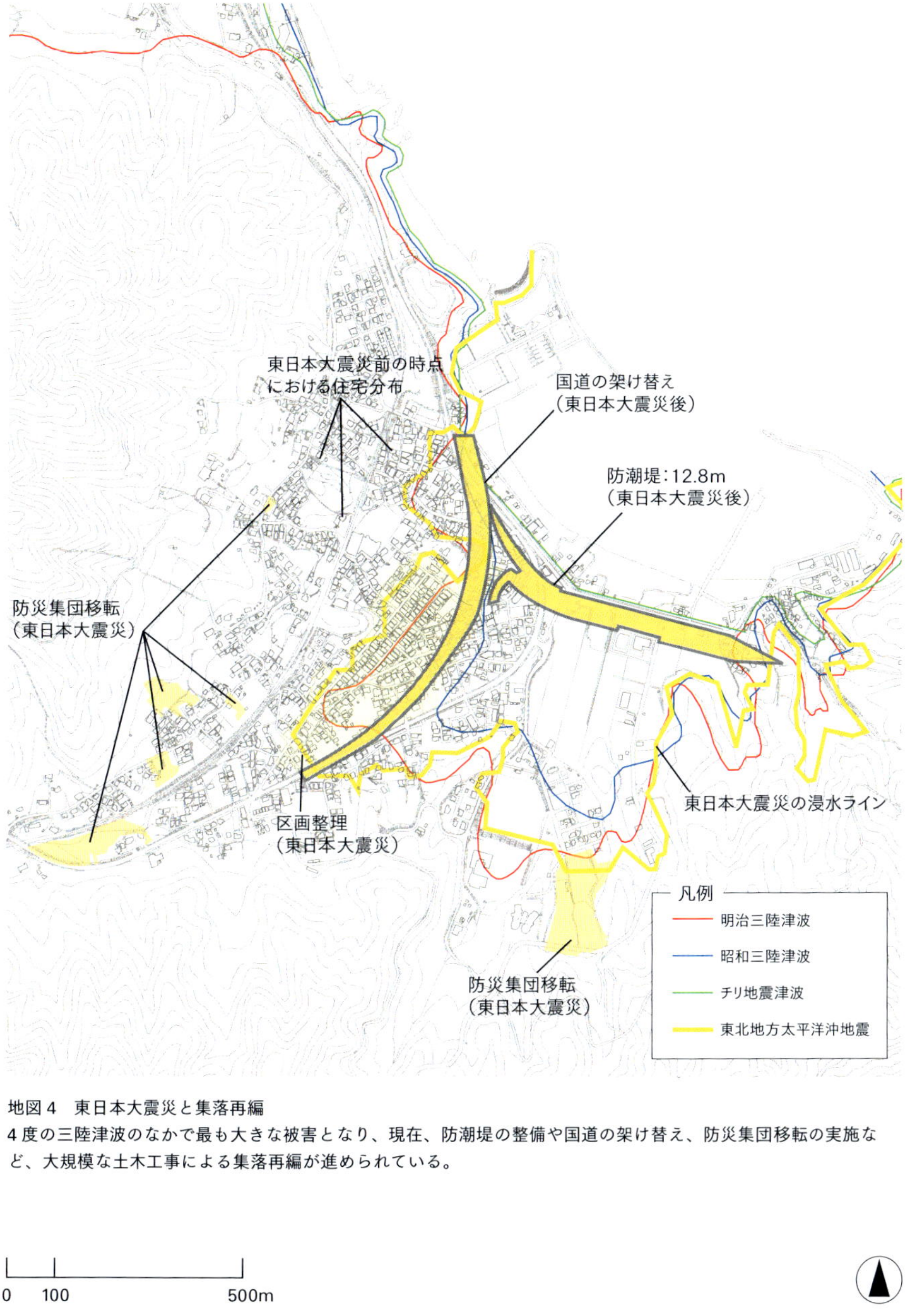

地図４　東日本大震災と集落再編
4 度の三陸津波のなかで最も大きな被害となり、現在、防潮堤の整備や国道の架け替え、防災集団移転の実施など、大規模な土木工事による集落再編が進められている。

地図：ゼンリン　ZMap-TOWN、許諾番号（Z16LL 第 099 号）

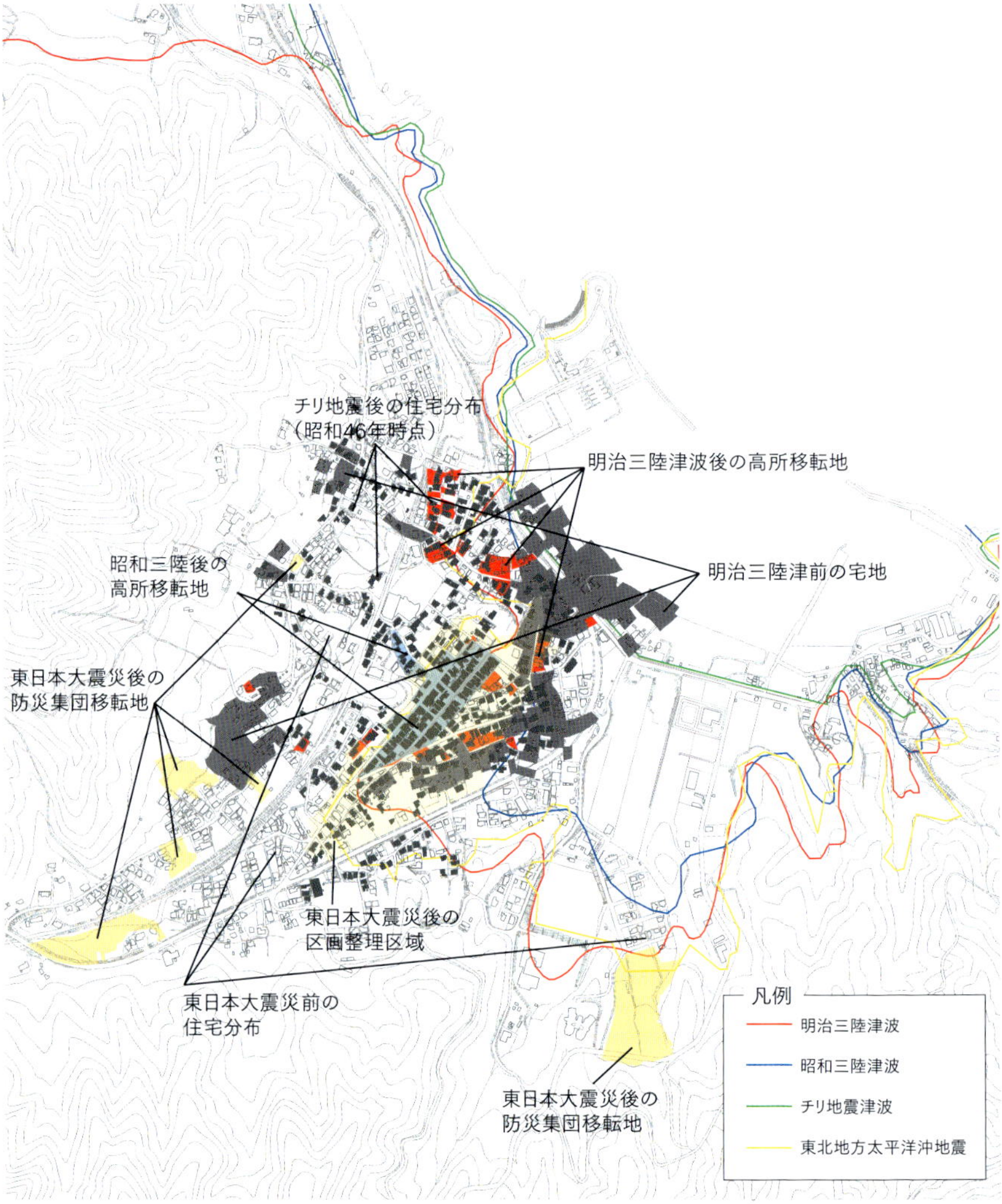

地図 5　住宅地の変遷
明治三陸津波および昭和三陸津波の復興において、徐々に標高の高い位置に住宅が移っていった。また、チリ地震津波以降のインフラ整備により、低地にも宅地が広がっていった。

地図 6　明治三陸津波後の高所移転の詳細
1910 年の地図上に、明治三陸津波後の高所移転の詳細を記している。分散移転ではあるが、部分的に集団移転に近い移動も見受けられる。

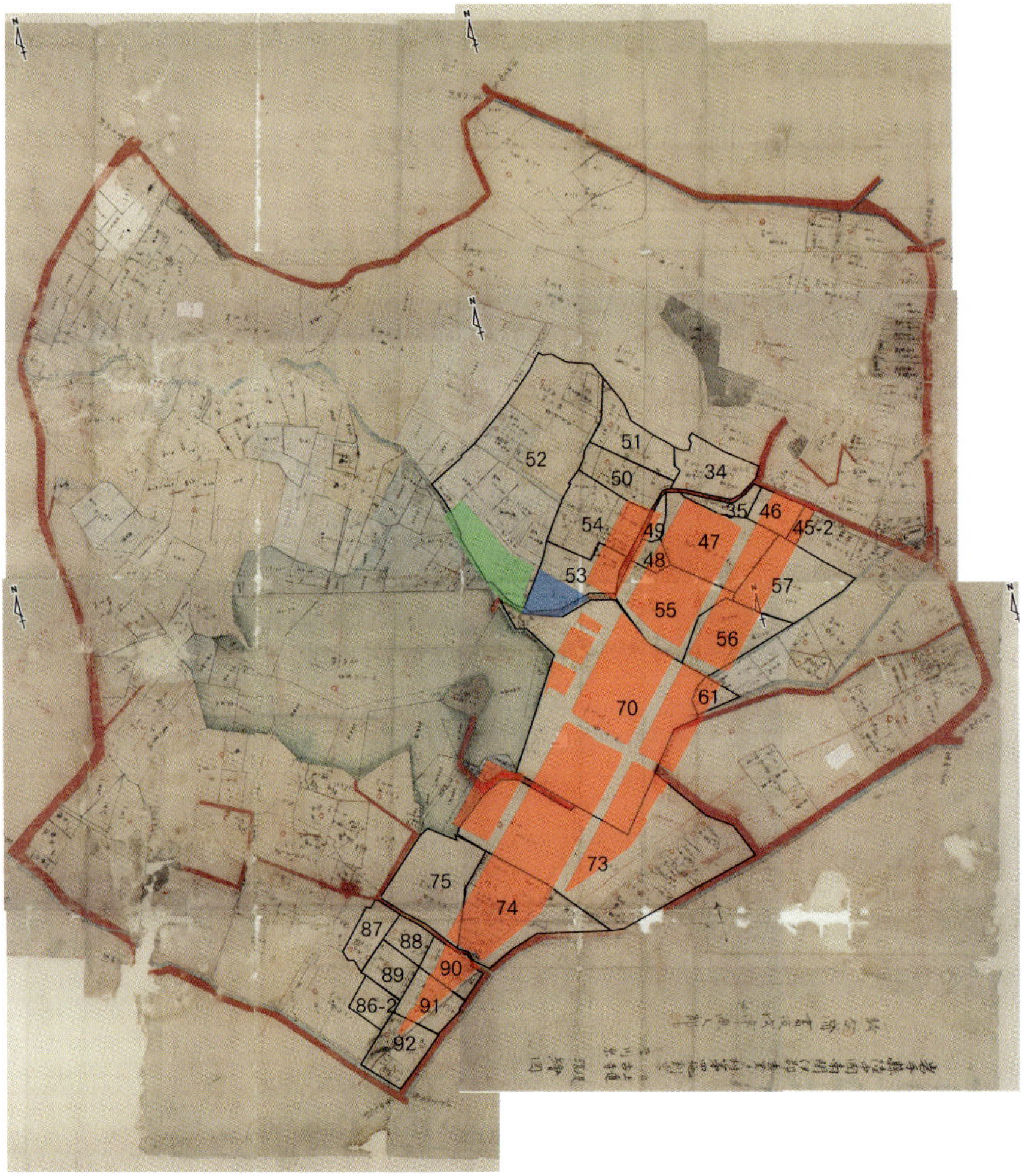

地図７　昭和三陸津波後の高所移転の詳細
昭和三陸津波発災時点における土地所有の状態（地番、区画など）の上に、復興地の区画をプロットしている。比較的大きな土地所有者（地番70）が土地を安価で提供したことで、復興地の建設が速やかに実現したと考えられる。

大槌町の被災と復興

2011年6月11日
JR山田線の大槌駅付近。住宅の大半が流されあらわになった地面のそこかしこから、湧水が湧き上がっている。震災前には、それら湧水は飲料水やサケの孵化場の用水などとして利用されていた。

2016年3月20日
発災5年後の町方地区。線路の位置はちょうど写真左手の道路で、その右側が盛土され、多くの湧水の自噴井《じふんせい》が封鎖された。なお、2017年1月現在も運休中のJR山田線は、再開に向けた復旧工事が進められている。

町方

町方地区は、大槌川と小鎚川に挟まれた低地で、近世には代官所や市が置かれるなど、古くからこの地域の政治・経済の中心地であった。震災前には住宅地や商店街、行政施設等が集積する地区であったが、地震に伴う津波により壊滅的被害を受けた。現在、町全体を盛土し嵩上げしたうえで、区画整理を行ない、新しい町を整備する計画が進められている。

赤：撮影ポイント　黄：東日本大震災の浸水域
地図：ゼンリン　ZMap-TOWNII、許諾番号（Z16LL 第 099 号）

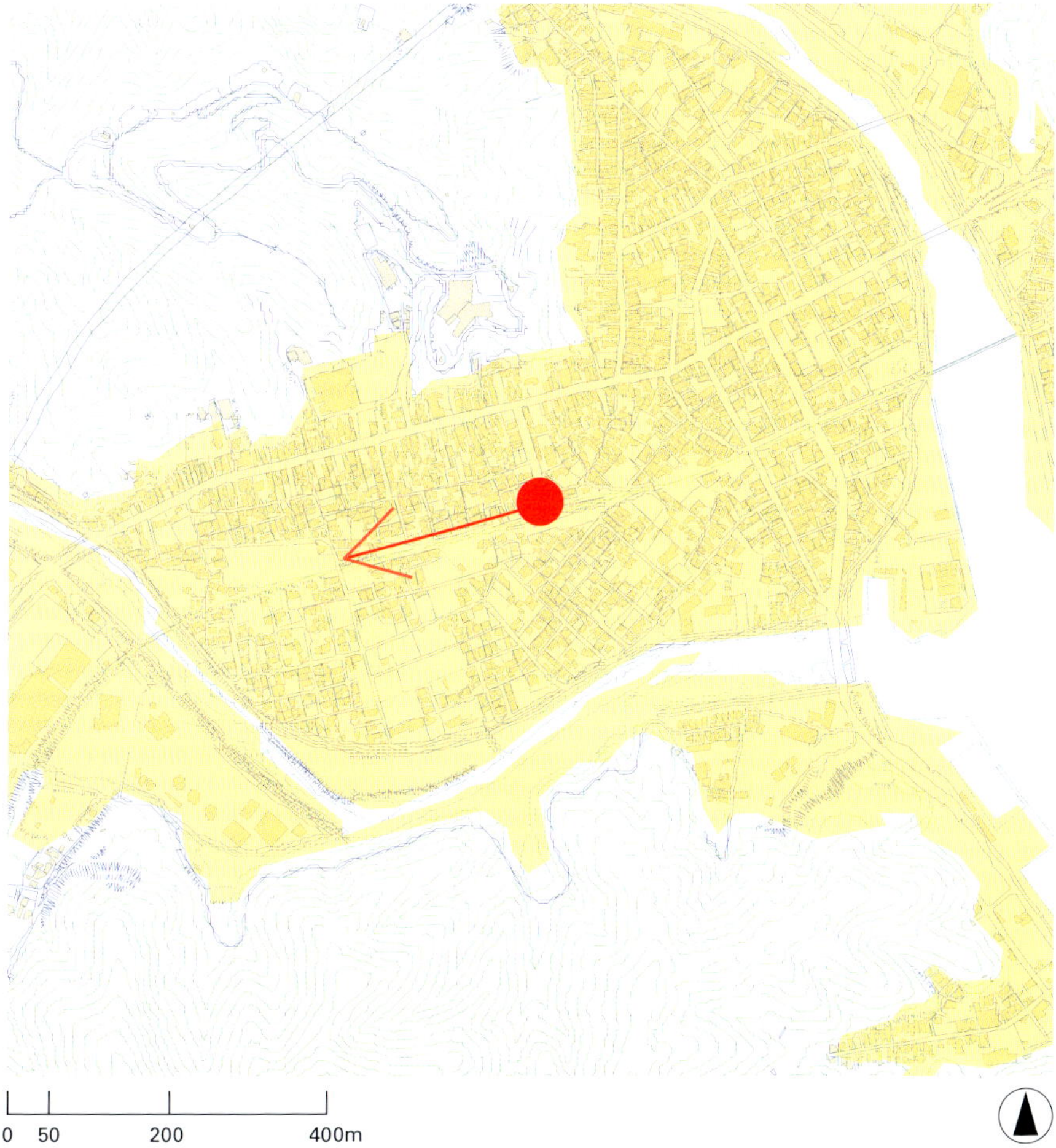

2011年6月11日
震災前の町並みは津波により破壊された。被災後、道路についてはがれきが撤去され通行できるようなっているが、街区の内側には瓦礫が積まれたままとなっている。また、破壊された防潮堤は、分断され放置されている。

2016年3月19日
瓦礫や破壊された防潮堤などは次第に撤去され、さらに敷地に残されていた基礎も撤去され、ほぼ更地の状態となった。その後、町中を土砂を積んだトラックが行き交い、大規模な土木工事が進められている。

安渡

安渡集落は、大槌川の左岸に位置し、近世から交易や漁業の中心地として栄えた港町である。震災前、山沿いには住宅地が、海沿いには漁業関連施設が立地していたが、東日本大震災により、標高の高い一部の住宅地を除き壊滅的被害を受けた。現在、高台の山林を開発する防災集団移転事業と、低地を盛土したうえでの区画整理により宅地を整備する計画が進められている。

地図：ゼンリン　ZMap-TOWNII、許諾番号（Z16LL 第 099 号）

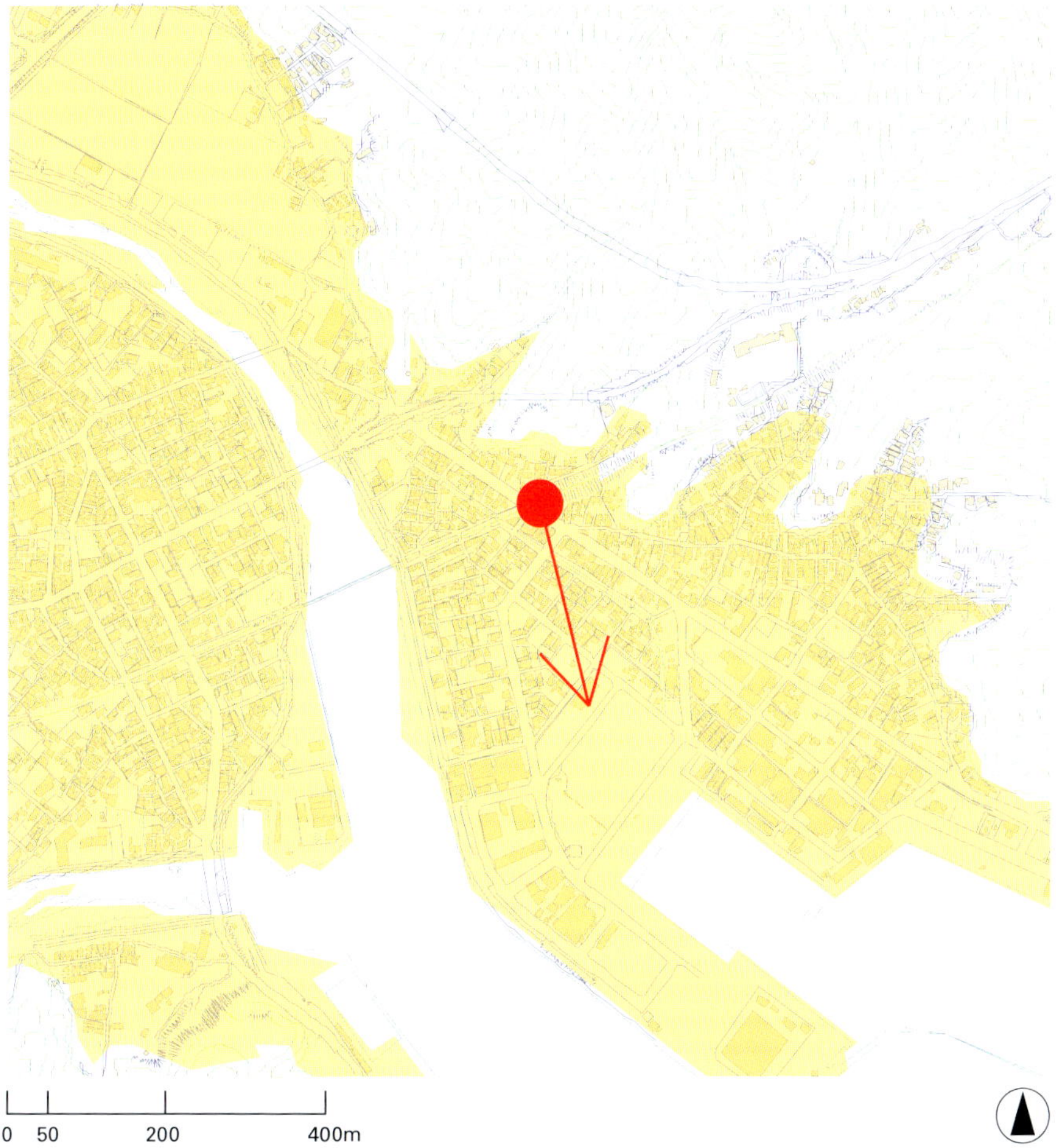

2011 年 6 月 13 日
もともと工場の駐車場や公園などのまとまったオープンスペースが多かったうえ、津波により多くの建物が流されたために、一時的な瓦礫の集積場となっている。

2016 年 3 月 19 日
震災後に瓦礫の一時的な集積場となっていたところが、現在は盛土のための土砂の保管場所となっている。道路の先には、小枕集落の高所移転のための造成の様子が写り込んでいる。

港町・新港町

1980年代以降に埋め立てられ、港湾施設や工場、公園、住宅等が整備された地域である。震災により、地区内にあった工場のみならず防潮堤そのものが破壊された。震災後は新たに高さ 14.5 mの防潮堤が整備される予定で、その外側は産業用地としての利用が想定されている。

地図：ゼンリン　ZMap-TOWNII、許諾番号（Z16LL 第 099 号）

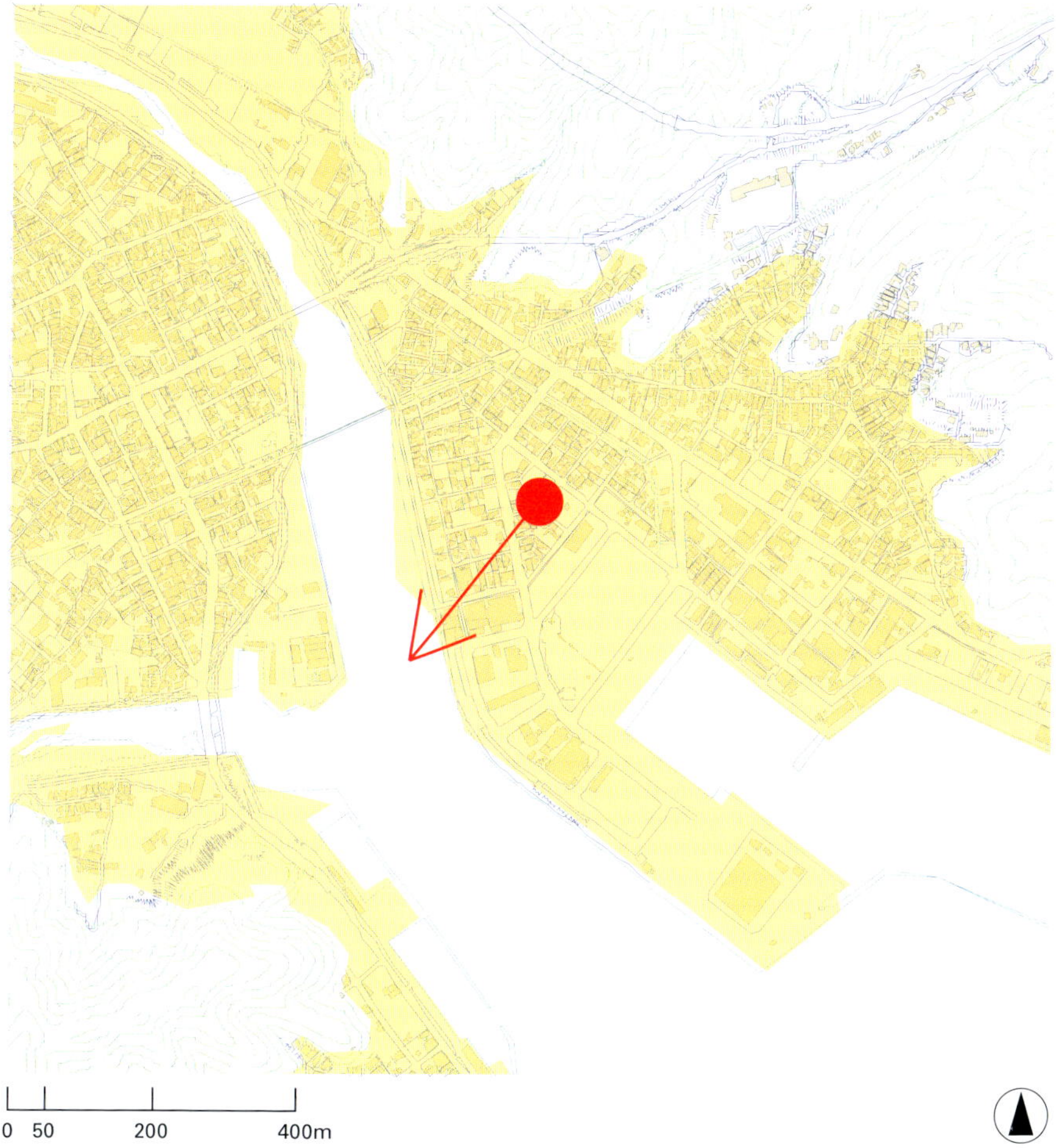

2011 年 6 月 12 日
建物が流され基礎が露呈したなかに、瓦礫のみならず船も陸上に打ち上げられている。また、奥に見えるのは津波により被災した東京大学大気海洋研究所国際沿岸海洋研究センターである。

2016 年 3 月 20 日
赤浜集落では震災前と同程度の高さの防潮堤を整備する計画となっている。そのため、切土や盛土による整備が進む新たな住宅地からは、海を望むことが可能である。

赤浜

赤浜集落は、安渡集落に隣接した大槌湾沿いに位置し、近世より漁業が盛んな漁村集落である。沿岸部に漁港や造船所などの漁業関連施設のほか、蓬莱島や東京大学大気海洋研究所国際沿岸海洋研究センターなどが立地し、山側の後背地には住宅地が立地していた。震災後は、大規模な堤防建設を拒否するなど、海が見える復興まちづくりを目指している。

地図：ゼンリン　ZMap-TOWNII、許諾番号（Z16LL 第 099 号）

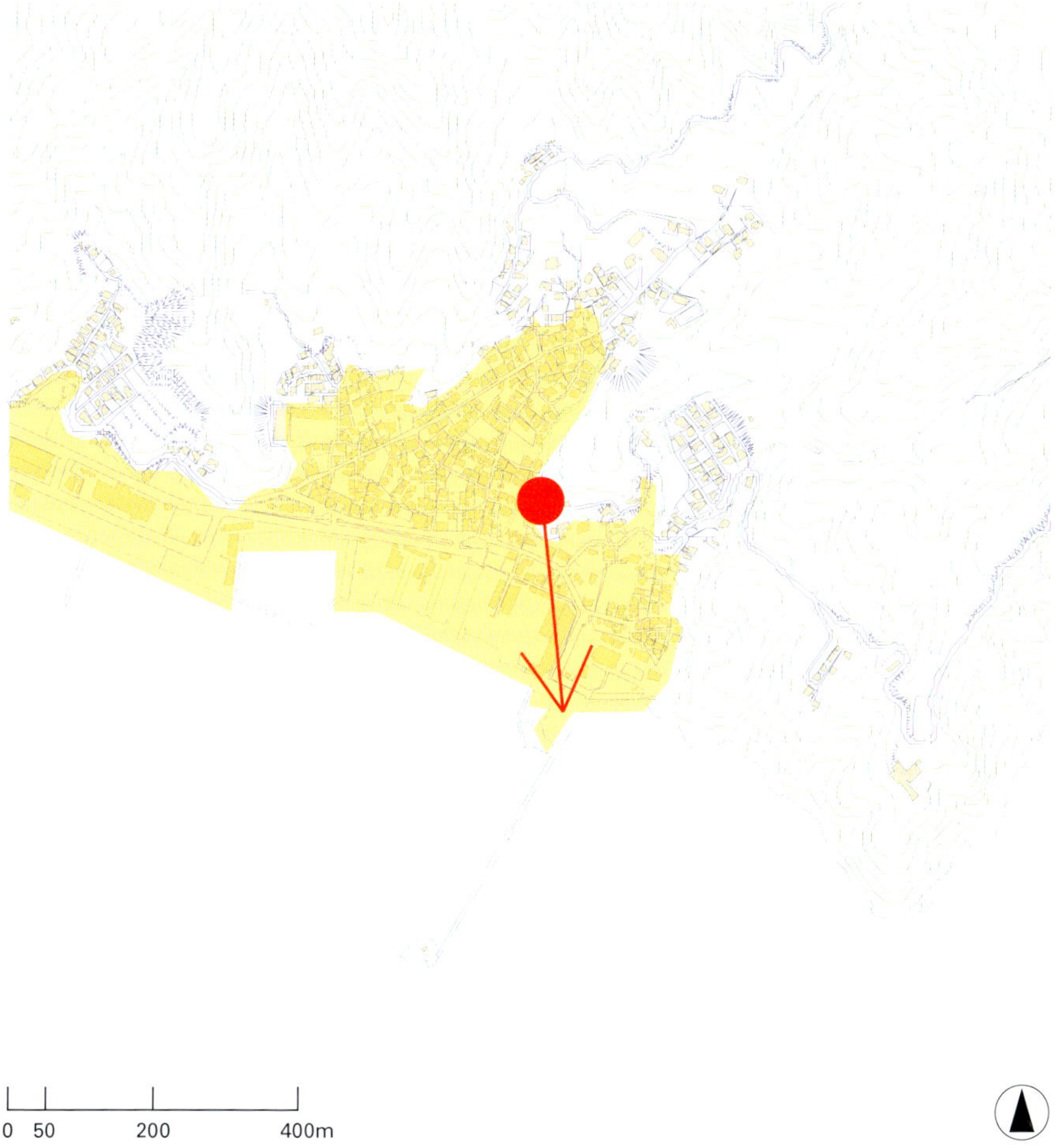

2013 年 2 月 24 日
昭和三陸津波後に高所移転した吉里吉里の「復興地」。高所移転したにもかかわらず、東日本大震災により大きな被害を受けた。一方、津波が到達しなかった標高の高い地区では建物被害もなく、津波被災地区と著しいコントラストをなしている。

2016 年 3 月 19 日
昭和三陸津波後の復興地の上に土が盛られて新たな町が造成されているほか、海沿いの低地を通っていた道路も架け替えられるなど、大規模な工事が行なわれている。また、左手には先行して整備された中層の公営住宅が見える。

吉里吉里

吉里吉里集落は、大槌町の中心地が面する大槌湾の北側の船越湾に面する漁村集落で、近世には豪商・前川善兵衛が漁業および商売の拠点地とした。震災前には、海沿いに漁港や漁業関連施設が立地し、後背地の緩斜面に沿って住宅地が広がっていたが、津波により壊滅的被害を受けた。現在、最大９ｍの盛土を伴う区画整理など、大規模な土木工事が進められている。

地図：ゼンリン　ZMap-TOWNII、許諾番号（Z16LL 第 099 号）

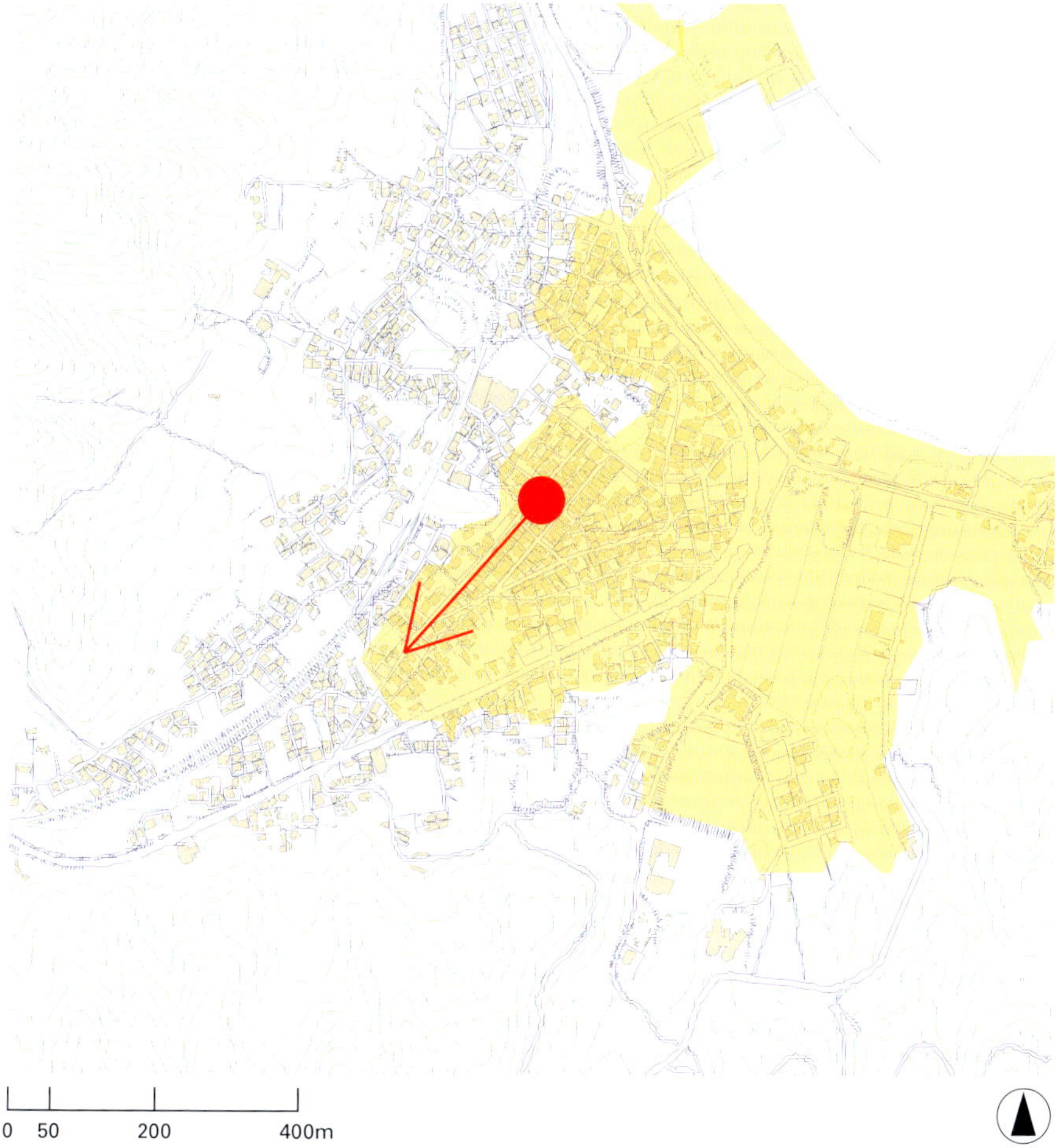

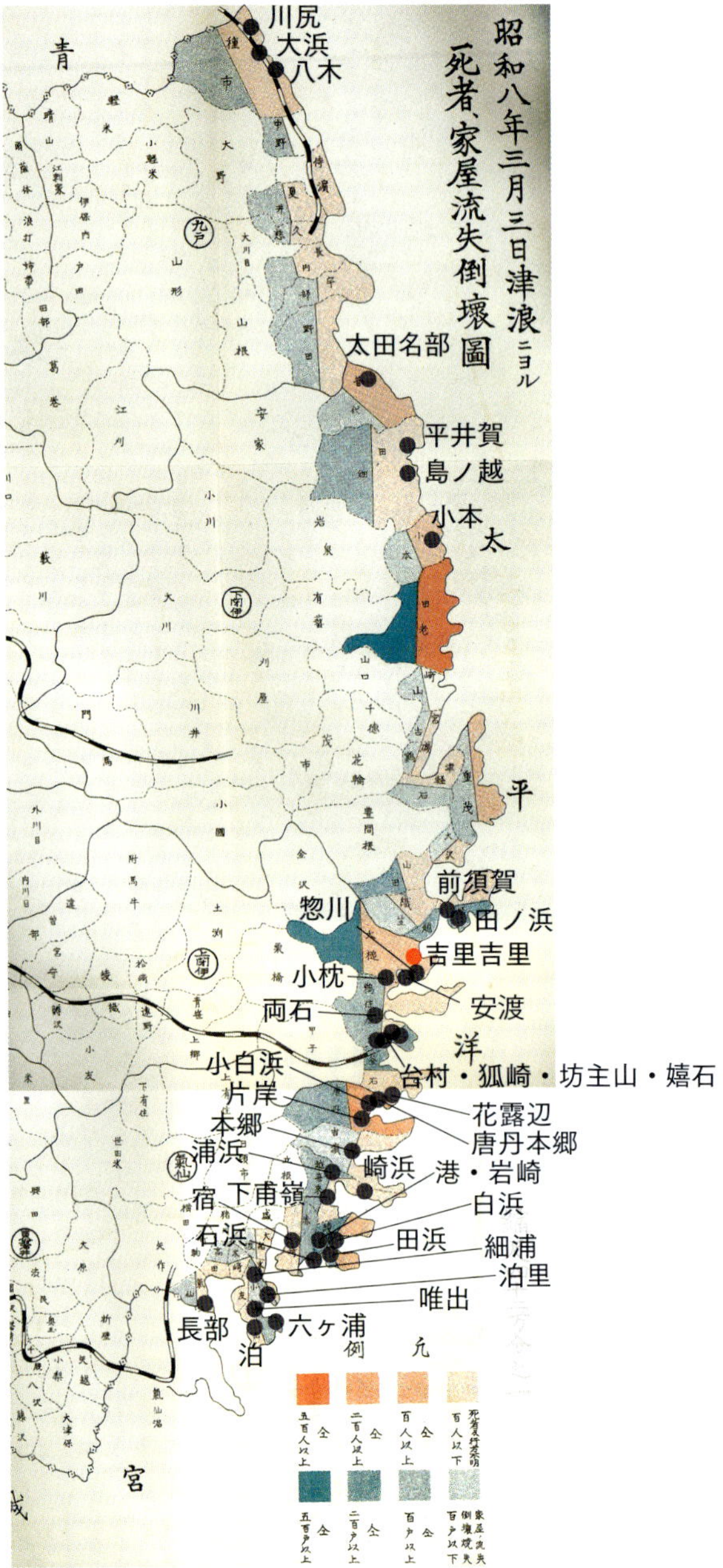

地図 8　昭和三陸津波による岩手県内の被害と復興地の位置

昭和三陸津波による被害を受け、岩手県内の三陸沿岸約 40 集落において高所移転計画が立案され、その多くが実現した。

注釈

序章

1――レベッカ・ソルニット『災害ユートピア――なぜそのとき特別な共同体が立ち上がるのか』（高月園子訳、亜紀書房、二〇一〇）。

2――牧紀男『災害の住宅誌――人々の移動とすまい』（鹿島出版会、二〇一一）二九―三〇頁。

3――新村出編『広辞苑　第六版』（岩波書店、二〇〇八）二四六五頁。

4――鶴見祐輔『後藤新平　第四巻』（後藤新平伯伝記編纂会、一九三八）五八七頁。

5――『防災事典』（日本自然災害学会監修、築地書館、二〇〇二）三三九頁。

6――同書。

7――坂井秀正「公共土木施設災害復旧事業費国庫負担法について」（『土木学会誌』三七巻四号、土木学会、一九五二、一四七―一五一頁）。

8――復興庁「全国の避難者等の数［平成二八年一一月二九日］」（http://www.reconstruction.go.jp/topics/main-cat2/sub-cat2-1/hinanshasuu.html［二〇一七年一月二〇日最終閲覧］）。

9――宇佐美龍夫ほか『日本被害地震総覧　五九九―二〇一二』（東京大学出版会、二〇一三）。

10――中谷ゼミナール＠大阪市立大学（1999―2007）ウェブサイト（http://www.nakatani-seminar.org/worldgame/whatishistory/whatishistory.html［二〇一七年一月二〇日最終閲覧］）。

11――永松伸吾「防災政策のガバナンス――巨大リスクに対する公共の意思決定のあり方に関する一考察」（日本公共政策学会、二〇〇三）（http://www.disasterpolicy.com/ronbun/img_r/governance.pdf［二〇一七年一月二〇日最終閲覧］）。

12――同書において北原は、過去の災害から防災面における教訓の抽出のみに偏重した災害研究のあり方に警鐘を鳴らしている。そして、災害後の活気溢れる活動の検証などを含む「災害社会史」という領域の可能性に賛同しており、本書も大いにその影響を受けている。

13――安田政彦『災害復興の日本史』（吉川弘文館、二〇一三）二一三頁。

14――中島直人「『近代復興』とは何か」（『建築雑誌』一二八号、通巻一六四二号、日本建築学会、二〇一三、一二頁）。

15――江戸時代における災害時の貸付金は無利息一〇カ年賦で返済していく決まりであった。

16――そもそも「大名手伝普請」は、徳川家からの出動命令に応じて果たされていた奉仕としての軍役が、戦争がなくなったことによりかたちを変えて大名に課されるようになったものである。当初は、指名を受けた大名が藩から人員を引き連れて普請にあたっていたが、次第に藩の役割は普請金の負担のみにとどまり、実際の工事は請負町人が行なうというようにシフトしていった（北原糸子『日本震災史――復旧から復興の歩み』ちくま新書、二〇一六）。

17――例えば、一七〇七（宝永四）年の富士山宝永噴火により大きな被害を受けた小田原藩の復興に際し、諸国高役金を幕府領・私領問わず全国一律で取り立てている。ただし、幕府は同藩の約半分を幕領として上地させており、あくまで幕領の復興であるというスタンスを崩していない。また、一八四七（弘化四）年に発生した善光寺地震では、地震による虚空蔵山の崩落が川を堰き止め、それが決壊したことで犀川および千曲川の流域が大きな被害を受けた。通常、被災地域が複数の領地に跨るような河川氾濫後の復興においては、国役普請として経費の一割を幕府が負担し、残りを地元の領主が負担する決まりとなっていた。しかし善光寺地震においては、被害の大きさを考慮してか、幕府が全面的に請負金を負担したことが知られている。ただし、非常に例外的なケースであったと言える（倉地克直『江戸の災害史――徳川日本の経験に学ぶ』中公新書、二〇一六）。

18――例えば、社会学者の小熊英二は『ゴーストタウンから死者は出ない――日本の災害復興における経路依存』（人文書院、二〇一五）において、戦後の災害復興に着目し分析を行なっている。ただし、分析から得られる結論そのものには、筆者も共感するところが多い。

19――復興予算の問題点を指摘したものとして、原田泰『震災復興欺瞞の構図』（新潮新書、二〇一二）や齊藤誠『震災復興の政治経済学――津波被災と原発危機の分離と交錯』（日本評論社、二〇一五）などが挙げられる。また、制度面での問題点を指摘したものとして、東野真和『理念なき復興――岩手県大槌町の現場から見た日本』（明石書店、二〇一六）などが挙げられる。

20――D・ハーヴェイ『都市の資本論――都市空間形成の歴史と理論』（水岡不二雄監訳、青木書店、一九九二）。

21――後藤陽一「瀬戸内地域に於ける近世村落の形成について」（『史学研究』四七号、広島史学研究会、一九五二、一六－三九頁）、宮本雅明「中近世移行期の港町における都市空間の展開過程に関する研究」（文部省科学研究費補助金研究成果報告書、一九九七）、仁木宏＋綿貫友子編『中世日本海の流通と港町』（清文堂出版、二〇一五）など。

22――小沼勇『日本漁村の構造類型』（東京大学出版会、一九五七）、二野瓶徳夫『漁業構造の史的展開』（御茶の水書房、一九六二）、高橋美貴『近世漁業社会史の研究――近代前期漁業政策の展開と成り立ち』（清文堂出版、一九九五）、山口徹『近世海村の構造』（吉川弘文館、一九九八）、後藤雅知『近世漁業社会構造の研究』（山川出版社、二〇〇一）など。

23――伝統的な漁村を対象とした研究に、京都大学漁村建築研究会『伊根町漁業集落環境調査報告書―伊根、新井崎、蒲入漁業集落』（伊根町・伊根町漁業推進協議会、一九七九）、明治大学神代研究室＋法政大学宮脇ゼミナール編著『復刻　デザイン・サーヴェイ――『建築文化』誌再録』（彰国社、二〇一二）などが挙げられる。

24――藪内芳彦『漁村の生態―人文地理学的立場』（古今事院、一九五八）、東京大学社会科学研究所編『沿岸漁村の近代化に関する研究―広島県・愛媛県・岩手県の実態調査』（東京大学社会科学研究所、一九六九）など。

25――山口弥一郎「津波常習地三陸海岸地域の集落移動（一）－（五）」（『亜細亜大学誌諸学紀要　人文・社会・自然』第一一－一四号、亜細亜大学、一九六四－一九六五）および『亜細亜大学教養部紀要』第一号（亜細亜大学、一九六六）。

26――今村文彦ほか「釜石市唐丹本郷での津波による高地移転の歴史と移転後の住宅移動調査」（『津波工学研究報告』八号、東北大学災害制御センター、一九九一、一四五－一六四頁）。

27――北原糸子ほか「昭和八年津波と住宅移転――岩手県下閉郡山田町船越・田ノ浜地区の事例」（『津波工学研究報告』一五号、東北大学災害制御センター、一九九八、五一－七六頁）。

28――青井哲人「再帰する津波、移動する集落　三陸漁村の破壊と再生」（都市史研究会編『危機と都市（年報都市史研究　二〇）』山川出版社、二〇一三、四八－六六頁）。

29――越澤明『大災害と復旧・復興計画』（岩波書店、二〇一二）。

30――中島直人「『三陸海岸都市の都市計画／復興計画アーカイブ』に学ぶ」（『都市計画』六一号、通号二九九、日本都市計画学会、二〇一二、八四–八七頁)。

31――首藤伸夫「過去の津波から考える」(『日本災害情報学会誌』一〇号、日本災害情報学会、二〇一二、二–一六頁)。

32――そのほか三陸沿岸地域の高所移転について研究した山口弥一郎も『津浪と村』(恒春閣書房、一九四三)のなかで吉里吉里集落の高所移転を理想郷として紹介している。

33――碇川豊『希望の大槌――逆境から発想する町』(明石書店、二〇一三)二二頁。

第一章

1――宇佐美龍夫ほか『日本被害地震総覧　五九九–二〇一二』(東京大学出版会、二〇一三)二二五–三一六頁。ただしマグニチュードについては、宇津徳治『地震活動総説』(東京大学出版会、一九九九)の値を使用した。

2――通常の地震よりも断層がゆっくりと動くことで、ひずみエネルギーを解放する現象を指す。ゆっくりすべりともいう。

3――山口弥一郎『津浪と村』(恒春閣書房、一九四三)。

4――北原糸子「災害と家族」(『津波災害と近代日本』吉川弘文館、二〇一四)。

5――『宮城縣海嘯誌』(宮城縣、一九〇三)、『巖手県海嘯誌』(巖手県、年代不詳)、巖手縣南・西閉伊郡役所編『岩手縣陸中國南閉伊郡海嘯紀事』(一八九七)、『海嘯状況調査書』(巖手縣、一八九六)など。なお明治三陸津波後の法制度に関しては同様の資料を用い、『岩手県災害関係行政資料』(災害関係資料等整備調査委員会、一九八四)も活用する。

6――山口弥一郎「津波常習地三陸海岸地域の集落移動(一)–(五)」『亜細亜大学誌諸学紀要 人文・社会・自然』第一一–一四号(亜細亜大学、一九六四–一九六五)および『亜細亜大学教養部紀要』第一号(亜細亜大学、一九六六)。

7――村落などの共同体が一定の漁場を総有し、共同利用する慣習を指す。

8――主に明治前期の全国的漁業統計である農商務省農務局編『水産事項特別調査』(農商務省、一八九四)を用いて分析を行なっている。

9――今泉芳邦『三陸の漁村と漁業組合』(東洋書院、二〇〇五)。

10――山下文男『哀史三陸大津波』(青磁社、一九八二)五六–八一頁。

11――被害データの算出にあたっては、個々の集落の値の合計値と町村、郡、県の合計値の欄に記載してある値が一致しない場合、個々の集落の値を優先した。特に宮城県の震災前の人口および戸数の値については、十五浜村の個々の集落の実際の合計値と合計値の欄に記載されている値とのあいだで大きなずれがあるため、資料に記載のある合計値と表2(五八頁)に記載した合計値に大きなずれがあり、あくまで参考値として取り扱うこととする。

12――大谷集落の建物の被害率は一〇〇パーセントを超過しているが一〇〇パーセントとしている。

13――災害などにより家を失った者が一時的に風雨をしのぐために仮小屋をつくること。

14――北原糸子「浜田地震」(北原糸子ほか編『日本歴史災害事典』吉川弘文館、二〇一二、三三九–三四〇頁)。

15――北原糸子編『日本災害史』(吉川弘文館、二〇〇六)二七〇–二八一頁。

16――ただし、一八九〇年に法改正がなされ地租からの徴収がなくなり、一八八九年度までの儲蓄金とその利息によって構成されることとなった。

17――この点については、居石正和「明治前期の道路行政と国庫補助――明治一三年太政官布告第四八号と車税問題」(『社会科学』第三七巻、同志社大学人文科学研究所、一九八六、二〇八―二四九頁）に詳しい。居石は「法律上は国庫補助を廃止し、行政上の裁量によりそれを認めていく」ことで政府による地方支配を強化したのではないかと推測している。

18――市川紀一「災害復旧費国庫補助の制定に至る史的考察」(土木学会土木史研究委員会編『土木史研究　第一八巻』土木学会、一九九八、二九―四〇頁)。

19――大日方純夫ほか編『内務省年報・報告書　第一四巻　明治二三年―二五年［復刻版］』(三一書房、一九八四）一六二、四二二頁。

20――実際に濃尾地震（一八九一）の際には政府が緊急勅令を発し予備金を支出している。しかし、その後議会の承認を得られず大きな問題となった。

21――前掲『宮城県海嘯誌』二一八―二一九頁。

22――「明治二九年海嘯関係例規（下閉伊郡役所）綴」（一八九六）。ただし、延長分については備荒儲蓄金以外の扱いとするとある。

23――前掲『岩手縣陸中國南閉伊郡海嘯紀事』七七頁。

24――前掲『宮城県海嘯誌』二二五頁。

25――中央防災会議災害教訓の継承に関する専門調査会『一八九六明治三陸地震津波報告書』(内閣府、二〇〇五）六一頁。

26――註20のとおり、予備費は「日本帝國憲法」第七〇条に基づき、議会の事前承認を得ることなく支出することが可能であったが、濃尾地震の際に緊急勅令により予備費から支出された巨額の災害土木費の不正利用に関し疑獄事件が発生するなど、問題視されたことを受けての措置であったと考えられる。

27――「人」「建物」「産業資産」「その他」の分類は、あくまで支給する際の基準となるもので、現物支給の物品や用途を指定した一部の義捐金以外は、基本的に費目間の流用が可能であったと考えられる。

28――前掲「明治二九年海嘯関係例規（下閉伊郡役所）綴」。

29――ただし、ここでは五〇―六〇坪の金額が四〇―五〇坪の金額を下回っており、統計表になんらかの誤りがあると考えられる。そこで個別の集落を確認したところ、雄勝集落の値が極端に低いことから、これを除外して、再度宮城県における家屋一戸当たりの査定額を算出した。

30――山口弥一郎「津波常習地三陸海岸地域の集落移動」(『山口弥一郎選集――日本の固有生活を求めて　東北地方研究　第六巻』世界文庫、一九七二、三六三頁)。ただし、この表自体が山口のそれ以前の研究成果を正確に表わしているものではないため（例えば山口自身が度々言及している船越集落が集団移転となっていない)、既往研究を参照しつつ可能な範囲で筆者が数えなおした。

31――同書、三四二―三四三頁。

32――山口前掲『津浪と村』一三八頁。

33――ただし、山口による「集団移転」および「分散移転」の区分自体が曖昧で、むしろ山口が調査の過程でそうした主導的役割を果たした先覚者の存在を確認したものを「集団移転」としている可能性もある。

34――山口前掲『津浪と村』一三九頁。

35――前掲『宮城県海嘯誌』二六八頁。

36――同書、二九五頁。

37――同書、二九五頁。

38――山口前掲『津浪と村』一九―二三頁。

39――『三陸津浪に因る被害町村の復興計畫報告書』(内務大臣官房都

市計畫課、一九三四）三七頁。

40——当該補助金が明治二九年度の追加予算によるものか第二予備金によるものかについて、明治二九年度の予算・決算（明治財政史編纂会編『明治財政史　第三巻』明治財政史発行所、一九二六、八六八－八七四頁）および帝国議会での審議を確認したが、経費区分の細目が記載されておらず判然としなかった。

41——岩手県では七月議会においてすでに震災後の被災地の治安維持や衛生管理、地租減収の補填などにかかる支出のため、地租および戸数に応じた追加課税を賦課している（岩手県議会事務局『岩手県議会史　第一巻』岩手県議会、一九六一、一二三〇－一二三一頁）。

42——同書、一二三一頁。

43——宮城県議会史編さん委員会編『宮城県議会史　第二巻』（宮城県議会、一九七四）付録一〇六－一〇八頁。

44——特に明治三陸津波が発生した一八九六年度の臨時歳出を見ると、明治三陸津波の土木復旧費として計上された「震災及水害費：三七万二五一〇円」以外に、一八九五年に発生した福井県を中心とする災害復旧費などに「水害費七八一万二三九五円」が支出されており、その予算案が決議された第一〇回帝国議会衆議院予算委員会（明治三〇年二月一八日開催）および第一〇回帝国議会衆議院本会議（明治三〇年二月二四日開催）では、妥当性や役割分担について議論がなされている。

45——『海嘯状況調査書』（巖手縣、一八九六）。

46——ただし、吉里吉里集落と浪板集落および赤浜集落の正確な境界は、特に山林においてははっきりとしていない。

47——山口前掲『津浪と村』九四－九八頁。

48——同書、九四頁。

49——一九一〇年に制定された「宅地地価修正法」に基づき作成された地図である。地図としての精度は低いものの、一九一〇年時点において地目が宅地となっている土地のみではあるが、その地番と位置、評価のランクなどが記載されている。

50——津波により被害を受けた土地は「震災免訴」の指定を受けることで数年間地租の支払いを免除される。ただし、土地台帳を見るかぎり、明らかに浸水域と思われる筆であっても震災免訴を受けていない土地も見られる。

51——残りの二例は詳細が不明である。

52——山口前掲『津浪と村』九五頁。

53——宮本憲一『日本の地方自治　その歴史と未来［増補版］』（自治体研究社、二〇一六）四二頁。

54——集落内の上層階級のこと。土地所有者であることが多い。

55——前掲『海嘯状況調査書』。

56——島広匡「津波被災集落にみる復興の担い手の変遷——三陸地方沿岸地域における津波襲来後の集落移転の実態と変容」（東京大学大学院修士論文、二〇一二）。

57——前掲『海嘯状況調査書』。

58——前掲『宮城県海嘯誌』。

第二章

1——宇佐美龍夫ほか『日本被害地震総覧　五九九－二〇一二』（東京大学出版会、二〇一三）一二〇八－一三一二。

2——今泉芳邦『三陸の漁村と漁業組合』（東洋書院、二〇〇五）。

3——一九二八年に日本農民組合と全日本農民組合が合わさってできた組織で、昭和初期の農民運動を主導した。

4——一九三二年に農本主義者の長野朗らを中心に結成された組織。

第六二回臨時帝国議会に向け、農村救済を求める請願運動を展開した。

5　大霞会編『内務省史　第二巻』（地方財務協会、一九七〇）五〇八頁。

6　安富邦雄「昭和初期・救農政策の形成＝消滅過程に関する若干の考察」（『商學論集』福島大学経済学会、一九七二、一三一－一七四頁）。

7　総務省によると、一九四五年一〇月時点における市町村数は一万五二〇である。

8　市川喜崇『日本の中央－地方関係――現代型集権体制の起源と福祉国家』（法律文化社、二〇一二）八七頁。

9　岩手縣編『岩手縣昭和震災誌』（岩手縣知事官房、一九三四）および『宮城縣昭和震嘯誌』（宮城縣、一九三五）。

10　笛木俊一「明治初期救貧立法の構造――備荒儲蓄法研究　その一」（『早稲田法学会誌』第二三巻、早稲田大学法学会、一九七二、三一七－三四七頁）。

11　小林惟司「明治初期における保険思想の一源流――備荒儲蓄法の制定をめぐって」（『生命保険文化研究所所報』第六五巻、生命保険文化研究所、一九八三）五七－一〇一頁。

12　その後も災害土木費に対する国庫補助の割合は災害ごとに変化し、明治三陸津波の災害土木費を含む追加予算案を議決した第一〇回帝国議会衆議院予算委員会（一八九七年二月一八日［第一科第五号］）において、水害補助について質問を行なった湯本義憲議員によると一八九四年以降の水害補助の慣例は、地租割および戸数割を一定の上限まで課したうえで「総工費の一〇分の三を其府県に於て負担をする」とある。

13　『岩手日報』一九三三年三月七日版（岩手日報社）。

14　「補助金等」は補給金、補助金、一般経費など返済の必要のない資金を足し合わせて計算している。

15　『三陸地方防潮林造成調査報告書』（農林省山林局、一九三四）については、前掲の『宮城縣昭和震嘯誌』に「津浪災害予防調査費」として計上された二万円のうち一万円を以て農林省山林局が宮城県、岩手県、青森県の沿岸地域を調査した成果であることが記載されている。

16　前掲『岩手縣昭和震災誌』七〇八頁。

17　前掲『宮城縣昭和震嘯誌』四〇三－四〇四頁。

18　大蔵省理財局『大蔵省預金部史――草創時代ヨリ昭和十六年ニ至ル』（大蔵省理財局資金課、一九六四）一三〇頁。

19　安富前掲「昭和初期・救農政策の形成＝消滅過程に関する若干の考察」（『商學論集』一三一－一七四頁）。

20　前掲『大蔵省預金部史』一二八頁。一八九九年に備荒儲蓄法が廃止され、新たに「罹災救助基金法」が制定されたことに伴い、干ばつが救助の対象から除外されたことと関係していると思われる。なお、一九〇九年の三省合同通牒よりも早いが、あくまで同通牒により「地方資金」が制度として確立されたということであり、「地方資金」の融通自体はそれ以前からなされていた。

21　大蔵省編『明治大正財政史　第一三巻　通貨・預金部資金』（財政経済学会、一九三九）五八三－五八四頁。

22　『第四十六回預金部資金運用委員會議録』（預金部、一九三三）および『第四十七回預金部資金運用委員會議録』（預金部、一九三三）より。

23　前掲『大蔵省預金部史』一三七頁。

24　大蔵省昭和財政史編集室編『昭和財政史　第十二巻――大蔵省預金部・政府出資』（東洋経済新報社、一九六二）一一五頁。

25　前掲『昭和財政史』二一六頁。

26　例えば安富邦雄は、一九二七年に発生した繭価暴落に対処するべく預金部より供給された養蚕応急資金の運用を分析するなかで、銀行による厳格な信用調査により、同資金が「上層農家の救済にしかならなかった」と結論付けている。（安富前掲「昭和初期・救農政策の形成＝消滅過程に関する若干の考察」〔『商學論集』一三一―一七四頁〕）。

27――前掲『昭和財政史』二一八頁。

28――同書、二二九頁。

29――渡辺佐平＋北原道貫編『現代日本産業発達史　第二六巻（銀行）』（現代日本産業発達史研究会編・交詢社、一九六六）二九四―二九六頁。

30――田中光は一九二七年に長野県で発生した霜害に対する預金部資金の供給に際し、産業組合を経由した新たな金融ルートの構築過程を詳細に分析している（田中光「大蔵省預金部資金の地方還元と地域金融ルートの編成――救済融資の社会経済的影響に着目して」〔『史学雑誌』一二二〔四〕、史学会、二〇一三、四九八―五二三頁〕）が、実例に基づく産業組合を通じた預金部資金に関する研究は多くない。

31――前掲『岩手縣昭和震災誌』七〇八―七〇九頁。

32――ただし、宮城県も一九三三年四月一一日・一二日に開催した関係町村長会議において「産業組合設立促進ニ關スル件」として産業組合の設置を奨励している。

33――前掲『岩手縣昭和震災誌』三三九―三四七頁。

34――同書。

35――大槌町吉里吉里の場合、吉里吉里集落の復興関連資料（大槌町吉里吉里集落「新漁村経済更生一覧表」）より、大槌町における「復興委員会」が住民および町長をはじめとする役場職員により構成されていることがわかっている。

36――前掲『岩手縣昭和震災誌』六八六―六八七頁。

37――「昭和八年　震災復旧費関係」（岩手県永年保存文書所蔵）のなかに綴じられている。

38――『三陸津浪に因る被害町村の復興計画報告書』（内務大臣官房都市計画畫、一九三四）四二―四三頁。

39――前掲『岩手縣昭和震災誌』八七一頁。

40――同書、八七五頁。

41――前掲『宮城縣昭和震嘯誌』五七七頁。

42――前掲『三陸津浪に因る被害町村の復興計画報告書』五一頁。

43――前掲『岩手縣昭和震災誌』七八三頁。

44――宮城県分については、一九三三年八月二〇日から同年九月一〇日まで調査が行なわれ、復命書が同年一二月二二日に提出されている。一方岩手県分の二区画については調査時期が明記されていないものの、復命書の作成が一九三三年九月一三日および同年一一月二五日に提出されていることから、単純に推計すると一九三三年五月頃および七月頃に調査がなされた計算になる。

45――移転位置は実際とは異なる図も散見され、また道路計画も概して過剰な内容となっている。

46――前掲『三陸津浪に因る被害町村の復興計画報告書』四八―五〇頁。

47――同書、五一頁。

48――前掲『岩手縣昭和震災誌』三七〇頁。

49――岩手県土木課編『震浪災害土木誌』（岩手県、一九三六）一一八―一一九頁。

50――山口弥一郎『津浪と村』（三弥井書店、二〇一一）。

51――前掲『震浪災害土木誌』一二七頁。

52――青井哲人「再帰する津波、移動する集落　三陸漁村の破壊と再生」（都市史研究会編『危機と都市（年報都市史研究　二〇）』

山川出版社、二〇一三、五六頁)。

53――県会議長畠山和純によると、「昭和二九年に初めて編纂された宮城県例規集にはこの県令の起債がないことから、昭和八年より昭和二九年までの間に何らかの廃止の取り扱いとされていることとなった」とされる(首藤伸夫「三陸地方の津波の歴史　その二」東北地方太平洋沖地震津波合同調査グループウェブサイト(http://www.coastal.jp/ttjt/index.php?plugin=attach&refer=過去の津波&openfile=三陸地方の津波の歴史その2.pdf[二〇一七年一月二〇日最終閲覧])。

54――前掲『岩手縣昭和震災誌』「追緝　復興計画」二五―二六頁。

55――「新漁村計画」と「村落復舊配置要図」は同じ『昭和八年三月津浪罹災関係例規　下閉伊支庁秘書課文書係』(岩手県永年保存文書所蔵)に前後で綴じられている。

56――佐藤公一「産業組合に依る新漁村計画(二)」(『岩手県社会事業』第一巻四号、岩手県社会事業協会、一九三三、一〇―一三頁)。

57――田中惣五郎『近代日本官僚政治史』(書肆心水、二〇一二)二二七頁。

58――五・一五事件と同じ一九三二年に、「文官分限令」が大きく改正され、官僚の任免権が官僚の手に回復されることとなった。これにより、それまで政権政党が代わるごとに行なわれていた官僚の大幅な入れ替えがなくなり、官僚権力が強まっていくことになる。

59――新官僚については、元智妍『「新官僚」の研究――内務省を中心に』(一橋大学大学院社会科学研究科博士論文、一九九九)に詳しい。

60――池上彰英「昭和恐慌期における農業問題の激化と経済更生運動」(『農業経済研究報告』二〇、東北大学、一九八五、九一―一二九頁)。

61――郡役所の廃止を要求した全国町村会や全国の市長らが、知事公選を要求している。

62――佐々木公男『回想の人　佐藤公一翁』(岩手県農業協同中央会、一九八七)一一三―一一四頁。

第三章

1――沿岸漁業は、魚類・貝類・藻類など項目ごとに漁獲量の統計をとっている。それゆえ、漁価の産出も煩雑であるため、ここでは沖合遠洋漁業の値を掲載している。ただし、単価の低下については同様に確認できる。

2――動力船に限定してはいないが、遠洋漁業を行なう船に対し機関冷蔵機械の設置に対する奨励金の交付がなされ、また度重なる改正ごとにその対象や内容が拡充された(農林大臣官房総務課編『農林行政史　第四巻』農林協会、一九五九、六三四―六三六頁、六八一―六八五頁)。

3――実際には岩手県の漁船であっても宮城県の気仙沼港や石巻港に水揚げすることも相当量あったと考えられるが、ここではあくまで統計データをそのまま分析している。

4――こうした動力船の増加が、前述の昭和初期における漁獲量の拡大の要因のひとつであったとされる(小石季一『漁村更生の理論と実際』大日本水産会、一九三六、二一―二三頁)。

5――岩手、宮城両県ともに一九三三年における動力船の割合が低下しているのは、昭和三陸津波の漁船被害による影響と考えられる。

6――同計画は国立国会図書館の憲政資料室にある「斎藤実関係文書」のなかに含まれている。資料タイトルとしては表紙に「大槌町経済更生樹立計画」と記載されているが、「樹立」という言葉は不要であるように思われる。さらに内表紙には「大槌町経済更生計画」とあるが、本書では「大槌町経済更生樹立計画」としている。

7――『岩手県農山漁村経済更生計画樹立指針』（岩手県、一九三四）三六頁。

8――六原青年道場とは、当時の岩手県知事石黒英彦が一九三二年に岩手県六原の軍馬補充部六原支部跡に設置した青年教育のための道場である。農山漁村経済更生運動の流れとは直接は関係のないものであったが、後の農山漁村経済更生運動の特別助成の際の「中心人物」の育成にもつながる教育機関で、文部省所管の学校とは区別し、「塾風教育機関」などと呼ばれる。

9――「漁業ニ関スル共同施設ノ普及及ビ徹底」の項目において、昭和三陸津波による漁船の被害に触れている部分もあるが、計画全体にかかわる内容ではない。

10――「大槌町国有林野利用経済更生計画」（大槌町、年代不詳、国立国会図書館憲政資料室所蔵）。

11――小平権一「農村経済更生運動を検討し標準農村確立運動に及ぶ」（大槻正雄＋柵橋初太郎編『石黒忠篤先生還暦祝賀記念農政経済論集』養徳社、一九四八、二五―二六頁）。

12――島広国「津波被災集落にみる復興の担い手の変遷――三陸地方沿岸地域における津波襲来後の集落移転の実態と変容」（東京大学大学院修士論文、二〇一二）。

13――県復興局復興部は部長を前田内務部長が兼任し、その下に企画係長を久尾総務課長が兼任、企画副係長として経済更生課長、山林課長、農務課長、耕地整理課長、土木課長、水産課長が所属している。

14――一九三七年には四種兼業になった。

15――農事実行組合や養蚕実行組合などは地方長官による設立認可か監督を受けることを必要としないため、容易に設立することが可能であった。

16――前掲『岩手縣昭和震災誌』「追緝　復興計画」二五―二六頁。

17――図25中［ケ］［コ］の区画は土地台帳がなく、住民へのインタビューからも、震災後しばらく住宅はなかったとのことで分析から除外している。

18――前掲『岩手縣昭和震災誌』追緝三七〇頁。

19――山口弥一郎は吉里吉里集落の土地の狭隘化に起因する住宅平面の変化に言及しているが（山口弥一郎『津浪と村』恒春閣書房、一九四三、一〇三―一〇四頁）、平面の近代化という観点から基本的な平面は従前のものを踏襲しているとする本書とは必ずしも矛盾しない。

20――『岩手日報』（岩手日報社、一九三三年七月二七日）二面には、「部落高所移転は希望者丈けとす」という見出しのもと、「実際案としては部落全体を高所に移転せしめる事は到底不可能であるため強制的に為さず希望者だけを移転せしむべく考慮している」とある。

21――筆者による親族ほかへのインタビューより。

22――「九　副業関係共同施設」にある「共同作業場」も「実現」としているが、同じ施設として扱っている。

23――吉里吉里集落の防潮林計画地、全一・八八一ヘクタールのうち一・二五一ヘクタールが民有の宅地となっている。

24――石黒萬千代「震災地託児所と授産所の施設に就いて」（『岩手県社会事業』第二巻第一号、岩手県社会事業協会、一九三四、一五―二四頁）。

25――青井哲人「再帰する津波、移動する集落　三陸漁村の破壊と再生」（都市史研究会編『危機と都市（年報都市史研究　二〇）』山川出版社、二〇一三、六一頁）。

26――復興地の元地権者の人物像については、可能な限り親族に確認し、親族へのアプローチが難しい人物については集落の歴史をよく知る年配の方々に確認した。
27――芳賀源八の人物像および昭和三陸津波前後の復興地の詳細について、源八の親族にインタビューを行なった。
28――山口前掲『津浪と村』八八頁。
29――川原善左エ門と中村貢についてはそれぞれ親族にインタビューを行なった。
30――楠本雅弘編著『農山漁村経済更生運動と小平権一』(不二出版、一九八三)四九頁。
31――農林省経済更生部編「農村経済更生特別助成村中心人物一覧表」(武田勉+楠本雅弘『農山漁村経済更生運動史資料集成　六』柏書房、一九八五)。堀合七之亟が吉里吉里集落ではなく大槌町全体の中心人物として取り上げられていることからも農林省の期待の大きさが伺える。
32――堀合七之亟の人物像については、親族にインタビューを行なった。
33――所有権の移転時期と借入金の返済時期は必ずしも一致しないが、ここでは移転時期をもって償還したものとみなした。また、簡便のため、年の区切れを以て年数を計算し(例えば移転日一九三五年中の場合は二年とみなす)。同じ区画の筆で所有権移転時期が異なる場合は遅いほうをもって計算した。

第四章

1――宇佐美龍夫ほか『日本被害地震総覧　五九九―二〇一二』(東京大学出版会、二〇一三)三七六―三七九頁。なおここでのマグニチュードは、モーメントマグニチュードの値である。

2――シャウプ使節団『税制の改革シャウプ勧告全文――日本税制報告書』(日本経済新聞社訳、都留重人+平田敬一郎解説、一九四九)三九頁。
3――安田孝志「伊勢湾台風(昭和三四年九月)」(北原糸子ほか編『日本歴史災害事典』吉川弘文館、二〇一二)五七七頁。
4――『チリ地震津波誌　昭和三十五年五月二十四日』(大槌町教育委員会、一九六一)一―二頁。
5――『チリ地震津波災害復興誌』(岩手県、一九六九)一三八頁。
6――宇佐美ほか前掲『日本被害地震総覧　五九九―二〇一二』六〇九―六二二頁。なおここでのマグニチュードは、モーメントマグニチュードの値である。
7――被害については消防庁災害対策本部「平成二三年(二〇一一年)東北地方太平洋沖地震(東日本大震災)について(第一五四報)」(二〇一六年一〇月二〇日現在)を、人口および世帯数については総務省「平成二二年度国勢調査」を使用した。ただし、死者数には関連死も含めている。またほかの災害との比較のため内陸の市町村を除いた沿岸地域のみの合計値を用いている。
8――津久井進『大災害と法』(岩波新書、二〇一二)六九頁。
9――「復興への提言～悲惨のなかの希望～」(東日本大震災復興構想会議、二〇一一)一六頁。
10――同提言、一六頁。
11――同提言、三六頁。
12――同提言、一二頁。

第五章

1――明治三陸の震災前戸数は土地台帳より算出、また震災前人口は震災前戸数に大槌全体の平均世帯人員を掛けあわせて推計した。
2――市川喜崇『日本の中央―地方関係――現代型集権体制の起源と福祉国家』(法律文化社、二〇一二)一九頁。
3――同書、二〇―二一頁。
4――同書、二一頁。
5――この時期の郵便貯金の拡大については、田中光「近代日本における大衆資金の形成と運用――その金融ネットワークと地域経済」(東京大学博士論文、二〇一三)に詳しい。
6――柳田國男「最新産業組合通解」(近藤康男編『明治大正農政経済名著集　五』農山漁村文化協会、一九七六、一二六―一二七頁)。
7――佐藤主光＋宮崎毅「政府間リスク分担と東日本大震災の復興財政」(『フィナンシャル・レビュー』平成二四年第一号、財務省財務総合政策研究所、二〇一二、三〇頁―五三頁)。
8――北山俊哉「土建国家日本と資本主義の諸類型」(『レヴァイアサン』三二号、木鐸社、二〇〇三、一二三―一四六頁)。
9――この事業規模見込みには、原則として、「原子力損害の賠償に関する法律」(一九六一)、「原子力損害賠償・廃炉等支援機構法案」(二〇一一)に基づき事業者が負担すべき経費は含まれていない。
10――大蔵省預金部編「第五一回預金部資金運用委員會議事録」の「昭和八年度中に於ける預金部資金運用状況(昭和九年三月末日現在)」によると、三陸地方震災復旧資金の融通予定額が八七一万五〇〇〇円のうち一九三三年度中に実行されたのは六六〇万八八四九円(八〇・八パーセント)にとどまり、残りの二一〇万六一五一円については融通打ち切りとなっている。
11――例えば経済学者の原田泰は『震災復興――欺瞞の構図』(新潮社、二〇一二)のなかで、政府が一九兆円から二三兆円の復興予算の根拠のひとつとしている被害額一六・九兆円という数字そのものが誤りで、実際には六兆円程度であると異議を表明している。しかし、そうした意見はほとんど取り上げられなかった。
12――震災復興事業の行政評価の必要性については、佐藤主光らも言及している(佐藤主光＋小黒一正『震災復興―震災に強い社会・経済の構築』(日本評論社、二〇一一)五〇―五五頁)。
13――ここでいうユートピアは、牧歌的な桃源郷というよりはむしろ、どちらかといえばイギリスの思想家トマス・モアが『ユートピア』(一五一六)において描いた徹底した管理社会としてのそれに近い。

図版クレジット

序章

図1——写真　淺川敏。
図2——筆者作成。
図3——筆者作成。
図4——地図（http://freemap.jp/）をもとに筆者作成。
図5——地図（ゼンリンZmap-TOWNⅡ。許諾番号［Z16LL第099号］）。集落名は筆者追記。
表1——筆者作成。
表2——筆者作成。

第一章

図1——出典＝山口弥一郎『津浪と村』（恒春閣書房、一九四三）二一頁。
図2、3——岩手県立図書館所蔵、筆者撮影。
図4——岩手県立図書館所蔵、集落名は筆者追記。
図5——国立国会図書館所蔵。筆者撮影。
図6——税務大学校租税史料室所蔵。筆者撮影。
図7——出典＝山口前掲『津浪と村』九七頁。
図8——「吉里吉里村地割絵図」（岩手県立図書館所蔵、一八七五）を用いて武者香作成。
図9——前掲「吉里吉里村地割絵図」「土地台帳」の分析をもとに筆者作成。
表1——今泉芳邦『三陸の漁村と漁業組合』（東洋書院、二〇〇五）をもとに筆者作成。
表2——山奈宗眞『三陸大海嘯巖手縣沿岸被害調査表』（一八九六）および『宮城縣海嘯誌』（宮城縣、一九〇三）をもとに筆者作成。ただし宮城県については、集落ごとの被害の合計値と県の被害の値が一致しないため、集落ごとの合計値を採用している。
表3——『巖手縣海嘯誌』（巌手県、年代不詳）および前掲『宮城縣海嘯誌』をもとに筆者作成。ただし、一円未満については銭の位を四捨五入した数値を記載している。
表4——筆者作成。
表5——前掲『宮城縣海嘯誌』二九三頁をもとに筆者作成。
表6——山奈前掲『三陸大海嘯巖手縣沿岸被害調査表』をもとに筆者作成。
表7——「土地台帳（吉里吉里集落）」、「吉里吉里村地割絵図」（一八七五）、「宅地賃貸価格評価地図（遠野税務署管内　大槌町　乙図）」（一九一〇）をもとに筆者作成。

第二章

図1——農林大臣官房統計課『ポケット農林統計　昭和一七年度版』（農林省、一九四二）八–九頁をもとに筆者作成。
図2——同書、一二八–一二九頁をもとに筆者作成。
図3——楠本雅弘編『農山漁村経済更生運動と小平権一』（不二出版、一九八三）三三頁をもとに筆者作成。
図4——『大蔵省預金部史——草創時代ヨリ昭和十六年ニ至ル』（大蔵省理財局資金課、一九六四）および財務省ウェブサイト「第1表　明治初年度以降一般会計歳入歳出予算決算」（http://www.mof.go.jp/budget/reference/statistics/data.htm

［二〇一七年一月二〇日最終閲覧］）をもとに筆者作成。

図5――岩手縣編『岩手縣昭和震災誌』（岩手縣知事官房、一九三四）三三九―三四二頁をもとに筆者作成。

図6――出典＝『宮城縣昭和震嘯誌』（宮城縣、一九三五）巻頭図面。

図7――出典＝同書、巻頭写真。

図8――前掲『岩手縣昭和震災誌』掲載図をもとに筆者作成。

図9――「昭和八年三月　津浪罹災関係例規　下閉伊支庁秘書課文書係」（岩手県永年保存文書所蔵）、筆者撮影。

表1――『農山漁村経済更生計画樹立町村名簿』（農林省経済更生部、一九三九）、『農山漁村経済更生特別助成町村名一覧』（農林省農政局、一九四二）および農林省農務局編『本邦農業要覧』一四―一六号（大日本農会、一九三九―一九四一）をもとに筆者作成。

表2――『宮城縣海嘯誌』（宮城縣、一九〇三）、山奈宗眞「岩手県管内海嘯被害戸数及人口調査書（七月一五日調べ）」『三陸大海嘯巖手縣沿岸被害調査表』（巖手縣、一八九六）、前掲『岩手縣昭和震災誌』、前掲『宮城縣昭和震嘯誌』をもとに筆者作成。ただし、昭和三陸津波の被害について、集落ごとの被害の合計値と県の被害の値が岩手・宮城両県ともに一致しないが、集落ごとの合計値を採用している。

表3――前掲『岩手縣昭和震災誌』、前掲『宮城縣昭和震嘯誌』、『岩手日報』および『河北新報』をもとに筆者作成。

表4――前掲『岩手縣昭和震災誌』および前掲『宮城縣昭和震嘯誌』より算出のうえ筆者作成。

表5――産業組合中央会『復刻　産業組合年鑑　五巻』（柏書房、一九三一）、産業組合中央会『復刻　産業組合年鑑　一二巻』（柏書房、一九三八）をもとに筆者作成。

表6――『三陸津浪に因る被害町村の復興計画報告書』（内務大臣官房都市計畫課、一九三四）四二―四四頁をもとに筆者作成。

表7――前掲『岩手縣昭和震災誌』三七一―三七二頁をもとに筆者作成。

表8――『震浪災害土木誌』（岩手縣土木課、一九三六）および前掲『宮城縣昭和震嘯誌』をもとに筆者作成。

表9――「大槌町吉里々々部落　新漁村建設計画要項」（国立国会図書館憲政資料室所蔵、一九三三）および前掲『岩手縣昭和震災誌』をもとに筆者作成。

第三章

図1―6――『農林省統計表』大正一五・昭和元年第三次―昭和八年第十次（農林省總務局統計課、一九二七―三四）をもとに筆者作成。

図7――「国勢調査」（一九二〇―一九三五）をもとに筆者作成。

図8――『岩手県統計書　大正一五・昭和元年―昭和九年第一編』（岩手県、一九二七―一九三六）をもとに筆者作成。

図9―13――出典＝岩手県『岩手県農山漁村経済更生計画樹立指針』（岩手県、一九三四）。

図14――出典＝岩手県教育会編『昭和八年震災資料』（岩手県教育会、一九三四）。

図15――天照御祖神社所蔵。

図16――出典＝『三陸津浪に因る被害町村の復興計畫報告書』（内務大臣官房都市計畫課、一九三四）第三一図。

図17――住民インタビューをもとに筆者作成。

図18――出典＝吉里吉里住宅信購利組合「住宅地の一部」（絵はがき、

天照御祖神社所蔵）。
図19――出典＝前掲『三陸津浪に因る被害町村の復興計畫報告書』第三一図に筆者加筆。
図20――出典＝吉里吉里住宅信購利組合「共同浴場」（絵はがき、天照御祖神社所蔵）。
図21――出典＝農林省山林局、一九三四）。
図22――出典＝吉里吉里住宅信購利組合「共同販売所」（絵はがき、天照御祖神社所蔵）。
図23――出典＝吉里吉里住宅信購利組合「共同製造所付属桟橋」（絵はがき、天照御祖神社所蔵）。
図24――出典＝吉里吉里住宅信購利組合「共同製造所」（絵はがき、天照御祖神社所蔵）。
図25――当該エリアのマイラー図および土地台帳データをもとに筆者作成。ただし、［ア］から［キ］の区画は住宅ではないため分析から除外している。
表1――前掲『農林省統計表』大正一五・昭和元年第三次－昭和八年第十次（一九二七－三四）をもとに筆者作成。
表2――『岩手県統計書　昭和六年第一編』（岩手県、一九三一）をもとに筆者作成。
表3――楠本雅弘編『農山漁村経済更生運動と小平権一』（不二出版、一九八三）、前掲『岩手県農山漁村経済更生計画樹立指針』、前掲「大槌町経済更生樹立計画」をもとに筆者作成。
表4――岩手縣編『岩手縣昭和震災誌』（岩手縣知事官房、一九三四）をもとに筆者作成。
表5――前掲「大槌町吉里々々部落　新漁村建設計画要項」をもとに、前掲『大槌町経済更生樹立計画』の委員リストと照合し、筆者作成。
表6――『三陸地方津浪災害豫防調査報告書』（農林省水産局、一九三四）をもとに筆者作成。
表7――前掲「大槌町吉里々々部落　新漁村建設計画要項」、農林省「農山漁村経済更生計画樹立方針」（一九三二）、大槌町「大槌町経済更生計画」（一九三二、国会図書館憲政資料室所蔵）をもとに筆者作成。
表8――表中の各種資料をもとに筆者作成。
表9――各種資料をもとに筆者作成。

第四章

図1――出典＝岩手県『チリ地震津波災害復興誌』（岩手県、一九六九）四七頁。
図2――出典＝金野菊三郎編『大船渡災害誌』（大船渡市、一九六二）口絵。
図3――出典＝同書。
図4――出典＝大槌町教育委員会編『チリ地震津波誌――昭和三十五年五月二十四日』（大槌町、一九六一）口絵。
図5――出典＝同書。
図6――出典＝東日本大震災復興構想会議「復興への提言～悲惨のなかの希望～」（二〇一一）（http://www.cas.go.jp/jp/fukkou/pdf/fukkouhenoteigen.pdf、一〇頁［二〇一七年一月二〇日最終閲覧］）。
図7――出典＝大槌町「大槌町東日本大震災復興計画　基本計画」（二〇一一）六七頁。
図8――出典＝大槌町「第一一回吉里吉里まちづくり懇談会」配布

資料（二〇一五年一一月四日時点）。

表1――前掲『チリ地震津波災害復興誌』、『チリ地震津波調査報告――昭和三五年五月二四日（別冊）』（仙台管区気象台、一九六一）をもとに筆者作成。

表2――金野前掲『大船渡災害誌』一六五頁をもとに筆者作成。

表3――同書、二二〇－二四二頁。

表4――大槌町前掲「大槌町東日本大震災復興計画　基本計画」五頁をもとに筆者作成。

第五章

図1――財務省「戦後の国債発行額の推移」（http://www.mof.go.jp/jgbs/reference/appendix/hakkou01.pdf［二〇一七年一月二〇日最終閲覧］）をもとに筆者作成。

図2――財務省「公債残高の累増」（http://www.mof.go.jp/tax_policy/summary/condition/004.htm［二〇一七年一月二〇日最終閲覧］）、内閣府「国民経済計算（GDP統計）」（http://www.esri.cao.go.jp/jp/sna/menu.html［二〇一七年一月二〇日最終閲覧］）をもとに筆者作成。

図3――国立社会保障・人口問題研究所「日本の将来推計人口　二〇一一～二〇六〇年　出生中位（死亡中位）推計結果表」（平成二四年一月推計、http://www.ipss.go.jp/syoushika/tohkei/newest04/sh2401top.html［二〇一七年一月二〇日最終閲覧］）および「日本の地域別将来推計人口」（平成二五年三月推計、http://www.ipss.go.jp/pp-shicyoson/j/shicyoson13/6houkoku/houkoku.asp［二〇一七年一月二〇日最終閲覧］）をもとに筆者作成。

図4――国立社会保障・人口問題研究所前掲「日本の将来推計人口　二〇一一－二〇六〇年　出生中位（死亡中位）推計結果表」および前掲「日本の地域別将来推計人口」（平成二五年三月推計）をもとに筆者作成。

図5――財務省主計局「復興関係予算」（平成二四年一一月、https://www.mof.go.jp/about_mof/councils/fiscal_system_council/sub-of_fiscal_system/proceedings/material/zaiseia241101/06.pdf［二〇一七年一月二〇日最終閲覧］）をもとに筆者作成。

図6――東日本大震災復興構想会議『復興への提言～悲惨のなかの希望～』（平成二三年六月二五日）資料編六一頁参照、および財務省主計局「復興関係予算（平成二四年一一月）」（https://www.mof.go.jp/about_mof/councils/fiscal_system_council/sub-of_fiscal_system/proceedings/material/zaiseia241101/06.pdf［二〇一七年一月二〇日最終閲覧］）をもとに筆者作成。

図7―10――筆者作成。

表1――各種資料より筆者作成（出典は前章までに記載）。ただし、各災害の震災前人口および戸数については、市町村合併により集計範囲が災害ごとに異なるため、あくまで参考値である。

表2――各種資料をもとに筆者作成（出典は前章までに記載）。

表3――各種資料をもとに筆者作成。個別の数値については前章までを参照。

資料

資料1——『宮城縣海嘯誌』（宮城縣、一九〇三）をもとに筆者作成。

資料2、3——『農山漁村経済更生計画樹立町村名簿』（農林省経済更生部、一九三九）、『農山漁村経済更生特別助成町村名一覧』（農林省農政局、一九四二）および農林省農務局編『本邦農業要覧』一四—一六号（大日本農会、一九三九—一九四一）をもとに筆者作成。

資料4——大蔵省財政史編集室編『昭和財政史XII 大蔵省預金部政府出資』（一九六二）一一一、一四五、一七八、三一六、三一七頁、および大蔵省編『明治大正財政史 第一三巻 通貨・預金部資金』（財政経済学会、一九三九、八二三—八七四頁）をもとに筆者作成。

資料5——『岩手県災害関係行政資料』（災害関係資料等整備調査委員会、一九八四）一六六—一六九頁をもとに筆者作成。

資料6——前掲『宮城県昭和震嘯誌』（五一五—五二〇頁）をもとに筆者作成。

資料7——『三陸津浪に因る被害町村の復興計畫報告書』（内務大臣官房都市計畫課、一九三四）をもとに筆者作成。

資料8——岩手県編『岩手県昭和震災誌』（岩手県知事官房、一九三四、八七二—八七五頁）をもとに筆者作成。

資料9——前掲『宮城県昭和震嘯誌』（五七八—五七九頁）をもとに筆者作成。

資料12、14、15——各種資料をもとに筆者作成。

「三陸津波」と吉里吉里集落の再編

地図1——土地台帳データの分析、「吉里吉里村地割絵図」（一八七五）、「宅地賃貸価格評価地図（遠野税務署管内　大槌町　乙図）」（一九一〇）などをもとに筆者作成。浸水域については、大槌町「大槌町津波防災マップ」（一九九七）および日本地理学会災害対応本部津波被災マップ作成チーム「二〇一一、二〇一一年三月一一日東北地方太平洋沖地震に伴う津波被災マップ［二〇一一年完成版］」(http://www.ajg.or.jp/disaster/201103_Tohoku-eq.html［二〇一七年一月二〇日最終閲覧］をもとに筆者作成（以下同様）。地図＝ゼンリンZmap-TOWNII。許諾番号(Z16LL第０９９号)。

地図2——『三陸津浪に因る被害町村の復興計畫報告書』第三一図（内務大臣官房都市計畫課、一九三四）、「大槌町吉里々部落　新漁村建設計画要項」、土地台帳データの分析および「岩手県陸中国南閉伊郡吉里吉里村絵図」（http://www.ajg.or.jp/disaster/201103_Tohoku-eq.html［二〇一七年一月二〇日最終閲覧］をもとに筆者作成。地図＝ゼンリンZmap-TOWNII。許諾番号（Z16LL 第０９９号）。

地図3——大槌町教育委員会『チリ地震津波誌　昭和三十五年五月二十四日』、日本住宅地図出版『釜石市・大槌町』（一九七三）などをもとに筆者作成。地図＝ゼンリンZmap-TOWNII。許諾番号（Z16LL 第０９９号）。

地図4——『大槌町東日本大震災津波復興計画基本計画』（岩手県大槌町、二〇一一）等をもとに筆者作成。地図＝ゼンリンZmap-TOWNII。許諾番号（Z16LL 第０９９号）。

地図5——地図1－4で使用した各種資料をもとに筆者作成。地図＝ゼンリンZmap-TOWNII。許諾番号（Z16LL第099号）。

地図6——前掲「宅地賃貸価格評価地図（遠野税務署管内 大槌町 乙図）」および土地台帳データの分析をもとに筆者作成。

地図7——前掲「岩手県陸中国南閉伊郡吉里吉里村　絵図」、土地台帳データの分析をもとに筆者作成。

大槌町の被災と復興

写真　淺川敏。地図＝ゼンリンZmap-TOWNII（。許諾番号（Z16LL第099号）。

地図8——岩手縣前掲『岩手縣昭和震災誌』、内務省内務大臣官房都市計畫課前掲『三陸津浪に因る被害町村の復興計畫報告書』をもとに筆者作成。

参考史料一覧

一八六四　佐々木藍田「大槌通絵図面」『盛岡東海大槌御代官所支配之図』所収（岩手県立図書館収蔵）

一八七五　「吉里吉里村地割絵図」（岩手県立図書館所蔵）

一八八九頃　「岩手県陸中国南閉伊郡吉里吉里村　絵図」（盛岡地方法務局宮古支局）

一八九〇頃－　『旧土地台帳（吉里吉里集落）』（盛岡地方法務局宮古支局所蔵）

一八九六　山奈宗眞「巖手縣沿岸大海嘯部落見取繪圖」（国立国会図書館所蔵）

一八九六　『海嘯状況調査書』（巖手縣、国立国会図書館所蔵）

一八九六　山奈宗眞『三陸大海嘯巖手縣沿岸被害調査表』（国立国会図書館所蔵）

一八九七　巖手縣南・西閉伊郡役所編『岩手縣陸中國南閉伊郡海嘯紀事』（筑波大学附属図書館・鹿児島大学附属図書館ほか所蔵）

一九〇三　『宮城縣海嘯誌』（宮城縣、国立国会図書館所蔵）

一九一〇　「宅地賃貸価格評価地図（遠野税務署管内 大槌町 乙図）」（税務大学校税史料室所蔵）

一九三三　『岩手縣大槌町吉里々々部落新漁村建設計画要項』（国立国会図書館憲政資料室　斎藤実関係文書所蔵）

一九三三　「大槌町吉里々々部落　新漁村経済更生一覧表」（吉里吉里天照御祖神社、一九七四年に複製）

一九三三　「大槌町吉里々々部落　新漁村建設計画要項」（吉里吉里天照御祖神社所蔵、一九七四年に複製）

一九三三　大槌町『大槌町経済更生樹立計画』（国立国会図書館憲政資料室　斎藤実関係文書所蔵）

一九三三　「上閉伊郡大槌町大字吉里々々　略図」（吉里吉里天照御祖神社、一九七四年に複製）

一九三三　「保証責任吉里々々住宅購買利用組合　登記簿」（盛岡地方法務局宮古支局所蔵）

一九三四　岩手縣編『岩手縣昭和震災誌』（岩手縣知事官房、国立国会図書館所蔵）

一九三四　「計画実施要覧吉里吉里住宅信用購買利用組合 昭和一〇年四月一三日」（国立国会図書館憲政資料室　斎藤実関係文書所蔵）

一九三四　『三陸地方津浪災害豫防調査報告書』（農林省水産局、国立国会図書館所蔵）

一九三四　『三陸地方防潮林造成調査報告書』（農林省山林局、国立国会図書館所蔵）

一九三四　『三陸津浪に因る被害町村の復興計畫報告書』（内務省内務大臣官房都市計畫課、東京大学地震研究所図書室ほか所蔵）

一九三四　岩手縣教育会『昭和八年震災資料　附學事関係救恤報告』（国立国会図書館所蔵）

一九三五　『岩手縣農山漁村經濟更生計畫樹立指針』（岩手縣、国立国会図書館所蔵）

一九三五　『宮城縣昭和震嘯誌』（宮城縣、国立国会図書館所蔵）
一九三六　『震浪災害土木誌』（岩手縣土木課、国立国会図書館所蔵）
一九三八　「保証責任吉里吉里住宅信用販売購買利用組合（昭和十二年度）報告書」（岩手県永年保存文書所蔵）
一九六一　大槌町教育委員会『チリ地震津波誌　昭和三十五年五月二十四日』（大槌町、国立国会図書館所蔵）
一九六二　金野菊三郎『チリ地震津波大船渡災害誌』（大船渡市、国立国会図書館）
一九六九　『チリ地震津波災害復興誌』（岩手県、国立国会図書館所蔵）
各年　『岩手日報』（岩手日報社）
各年　『河北新報』（河北新報社）
年代不詳　『巖手縣海嘯誌』（巖手縣、国立国会図書館所蔵、津波ディジタルライブラリィ作成委員会ＤＶＤ・ＣＤ「津波ディジタルライブラリィ」［二〇〇五］で閲覧可能）
年代不詳　「上閉伊郡大槌町大字吉里々々　略図」（国立国会図書館憲政資料室　斎藤実関係文書所蔵）
年代不詳　「吉里々々部落　新漁村建設實施状況一覧表」（国立国会図書館憲政資料室　斎藤実関係文書所蔵）
年代不詳　『産業組合ニ依ル村落復舊計畫』（岩手県永年保存文書所蔵）
年代不詳　「三閉伊通海岸整正分間絵図　分図」（岩手県立図書館所蔵）
年代不詳　「村落復舊配置要図・村落計画要旨」（岩手県永年保存文書所蔵）

あとがき

二〇〇三年頃、私は建築学科に在学していた。設計演習の課題に取り組むなかで、ふと手にしたのが藤森照信先生の『丹下健三』（新建築社、二〇〇二）であった。丹下建築の背後にある技術、社会、経済、そして歴史とのつながり、それらを余すところなく描き切る筆力に圧倒された。それから、藤森先生の著作を読み漁った。そして、私もいつか藤森先生の『明治の東京計画』（岩波現代文庫、二〇〇四）のような、建築史や都市史にとどまらない近代の歴史を描きたいと思うようになった。何より、今の私を大きく規定しているはずの近代をもっと知りたいと思った。しかし、思うようなテーマをなかなか見つけることができずにいた。

二〇一一年、東日本大震災が発生した。その後、三陸沿岸地域の歴史研究を開始し、二〇一三年に博士論文『三陸津波災害後の復興手法と集落構造の変遷に関する研究――吉里吉里集落の復興にみる変曲点としての昭和三陸津波』（二〇一四年二月学位取得）を書き上げた。本書は、同論文を大幅に加筆修正・再構成したものである。

本書で扱っている岩手県大槌町に最初に調査に行くことになったのは、指導教員である村松伸先生の当時の本務先であった総合地球環境学研究所が、同町と震災前から連携研究を行なってきた縁があったためである。その後、同町の吉里吉里集落が昭和三陸津波の復興のモデル集落であったことがわかり、二〇一二年度より本格的に調査を開始した。研究を進めていくうちに、私の専門である建築史・都市史の領域を超え、経済史や農政学、行政学、集落地理学などにもかかわる問題に突き当たった。結果として、論文および本書の執筆を通じて、自らのディシプリンにとどまらない近代を、私自身が深くそして具体的に理解することができたと考えている。

このように、あらかじめ綿密に練られた計画に沿ってというよりは、偶然の出会いや出来事に導かれるようにして、紆余曲折を経ながらなんとか書き上げたのが私の博士論文であった。その博士論文を書籍として出版することができるのも、これまでに出会った方々からいただいた助言やサポートによるところが大きい。以下、謝辞を述べさせていただきたい。

本書の分析対象地である大槌町に行くきっかけを与えていただいた村松先生は、その後もゼミのたびに私の研究の現代的意義を執拗に問い正し、論文のフレームワークを鍛えてくださった。また、調査の過程では、村松さんが有する幅広い人脈からさまざまな方を紹介していただいた。

青井哲人先生には、社会政策としての昭和三陸津波の復興の重要性を指摘していただくなど、論文の根幹に直接つながる重要な助言をいただいた。饗庭伸先生には、歴史研究を現在進行形の東日本大震災および今後の災害にどのようにつなげるかという点において、復興に携わる実務家としての立場から貴重なご意見・アドバイスをいただいた。饗庭先生と青井先生には、博士論文執筆後に大船渡市綾里地区における共同研究のメンバーに加えていただき、大槌町だけでは知りえなかった貴重な知見を得ることができた。なお、その成果の一部として、昭和三陸津波の復興とその社会背景にフォーカスした論文を掲載した書籍が近日刊行される予定であり、本書と合わせてご覧いただきたい（青井哲人＋岡村健太郎＋石榑督和「基盤編成の一九三〇年代――昭和恐慌下の三陸漁村と津波復興」『近代日本の空間編成史（仮）』思文閣出版、二〇一七年三月刊行予定）。

また、藤井恵介先生と川添善行先生には、論文審査の過程を通じて論文の軌道修正を行なっていただいた。窪田順平先生には、研究の要所で相談にのっていただき、研究が大槌町の復興にどのように寄与できるのかという視点から助言や支援をいただいた。北原糸子先生には、歴史学の専門家としてさまざまな資料や先生の論文を提供いただいただけでなく、現地調査に同行させていただき知見を広めることができた。鈴木隆之先生、後藤直子先生、そして東京大学村松研究室および京都精華大学の学生の皆様には、大槌町での実測調査およびインタビュー調査に直接参加していただいた。その際に得られた成果が、本書の基盤となっている。

写真家の淺川敏さんには、継続的に大槌町の様子を撮影していただいた。年度末に淺川さんと大槌町を訪問するのが恒例となっており、今後も撮り続けていただきたい。また、林憲吾さんと石榑督和さんとは、何度か三陸沿岸地域で共同調査を行ない、博士論文を書籍にする段階で多くのアドバイスをいただいた。これからも、よき研究仲間として切磋琢磨していきたい。

また、研究室の秘書の熊谷祐美子さんには、私が苦手な出張の経理処理をはじめとする事務手続きを一手に担っていただいた。

大槌町では、吉里吉里集落でのインタビュー対象となる住民の大半を紹介していただいた芳賀博典さん、昭和三陸津波の復興計画に関する貴重な資料を見せていただいた吉里吉里天照御祖神社の藤本俊明さんに大変お世話になった。佐々木健さんには震災当初から私の調査に深い理解を示していただき、継続的にサポートしていただいた。北田恭一さんには調査内容の相談にのっていただいたほか、築八〇年以上のご自宅を何度も見せていただいた。そのほか、大槌町では五〇名以上の方々にインタビュー調査に応じていただいた。被災後の生活や町の再建に手一杯であるにもかかわらず貴重なお話を聞かせてもらったことを感謝すべきはこちらのほうであるが、逆に手土産を渡されたのは一度や二度ではなかった。まったく縁のないよそ者の私がこの研究を続けることができたのも、そうした大槌町の住民の皆様の優しさあってのものである。今後も山口弥一郎のように、ライフワークとして三陸沿岸地域のフィールドワークを継続し、研究成果を通して恩返ししていきたいと考えている。

本書の刊行にあたっては、鹿島出版会の川尻大介さんと、スペルプラーツの飯尾次郎さん、出原日向子さん、デザイナーの須山悠里さんに大変お世話になった。川尻さんは、学術書出版のいろはを知らない私にしかるべき方向性を提示してくださった。飯尾さんには、企画の最初期段階から相談にのっていただき、実現に導いていただいた。出原さんには、執筆作業が遅れがちな私を温かく見守っていただき、膨大な編集作業を着実にこなしていただいた。須山さんは、図表が多く硬い学術論文を、じつに読みやすいデザインで整えてくださった。自ら執筆した博士論文を書籍に仕立て直すというのは、思いのほか大変な作業であったが、四人の強力なサポートのもと、何とかやりとげることができた。

そして両親、妹、祖母は、勝手気ままな私の研究生活をさまざまなかたちで後押ししてくれた。義父母は、展望が見えない研究生活に理解を示してくれた。長女と長男は、一緒に遊ぶ時間を十分に取れないときもいつも笑顔で私を癒してくれた。なにより妻は、家族の生活を温かく支えてくれた。ありがとう。

ここに名前を挙げきれなかった方も含め、私が本書を執筆するにあたりお世話になったすべての方々に深く謝意を表する。そして、大槌町をはじめ被災した三陸沿岸地域の皆様が一日も早く安定的な生活を取り戻すことを心から願っている。

用語索引

あ

か

さ

た

な

は

ま

や

人名索引

岡村健太郎（おかむら・けんたろう）
建築史、都市史、災害史。東京大学生産技術研究所助教

一九八一年兵庫県生まれ。シンクタンク勤務、日本学術振興会特別研究員を経て、二〇一四年東京大学大学院工学系研究科博士課程修了、現職。博士（工学）。二〇〇七年「『様式』としてのモダニズム——模型からみた近代建築史」で日本建築学会優秀修士論文賞受賞。二〇一六年「昭和三陸津波後の岩手県大槌町吉里吉里集落の復興に関する研究——農山漁村経済更生運動と復興計画の関連」で日本建築学会奨励賞受賞。著書に『記憶と忘却のアジア』（共著、青弓社、二〇一五）、『災害に学ぶ——文化資源の保全と再生』（共著、勉誠出版、二〇一五）ほか。

「三陸《さんりく》津波《つなみ》」と集落《しゅうらく》再編《さいへん》
ポスト近代《きんだい》復興《ふっこう》に向《む》けて

二〇一七年二月二〇日　第一刷発行

著者　岡村《おかむら》健太郎《けんたろう》

発行者　坪内文生
発行所　鹿島出版会
〒一〇四-〇〇二八　東京都中央区八重洲二-五-一四
電話　〇三-六二〇二-五二〇〇
振替　〇〇一六〇-二-一八〇八八三

デザイン　須山悠里
編集・DTPオペレーション　飯尾次郎、出原日向子（スペルプラーツ）
印刷　壮光舎印刷
製本　牧製本

ISBN 978-4-306-04647-4 C3052

本書の内容に関するご意見・ご感想は左記までお寄せ下さい。
URL: http://www.kajima-publishing.co.jp
e-mail: info@kajima-publishing.co.jp